国际关系学概要

Compendium of International Relations

王首伟 主编

史雅丽 刘超静 副主编

天津出版传媒集团

天津人民出版社

图书在版编目(CIP)数据

国际关系学概要 / 王首伟主编. —— 天津 : 天津人
民出版社,2015.3
经典教材教参系列
ISBN 978-7-201-09203-4

Ⅰ.①国… Ⅱ.①王… Ⅲ.①国际关系学—教材
Ⅳ.①D80

中国版本图书馆 CIP 数据核字(2015)第 045546 号

天津人民出版社出版

出版人:黄 沛

(天津市西康路 35 号 邮政编码:300051)

邮购部电话:(022)23332469

网址:http://www.tjrmcbs.com

电子邮箱:tjrmcbs@126.com

高教社(天津)印务有限公司印刷 新华书店经销

2015 年 3 月第 1 版 2015 年 3 月第 1 次印刷

710×1000 毫米 16 开本 23 印张 2 插页

字数:340 千字

定价:40.00 元

推荐序言

中国国际关系学经过几十年的发展,已经达到了相当的规模。一方面,现在许多高校相继建立国际关系学科、成立国际关系学系,乃至创建国际关系二级学院;另一方面,越来越多的国际关系学教材和著作问世,大量专业刊物出版发行,其势若雨后春笋,蓬勃发展。

在此背景下,国际关系学研究正呈现出从学习有关理论向理论创新发展的趋势。当然,理论创新并非易事,不仅需要掌握其他学科领域的知识并获取灵感,汲取中国传统思想文化的精华,而且要结合中国当前所面对的世界潮流和各种复杂的外部问题作出合理的分析与研判,最终还需要以实证的方法,运用历史数据,检验理论的解释力和合理性。青年学者王首伟的这本书是这方面的新的尝试和努力,并取得了良好的成果。

这本书信息量很大,体系比较完整,大致涵盖了国际关系学科的基本内容。其特点是借鉴经济学的成果,尝试构建国家行为理论、预期与国际战争之间关系的理论模型,并建立起探讨国际格局与国家行为之间关系的分析框架。此外,作者还从老子、荀子和韩非子等先哲的思想中汲取营养,尝试解读当前中国对外战略与政策的本土根源;同时也尝试用当代的案例透视国际关系理论与现实政策之间的关联。这些都是有益的探索。

从这本书的内容看,它不仅适合国际关系学科的教学与研究,而且也可为政治学、行政学等其他学科所借鉴或参考。由于书中部分内容是对当前世界政治形势和中国对外政策的实时解读,所以对于关注国际形势和中国外交的读者群体来说,也是相当不错的读物。

当然,作为青年学者的作品,书中的有些内容和结论有待进一步检验和完善。不过瑕不掩瑜,相信这本书的出版会是对中国国际关系学发展的一个积极贡献。

北京大学国际关系学院 教授、博士生导师 牛军

写作说明

在当今世界，信息革命、新传播技术和经济全球化使传统的人类互动方式和互动渠道等方面都发生了革命性变化，全球社会成为一个相互依赖、交互作用的"地球村"。改革开放以来，我国已经深度融入国际体系，在中国与世界的互动中，国际关系与我们的生活方式、生活质量等方面已经紧密相连、息息相关。国际关系学是一门年轻而古老的学科，加快对国际关系的学习和研究，已经成为摆在我们这个崛起中的大国和每位大国国民面前的一项必修课。

自2008年起，我在天津给本科生独立开设"国际关系分析"课程。每个傍晚日落时分，我带着教案从宿舍出发，沿着湖边崎岖的石阶小道到教室上课。市郊的天气很晴爽，夕阳的余辉洒在宽阔的湖面上，湖光霞影，天宇寥廓；蛙声虫语于静谧空旷的傍晚响起动听的交响乐。日落湖面的斑斓色彩和静谧安宁的自然乐谱，如诗似画，沁人心脾。半小时的湖边漫步，我可以边走边悠闲地沉醉于这种瑰丽的自然美中，用心来体会自然秩序的和谐与完美。在牛顿等数学家看来，自然秩序中蕴含着数学原理，数学语言可以解释自然的秩序与美丽。我在大自然之中感触与体味到牛顿所言不虚。就像数学是美的一样，国际关系学也是美的。与宇宙的星系运转、日出日落等自然现象蕴藏着和谐的秩序美一样，国际关系也应该有内在的、和谐的秩序美。国际关系学者一直在努力地探讨着这种秩序，即人类和谐相处的政治秩序，或称相处之道。国际关系学的美甚至是可以用美丽的数学语言来阐释的。我尝试着用讲故事的方式，把自身对国际关系学美的体验传递给学生，与他们共同在国际关系这个神秘而美丽的知识领域中学习和探讨。

教学实践使我感受到教学相长的乐趣，其间也积淀了一些对国际关系这门学科的心得和体会，这促使我进一步系统思考该课程的知识架构和内容体系，并进行一系列必要的教学改革和创新，包括结合授课对象的知识结构、认知能力以及关切兴趣，对教学内容、教学方法、教学方式等方面进行深一层改革的研究。《国际关系学概要》是我在"国际关系分析"教学基础上，对整个国际关系学的学科架构和内容体系进行系统梳理和重构创新的努力和尝试的成果。我开设的"国际关系分析"课程,也是在经济学与国际关系学两个学科的比较与借鉴中思考与备课的。我发现经济学和国际关系学两个学科有太多的共同或相近之处,比如经济学研究经济行为,国际关系主要研究国际行为体行为(主要是国家行为)并探寻影响行为的因素等。经济学研究和教材建设在整个社会科学领域做得相当成功,例如曼昆的《经济学原理》和哈伯德的《经济学》是很成功的、深受读者喜爱的教材,也是我给每届学生们极力推荐的两本读物,以便开拓学生们的视野。所以本书的写作或多或少地受到了经济学教材和著作的启发,以至于学界朋友看到本书初稿时戏谑"这是一本经济学著作"。

鉴于对国际法领域缺乏深入研究,为了确保本书的专业性,我邀请到中国政法大学从事国际法研究的史雅丽女士,由她来负责"国际组织与国际法"的编排与写作,共同合作完成这部著作。南开大学国际关系系研究生缴懿鑫负责"国际危机管理"部分的写作,他也是我开设"国际关系分析"课程第一届学生中十分优秀的一位。从事经济学教学与研究的青年教师刘超静和任健分别负责"国际贸易理论与政策"和"国际金融组织"部分的写作。我硕士阶段的同门师弟刘星君承担了"全球化、区域化与全球治理"章节的写作。青年教师翟浩参与数学模型的建构。十分感谢我的合作伙伴们,他们严谨负责的精神和专业的功底令我十分欣赏,初次感到团队合作研究的快乐与幸福。当然,如果书中存在问题和纰漏,则由我承担全部责任。

我们在部分章节内容的后面设置了一些与国际时政相关的附录。附录既可以满足广大读者关注国际时事热点的需求,又可以帮助读者加深对国际关系学理论与方法的理解与把握。读者通过阅读这些最近发生的鲜活的国际时政材料和中国外交实践,可以更深入地理解国际关系学对于帮助人们分析国际问题的意义和价值,透视学科与时政、理论与实践乃至理论与政策之间的关联。这也便于从实践层面更好地检验国际关系理论的正确性和解释力,同时可以帮助读者关注时事政治,开拓视野,扩大知识面。需要说明一下,本书关注的焦点是党的十八大以来国际形势的变化、国际时政热点和中国外交政策创新与实践等问题。我希望从理论层面和战略视野尝试性地探索中国处理当前和未来一段时期国际问题的战略与政策,涉及国际格局变动中新型大国关系的构建、世界权力中心和平转移的条件与机制、中国主导的国际合作(亚太一体化、国际机制建设和结伴战略等)和中国的全球战略等一系列战略性问题。中国未来的全球战略规划、对外战略与政策创新，需要国际关系理论创新与科学研究方法的支撑。我们恰逢实现中华民族伟大复兴的"中国梦"时代，未来的中国将在国际体系中担当更重要的角色和作用。未来世界的宏伟蓝图将在我辈的手中绘就，世界和平与秩序、人类和谐相处之道也待我辈探索与努力。中国国际关系学者责任重大，使命光荣。

首先要感谢清华大学当代国际关系研究院院长阎学通教授和漆海霞博士，在 2005 年和 2010 年夏季，我有幸参加了他们开设的"国际关系实用研究方法"和"统计方法"课程的学习。感谢清华大学李彬教授，我有幸参加他主持的"军备控制教学"的研讨与学习。我在开设"国际关系分析"课程时，学习、借鉴和使用了阎学通、李彬和刑悦教授的课件，他们十分慷慨地赐予我宝贵的课件，帮助我顺利地度过了作为青年教师"复制"与"模仿"的初始阶段。对于教学中遇到的难题，我常通过邮件方式征求指导意见，阎学通教授给予我鼓励、指导和帮助，包括增加课时量的建议，这使我深受鼓舞，也深表感谢！感谢我硕士阶段的导师张鸿石教授、吴勇教授和刘䶮教授，感谢他们给予的培养和帮助，工作中我们仍然保持着联系，师生友谊弥久笃厚。感谢政治学与国际关系学界的师生朋友，他们的热心、期待和帮助，使我感到学术共同体这个大家庭的温暖和力量。在本书构思与写作过程中，清华大学国际关系系杨原博士给予我鼓励和期待，在此表示感谢！感谢南开大学法学院李晓兵教授、天津市检察院刘顺喜和罗荣学弟，感谢他们的鼓励和帮助。北京大学国际关系学院牛军教授也给予我以指导和帮助。记得 2006 年春季，我在燕园旁听他的外交学课程，如沐春风、深受启迪。我由衷地感谢天津人民出版社和杨舒编辑，在本书的选题论证和出版等环节给予我热心的帮助。感谢我的父母和家人，他们永远是我生命中温馨的港湾，他们的支持使我能全身心地从事本书漫长的构思与写作。感谢所有应该感谢的人！可惜不能在这里将他们的名字一一列出。

我们也恳求读者朋友和学界师生的批评和指正，任何批评和建议都会受到最热烈的欢迎！

21 世纪是中国的世纪，也是我国为整个人类社会和谐相处之道贡献智慧和模式的世纪。我们相信具有五千多年悠久文明史的中华民族，伴随着民族复兴和国家现代化建设步伐的加快，一定能为整个人类社会贡献更多的和谐相处、共同发展与合作共赢的政治智慧。希望本书能为国际关系学的学科发展和人才培养尽一份绵薄之力，为我国处理当前国际问题和制定对外战略与政策提供一点儿决策参考，共同推进国际关系科学研究和中华民族伟大复兴事业。

王首伟

2014 年 6 月

目　录

第一章　导论 / 001

一、概念和研究对象 / 002

二、国际关系理论概要 / 006

三、研究方法 / 015

四、本章小结 / 017

附　录 / 020

第二章　国家主权 / 027

一、主权的概念与性质 / 028

二、主权与国际体系 / 031

三、主权与国家行为 / 032

四、本章小结 / 034

附　录 / 037

第三章　国家行为理论 / 044

一、研究方法和基本原理 / 045

二、国家权力约束 / 046

三、效用与偏好 / 051

四、国家行为选择 / 053

五、本章小结 / 060

附　录 / 062

第四章　国际体系结构与国家策略 / 066

一、单极格局与国家行为 / 067

二、两极格局与国家行为 / 071

三、多极格局与国家行为 / 077

四、体系格局与世界和平 / 080

五、本章小结 / 082

附　录 / 084

第五章　国家对外决策 / 088

一、政策科学与国家对外决策 / 090

二、国家对外决策理论与模型 / 092

三、本章小结 / 101

附　录 / 103

第六章　国际危机管理 / 105

一、什么是国际危机 / 106

二、如何进行国际危机管理 / 112

三、国际维和 / 117

四、本章小结 / 118

第七章　国际战争与国际冲突 / 119

一、预期与国际战争 / 120

二、国际争端与国际冲突 / 139

三、本章小结 / 144

附　录 / 145

第八章　国际合作与一体化 / 146

一、国际合作理论与模型 / 147

二、合作与国际机制 / 153

三、一体化理论与实践 / 158

四、结盟、结伴与命运共同体 / 168

五、本章小结 / 176

附　录 / 177

第九章　军备控制与战略威慑 / 183

一、军备控制 / 184

二、核威慑的基本原理 / 188

三、战略稳定性 / 191

四、军备控制与全球治理 / 194

五、军备控制与出口管制 / 195

六、本章小结 / 196

附　录 / 197

第十章　国际贸易理论与政策 / 201

　　一、国际贸易理论 / 202

　　二、国际贸易政策措施 / 220

　　三、国际贸易体系 / 235

　　四、本章小结 / 244

第十一章　国际金融组织 / 245

　　一、全球性国际金融组织 / 246

　　二、区域性国际金融组织 / 256

　　三、本章小结 / 262

　　附　录 / 263

第十二章　国际政治经济学 / 266

　　一、国际政治经济学的理论渊源 / 268

　　二、国际政治经济学的理论演进 / 273

　　三、本章小结 / 282

第十三章　全球化、区域化与全球治理 / 283

　　一、全球化 / 283

　　二、区域化 / 291

　　三、全球治理 / 294

　　四、本章小结 / 301

第十四章　国际组织与国际法 / 302

　　一、国际组织 / 302

　　二、联合国体系 / 311

　　三、国际法 / 323

　　四、本章小结 / 335

第十五章　媒体传播与公共外交 / 336

　　一、媒体与国际关系 / 336

　　二、公共外交 / 341

　　三、本章小结 / 348

参考文献 / 349

后　记 / 356

国者,天下之制利用也;人主者,天下之利势也……然而不能自安也,安之者必将道也。故用国者,义立而王,信立而霸,权谋立而亡。三者,明主之所谨择也,仁人之所务白也。

——《荀子·王霸》

万物并育而不相害,道并行而不相悖,小德川流,大德敦化,此天地之所以为大也。

——《礼记·中庸》

第一章
导 论

国际关系学是一门考验人类和平相处能力与智慧的政治科学,也是一门以问题为导向的社会科学。国际关系学是以全球范围内的跨国界社会现象为研究对象,主要围绕着国际权力关系研究而展开。国际关系学已经发展成为有诸多理论和方法论构成的独立的学科体系,它也是一门训练人思维的科学,以其严谨的知识框架和科学的研究方法,帮助人们分析纷繁复杂的国际现象。

国际关系学是一门十分美丽的科学。这门科学从一诞生就蕴含着一种庄严的气质,它是在对如何能避免国家间战争等人类灾难和痛苦、实现人类的永久和平这个庄严的历史与现实问题进行深入、理性的思考、研究和探索而产生的学科。这是一门考验人类和平相处能力与智慧的政治科学,也是一门以问题为导向的社会科学。将近一个世纪以来,国际关系研究已经发展到有诸多理论和方法所构成的学科体系,它对国际现象的解释力展现出其作为科学的逻辑美。每天我们会从网络、电视等媒体看到许多正在发生的国际事件,国际关系现象已经高度融入我们的日常生活和思想中,这也体现出这个学科贴近生活的美。它就像一位年轻美丽的妙曼女郎,神秘朦胧的面纱下拥有丰富多彩的面孔,我们每天都要去面对,吸引着我们去思考和研究。

政治是一种摆平的艺术,国际关系也是棋盘上的博弈,其运作与实践体现着国家间交往与互动、驾驭与平衡的政治艺术。国际关系学研究国家对外决策、外交谈判和沟通斡旋等国家间的交流与互动,体现着国际关系实践过程的政治艺术美,凸显出国家领导人为维护国家利益在对外决策、权力运作和外交实践过程中所展现的政治智慧和外交艺术。国家利益是国家对外政策的出发点和归宿,所以国际关系牵动着全体国民、政治团体和官僚政治的神经,使之成为与其有利益关系的国际与国内社会民众的重大关切和争论焦点,以致有野心的政治家常以国家主权和国际安全等国际问题转移人民的视线,达到缓和国家内部的矛盾和冲突,或者实现个人野心或巩固自己的政治地位等目的。

国际关系学是十分美的,就像"数学是美的"一样。国际关系学是一门训练人思维的科学,以其严谨的知识框架和科学的研究方法,帮助人们分析纷繁复杂的国际现象。国际关系学中的概念、原理固然重要,但感觉或者学科的知觉更重要。感觉从何而来?通过对国际关系学的系统学习,掌握分析国际问题和国际现象的方法之后,就会培养出一种敏锐的学科知觉,并且运用这些方法来对国际现象进行正确的分析。任何国际现象背后都是有原因的,这种"原因"也称为"激励",即国际行为体(国家、领导人或国际组织等)针对某种激励而作出的行为所导致的现象和结果。所以国际关系学主要研究国际行为体的行为,并试图解释该行为的原因,继而对未来作出合理的预测。

一、概念和研究对象

英国著名政治学家安德鲁·海伍德认为,概念是对事物的一般性概括,是我们进行思考、批判、辩论、解释和分析的工具。"要形成关于政治世界的知识,不能只靠观察,还要开发和提炼可以帮助我们理解它的概念。概念,在此意义上,实际上是构建人类知识大厦的基石。"[①]国际关系学中的核心概念是构建国际关系学这门学科知识大厦的基石。

国际关系学是在 20 世纪发展起来的新兴学科,但是人类对国家间关系本质的研究与论述由来已久,对国家间关系的史实记载更是悠久漫长。我国

---

① ［英］安德鲁·海伍德:《政治学核心概念》,吴勇译,天津人民出版社,2008 年,第 4~5 页。

的《左传》和西方的《圣经》，分别记载着公元纪年前分布于全球不同区域内关于政治实体（形同国家）之间交往、联盟和战争等历史轶事和故事传说。在我国古代老子、墨子、孔子、荀子和韩非子等思想家的著述中，以及在古印度有关战时礼节和外交官不受侵犯的《摩奴法典》中，我们都可以发现有关对国家间关系本质进行探讨的思想萌芽。我国的《战国策》和修昔底德所著的《伯罗奔尼撒战争史》更是详细记载着国家决策、外交、联盟与战争等国家间关系的历史事实。古代历史学家记述的宝贵史料和思想家的论述、研究，仍然对我们进行国际关系研究具有重要的借鉴意义和参考价值，对国际关系学学科的发展仍发挥着深远的促进和启迪作用。正如莫顿·卡普兰所说："历史是巨大的实验室，国际活动在这里发生。"国际关系研究者可以对中国春秋战国时期诸侯国关系、古希腊城邦体系、中国历史上中央王朝与周边王朝关系（例如汉朝与匈奴关系、唐王朝的对外关系、宋金辽夏关系以及中国与周边的朝贡体系等）、文艺复兴时期意大利的国家体系，以及18世纪和19世纪盛行于欧洲的均势体系进行考察，比较不同时期各种体系和国家间关系的特点，进行国际关系理论创新，丰富国际关系研究，推进国际关系学学科内容框架的完善和发展。

那么什么是国际关系呢？顾名思义，国际关系是国与国之间的关系，这里的"国"是指民族国家。所以传统的观点认为，国际关系是民族国家产生后国家间的交往和互动，民族国家是国际关系的主体，国际关系也主要是国家间外交与战略关系。国际关系学也集中研究战争与和平、冲突与合作等问题。随着社会发展、科技进步，特别是通信技术、网络媒体和全球化等因素的驱动，国际关系的内涵和外延扩大化了，对国际关系的传统界定无法涵盖扩大化了的国际交往和民间互动。从某种程度上讲，普通的民众跨国学习或旅游、跨越国界流动着的河流，甚至网民网上活动等都会引发国际互动或国际事件。公共外交和互联网使得生活在地球上的每个人都有可能自觉或不自觉地成为国际关系的元素和参与者。所以比较宽泛地讲，国际关系学是以全球范围内的跨国界社会现象为研究对象。我们可以将国际关系定义为各种国际行为体（主要是主权国家，也包括国际组织、非政府组织、跨国公司或个别重要人物等）在跨国界交往、联系与互动中所形成的各种错综复杂的关系总和。国际关系可以包括主权国家之间的政府关系，也涵盖其他许多不同的活动，如国际往来、经济金融和商业交易、体育竞赛、旅游、科学会议、教育交流项目、传教活动和宗教文化民间交往等。

　　1648 年欧洲三十年战争之后《维斯特伐利亚和约》的缔结,标志着近代以主权国家为行为体的国际关系的开始。随着欧洲现代民族国家的建立以及彼此间关系的日益密切,对国际关系史和外交史的研究应运而生。国际关系学作为一门独立的学科,是在第一次世界大战后才诞生的。正如爱德华·卡尔所说:"国际关系学诞生于一场规模巨大的灾难性战争。对这门学科的创始人来说,支配着他们并给他们以激励的是这样一个目的:避免再次发生这种国际政治疾病。"通常认为,1919 年英国威尔士大学设立第一个国际关系教席并设置国际关系教程是国际关系学科建立的标志。此后,巴黎(1925年)、柏林(1927年)及日内瓦(1927年)纷纷仿效,开设国际关系课程;与此同时,美国也有四十余所大学设立了国际关系课程。在历经了两次世界大战的磨难、国际联盟和联合国的实践以及冷战和各国国际冲突的检验后,直到20 世纪 70 年代,国际关系才有了可称为一门学科的轮廓,其表现为国际关系学者们在核心概念、理论体系、主要方法和主要研究对象等方面开始出现了明显的共同点,并且涌现出大量国际关系研究的专业机构、学术期刊和时事报刊,这标志着国际关系学已经成为一门独立的学科。[1]目前,国际关系学已经发展成为一个拥有独立的知识体系的学科, 内部形成许多学术分支和研究方向。以国别和地区为标准、以问题类别为标准的专业研究分工的细化,使得国际关系学的学术分支不断拓展,如图 1-1(国际关系研究内容)所示,有关国际关系学的知识就像一棵大树,有根、干、枝、茎和叶。时间越长,这棵树的枝茎叶就越多。[2]

　　政治学主要围绕着公共权力的研究而进行,是一门研究公共权力的活动、形式、关系及其发展规律的学科。区别于国内政治的权力结构和权威系统,国际关系是一个主权平等、没有更高权威的无政府状态,是一个自助体系。正是因为它是一个自助体系,安全才成为国家关心的头等大事。政治、军事、经济和文化等国家间实力的竞争,运用外交、军事和国际制度等手段谋取国际权力的努力,从国家的诞生到未来消亡,都是一种常态。所以国际关系学也是围绕着国际权力关系研究而展开的。

---

① 邢悦:《国际关系学入门》,北京大学出版社,2011 年,第 7 页。

② 阎学通、阎梁:《国际关系分析》,北京大学出版社,2008 年,第 6~7 页。

第一章

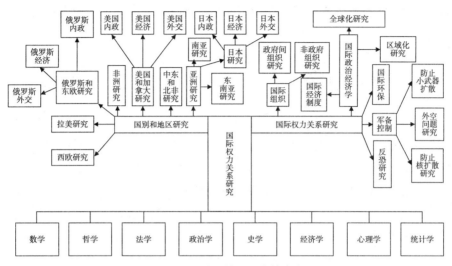

图 1-1 国际关系研究的内容

国际关系学从哲学、政治学、历史学和法学等社会科学中分离出来，并不断吸取经济学、社会学、心理学，甚至包括数学、系统控制等自然科学的营养，从而具有鲜明的综合性和跨学科性。正如阿尔弗雷德·齐默恩爵士所言："国际关系研究横跨从自然科学到道德哲学……的整个领域。"国际关系学界惯用层次分析法研究国际关系，我们把结构层次与单位层次的分析看作运用宏观和微观两种不同的视角和方法进行国际关系研究。根据研究对象和分析视角的差异，将国际关系学划分为微观国际关系学和宏观国际关系学。微观国际关系学主要研究国际行为体的类型、特征、行为和国际行为体之间的关系，并分析其对国际社会的影响。宏观国际关系学主要研究整个国际社会的体系、格局和规范及其对国际行为体和对国际行为体之间关系的影响。

国际关系学又分为三个层次：初级、中级和高级。初级国际关系学主要介绍国际关系学的基本理论和研究方法，以定性为主；中级国际关系学应定位为以模型建构为主、定性和定量相结合的方法来研究国际关系；高级国际关系学则运用纯粹的数学工具、计量方法定量研究国际关系。以阎学通等著的《国际关系分析》和詹姆斯·多尔蒂等著的《争论中的国际关系理论》为代表的国际关系学教科书，已经奠定了初级国际关系学的坚实基础。如何运用模型建构、定性和定量结合的方法，来尝试性地探索中级国际关系学的崭新领域，是对从事国际关系教学和研究工作者的巨大挑战。科学研究不断向前,各种学科都在发展,国际关系学的发展也考验着国际关系学者的雄心、智慧与耐力。

二、国际关系理论概要

理论对于一个学科的建构和发展是十分重要的,理论为我们思考问题提供一个有用的知识框架和分析视角。国际关系专业的学生不能忽视对国际关系理论的学习。正如英国著名国际关系学者克里斯·布朗所言:"所有对国际关系以及其他社会科学的理解必定是理论性的。"[①]真正的危险在于把国际关系学当成与理论无关的论述、"时事评论"、"高级新闻"的附属等,这使得这门学科疏远了我们学生中未来可能出现的更优秀的理论家,而仅仅吸引了那些具有经验性思维的学生。如今的国际关系学是一门理论上日益成熟和富有挑战性的社会科学,是一个充满重大辩论的领域,比如施动者——结构、性别、认同以及后现代主义和后结构主义思想的进一步延伸。国际关系学中最丰富、最活跃和最具争议的部分就是国际关系理论。从某种程度上讲,国际关系学是一门思维的科学,就是指能激发国际关系研究者进行创造性思维的国际关系理论。

在科学哲学文献中,理论被定义为一种符号结构,是一系列相互联系的假设,其中还包括定义、法则、定理和公理等。理论提出一系列具体说明各种变量之间关系的命题和假说,依次系统地阐述关于各种现象的观点,从而对这些现象作出解释或预测。[②]沃尔兹在《国际政治理论》第一章"规律与理论"中,论述了理论的含义、建构及检验方法。沃尔兹对国际关系理论和学科发展的贡献可谓功勋卓著,被称为结构现实主义的大师。沃尔兹认为,规律和理论存在本质的区别,规律中的每一个描述性术语都直接与观察和实验程序相连,只有经过观察与实验的双重检验,理论才能成立。规律是对事实的观察,理论则是为了解释事实而进行的思辨过程,理论解释规律。[③]昆西·赖特认为:"国际关系的一般性理论指的是一套全面的、连贯的、能够自我修正

---

① [英]克里斯·布朗、克尔斯滕·安利:《理解国际关系》,吴志成、刘丰、刘佳译,中央编译出版社,2010年。

② [美]詹姆斯·多尔蒂、小罗伯特·普法尔茨格拉芙:《争论中的国际关系理论》,阎学通、陈寒溪译,世界知识出版社,2013年,第25页。

③ [美]肯尼思·沃尔兹:《国际政治理论》,信强译,上海世纪出版集团,2008年,第6~7页。

的知识,它有助于对各国间关系和世界形势进行认识、预测、评价和控制。"
"简约便是美的",国际关系理论应该简明扼要,在陈述一个真理时,尽可能
地精确、优美和简要。科学家们从来就倾向于把科学真理与艺术美感等同起
来,把艺术美感与思路简捷等同起来。①理论必须接受经验和实践的双重检
验,实际存在的事实是否与理论对它的解释相符,以及理论得出的结论是不
是从它的前提引出的必然的逻辑结果? 简言之,理论是否与事实一致并能自
圆其说。②

(一)历史路径:国际关系理论的嬗变与发展

人类早期对国家间关系的研究和探讨可以追溯到我国春秋战国和古希
腊城邦时期的思想家。老子、孔子、墨子和荀子等思想家的国际政治思想对
中国社会的政治治理体系和对外战略关系,影响深远;亚里士多德在《政治
学》中对古希腊政体的比较研究,开创了比较政治研究的先河;修昔底德的
《伯罗奔尼撒战争史》为研究国家间关系提供了翔实的史料信息和卓越的思
想原创。国际关系理论的发展是对现实世界中的国际事件或变化的反映,理
论的发展内在于话语之中,也是特定群体动态发展的产物。我们以一战后人
类历史进程为横轴,简要梳理一下国际关系理论的嬗变和发展过程。

1.1919 年—1939 年:自由主义与现实主义的第一次交锋

1914 年至 1918 年第一次世界大战的灾难,促使许多思想家开始反思这
场战争的原因,并试图找到解决这个问题的处方。愿望是思想之父,可以说,
消灭战争或减少战争的破坏性的愿望是国际关系理论产生的前提。自由主
义者相信"人民"对于和平有现实的利益和渴望,在一定条件下民主政权会
让这些利益和愿望成为现实。他们从国内政治和国际体系两个角度进行分
析,认为如果所有的政权都是民主政治政体(自由民主制的宪政体制和民族
自决原则)就不会发生战争,并对主权原则下的无政府状态的国际体系和一
战前的国际制度结构进行反思和批判,认为建立国际关系新原则势在必行,
建立新的国际制度结构(国际联盟),旨在提供国家试图获得的、但在旧的均

---

① [美]詹姆斯·多尔蒂、小罗伯特·普法尔茨格拉芙:《争论中的国际关系理论》,阎学通、陈寒
溪译,世界知识出版社,2013 年,第 27 页。

② [美]汉斯·摩根索:《国家间政治:权力斗争与和平》,徐昕、郝望、李保平译,王缉思校,北京
大学出版社,2006 年,第 27 页。

势体系下又无法成功获得的安全。国内政治的自决原则(民主宪政)和国际关系的集体安全(国际联盟)是一战后自由主义国际关系理论的理论内核。

自由主义国际关系理论是国际关系学科建立(1919年)之后的第一个国际关系理论流派,是对欧洲传统均势和霸权没能阻挡第一次世界大战爆发的批判,典型标志为威尔逊的"十四点计划",典型的实践活动为国际联盟的创建。1917年,美国总统威尔逊在对国会的讲话中提出了"十四点计划",基本原则有:①国际自由贸易和海洋自由通行;②民族自决;③裁减军备;④民主政体;⑤国际组织与国际法;⑥跨国民间交往。总结起来,重要理念有四个:第一,自由贸易可以促成国家之间的合作并减少战争爆发的可能;第二,民主体制可以加强和平;第三,国际组织和国际法是维护国际秩序的重要力量,是促进合作与和平的重要保障;第四,民间交往可以加强国家之间的合作和人民之间的了解。①1919年到1939年是自由主义国际关系理论的初创期,也是国际关系理论自由主义(乌托邦主义)与现实主义的第一次交锋。

卡尔在《二十年危机:国际关系研究导论》中首次提出国际关系理论的现实主义和乌托邦主义两大思潮,为后来的国际关系理论研究提出了一个一分为二的分析框架:现实主义和理想主义两大理论流派。卡尔的《二十年危机:国际关系研究导论》开辟了一种新的国际关系理论——现实主义,标志着国际关系理论自由主义与现实主义的第一次交锋。自由主义与现实主义的竞争成为国际关系理论发展的一条主线。卡尔的核心观点是自由主义利益和谐学说掩盖了国际关系中"既得利益者"与"一无所有者"之间的现实冲突。稀缺性是世界的核心特征——没有足够的资源支撑生活需要。一方面,那些拥有资源的人想要维持对资源的控制,因而推行"法律和秩序"的政策,试图把使用暴力定为非法;另一方面,那些"一无所有者"并不遵守法律,而且他们没有理由遵守,因为正是"既得利益者"手中的法律让他们一无所有。②卡尔论述的"既得利益者"与"一无所有者"之间的关系,对一战后战败国德国和战胜国英法等国家之间的关系以及战后的"法律与秩序"制度安排和国际联盟建设等,具有一定的解释力。

卡尔认为:"现代国际危机的深层含义,是乌托邦主义以利益和谐概念

---

① 秦亚青:《国际关系理论:反思与重构》,北京大学出版社,2012年,第66页。

② [英]克里斯·布朗、克尔斯滕·安利:《理解国际关系》,吴志成、刘丰、刘佳译,中央编译出版社,2010年,第31页。

为基础的整体结构的崩溃。"与乌托邦主义不同,现实主义强调的不是理想,而是国际关系中的权力和利益。乌托邦主义希望实现裁减军备成为可能的国际变革,而现实主义者则强调国家安全,强调外交要以军事力量和均势来支撑。对现实主义者来说,依靠理性、公共舆论以及国际联盟这样的国际组织来维护国际和平是软弱无力的, 例证是国际联盟未能使中国东北和埃塞俄比亚免遭侵略。[①]

2.1945 年—20 世纪 70 年代末:方法论之争

1945 年二战后,现实主义替代自由主义成为主导理论。从 1948 年汉斯·摩根索《国家间政治:权力斗争与和平》的发表直到 1979 年沃尔兹《国际政治科学》的问世,现实主义一直是国际关系学占主导地位的理论范式。二战的爆发和冷战接踵而至、两极格局的博弈与对峙、核战争的阴云等国际形势,使得自由主义理论的解释力大大逊色。1948 年汉斯·摩根索的《国家间政治:权力斗争与和平》标志着二战后现实主义国际关系理论体系的确立。

摩根索指出了政治现实主义的六项原则:①政治受到根植于人性的客观法则的支配;②以权力界定的利益概念是帮助政治现实主义找到穿越国际政治领域道路的主要路标;③以权力界定的利益是普遍使用的客观原则;④普遍的道德原则在抽象的普遍形式下是无法适用于国家行为的;⑤国家道德不等同于普世道德;⑥政治现实主义是一个独立的政治领域。这六项原则构成了现实主义理论大厦的基本架构。摩根索认为,国际政治像国内政治一样,是追求权力的斗争。无论国际政治的终极目标是什么,权力总是它的直接目标。一旦政治家和人民力图通过国际政治的手段去实现自己的目标时,他们就必定会参与角逐权力的斗争。[②]

1979 年沃尔兹《国际政治理论》的出版,标志着简约而严谨的新现实主义科学理论体系的诞生。区别于摩根索对国际冲突的人性根源的诠释,新现实主义将冲突归因于无政府状态的国际体系结构, 认为国际体系结构决定国家的国际行为。

二战后欧洲区域一体化的过程和实验,为自由主义国际关系发展提供

---

① [美]詹姆斯·多尔蒂、小罗伯特·普法尔茨格拉芙:《争论中的国际关系理论》,阎学通、陈寒溪译,世界知识出版社,2013 年,第 71 页。

② [美]汉斯·摩根索:《国家间政治:权力斗争与和平》,徐昕、郝望、李保平译,王缉思校,北京大学出版社,2006 年,第 55 页。

了条件,产生了功能主义、新功能主义和沟通交往理论。戴维·米特兰尼的功能主义研究是什么原因促进了欧洲一体化进程中国家间的合作,他认为低政治领域的合作会拓展到其他区域,国家利益的交融使得国际战争的可能性降低。厄恩斯特·哈斯在戴维·米特兰尼理论的基础上,强调合作的"外溢效应":一个领域的合作成功可以外溢到其他领域。他更强调政治一体化,认为政治一体化是区域一体化的根本,政治精英是一体化的中坚力量。卡尔·多伊奇认为国家间的沟通交往可以增进理解和合作,从而减弱战争的危险,被称为沟通交往理论。

从 20 世纪 50 年代开始,国际关系理论经历了一场"行为主义革命",主张用新的科学方法研究国际关系,与历史传统(哲学和法学)研究方法之间发生论战。这场论战的重点是方法论的分析,所以这被称为国际关系理论中科学行为主义与传统主义的第二次论战。以卡尔奇、卡普兰和戴维·辛格为代表的科学行为主义学派,提出了科学的研究方法和分析模型,极大地推进了国际关系研究科学化进程,其中卡尔奇从科学行为主义角度提出了一体化理论、沟通理论和博弈理论,被学术界称为"科学行为主义三论"。以霍夫曼为代表的传统学派对科学行为主义进行论战,他断言卡普兰的"系统理论"是国际关系研究偏离正确方向的"一次失误",多伊奇的"沟通理论"是肤浅的量变理论。[①]

3. 20 世纪 70 年代末开始的第三次论战:"新新之争"

20 世纪 70 年代开始,世界形势发生着深刻的变化,经济事务在国际关系中变得日益重要,国与国相互依赖程度加深,非国家行为体对国际事务的参与和影响日趋增大。国际关系现实的发展与变化,亟待崭新的理论予以诠释。1977 年,由罗伯特·基欧汉和约瑟夫·奈合著的《权力与相互依赖》用复合相互依赖理论将现实主义和自由主义结合起来,并在此基础上发展成为独立的国际机制理论体系,成为新自由主义重新崛起的宣言,构成了新自由制度主义兴起的理论基石。相互依赖既包含军事相互依赖,也包含经济和生态相互依赖,相互依赖理论的构建是以经济相互依赖为基础的。传统的军事安全、政治与经济、生态相互依赖之间既有重要的连续性,也存在重大差别,其差别与"零和"和"非零和"游戏之间的区别有所不同。强调相互依赖的不对称性是权力的来源,从而将权力与相互依赖连接起来。对相互依赖的分析可

---

① 倪世雄:《当代西方国际关系理论》,复旦大学出版社,2001 年,第 115 页。

参考两个变量:敏感性和脆弱性。敏感性测量假设现有规则不变,一个行为体环境的变化在多大程度上影响其他行为体。脆弱性所测量的是行为体终止一种关系需要付出的代价或遭受损失的程度。

《权力与相互依赖》中的复合相互依赖模式与现实主义有以下区别:①各社会之间存在多渠道的联系,包括政府机构的不同部门以及非国际行为体(跨国组织等)。这与现实主义以国家为中心相对。②国家间关系存在许多议程,但不存在议程的等级性,军事安全并非始终是国家间关系的首要问题。现实主义称安全是最重要的议程。③当复合相互依赖普遍存在时,武力的重要性降低。这与现实主义武力的核心作用相对。

多元主义和复合相互依赖对20世纪70年代的国际关系显示出独到而令人信服的解释力,现实主义学派支配二战后国际关系理论学科30年之后,开始败下阵来。1979年,沃尔兹《国际政治理论》的出版使得现实主义重整旗鼓,以沃尔兹为代表的新现实主义触发了一场新的论战。1977年基欧汉和奈合著的《权力与相互依赖》和1979年沃尔兹《国际政治理论》的出版,标志着国际关系理论研究进入到第三次论战:新现实主义和新自由主义的论战。《权力与相互依赖》是新自由主义向现实主义挑战的宣言。《国际政治理论》奠定了结构现实主义的理论基石,以无政府状态下的国际体系中的行为体之间的关系结构为分析基础,认为国际体系结构是国家行为的根本原因,开创了国际关系研究严谨、简约的科学理论体系。

新自由主义批判新现实主义强调了国际体系结构,但是忽视了国际体系中的进程;以罗伯特·基欧汉为代表的新自由制度主义学派提出国际制度选择国家行为,认为体系进程因素影响了国家的行为,体系进程中最具意义的是国际制度。正是因为国际体系的无政府性,国家才更需要国际机制保障其合作。[①]国际机制通过鼓励合作行为和惩罚不合作行为来促进国际合作的实现。

进入20世纪90年代中期以后,随着全球化的兴起,在国际关系领域,自由制度主义和社会建构主义颇为盛行,并由此出现了国际关系理论的第四次论战。1999年温特的《国际政治的社会理论》出版,标志着建构主义国际关系理论的成熟。从此,国际关系理论界呈现现实主义、自由主义和建构主义三足鼎立之势。理性主义和建构主义的辩论成为20世纪90年代以后,国

---

① 秦亚青:《国际关系理论:反思与重构》,北京大学出版社,2012年,第133页。

际关系研究的一个重要方面。面对建构主义的挑战和批评，理性主义也开始了新的自我完善，修改理论前提和分析框架。①例如在理性主义框架内，新一代学者开始运用系统论和数学方法来证明基本命题和假设，推进了国际政治经济学和国际关系其他学科研究的科学化进程。

冷战后的国际关系理论仍在争论中发展，以米尔斯海默的《大国政治的悲剧》为标志的进攻性现实主义就是一个重要的例证。以沃尔特和杰维斯为代表的学者将政治心理学的认知理论引入到国际关系理论研究中，开拓了人们的视野。新马克思主义、英国学派和女性主义等都有所发展，国际关系理论研究呈现百家争鸣、百花齐放的景象。理论与实践、理论与历史是辩证关系，随着国际关系实践的发展，国际关系理论也在发展之中。"理论在一个国家实现的程度，总是决定于理论满足这个国家的需要的程度。"两次世界大战后，世界权力中心从欧洲大陆向欧洲的两侧（美苏）转移；冷战结束后，美国成为世界唯一的超级大国，实现了美国治下的世界和平。美国的现实需要推进了国际关系理论的创新与发展；美国的全球战略需要一门成熟的国际关系学的支撑。人类历史进入21世纪，作为有五千多年文明史的中国，崛起的步伐骤然加快，国际格局又将面临一次新的转型和变迁。随着中国崛起进程的加快，国家利益的拓展需要国际关系研究的跟进，国家对外决策更亟待理论研究的支撑，国际关系学在中国正逐渐成为一门显学。中美如何构建新型的大国关系，中美两极化格局之下大国间如何和平共处，如何实现世界权力中心的和平转移，对这些崭新问题的研究，将促成中国学者对国际关系理论研究的创新与突破。中国学者已经系统地挖掘了先秦时期诸子百家的国际政治思想，例如孔子、孟子、荀子和韩非等思想家的国际政治思想，探索中华文化对国际关系研究的借鉴价值。中国五千年传统文化的精华，与改革创新的时代精神相结合，一定能够启迪我们开拓出人类社会不同国家之间理解沟通、包容开放、合作共赢和融合共生的和谐相处之道，不断推进国际关系理论的创新与发展。

(二)理论:图表与比较

这部分主要是把国际关系理论的基本假设、核心观点与基本概要用图

---

① 王正毅:《国际政治经济学通论》,北京大学出版社,2012年,第22页。

示方式列举出来，并作一下简单比较。

1.国际关系理论的主要流派①

表 1-1　国际关系研究的主要理论流派

	关注问题	核心变量	解决途径
现实主义	安全、冲突	权力、国家利益	维持均势、维系霸权
自由主义	发展、合作	制度、共同利益	改善制度
马克思主义	剥削、斗争	阶级、依附	打破阶级压迫、改变国际秩序
建构主义	和谐、进化	观念、文化环境	改变观众

2.现实主义、自由主义和建构主义三大理论的基本观点和差异②

表 1-2　国际关系的三大理论和流派

	现实主义 / 新现实主义	自由主义 / 新自由制度主义	建构主义
主要行为体	主体国家(特别是大国)、国际体系	集团、阶层、国家、国际组织、跨国界组织	个人、国家、建立在集体认同上的共同体
对人性的假定	自私，追求利益、权力；且人性不会随着时间的推移发生改变	本质上是向善的，且人性可随着环境变化而改变，所以人是可以不断完善的	可以靠后天习得改变行为模式
对国家的假定	单一行为体（Unitary）:国家目标、行为、利益具有统一性和整体性；国家是理性行为体，追求国家利益最大化	多个行为体：国家目标、行为、利益是国内社会中的个人、官僚、企业等多方博弈的产物，承认国家是理性行为体	非理性行为体：体系文化对国家身份、利益具有建构作用，国家行为取决于被体系文化建构的国家身份和利益
对无政府状态的认识	无政府状态意味着无止境的竞争和冲突，国家在无政府状态下只能采取自助的方式维护自身的安全	无政府状态并不一定导致无秩序社会。国际社会可以是一个无政府的有序社会。无政府状态不是国际冲突的充分条件	无政府状态是国家造就的，它并不一定导致自助体系和权力政治的产生
国际体系的本质	为争夺权力而展开的冲突和斗争	为秩序而进行合作	由体系文化决定，可以有敌对、竞争和朋友三种性质
对国际体系变革的看法	变革的可能性小，依赖于缓慢的权力结构的变迁	变革是可能且受欢迎的	相信国际体系是进化的、而非循环的

① 阎学通、阎梁:《国际关系分析》,北京大学出版社,2008 年,第 13 页。

② 邢悦:《国际关系学入门》,北京大学出版社,2011 年,第 38~39 页。

3.古典现实主义与新现实主义的比较①

表1-3   现实主义理论

	古典现实主义	新现实主义
核心观点	①国际体系的性质是无政府状态 ②主权国家是国际体系中最重要的行为体 ③国家是单一、理性的行为体 ④权力(尤其是武力)是国家安全的最好保障 ⑤国家利益间的冲突是国际关系的常态	
研究层次	国家层次的权力互动关系	体系结构和单位之间的互动关系
研究侧重点 冲突根源	人性	国际体系的无政府性,无政府性是国际关系的第一推动力
研究侧重点 权力与安全	权力主要是指军事实力,国家根本利益在于无限制地获得、维持和增加权力	权力为综合实力;国家的根本利益是实现安全,而不是无休止地追求权力;权力本身不是目的,而是实现安全的手段
研究侧重点 国家行为的根源	国家利益是国家行为的主要动机,它包罗万象,是一个一般的、笼统的、难以操作化的抽象理论概念	从体系层次上寻找国家行为的根源:体系结构(国际体系中权力的分配,主要指大国之间的力量对比)是体系单位(国家)行为最重要的影响因素,国际体系结构决定国家的国际行为
研究方法	经典式定性分析、归纳综合方法	深受科学行为主义影响,偏重于推断演绎方法

4.自由主义与新自由主义的差异②

表1-4   自由主义理论

	自由主义	新自由主义
共同的世界观	①个人自由与世界政治秩序之间存在密切联系,自由国家是推进国际合作的重要力量;②国际合作是实现广泛的人类自由的基本手段,坚信共同的利益,而非强制的谈判将成为国际生活中最重要的内容;③国际合作是可以实现的,世界政治是逐渐进步的	
共同的假设	①个人是自由主义世界政治假设的核心,个人行为与世界政治直接相关;②国家虽是国际关系中重要的行为体,但国家并非现实主义语境中的"实心球",而是国内各方利益和偏好的结合体;③国际社会与国内社会并没有本质的区别,若将国内的法律和秩序推及国际社会,无政府状态是可以改变的	
不同之处	①完全自由放任的理念,不被干预的世界将自动走向秩序 ②自由贸易导致国际和平,国际秩序由"无形的手"——均势进行调节	①自由放任并不必然导致秩序,重视国际组织、国际法的作用,强调对国际社会进行多边管制与干预 ②和平与正义并非自然状态,而是人类设计的结果;强制改革、多边主义,提高国际政治民主化

---

① 邢悦:《国际关系学入门》,北京大学出版社,2011年,第41页。

② 同上,第44页。

5.建构主义理论①

表 1-5 　建构主义理论

建构主义	
关键词	文化、认同、共识
核心内容	①强调国际体系内非物质因素的存在 ②国家之间的关系取决于互动过程中形成的对对方的认同
哲学基础	人性中有善有恶
主要理论家	亚历山大·温特
基本理论	①国际社会的无政府状态不是自然状态，而是由国家造就的；无政府状态是一个空壳子，可以有三种表现形式：霍布斯文化、洛克文化、康德文化 ②世界体系对国家的身份和利益有建构作用 ③国际关系的性质取决于国家之间存在怎样的信念和期望（国家并非理性的行为体） ④物质因素并不决定国家的行为：国家的行为取决于它对物质因素的理解和解释

三、研究方法

国际关系学的研究方法分为传统研究方法和科学研究方法。传统研究方法包括哲学传统、历史研究和比较研究方法等，即运用哲学、史学路径和比较方法来探讨国际关系。国际关系传统研究方法运用简单的枚举归纳或根据若干前提进行理论演绎，不能确保研究成果的可靠性。科学研究方法主要运用自然科学的研究方法分析国家行为，也被称为行为主义方法，包括模型分析、统计方法和实证检验等，遵循试错的逻辑。科学方法的基本步骤是：文献回顾、提出有意义的问题、建立假设、实证检验、修改假设、再实证和得出结论等。科学方法和传统方法最大的区别在于前者强调实证检验，注重实证步骤，即检验假设和事实具有一定程度的一致性。实证检验区别于规范分析，实证过程注重价值去除，是对有关命题的逻辑推导，旨在理解国际关系"实际是什么"或"将会是什么"，不涉及结果好坏，以及是否公平等价值判断。而规范分析要对国家对外决策的结果的好坏等作出价值判断——"应该是什么"。科学方法必须是实证的方法。实证分析既涉及定性问题，也涉及定量问题，所涉及的命题可以从基本逻辑和经验数据两个方面进行检验，即逻辑和历史经验的双重检验。

我们研究国际关系理论就会发现一个现象，即国际关系理论总是诞生于特定的时代背景和历史阶段，与国际关系的历史是紧密关联的。这也印证

---

① 邢悦：《国际关系学入门》，北京大学出版社，2011年，第47页。

了"历史从哪里开始,思想进程也应当从哪里开始,而思想进程的进一步发展不过是历史过程在抽象的、理论上前后一贯的形式上的反映;这种反映是经过修正的,然而是按照现实的历史过程本身的规律修正的"①。逻辑的发展需要历史的例证,需要不断接触现实。②国际关系理论的发展也是基于历史的实践和现实的需要。

国际关系学是一门实践性十分强的社会科学。"人的思维是否具有客观的真理性,这不是一个理论问题,而是一个实践的问题。人应该在实践中证明自己思维的真理性,即自己思维的现实性和力量,亦即自己思维的此岸性……关于离开实践的思维的现实性或非现实性的争论,是一个纯粹经院哲学的问题。"③国际关系理论与国际关系实践是紧密相关的,国际关系理论的正确性需要经过逻辑和历史实践的双重检验,所以实证的方法在整个国际关系研究中占据主导地位。实证方法赋予了国际关系研究的科学性。

与任何社会科学和自然科学一样,国际关系学要对所观察的国际现象作出合理的解释和预测,例如乌克兰危机发生的原因是什么?乌克兰局势将走向何方?俄罗斯会对乌克兰东部区域进行军事介入吗?安倍参拜靖国神社、解禁集体自卫权将对亚太局势产生什么影响?在中美两极化国际格局下,如何处理好中美新型大国关系?国际关系学家分析国际问题是可以通过模型进行的。构建国际关系理论模型,通过剔除无关的细节,使国际问题简化,从而使得国际关系分析更加有效。国际关系模型是用来描述所研究的与国际现象有关的变量之间相互关系的理论结构。国际关系学是一种思维方式,其核心是国际关系分析,也被称为国际关系理论。国际关系理论的基础是理性假定,国家决策基于成本—收益的分析,实现国家利益的最大化。下面简单介绍一下国际关系模型的建构与检验的方法。

构建国际关系模型的步骤如下:①界定所要考察的问题及其范围。比如某种特定的国际关系现象或国家的国际行为为什么会发生?当国际局势发生变化时,国家对外决策将发生什么样的变化?等。②形成假设。形成假设是寻找所考察的国际关系现象的规则和秩序。假设就是对国际行为的因果关系的尝试性解释。③根据假设对现实作出解释或预测。④对模型进行检验。⑤根据检验结果放弃、修改或接受模型。国际关系学模型的建构与检验

① 《马克思恩格斯选集》(第二卷),人民出版社,2012年,第14页。

② 同上,第16页。

③ 《马克思恩格斯选集》(第一卷),人民出版社,1995年,第58~59页。

的步骤如图 1-2 所示：

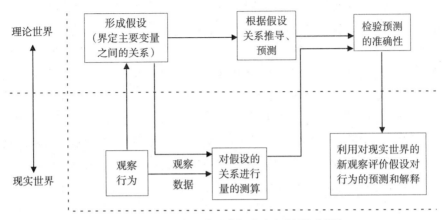

如果对预测和解释力不满意,修改和重新检验假设

图 1-2 国际关系理论模型的建构与检验

国际关系学模型建构也是一种简化的数学方法，通过模型将复杂的国际问题进行简化，从中提取出核心变量以及变量之间的逻辑或数理关系。而后把复杂的因素逐步地添加进去,使模型复杂化,变得更符合实际。通过正确的简化方法,建立模型,去除无关的细节,可以使国际关系学家把重点放在要研究的国际社会现实的基本特征上。国际关系学研究以国际社会事实为基点。模型建构主要通过这样的路径来进行:简化现实—建立模型—添加因素—模型复杂化—接近现实。运用数学模型建构方法来理解国际关系,并以实证检验模型,这也是本书所采用的主要方法。

四、本章小结

国际关系学概念、理论和方法对于国际关系学科的建构非常重要。概念是构建国际关系学学科知识大厦的基石,理论是这座学科大厦的基本架构,方法则是关乎这座学科大厦总体设计与构建的技术与实施工具。掌握国际关系的科学研究方法,就把握了国际关系学这门学科的钥匙和灵魂。国际关系理论和方法是普世性的,但是国际关系的研究者是有国别的。国家处理对外关系的政策和战略,都是以国家利益为出发点和最终归宿,所以学习和研究国际关系,需要结合自身的国家发展状况和国家利益进行思考。

学科建设与社会实践、理论与实践是紧密关联的。正如马克思所言:"全部社会生活在本质上是实践的。凡是把理论引向神秘主义的神秘东西,都能在人的实践中以及对这个实践的理解中得到合理的解决。"①人的实践与历史发展为国际关系学研究提供了丰富的资料和信息,也为检验和发展国际关系理论提供了有价值的数据,为国际关系学科成长提供了丰厚的土壤。"哲学家们只是用不同的方式解释世界,问题在于改变世界。"②同理,国际关系学研究者不仅要对国际关系现象作出合理的解释,而且要用科学的方法来预测未来的国际关系,并提供科学的政策参考来改变世界。自 2008 年美国金融危机以来,世界各大国实力对比发生了什么样的改变? 这会对国际格局产生什么样的影响? 国际格局的嬗变对国家行为和国家策略将产生什么样的影响? 欧债危机对整个欧洲政治产生什么样的影响,为发展中欧关系提供了怎样的机遇? 美国全球战略重心的调整、再平衡战略对中国的发展和安全利益会有什么样的影响? 国际格局的嬗变为中国构建国际合作和推进欧亚地缘一体化提供什么样的战略机遇? 这些问题都摆在中国学者面前,亟待研究。中国的外交政策创新、全球战略规划和推进以中国为主导的国际机制建设,从全球战略层面谋划中国未来和世界秩序,建构新型大国关系,都已经成为我国执政党、政府和学者的历史使命。我们在本书的撰写中,也对国际局势的变化、中国对外战略与政策创新等方面的内容,进行了初步的探索,并力求从学科和理论的角度,进行理性解释和提供政策建议。

国际关系学在中国已经成为一门显学,深受广大学生和民众的欢迎。这也折射出对国际关系知识的社会需求越来越大,更深层地源于改革开放以来中国与世界关系的历史巨变。当前,我国已经高度融入国际体系,在中国与世界的互动中,内政和外交相互交融、紧密相连、互为一体。党的十八届三中全会明确提出,全面深化改革的总目标是完善和发展中国特色社会主义制度,实现国家治理体系和治理能力的现代化。当前的国际局势正在发生深刻的变化,中国外交正根据国际格局的嬗变和中国国家利益的需要,积极有为,奋发进取,有创造性地开展工作。国际社会是一个无政府的自助状态,但是有实力的全球强国可以通过全球战略、联盟、一体化和国际机制建设等,为国际社会提供安全和秩序等公共物品,塑就一种相对有序的国际体系。伴随着实现中华民族伟大复兴的"中国梦"的圆梦过程,中国也肩负着构建一

① 《马克思恩格斯选集》(第一卷),人民出版社,1995 年,第 56 页。

② 同上,第 57 页。

个"天下有治"的国际体系的光荣使命。我国外交需要加强全球战略规划、国际机制建设、一体化进程以及结伴与命运共同体建构等领域的建设，构建一整套有国际影响力的全球治理体系，内政和外交紧密配合，共同推进国家治理体系与治理能力现代化。

　　构建新型国际关系是以习近平总书记为领导核心的中共中央提出的关于处理未来国际关系、构建国际秩序的战略性构想，也是在新的历史时期对和平共处思想的继承与创新。新型国际关系战略思想体现了我国对整个人类社会和谐相处之道的智慧与贡献。2014 年是和平共处五项原则发表 60 周年，习近平指出："在国际政治经济形势经历深刻调整的新形势下，和平共处五项原则依然具有强大生命力，必将为推动建立平等互信、包容互鉴、合作共赢的新型国际关系作出新贡献。"爱好和平、和谐相处、共享福祉，过自由美满的幸福生活，这是世界各国人民的美好愿望和根本利益所在。新型国际关系也是顺应世界人民的美好愿望，基于世界人民的根本利益而提出的处理国家间关系的政治理念。国之交在于民相亲，"植根于人心的友情，才是牢不可破的"。习近平指出，当前，中国人民正在为实现中华民族伟大复兴的"中国梦"而奋斗。中国梦是追求和平的梦，追求幸福的梦，奉献世界的梦。中华民族伟大复兴的"中国梦"和世界各国的梦想是相通共容的、并行不悖的。新型国际关系的战略构想将把世界各国人民的美好梦想编织在一起，共同开创一个更加美好的人类未来。

附　录

　　2014 年 6 月 28 日，和平共处五项原则发表 60 周年纪念大会在人民大会堂隆重举行。国家主席习近平出席大会并发表题为"弘扬和平共处五项原则　建设合作共赢美好世界"的主旨讲话，深刻阐述和平共处五项原则的历史性贡献和重大现实意义，强调中国将继续做弘扬和平共处五项原则的表率，同国际社会一道，推动建设新型国际关系和持久和平、共同繁荣的和谐世界。

弘扬和平共处五项原则　建设合作共赢美好世界
——在和平共处五项原则发表 60 周年纪念大会上的讲话
（2014 年 6 月 28 日）
中华人民共和国主席　习近平

　　尊敬的吴登盛总统，

　　尊敬的安萨里副总统，

　　尊敬的各位使节、各位嘉宾，

　　女士们，先生们，朋友们：

　　今天，我们在这里隆重集会，纪念和平共处五项原则发表 60 周年。这是中国、印度、缅甸和国际社会共同的盛会，对弘扬和平共处五项原则、增进各国人民友好合作、促进世界和平与发展，具有重要意义。

　　在这里，我谨代表中国政府和中国人民，并以我个人的名义，对各位嘉宾和朋友的到来，表示热烈的欢迎！

　　刚才，吴登盛总统、安萨里副总统发表了热情洋溢的重要讲话，我对他们的讲话表示高度评价。

　　60 年前，在第二次世界大战结束后兴起的非殖民化运动中，亚非拉民族独立解放事业蓬勃发展，新生的国家渴望建立平等的国际关系。中国、印度、缅甸顺应这一历史潮流，共同倡导了互相尊重主权和领土完整、互不侵犯、互不干涉内政、平等互利、和平共处五项原则。

　　1954 年 6 月 28 日和 29 日，中印、中缅分别发表联合声明，确认这五项原则将在相互关系以及各自国家同亚洲及世界其他国家的关系中予以适用。这是国际关系史上的重大创举，为推动建立公正合理的新型国际关系作出了历史性贡献。

抚今追昔，我们对共同倡导和平共处五项原则的三国老一辈领导人表示深切的缅怀，对长期以来坚持弘扬和平共处五项原则的各国有识之士，致以崇高的敬意！

今天，我们共同纪念和平共处五项原则发表60周年，就是要探讨新形势下如何更好弘扬这五项原则，推动建立新型国际关系，共同建设合作共赢的美好世界。

女士们、先生们、朋友们！

和平共处五项原则之所以在亚洲诞生，是因为它传承了亚洲人民崇尚和平的思想传统。中华民族历来崇尚"和为贵"、"和而不同"、"协和万邦"、"兼爱非攻"等理念。印度、缅甸等亚洲国家人民也历来崇尚仁爱、慈善、和平等价值观。印度伟大诗人泰戈尔用诗歌的语言写道："你以为用战争可以获取友谊？春天就会从眼前姗姗而去。"缅甸人民建立了和平塔，用来祈祷世界和平。

和平共处五项原则生动反映了联合国宪章宗旨和原则，并赋予这些宗旨和原则以可见、可行、可依循的内涵。和平共处五项原则中包含4个"互"字、1个"共"字，既代表了亚洲国家对国际关系的新期待，也体现了各国权利、义务、责任相统一的国际法治精神。

上个世纪50年代，在和平共处五项原则指导下，中印友好之风吹遍了两国广袤大地。当年，周恩来总理访问印度时，到处可以听到"潘查希拉金达巴"（五项原则万岁）、"印地秦尼巴伊巴伊"（印中人民是兄弟）的欢呼声。中缅在和平共处五项原则指导下妥善解决了边界问题，1960年两国签署边界条约，这是新中国同周边邻国签订的第一个边界条约。中缅两国还签署了中缅友好和互不侵犯条约，这是亚洲国家间首个和平友好条约。

60年来，和平共处五项原则不仅在中国、印度、缅甸生根发芽、深入人心，而且走向亚洲、走向世界，中国、印度、缅甸都为此作出了重要贡献。中方认为，总结国际关系实践，和平共处五项原则是具有强大生命力的。印方认为，如果和平共处五项原则在所有国家相互关系中获得认可，那么世界就几乎不会有任何冲突和战争。缅方表示，和平共处五项原则对一切国家都是适当的指导原则。

女士们、先生们、朋友们！

60年来，历经国际风云变幻的考验，和平共处五项原则作为一个开放包容的国际法原则，集中体现了主权、正义、民主、法治的价值观。

——和平共处五项原则已经成为国际关系基本准则和国际法基本原则。和平共处五项原则精辟体现了新型国际关系的本质特征，是一个相互联系、相辅相成、不可分割的统一体，适用于各种社会制度、发展水平、体量规模国家之间的关系。1955年，万隆会议通过的十项原则是对和平共处五项原则的引申和发展。上个世纪60年代兴起的不结盟运动把五项原则作为指导原则。1970年和1974年联合国大会通过的有关宣言都接受了和平共处五项原则。和平共处五项原则为当今世界一系列国际组织和国际文件所采纳，得到国际社会广泛赞同和遵守。

——和平共处五项原则有力维护了广大发展中国家权益。和平共处五项原则的精髓，就是所有国家主权一律平等，反对任何国家垄断国际事务。这为广大发展中国家捍卫国家主权和独立提供了强大思想武器，成为发展中国家团结合作、联合自强的旗帜，加深了广大发展中国家相互理解和信任，促进了南南合作，也推动了南北关系改善和发展。

——和平共处五项原则为推动建立更加公正合理的国际政治经济秩序发挥了积极作用。和平共处五项原则摒弃了弱肉强食的丛林法则，壮大了反帝反殖力量，加速了殖民体系崩溃瓦解。在东西方冷战对峙的大背景下，所谓"大家庭"、"集团政治"、"势力范围"等方式都没有处理好国与国关系，反而带来了矛盾、激化了局势。与之形成鲜明对照的是，和平共处五项原则为和平解决国家间历史遗留问题及国际争端开辟了崭新道路。

女士们、先生们、朋友们！

当今世界正在发生深刻复杂的变化，和平、发展、合作、共赢的时代潮流更加强劲，国际社会日益成为你中有我、我中有你的命运共同体。同时，国际关系中的不公正不平等现象仍很突出，全球性挑战层出不穷，各种地区冲突和局部战争此起彼伏，不少国家的民众特别是儿童依然生活在战火硝烟之中，不少发展中国家人民依然承受着饥寒的煎熬。维护世界和平、促进共同发展，依然任重道远。

新形势下，和平共处五项原则的精神不是过时了，而是历久弥新；和平共处五项原则的意义不是淡化了，而是历久弥深；和平共处五项原则的作用不是削弱了，而是历久弥坚。

"凡益之道，与时偕行。"刚才，吴登盛总统、安萨里副总统都对新形势下坚持和弘扬和平共处五项原则、推动建设新型国际关系和美好世界谈了很好的想法和主张。在这个问题上,中国、印度、缅甸有着广泛共识。我愿谈几点看法。

第一,坚持主权平等。主权是国家独立的根本标志,也是国家利益的根本体现和可靠保证。主权和领土完整不容侵犯,各国应该尊重彼此核心利益和重大关切。这些都是硬道理,任何时候都不能丢弃,任何时候都不应动摇。

国家不分大小、强弱、贫富,都是国际社会平等成员,都有平等参与国际事务的权利。各国的事务应该由各国人民自己来管。我们要尊重各国自主选择的社会制度和发展道路,反对出于一己之利或一己之见,采用非法手段颠覆别国合法政权。

第二,坚持共同安全。安全应该是普遍的。各国都有平等参与国际和地区安全事务的权利,也都有维护国际和地区安全的责任。我们要倡导共同、综合、合作、可持续安全的理念,尊重和保障每一个国家的安全。不能一个国家安全而其他国家不安全,一部分国家安全而另一部分国家不安全,更不能牺牲别国安全谋求自身所谓绝对安全。我们要加强国际和地区合作,共同应对日益增多的非传统安全威胁,坚决打击一切形式的恐怖主义,铲除恐怖主义滋生的土壤。

对待国家间存在的分歧和争端,要坚持通过对话协商以和平方式解决,以对话增互信,以对话解纷争,以对话促安全,不能动辄诉诸武力或以武力相威胁。热衷于使用武力,不是强大的表现,而是道义贫乏、理念苍白的表现。只有基于道义、理念的安全,才是基础牢固、真正持久的安全。我们要推动建设开放、透明、平等的亚太安全合作新架构,推动各国共同维护地区和世界和平安全。

第三,坚持共同发展。天空足够大,地球足够大,世界也足够大,容得下各国共同发展繁荣。一些国家越来越富裕,另一些国家长期贫穷落后,这样的局面是不可持续的。水涨船高,小河有水大河满,大家发展才能发展大家。各国在谋求自身发展时,应该积极促进其他国家共同发展,让发展成果更多更好惠及各国人民。

我们要共同维护和发展开放型世界经济,共同促进世界经济强劲、可持续、平衡增长,推动贸易和投资自由化便利化,坚持开放的区域合作,反对各种形式的保护主义,反对任何以邻为壑、转嫁危机的意图和做法。

我们要推动南南合作和南北对话,增强发展中国家自主发展能力,推动发达国家承担更多责任,努力缩小南北差距,建立更加平等均衡的新型全球发展伙伴关系,夯实世界经济长期稳定发展基础。

　　第四,坚持合作共赢。"合则强,孤则弱。"合作共赢应该成为各国处理国际事务的基本政策取向。合作共赢是普遍适用的原则,不仅适用于经济领域,而且适用于政治、安全、文化等其他领域。

　　我们应该把本国利益同各国共同利益结合起来,努力扩大各方共同利益的汇合点,不能这边搭台、那边拆台,要相互补台、好戏连台。要积极树立双赢、多赢、共赢的新理念,摒弃你输我赢、赢者通吃的旧思维,"各美其美,美人之美,美美与共,天下大同"。

　　我们要坚持同舟共济、权责共担,携手应对气候变化、能源资源安全、网络安全、重大自然灾害等日益增多的全球性问题,共同呵护人类赖以生存的地球家园。

　　第五,坚持包容互鉴。文明多样性是人类社会的基本特征。当今世界有70亿人口,200多个国家和地区,2500多个民族,5000多种语言。不同民族、不同文明多姿多彩、各有千秋,没有优劣之分,只有特色之别。

　　"万物并育而不相害,道并行而不相悖。"我们要尊重文明多样性,推动不同文明交流对话、和平共处、和谐共生,不能唯我独尊、贬低其他文明和民族。人类历史告诉我们,企图建立单一文明的一统天下,只是一种不切实际的幻想。

　　尺有所短,寸有所长。我们要倡导交流互鉴,注重汲取不同国家、不同民族创造的优秀文明成果,取长补短、兼收并蓄,共同绘就人类文明美好画卷。

　　第六,坚持公平正义。"大道之行也,天下为公。"公平正义是世界各国人民在国际关系领域追求的崇高目标。在当今国际关系中,公平正义还远远没有实现。

　　我们应该共同推动国际关系民主化。世界的命运必须由各国人民共同掌握,世界上的事情应该由各国政府和人民共同商量来办。垄断国际事务的想法是落后于时代的,垄断国际事务的行动也肯定是不能成功的。

　　我们应该共同推动国际关系法治化。推动各方在国际关系中遵守国际法和公认的国际关系基本原则,用统一适用的规则来明是非、促和平、谋发展。"法者,天下之准绳也。"在国际社会中,法律应该是共同的准绳,没有只适用他人、不适用自己的法律,也没有只适用自己、不适用他人的法律。适用法律不能有双重标准。我们应该共同维护国际法和国际秩序的权威性和严肃性,各国都应该依法行使权利,反对歪曲国际法,反对以"法治"之名行侵害他国正当权益、破坏和平稳定之实。

我们应该共同推动国际关系合理化。适应国际力量对比新变化推进全球治理体系改革，体现各方关切和诉求，更好维护广大发展中国家正当权益。

女士们、先生们、朋友们！

中国是和平共处五项原则的积极倡导者和坚定实践者。和平共处五项原则载入了中国宪法，是中国外交政策的基石。中国是当代国际体系的参与者、建设者、贡献者。

——中国将坚定不移走和平发展道路。走和平发展道路是中国根据时代发展潮流和自身根本利益作出的战略抉择。中国人民崇尚"己所不欲，勿施于人"。中国不认同"国强必霸论"，中国人的血脉中没有称王称霸、穷兵黩武的基因。中国将坚定不移沿着和平发展道路走下去，这对中国有利，对亚洲有利，对世界也有利，任何力量都不能动摇中国和平发展的信念。中国坚定维护自身的主权、安全、发展利益，也支持其他国家特别是广大发展中国家维护自身的主权、安全、发展利益。中国坚持不干涉别国内政原则，不会把自己的意志强加于人，即使再强大也永远不称霸。中国真诚希望其他国家都走和平发展道路，大家携手把这条路走稳走好。

——中国将坚定不移在和平共处五项原则基础上发展同世界各国的友好合作。"凡交，近则必相靡以信，远则必忠之以言。"中国坚持按照亲、诚、惠、容的理念，深化同周边国家的互利合作，努力使自身发展更好惠及周边国家。中国坚持把发展中国家作为对外政策的基础，坚持正确义利观，永远做发展中国家的可靠朋友和真诚伙伴。中国重视各大国的地位和作用，致力于同各大国发展全方位合作关系，积极同美国发展新型大国关系，同俄罗斯发展全面战略协作伙伴关系，同欧洲发展和平、增长、改革、文明伙伴关系，大家一起来维护世界和平、促进共同发展。

——中国将坚定不移奉行互利共赢的开放战略。中国正在推动落实丝绸之路经济带、21世纪海上丝绸之路、孟中印缅经济走廊、中国—东盟命运共同体等重大合作倡议，中国将以此为契机全面推进新一轮对外开放，发展开放型经济体系，为亚洲和世界发展带来新的机遇和空间。

当前，中国人民正在为全面建成小康社会、实现中华民族伟大复兴的中国梦而奋斗。中国梦同世界各国人民的美好梦想息息相通，中国人民愿意同各国人民在实现各自梦想的过程中相互支持、相互帮助，中国愿意同各国尤其是周边邻国共同发展、共同繁荣。

女士们、先生们、朋友们！

为表彰和鼓励更多人士和团体坚持和弘扬和平共处五项原则，我愿宣布，中国政府决定设立"和平共处五项原则友谊奖"和"和平共处五项原则卓越奖学金"。

中国有句古话："千里之行，始于足下。"印度有句谚语："水滴汇成溪，稻穗集成束。"缅甸人常说："想，要凌云壮志；干，要脚踏实地。"中国将继续做弘扬和平共处五项原则的表率，同印度、缅甸和国际社会一道，推动建设持久和平、共同繁荣的和谐世界！

谢谢大家。

（资料来源：新华网）

> 《威斯特伐利亚和约》(1648 年) 总的影响是明确的。此后，单一主权国家被认为是国际政治的基本单位，人们根据外交实践中普遍接受的原则处理国家之间的关系。于是开始了一个由无限制主权的国家组成的、处于无政府状态的国际社会，一个从威斯特伐利亚会议一直延续到今天的国际社会。
>
> ——斯塔夫里阿诺斯

第二章
国家主权

国家主权理论是国际关系学最重要、最基础的理论，主权理论是国际关系学其他研究议题的逻辑起点和理论渊源，国际关系中的战争与和平、无政府与秩序等研究议题都是以主权理论为基点展开的。本章在探寻主权的概念、性质，以及主权与国家行为、国际体系之间关系中，尝试重新梳理国际关系学中国家主权理论，作为进一步研究国际关系中国家行为、国际体系、国际安全与全球治理等理论的基础与前提。

政治科学是围绕主权问题展开的，主权概念是政治科学漫长理论传统的核心主题，国家主权理论是国际关系学中最重要、最基础的理论。以主权概念为支点，国际关系学主要围绕战争与和平、无政府与秩序等国际现象与国际问题展开，国家主权理论是国际关系学中诸如国家行为、国际体系、国际安全与全球治理等其他研究议题的逻辑起点和理论渊源。

在国际社会中，国家行为体(或称民族国家)的一个主要政治标志就是国家主权。主权是现代民族国家的一个最基本属性，也是国家行为体的最重要特征。民族国家的形成，经历了一个漫长的历史过程；国家主权的概念，也是在中世纪欧洲漫长的战争与冲突的历史阴霾和残酷的社会现实之中诞生的。主权观念是近代欧洲历史的产物，它是在西欧从封建秩序向近代民族国家体系发展的过程中，人们经过无数的战争和冲突而最终发现的、可以使当时西欧各主要的权力主体相对地和平共处，并且建立某种稳定的国际秩序的法理基础。①主权与民族国家之间是相互建构、相互依存的关系。以《威斯特伐利亚和约》为始建立的现代民族国家和主权原则，构成国际关系中主要的行为体和最重要的国际规范，决定了国际体系的无政府性和等级性等基本性质。在全球化时代的国际社会中，全球治理、区域合作等现象对传统主权概念和由主权概念为基点建立的民族国家体系形成新的冲击和挑战，它们是否超越了《威斯特伐利亚和约》以来的主权原则和由民族国家构建的国际体系呢？

对国家主权理论进行梳理和重构是一项挑战性极强的研究课题。笔者从主权的界定出发，在梳理主权的属性，主权与国家行为、国家体系的关系的过程中，对国家主权理论进行重新解读与建构，作为进一步研究国际关系学中国家行为、国际体系、国际安全、全球治理等其他理论与议题的基础。

一、主权的概念与性质

主权，在最简单的意义上是指绝对的与不受限制的权力原则，通常又分为法定主权与政治主权、对内主权与对外主权。所谓法定主权是指无上的法律权威，即由法律规定的要求顺从的不容置疑的权利；与此对应的政治主权是指不受限制的政治权力，即通过对强制性力量的垄断来确保的掌控服从的能力。②所谓内部主权是指存在于可以用来约束国家边界范围内所有公民、团体和机构等主体以及其行为的国内最高权力或权威，与此对应的外部主权是指一个国家在国际秩序中的位置以及其作为独立自主的政治实体的行为能力。

对主权理论的解读与研究，必须追溯到16、17世纪的让·布丹和霍布斯等杰出政治学家对主权所作出的本源性与开创性的研究，以及当时的社会历史背景。16、17世纪，正是欧洲从漫长的封建体系向新型的民族国家体系

---

① 唐士其：《主权原则的确立及其在当代世界的意义》，《国际政治研究》2002年第2期。

② ［英］安德鲁·海伍德：《政治学核心概念》，吴勇译，天津人民出版社，2008年，第45页。

过渡的历史阶段,随着天主教会和神圣罗马帝国作为跨民族机构的衰落,英国、法国、西班牙和其他地区的集权化君主得以宣称对最高权力的行使,并以一种新的主权语言加以表达,主权概念应运而生。对国家主权的开创性理论研究,源于1576年法国法学家让·布丹在《国家论六卷》提出的主权理论。布丹的理论贡献主要体现在两个方面:一是确立了现代"主权"定义的基础;二是阐述了主权者之间应该遵循的"守信"原则,即主权者信守约定的原则。让·布丹是给主权作界定的第一人,他把主权定义为"授予国家的永恒的绝对的权力"①,这一定义内含了三个决定性的假定。第一,主权不属于个人,而是属于国家;主权不是哪个个人的私有财产,而是赋予国家的某种特性。第二,主权是永恒的,它是授予国家的特性,原则上不受个人的影响。第三,主权是绝对的,是无条件的、恒定不变的,是国家所有权力和权威的最终来源。所以在让·布丹看来,主权是超越一切的至高无上的权威,主权是一切法律的源泉与依据,只要有国家便有主权。同时,在让·布丹的理论体系中,行使主权的君主的权力不仅受到自然法、国家组织法的限制,而且受到契约的限制。让·布丹把契约分为两大类,一类是君主与其臣民订立的契约,另一类就是君主与其他君主之间达成的契约,通常被称为"条约"。条约是主权者之间达成的契约,君主在签署条约时所代表的是国家,是凭借其主权权力来制定这些契约的,因此在主权者之上不存在更高的权威。由此,让·布丹给出国家关系的一个重要特征:国家之上不存在更高的权威。既然主权国家的关系不存在更高权威的管制,那么规范这种关系的只有两个法则:力量和信用。②

在让·布丹之后,以霍布斯等为代表的政治学家们对主权概念作出了进一步的阐述。霍布斯创造了一个"利维坦",一个全能的权威,以便在国内行使绝对的权力,结束充满暴力的战争状态,即"每个人对每个人的战争"的自然状态,但是当个人的自然状态走向终结时,国际社会中国家与国家之间的霍布斯自然状态却没能在主权的理论框架内得以解决。

在让·布丹和霍布斯的著作中,主权是被用来证明君主专制的合理性。在让·布丹看来,法律不过是君主的命令,而臣民则只能服从。让·布丹承认拥有主权的君主受上帝意志和自然法的约束,而霍布斯则反过来把主权界

---

① Jean Bodin, *Les six Livres de la Republique*, premier, Payare: Librairie artheme payard, 1986, p.79.

② [挪威]拖布约尔·克努成:《国际关系理论史导论》,余万里、何宗强译,天津人民出版社,2005年。

定为对强制性力量的垄断,并主张将主权赋予一个单一的、不可挑战的统治者。两人为内部主权所作出的基本辩护是,国家内部单一的效忠中心和最高的法律渊源的存在是秩序和稳定的唯一可靠的保障。[1]而外部主权则体现了民族独立和自治的原则。只有民族是握有主权的,其人民才能够根据他们特定的需要和利益来塑就自己的命运。要求一个国家放弃主权,就等于让它的人民放弃自由。[2]

对内主权和对外主权的划分体现出主权属性的两个方面。对内主权强调单一的政治忠诚中心和最高法理渊源,体现主权的最高权威性、不可干预性;对外主权强调独立和自治,体现主权的独立性、平等性和自卫性。对内主权和对外主权的划分也同时体现在主权原则的两部分:一是"主权高于一切"原则,即一国具有独立处理内部事务的最高权力,国家之上没有更高的权威;表现为对内的最高权威,对外的排他性、不可干预性和不可转让性。二是"主权平等"原则,即民族国家之间无论大小、无论强弱,在法律上一律平等;表现为对外的独立权、平等权。

在历史上,"主权高于一切"的法理学说,对民族国家的建构以及国际关系产生了深远的影响。欧洲三十年战争和威斯特伐利亚和会推进了近代欧洲民族国家的形成,增强了各国的主权意识,最终确立了主权平等的原则。民族国家的出现和主权原则的建立,塑就了近代国际关系体系,形成了国际关系基本的规范与秩序。在当今世界,主权原则依然是国际关系最主要的基本原则和行为规范。

国际体系是由众多的民族国家组成的,国家行为体成为国际体系的主要行为体,国际体系简称为民族国家体系。主权的属性决定着民族国家之间的事实独立与法理平等,国家的独立和自治,国家之上没有更高的权威,造成国际体系的无政府性。尽管随着人类社会的发展,从"君权神授"对上帝和君主的顶礼膜拜,到"主权在民"对人性和世俗的理性回归以及对国家内部最高权力(对内主权)的行使和操纵,随着国家内部政治的变迁发生了变迁,但是主权的基本属性没有改变,主权对内最高、对外独立的原则依然决定着民族国家和国际体系的性质。

总之,主权概念是现代民族国家在欧洲发展的结果,主权概念和主权原

---

① [英]安德鲁·海伍德:《政治学核心概念》,吴勇译,天津人民出版社,2008年,第45页。

② 同上,第46页。

则的诞生,奠定了民族国家的基石,成为民族国家最主要、最基本的特征。主权属性决定了在领土边界之内国家行为的最高权威性,同时主权属性也造就了由独立的政治单位(民族国家)所组成的国际体系的无政府性。

二、主权与国际体系

主权原则,不仅从法理上确立了国际社会中民族国家之间的平等关系,而且也从理论和制度上塑就了一种现实:国家之上没有更高的权威,国际社会呈现无政府状态(或称国际体系无政府性)。在民族国家组成的国际体系中,主权属性和主权原则决定了无政府性和等级性是国际体系的基本特征。"对内最高、对外独立"的主权属性,决定着国家之上没有更高的权威,也没有凌驾于国家之上的权威性组织来管理国家的行为,由民族国家构成的国际体系的自然属性是无政府性。国际体系的无政府性是主权原则和主权属性衍生出来的,是伴随着民族国家的诞生而与生俱来的"胎记";主权与国家之间的相互建构、相互依存的关系,也意味着国际体系的无政府性也将伴随民族国家的始终。主权原则所衍生出来的国际社会的无政府状态(国际体系无政府性)或称为霍布斯的自然状态,从某种程度上又是国家之间战争与冲突的始作俑者。国际关系理论中对国家间冲突和战争原因的研究都追溯到由主权属性所决定的国际体系的无政府性。

在国际社会中,每个国家的实力是不同的。由于国家实力存在差别,所以国际体系是一个"中心—边缘"体系。[1]实力越强的国家,就越靠近国际体系的中心;而实力弱小的国家,在国际体系中就被边缘化。国家实力决定该国在国际体系之中的位置,即国际地位。国家之间围绕国际权力和国际体系位置的竞争十分激烈,主要表现为以综合国力为标志的国家实力之间的竞争。一个国家的综合实力影响着该国的国际权力、国际利益和国际地位。一个国家的具体国际权力是由该国与他国的实力对比、当时的国际规范和该国与他国的关系三者共同决定的。[2]当时的国际规范以及该国与他国的关系不变时,国家之间实力对比差距越大,实力强的一方拥有的国际权力就越多,国际权力与实力对比正相关。

---

① 阎学通、阎梁:《国际关系分析》,北京大学出版社,2008年,第24页。

② 同上,第87页。

　　国际体系的无政府性和国家实力的差别决定着国际体系的社会属性是等级性。国际体系的等级性和国家主权的平等性是不冲突的。主权平等意味着民族国家可以独立地处理内外事务,没有更高的权威来约束国家行为;而国际体系的等级性意味着不同国家之间因为实力差异在国家体系之中的位置,即国际地位是不同的,在"中心—边缘"的国际体系中呈现等级性、次序性与向心性。

　　由于国际体系之中国家的独立与自治,国家根据各自国家利益的需要,可以从事外交、结盟、缔约等国际活动,订立一系列的国际条约,组建一系列的国际组织与国际制度,所以国际体系又是以实力和信用为基点的条约体系。这种国际条约体系或称为国际机制,也是主权属性衍生出来的。国际条约、国际组织和国际制度无论是形式还是内容都没有改变主权的原则与属性。从实质上讲,国际体系依然是由主权所界定的民族国家体系,对国际体系的研究还需要以主权为基点。

　　总之,由主权属性所衍生出来的国际体系无政府性和等级性是国际体系的基本特征,国际体系的等级性和国家之间实力的不平衡发展,塑就了国际体系是一个"中心—边缘"体系。国家实力的差距和实力不平衡发展影响着国家在"中心—边缘"国际体系中的位置和次序,国家之间的竞争和冲突成为国际社会的常态,国家间冲突的升级往往表现为国家之间的战争。由主权概念和主权属性所决定的国际体系无政府性或称霍布斯的自然状态,对国家行为产生深远的影响。

三、主权与国家行为

　　法理、制度与社会组织是人类智慧的伟大创造,是人类在社会实践中的杰出成果。民族国家与主权原则是人类经历漫长战争和冲突的历史阴霾和痛苦挣扎,在伟大的社会实践中经过思考开创出来的有效率的组织和制度。民族国家作为一种先进的有效率的政治单位的诞生,在很大程度上推进了人类文明的进程。

　　国家可以简单地界定为,在确定的领土范围内建立主权管辖并通过一套永久性制度实施权威的政治联合体。[①]从国家概念可以推演出国家的一些

---

　　① ［英］安德鲁·海伍德:《政治学核心概念》,吴勇译,天津人民出版社,2008年,第47页。

关键性特征,特别是国家实施主权,国家通过垄断"合法性暴力"手段,可以对其边界管辖范围之内的所有社会联合体和集团实施绝对的、无限制的权力,即国家行使内部主权,内部主权具有最高权威。由此可见,主权是现代民族国家的一个首要的最基本的属性,也是国家行为体的最重要特征。主权与国家之间是不可分离、相互建构、相互依存的关系。

在国际社会中,一个拥有主权的国家,不仅能够以最高权威管理内部事务,而且通常根据自身国家利益独立地进行诸如外交、战争、制定对外政策和处理国际关系等国际政治行为。这些国家行为(涵盖国内政治和国际政治)是国家行使主权的体现,也是主权属性赋予国家基本的职能和权利。所以主权问题是政治学的核心问题, 政治科学中对国家行为的研究也是围绕主权问题展开的,国家主权理论也是国际关系学中最重要、最基础的理论。国际关系学对国家行为的研究也是从国家主权这个基点出发的。

所谓国家行为,是由国家机关(包括政府)以国家名义作出的,运用国家主权所为的行为。国家行为又称政治行为、统治行为、政府行为,是指涉及重大国家利益,具有很强政治性的行为。国家行为是国家最高行政机关行使国家主权而作出的决定。个别政府部门在国家最高行政机关授权下作出的同类性质的决定也被视为国家行为。国家行为可能为国家元首所为,可能为国家权力机关所为,也可能为国家行政机关所为。[1]在普通法里,国家行为是指一国在处理与其他国的关系,包括该国与另一国公民的关系中,作为政策所执行的行政行为。[2]总之,国家行为是由国家最高行政机关及其有关部门,根据宪法和法律的授权,以国家的名义作出的有关国防、外交及某些涉及国家利益和重大公共利益的主权行为。主权决定着国家行为的性质,国家行为是国家主权的体现。

主权属性决定着国家行为的性质和内容。法定主权,即由法律规定的、要求顺从的、不容置疑的权利,它被赋予了国家行为的权威性与合法性;政治主权,即通过对强制性力量的垄断来确保的掌控服从的能力,它决定着国家行为的垄断性和强制性。内部主权决定着国家行为对国家边界范围内所有公民、团体和机构等主体具有最高权力或权威,而外部主权则意味着国家行为相对于国际体系中的其他行为体而言是独立的、没有法律约束力的。

---

① 姜明安著:《行政诉讼法学》,北京大学出版社,1993 年,第 126 页。

② 《牛津法律大辞典》(中译本),光明日报出版社,1988 年,第 13 页。

　　国家主权的内容十分广泛,涉及政治、经济、文化、军事和信息等许多领域。与领土主权相关的一些主权主要包括陆地主权、海洋主权、大陆架主权、领空与太空主权。在国际社会中,国家行为主要表现为维护国家主权、提高国家实力、增进国家利益、扩大国际权力和国际影响力等诸多方面。政府是国家主权的行使者,是国家在国际社会正式的、合法的代表,国家的主权体现在政府的政治职能和其他职能方面。政府的政治职能包括对外保证国家的主权独立,处理国家之间的关系,参与国际社会事务;对内维护社会秩序,制定法律和规范,保护人民生命、财产安全等方面。

　　国家主权赋予国家有维护国家领土完整、政治主权独立和安全的权力,而且意味着国家有选择政治、经济、社会,以及文化制度和发展道路的权力。同时主权平等原则也规定了各国有义务尊重别国的国际人格,尊重别国对国内社会制度和发展道路的选择,履行国际条约和国际义务,与别国和平共处。国家主权的行使不仅受国际规则、国际惯例、国际条约等的约束,而且受国际体系结构的限制。

　　总之,国际关系学中国家行为是由国家的主权属性界定的,国家行为和国家主权紧密相连,主权属性赋予国家行为最高权威和独立自由,国家主权是国家行为的基础,国家行为体现和维护国家主权的利益与尊严。在民族国家组成的国际体系中,由主权属性和主权原则衍生出来的国际体系具有无政府性和等级性;主权原则建构了独立的民族国家,也决定着国家实力的不平衡发展。在无政府性的国际体系之中,国家之间会因利益冲突展开激烈的竞争与博弈,也会因利益趋同而进行国际合作与共赢。国家之间实力的不平衡发展,会造成国家之间实力的差距,在国际社会中会出现大国与小国、强国与弱国等实力不等的国家。国家之间实力差距与国际权力正相关,国家实力决定着国家在国际体系之中的位置。在国际关系学中存在一个基本原理:国家追求国际权力最大化和国家实力不平衡发展规律。

四、本章小结

　　主权是社会建构的产物。在全球化时代,主权正经历着社会性重构,但具有争议的是:在全球化时代,主权经历社会性重构之后的国际体系是否超越了威斯特伐利亚和约体系,即主权原则所建构的现代民族国家体系。持肯定性主张的学者认为,全球化时代的国际体系已经超越了威斯特伐利亚和约体系所规定的现代民族国家体系,例证为欧盟等区域性政治组织、跨国公司的出现、全球治理、全球化时代部分主权权益的让渡问题等。持否定性意见的学者认为,威斯特伐利亚和约体系所规定的现代民族国家体系,并没有发生实质性改变,理由是民族国家依然是国际社会的主要行为体,国际社会依然没有最高的权威,主权属性所界定的国家行为依然是追求自身国际权力最大化,并由此所造成的国际社会的冲突、战争和无序状态,国际体系无政府性和等级性依然没有改变。正如斯塔夫里阿诺斯所言:《威斯特伐利亚和约》(1648 年)总的影响是明确的。此后,单一主权国家被认为是国际政治的基本单位, 人们根据外交实践中普遍接受的原则处理国家之间的关系,于是开始了一个由无限制主权的国家组成的、处于无政府状态的国际社会,一个从威斯特伐利亚会议一直延续到今天的国际社会。①全球化时代对主权的社会性重构并没有对主权概念进行实质性突破,没有超越主权原则,没有否定主权属性,所以主权概念和主权属性没有变化,国际体系的性质也没有改变。

　　在民族国家组成的国际体系中,主权属性和主权原则决定无政府性和等级性是国际体系的基本特征, 主权属性赋予国家行为的权威性和独立性,国家之间实力差距决定着国际权力和国家利益的实现,国家追求国际权力最大化和国家实力不平衡发展规律。国际体系之中,国家之间围绕国际权力和国际体系位置竞争的性质是零和性,崛起国与霸权国之间围绕国际霸权或王权的争夺和国际体系中心位置的竞争是零和的,这决定着世界政治中的冲突和战争随着国家实力不平衡发展和国际格局变化而不断呈现。外交和战争都是国家实力的展现,也是主权属性赋予的国家行为。在世界权力中心和平转移的条件和机制不具备的历史进程中,战争常被视为崛起国谋求国际权力、改变国际格局或者霸权国维系霸权地位、主导世界秩序的手段和途径。

　　对国家主权理论之中主权属性、国家行为、国际体系以及它们之间关系的研究,是国际关系研究中最基础、最重要的研究课题。在民族国家组成的国际体系之中,国家之间围绕国际权力和国际体系位置竞争的零和性,是否意味着世界权力重心转移都会伴随着国际战争的发生? 在当前的国际体系

---

　　① ［美］斯塔夫里阿诺斯:《全球通史:从史前史到 21 世纪》,吴象婴、梁赤民等译,北京大学出版社,2014 年,第 397 页。

中,随着中国崛起步伐的加快,中美关系"崛起国与霸权国"结构性矛盾、零和性博弈的不断加剧,未来能否实现世界霸权的和平转移? 我们在后续的章节(预期与国际战争)将对这些问题予以回答。

除了传统的领土主权和经济主权等主权内容之外,随着互联网和通信技术的发展,作为国家主权的重要组成部分——信息主权,受到国际社会的普遍关注。美国斯诺登事件和一系列监听丑闻,使得信息主权在国家主权中的地位逐渐提升,信息安全已经上升为国家安全战略中的重要组成部分。

附 录

国家在信息领域的主权不容侵犯

信息主权是在国家主权概念上演化而来，是信息时代国家主权的重要组成部分。信息主权，是指一国在维系国家安全的信息技术、信息产业、信息资源和基础信息设施等方面，拥有独立自主的管辖、使用、研发、建设和不被侵犯的权利。信息主权包括三个方面的内容：①对本国信息资源进行保护、开发和利用的权利；②不受外部干涉，自主确立本国的信息生产、加工、储存、流通和传播体制的权利；③对本国信息的输出和外国信息的输入进行管理和监控的权利。

中国国家主席习近平于 2014 年 7 月 16 日在巴西国会发表《弘扬传统友好 共谱合作新篇》的演讲。习近平指出，虽然互联网具有高度全球化的特征，但每一个国家在信息领域的主权权益都不应受到侵犯，互联网技术再发展也不能侵犯他国的信息主权。在信息领域没有双重标准，各国都有权维护自己的信息安全，不能一个国家安全而其他国家不安全，一部分国家安全而另一部分国家不安全，更不能牺牲别国安全谋求自身所谓绝对安全。国际社会要本着相互尊重和相互信任的原则，通过积极有效的国际合作，共同构建和平、安全、开放、合作的网络空间，建立多边、民主、透明的国际互联网治理体系。

演讲全文如下：

弘扬传统友好 共谱合作新篇
（2014 年 7 月 16 日，巴西利亚）
中华人民共和国主席 习近平

尊敬的卡列罗斯参议长先生，
尊敬的特梅尔副总统先生，
尊敬的阿尔维斯众议长先生，
各位议员朋友，各位嘉宾，

女士们，先生们，朋友们：

布阿·达吉！下午好！今天，有机会来到巴西国会，同各位朋友相聚，感到十分高兴。中国人认为，如果有缘分，再远也能相会，叫作"有缘千里来相会"。

首先，我谨代表中国政府和中国人民，并以我个人的名义，向在座各位朋友，向热情友好的巴西人民，向拉美和加勒比各国人民，致以诚挚的问候和良好的祝愿！

刚才，我会见了卡列罗斯参议长和阿尔维斯众议长，就中巴关系和共同关心的问题进行了很好的交谈。明天，我将同罗塞夫总统举行会谈，共商两国关系发展大计。

5年前，我来过巴西利亚，这次再来这座构思新颖、寓意深刻的现代化城市，我想起了她的缔造者、巴西前总统库比契克的名言："巴西利亚凝聚了巴西人民开拓进取、敢为人先、自信自强、推陈出新、勇于担当的民族精神。"正是在这种民族精神激励下，巴西人民同心协力、奋发有为，国家建设和经济社会发展取得了令人瞩目的成就。

巴西国歌唱道："你是天造地设的巨人，你美丽、坚强、充满勇气，你的前程无限壮丽。"中国人民祝愿巴西更美丽、更坚强、前程更壮丽。

女士们、先生们、朋友们！

"海内存知己，天涯若比邻。"用这句中国古诗来形容中巴关系再贴切不过了。中国和巴西远隔重洋，但浩瀚的太平洋没能阻止两国人民友好交往的进程。200年前，首批中国茶农就跨越千山万水来到巴西种茶授艺。在1873年维也纳世界博览会上，巴西出产的茶叶赢得了广泛赞誉。中巴人民在漫长岁月中结下的真挚情谊，恰似中国茶农的辛勤劳作一样，种下的是希望，收获的是喜悦，品味的是友情。中国国画大师张大千曾旅居巴西17年，在他居住的八德园画出了《长江万里图》、《黄山图》、《思乡图》等传世珍品。

1974年8月15日，中国和巴西正式建立外交关系，开启了两国关系发展新纪元。孔子说："四十而不惑"。我们高兴地看到，进入不惑之年的中巴关系更加稳固、更加成熟。巴西是第一个同中国建立战略伙伴关系的发展中国家，也是第一个同中国建立全面战略伙伴关系的拉美国家。中巴两国相互视为重要合作伙伴，双边关系不断发展，堪称南南合作的典范。

中国连续5年成为巴西第一大贸易伙伴，巴西长期是中国在拉美的最大贸易伙伴和重要投资目的地，两国务实合作不仅涵盖传统经贸领域，更拓展到资源卫星、支线飞机、深海石油勘探开发、生物技术等高技术领域，称得上是上天入海、包罗万象。我们两国在众多国际和多边机制框架内就全球治理、可持续发展、气候变化、信息安全等重大国际事务保持密切沟通和协作，有力维护了发展中国家共同利益，促进了世界和平与发展。

女士们、先生们、朋友们！

中国和巴西同为有重要影响的发展中大国和发展前景广阔的新兴市场国家，中巴关系早已超越双边范畴，越来越具有全球性影响。我们双方应该以两国建交40周年为新起点，承前启后，继往开来，以更加长远的眼光、更加宽广的胸怀、更加坚定的信心，在更高水平、更宽领域、更大舞台上推进中巴全面战略伙伴关系。

第一，我们要把握战略协作方向。40年来，不管国际风云如何变幻，中巴始终坚持相互尊重、平等相待，这是两国关系不断拾级而上的秘诀所在。着眼维护中巴两国根本利益，双方要不断深化战略互信，在涉及国家主权、安全、领土完整等重大核心利益问题上继续相互理解，相互支持。我说过，鞋子合不合脚，只有穿的人才知道。我听说，巴西也有这样的谚语。说明这是一个众人皆知的常识。世界上没有包治百病的灵丹妙药，也没有放之四海而皆准的发展模式。我们应该继续坚定支持对方走符合自身国情的发展道路。

中巴两国领导人交往对引领两国关系发展具有不可替代的作用。双方应该保持高层交往势头，密切政府、立法机关、政党、地方交往，加强战略对话和沟通，积极开展治国理政经验交流。

立法机关在国家社会政治生活中起着重要作用，立法机关成员直接交往是双边关系的重要组成部分。前不久，阿尔维斯众议长访华期间向我谈到，加强同中国的友好合作是巴西朝野各界的高度共识。同样，中国社会各界加强同巴西合作的热情正日益高涨。希望各位议员发挥自身优势，为中巴两国和中拉人民友谊大厦不断添砖加瓦。

第二，我们要做好共同发展文章。中巴都是国土广袤、人口众多的国家，都处在关键发展阶段，面临艰巨的发展任务和复杂的外部经济环境，都在向改革、调整、创新要增长动力，两国发展潜力将进一步释放。双方应该抓住机遇、乘势而上，推动两国务实合作更深、更广、更好发展。

政策规划是发展的指南针。双方应该发挥两国高层协调与合作委员会的作用，加强宏观经济政策协调，加快落实中巴十年合作规划，扩大双方发展战略契合点。双方应该推动科技创新合作及其成果转化，加强信息技术、生物技术等高技术领域合作，提高合作含金量。

2013年，中巴双边贸易额已经超过900亿美元，双方应该继续扩大贸易规模，增加高附加值产品比重，妥善解决贸易摩擦。双方应该扩大相互投资，发挥金融引擎作用，稳步推进一批符合双方发展需要、更好造福两国人民的战略性合作项目。

第三，我们要肩负国际责任担当。当今世界正在发生深刻复杂变化，和平、发展、合作、共赢已经成为时代潮流，世界多极化、经济全球化深入发展，文化多样化、社会信息化持续推进，科技革命孕育新突破，新兴市场国家和发展中国家整体实力增强，国际力量对比朝着有利于维护世界和平方向发展。

同时，世界仍然很不安宁。国际金融危机影响深远，世界经济增长不稳定不确定因素增多，全球发展不平衡加剧，霸权主义、强权政治和新干涉主义有所上升，局部动荡频繁发生，粮食安全、能源资源安全、网络安全等全球性问题更加突出。推动世界多极化、国际关系民主化，实现世界经济可持续发展，维护世界文明多样性，成为全球性主要议题。

公平正义是世界各国人民在国际关系领域追求的崇高目标。在当今国际关系中，公平正义还远远没有实现。巴西国会大厦的设计者尼迈尔先生曾经说过："如果有一天世界变得更加公正，生活将更加简单。"人类只有一个地球，各国共处一个世界。历史昭示我们，弱肉强食不是人类共存之道，穷兵黩武无法带来美好世界。世界各国都要遵循平等互信、包容互鉴、合作共赢的原则，一起来维护和弘扬国际公平正义，推动建设持久和平、共同繁荣的和谐世界。

作为东西半球的发展中大国，中巴两国在实现自身发展的同时，应该积极履行国际责任，维护和弘扬国际公平正义，推动国际秩序朝着更加公正合理的方向发展。

维护和弘扬国际公平正义，必须坚持联合国宪章宗旨和原则。我们应该提倡尊重各国主权和领土完整，尊重世界文明多样性和国家发展道路多样化，尊重和维护各国人民自主选择社会制度的权利，反对各种形式的霸权主义和强权政治。我们应该倡导人类命运共同体意识，在追求本国利益时兼顾他国合理关切，在谋求本国发展中促进各国共同发展，建立更加平等均衡的新型全球发展伙伴关系。我们应该倡导共同、综合、合作、可持续安全的理念，尊重和保障每一个国家的安全，加强国际和地区合作，共同应对日益增多的非传统安全威胁。我们应该加强在联合国、世界贸易组织、二十国集团、金砖国家等国际和多边机制内的协调和配合，凝聚发展中国家力量，积极参与全球治理，为发展中国家争取更多制度性权力和话语权。

维护和弘扬国际公平正义，必须坚持主权平等。主权是国家独立的根本标志，也是国家利益的根本体现和可靠保证。国家不分大小、强弱、贫富，都是国际社会平等成员，都有平等参与国际事务的权利，各国应该尊重彼此核心利益和重大关切。各国的事务应该由各国人民自己来管，世界的命运必须由各国人民共同掌握，世界上的事情只能由各国政府和人民共同商量来办。

当今世界，互联网发展对国家主权、安全、发展利益提出了新的挑战，必须认真应对。虽然互联网具有高度全球化的特征，但每一个国家在信息领域的主权权益都不应受到侵犯，互联网技术再发展也不能侵犯他国的信息主权。在信息领域没有双重标准，各国都有权维护自己的信息安全，不能一个国家安全而其他国家不安全，一部分国家安全而另一部分国家不安全，更不能牺牲别国安全谋求自身所谓绝对安全。国际社会要本着相互尊重和相互信任的原则，通过积极有效的国际合作，共同构建和平、安全、开放、合作的网络空间，建立多边、民主、透明的国际互联网治理体系。

女士们、先生们、朋友们！

拉美和加勒比是一片多姿多彩、充满希望的热土。拉美解放者玻利瓦尔说："拉美人民的团结并不是谁的别出心裁，而是不可逃脱的命运使然。"长期以来，勤劳智慧的拉美和加勒比人民，积极探索符合自身实际的发展道路，在维护国家稳定、振兴民族经济、改善人民生活、推进地区一体化和外交多元化等方面取得了重大成就，在国际舞台上发挥着越来越重要的作用。中国人民为此感到由衷高兴，衷心祝愿拉美和加勒比人民不断取得新的更大成就。

中拉关系源远流长。早在16世纪下半叶，满载着丝绸和瓷器的"中国之船"就从中国的闽粤港口起航，辗转远赴拉美，开创了中拉友好交往的先河。

进入21世纪以来，中拉关系全面快速发展，给双方人民带来了实实在在的好处。新形势下，全面推进中拉互利友好合作是双方人民共同期待。中方愿意同巴西及其他拉美和加勒比国家一道努力，使双方成为志同道合的好朋友、携手共进的好伙伴。

明天下午，我将出席中国—拉美和加勒比国家领导人会晤。我期待着同拉方领导人就治国理政经验、中拉关系以及共同关心的重大国际和地区问题交流看法，就建立中国—拉共体论坛、推进双方整体合作作出重要决定，推动建立平等互利、共同发展的中拉全面合作伙伴关系，推动中拉关系实现大发展。

女士们、先生们、朋友们！

当前，中国人民正在为实现中华民族伟大复兴的中国梦而奋斗。中国是世界上最大的发展中国家，发展是解决中国所有问题的关键。中国已经明确了今后一个时期的发展目标，即到2020年实现国内生产总值和城乡居民人均收入比2010年翻一番，全面建成惠及十几亿人口的小康社会；到本世纪中叶建成富强民主文明和谐的社会主义现代化国家。

中华民族历来是爱好和平的民族，坚定不移走和平发展道路。中国坚决反对各种形式的霸权主义和强权政治，愿意同各国一起维护人类良知和国际公理。中国发展离不开世界，世界发展也需要中国。我们将始终不渝奉行互利共赢的开放战略，致力于自身发展，也强调对世界的责任和贡献，造福中国人民，也造福各国人民。

巴西作家保罗·科埃略说过："世界掌握在那些有勇气凭借自己的才能去实现自己梦想的人手中。"团结协作、发展振兴是拉美人民薪火相传的梦想。中国梦和拉美梦息息相通。中拉双方要勇于追梦、共同圆梦。

女士们、先生们、朋友们！

"人之相识，贵在相知；人之相知，贵在知心。"人民友好是中巴双边关系发展的力量源泉。上世纪80年代，巴西电视剧《女奴》风靡中国，伊佐拉对自由和爱情的追求打动了亿万中国观众的心。巴西音乐和舞蹈受到越来越多中国年轻人喜爱。同时，在巴西中文热、中华文化热不断升温。巴西是设立孔子学院和孔子课堂最多的拉美国家，已经开设的7所孔子学院、2个孔子课堂学生众多，后续生源踊跃。双方应该持续推动人文交流，积极创造条件，促进年轻人交往，让中巴友谊世代传承。

巴西人说，友谊就像葡萄酒一样，时间越久越好。长期以来，热心中拉关系发展的广大人士，为增进中拉人民相互了解和友谊默默奉献。

巴西一位耄耋老人卡洛斯·塔瓦雷斯说自己是"一个有颗中国心的巴西人"。40多年来，他孜孜不倦关注和研究中国，笔耕不辍撰写关于中国的8本书籍和500多篇文章，作了数百场关于中国的演讲。许多巴西人因为他的文字认识中国、走近中国。有人问他这样做的动机是什么，他说"我只想介绍中国，让更多人了解中国，别无他图"。

这个感人故事，只是中拉人民友好交往长河中的一朵美丽浪花。正是得益于众多中拉人士的辛勤付出，中拉关系才如同长江和亚马孙河一样奔流不息、一往无前！

女士们、先生们、朋友们！

"潮平两岸阔，风正一帆悬。"展望未来，让我们手拉手、肩并肩，共同开创中巴全面战略伙伴关系更加美好的未来，共同谱写中拉全面合作伙伴关系的壮丽诗篇，共同为人类和平与发展的崇高事业作出新的更大的贡献！

奥布里嘎多！谢谢！

（资料来源：新华社）

> 君人者有道，霸王者有时。国修而邻国无道，霸王之资也。
>
> ——《管子·霸言》
>
> 内不量力，外恃诸侯，则削国之患也。
>
> ——《韩非子·十过》

第三章
国家行为理论

国家行为理论是国际关系学的重要组成部分，是对整个国际关系学进行学科建构的理论基础。本章运用定性和定量相结合的方法，构建国际关系学的国家行为理论模型。通过观察模型约束线的位移和变动，分析实力要素的相对变动如何影响权力约束线以及权力空间集，从而探寻一个国家国际权力的制约因素以及实力要素相对增减对国际权力的影响。

我国国际关系研究已经取得了很大的进展，国际关系理论部分做得相当扎实，从国外国际关系理论著作的翻译，到我国国际关系学家的自主研究和理论创新，国际关系理论研究取得了丰硕成果。国际关系学方法论也在学界前辈们的引导和开拓中逐步走上了科学化研究道路，出现了一批以定性与定量方法相结合的研究成果，推进了我国国际关系学科学化研究进程。基于此，我们需要对国际关系学的知识谱系和学科框架进行重新梳理和建构。国际关系学对国家行为体的研究十分重要。国家行为理论模型的构建，是对整个国际关系学进行学科建构的理论基础。

一、研究方法和基本原理

(一)建立模型

国际关系学的研究是通过对国际社会各种现象建立模型来进行的。通过正确的简化方法,建立模型,去除无关的细节,使国际关系学家把重点放在要研究的国际社会现实的基本特征上,而后把复杂的因素逐步添加进去,使模型复杂化,变得更符合实际。模型的建构主要通过这样的路径来进行:简化现实—建立模型—添加因素—模型复杂化—接近现实,国际关系学研究以国际社会事实为基点。

(二)基本原理

国际关系学的微观部分主要研究国际行为体的类型、特征、行为和国际行为体之间的关系,并分析其对国际社会的影响。国际行为体分为国家行为体和非国家行为体,国家是国际社会的主要行为体。[①]韩非子曾言:"内不量力,外恃诸侯,则削国之患也。"[②]在自助的国际体系中,国家行为体在国际社会上生存依靠的是自身(国内)的实力。国家行为体是一种理性行为体,尽可能地争取、维护和拓展本国的国家利益,提高本国的综合实力,并把国家实力转化为尽可能地攫取和占有国际社会中资源的能力,从而实现国家权力的最大化,同时国际社会中国家行为体呈现实力不平衡发展。概言之,国际关系中国家行为体遵循追求权力最大化和实力不平衡发展规律。

非国家行为体包括国际组织、跨国公司和一些具有特殊影响力的个人。[③]国际组织分为政府间组织和非政府组织,其中政府间组织是国家行为体之间利益协调的产物,是国家行为体实现利益的工具;非政府组织的成员比较复杂,有国家或民间组织,作为组织也是在共同利益的基点上建立的,遵从

---

① 阎学通、阎梁:《国际关系分析》,北京大学出版社,2008年,第46页。

② 《韩非子·十过》。

③ 阎学通、阎梁:《国际关系分析》,北京大学出版社,2008年,第47页。

利益最大化和效能最大的规律,实现对国际社会的影响力,塑就权力。跨国公司是国家行为体经济实力的延伸,追求利润最大化,增进国家的经济实力,并对别的行为体进行资源的攫取,形成对经济资源进行配置的权力。国际关系学国家行为理论模型的建构,主要研究国家行为体,而且是追求权力最大化和国家利益效用最大化的理性行为体。

二、国际权力约束

下面分析国家追求权力的边界,也称权力约束线。国际权力是个相对概念,表现为一国对别国的支配能力和国际影响力。《管子·霸言》提出:"君人者有道,霸王者有时。国修而邻国无道,霸王之资也。"讲的是国家实力、地位的相对变化,一国抓住机遇,修道、安民、保法,拉大与邻国的实力差距,拥有影响对方的国际权力(此时的权力也称影响力)。一个国家的具体国际权力是由该国与他国的实力对比、当时的国际规范、该国与他国的关系三者共同决定的。[①]在研究一个国家的具体国际权力时,我们假设国际规范和国家关系为外生变量,即当时的国际规范以及该国与他国的关系不变,单纯研究影响国际权力发挥的实力因素,即研究实力对比与国际权力两个变量之间的关系。国家之间实力对比差距越大,实力强的一方拥有的国际权力就越多,国际权力与实力对比正相关。假定 A、B 分别代表两国,两国的实力对比主要是两国综合国力的对比,而综合国力是一个可以衡量的绝对的量,在特定时期内,两国的综合国力对比表现为一个特定的值 $X(X=CP_A-CP_B)$,我们把 N 命名为国际权力。国际权力和实力对比正相关,我们把两者的函数关系记作 $N=f(x)$

综合国力方程式:$CP=(M+E+C)\times P$(其中 CP 表示综合国力,M 表示军事实力,C 表示文化实力,E 表示经济实力,C 表示文化实力,P 表示政治实力)[②]

进一步转换为:$X=(M_A+E_A+C_A)\times P_A-(M_B+E_B+C_B)\times P_B$

---

① 阎学通、阎梁:《国际关系分析》,北京大学出版社,2008 年,第 87 页。

② 同上,第 91 页。

综合国力实力要素又分为资源性实力（R）和操作性实力（P）的组合。[①]

$R=(M+E+C)$（其中资源性实力包括军事、经济和文化实力）

那么两国综合实力差距又可以记作：$X=RP_A-RP_B$

进一步展开，两国实力差距表示为：

$(MP_A-MP_B)+(EP_A-EP_B)+(CP_A-CP_B)=X$

综合国力中每个实力要素的功能不同，各实力要素具有不可替代性。在国际社会中，国家之间实力差距是实力不平衡发展的结果。国家之间实力差距是实力较强的一国拥有国际权力的基础与前提。国家运用国际权力谋取国家利益时，并不单纯地操纵一种实力要素，国家总是运用各种实力要素的组合实现效用最大化。在国际权力边界值之内，有很多种实力要素的组合方式。一个国家尽可能地组合各种实力要素，增显综合国力优势，拉大与别国的实力差距，最大化发挥权力和谋取国家利益，直到达到权力的边界值为止。

假定：R_1、R_2分别代表两国之间资源性实力的差距，P_1和P_2分别代表与资源性实力R_1、R_2相对应的操作性实力的差距：

$N=f(x)=f(R_1,P_1,R_2,P_2)$

对上述推演进一步转换，可得到一个国家的国际权力边界线的公式：

$R_1P_1+R_2P_2=N$

所以，

$R_2=N/P_2-P_1/P_2R_1$

这样，一个国家的国际权力约束线（简称权力约束线或边界线）就可以用图 3-1 表示出来：

---

① 鉴于学界对国家实力分类有不同的诠释，此处需要对资源性实力和操作性实力进行说明。对实力的分类主要有两种不同的解释，分别以美国学者约瑟夫·奈和我国学者阎学通为代表。约瑟夫·奈把实力分为操作性实力和资源性实力，又把操作性权力分为硬实力和软实力。根据约瑟夫·奈的分析，操作性实力主要是达到所期望的结果的能力，资源性实力是指与达成期望结果相联系的资源占有。软实力是基于思想、文化的吸引力和通过标准与制度（规范）塑就偏好、设置议程的能力。参考[美]罗伯特·基欧汉、约瑟夫·奈：《权力与相互依赖》，北京大学出版社，2004年，第220页。阎学通也将综合实力分为操作性实力和资源性实力，操作性实力是政治实力，是对资源性实力的运用能力；资源性实力包括军事实力、经济实力和文化实力。参考阎学通、阎梁：《国际关系分析》，北京大学出版社，2008年，第91页。比较两位学者对实力要素的诠释，约瑟夫·奈对操作性实力的解读值得商榷，他将文化实力涵盖于操作性实力之内，不敢苟同。对实力的分类，我们采用阎学通的观点。

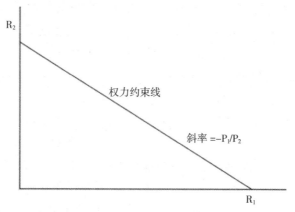

图 3-1　国际权力约束

在一个国家追求权力的过程中，对不同资源性实力所追求的战略目标和贯彻战略目标的国家意志是有区别的，国家对不同资源性实力要素的重视程度、运用和操作度是不同的。例如一个追求和平发展的国家，在不同的历史时期，其对经济和军事这两个实力要素的重视程度和操作度是有区别的。所以在实力资源的组合模型中，对资源性实力以及与资源性实力相对应的操作性实力均作了分类。

图 3-1 表示一个国家的国际权力约束线，约束线以内为权力约束集（或称权力空间集）。国家不可能在权力边界线之外实现国家利益。

为了便于分析，用二维图形的横轴和纵轴分别代表不同的资源性实力，国际权力约束线的截距分别代表着一国相对于别国在各种资源性实力上的优势（或称为资源性实力差距）。一国的资源性实力包括经济实力、军事实力和文化实力，约束线的斜率为运用资源性实力与操作性实力的比率。从图表中可以看出，一个国家的权力空间不仅取决于资源性实力的相对优势，而且也取决于对资源性实力进行组合运用的操作性实力的大小，即截距和斜率共同决定权力空间的大小。一国资源性实力和操作性实力的组合，相对于另一国实力组合的优势，决定着该国国际权力约束线的位置和权力空间集的大小。

下面将通过观察模型约束线的位移和变动，分析实力要素的相对变动将如何影响权力约束线以及权力空间集，从而探寻一个国家国际权力的制约因素以及实力要素相对增减对国际权力的影响。

假定 1：操作性实力因素不变，一国相对于别国而言，该国的各种资源性实力都均衡增加,那么权力约束线和权力空间集会发生什么样的变化。观察图 3-2 国际权力约束线的移动。

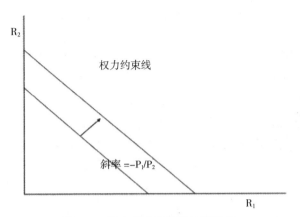

图 3-2 国家实力要素的均衡增长

图 3-2 显示出实力要素的相对均衡增加,导致权力约束线向外平行移动。

国际关系中,随着一国资源性实力要素的均衡增加,国家实力差距拉大,权力约束线向外平行位移,那么该国拥有更多的权力空间集。

结论:各种资源性实力的均衡增加,可以改变权力约束线的位置,使得权力空间集面积倍增,一国会拥有更多的权力资源。

假定 2:各种资源性实力之中的一项发生变化(或称在国家利益排序中优先),而其他资源性实力不变化,权力约束线和权力空间集会发生什么变化。观察图 3-3 中权力约束线的移动。

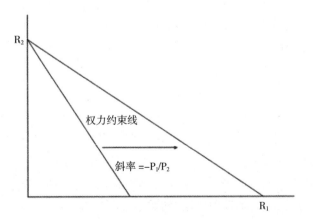

图 3-3 资源性实力 R_1 的相对增加(或称优先排序)

资源性实力 R_2 不变,而资源性实力 R_1 相对增加(或称在国家利益排序中优先),横截距变大,权力约束线发生变动,是因为对国家利益优先排序,同时意味着与对该项资源相关的操作性实力会增加,所以权力约束线的斜率也发生变化,权力空间集变大。

结论:一国增加资源性实力的每一个因素(军事实力、经济实力和文化实力)或者对其中任何一项在国家利益排序中优先,都可以改变权力约束线的斜率与位置,并使得权力约束集(权力空间)变大。但是与实力要素均衡增长相比,一国单纯追求一种要素相对增长的效果较差,影响到国际权力的充分发挥。实力要素具有不可替代性,实力要素发挥的功能不同,它们之间不能互相替代。资源性实力是一国操作性实力发挥作用的基础与前提,操作性实力是对资源性实力的运用能力。一国没有操行性实力,那么该国的国际权力集为零;资源性实力与操作性实力相互组合,才能发挥作用,形成综合国力优势,在国际社会塑就更强的国际权力。

在现实的国际关系中,有很多数据可以支持上述模型。日本的实力要素结构失衡,表现为经济实力较强,政治实力和军事实力较弱。所以为了提高综合实力,日本谋求成为联合国常任理事国的政治大国地位,同时以安倍为首的日本政府积极修改和平宪法,解禁集体自卫权,企图打破成为军事大国的宪政障碍和束缚。像朝鲜这样的国家,通过增强军事实力(通过核试验发展核能力)使得权力约束集变大,这样也能实现增强国际权力的效果。韩国是一个依托美韩军事同盟的东北亚国家,通过大力发展经济实力和提高文化软实力(韩国影视产业较有影响力)来实现提升综合国力的愿望。例如以《大长今》《爱在哈佛》和《来自星星的你》等为代表的韩剧以及影视明星,在我国深受广大群众的喜爱和推崇,体现了韩国的影视文化实力。俄罗斯通过能源战略(输出石油资源和辐射周边国家的油气管道)来实现对周边国家,特别是苏联加盟共和国的影响力和支配能力,从而扭转其实力地位相对衰落的趋势。

1978 年—2002 年间,我国重点追求经济发展(经济利益导向),从而使我国经济实力倍增,但是重点追求经济发展所造成的实力要素非均衡增长,影响到我国国际权力的发挥。2002 年我国提出国防建设与经济建设协调发展的政策,党的十七大以来对文化实力高度重视,我国实力要素呈现均衡增长态势,使得我国的国际权力倍增,国际地位明显提高。

2008 年世界金融危机以来,欧美大国复苏乏力,欧洲深陷主权债务危机的泥潭,以中国为首的新兴经济体异军突起,国际社会实力分布和实力结构发生了深刻的变化。"国修而邻国无道,霸王之资也。"中国抓住战略机遇期,实现与其他大国实力对比的深刻变化,成为世界第二大经济体,中国的国际影响力和国际地位大大提高。今后,中美综合实力将不断缩小,中美与其他大国的综合实力差距也将逐步拉大。大国实力对比的变化和大国战略关系的调整,也将深刻影响到国际格局的变动。

三、效用与偏好

(一)效用

效用是指国家依靠权力从国际社会攫取到的资源组合（或国家利益组合)中所得到的收益,或者是国际权力欲望的满足程度。国际关系中的国家行为理论是以效用论为基础的。效用分为基数效用和序数效用。

设效用量为 U,国家追求 n 种资源(国家利益),每一种资源的需求量为 q,则效用函数为:

$$U=F(q_1, q_2, q_3, \cdots\cdots q_n)$$

因为在国际关系中不能确切地测定各种资源组合的效用到底有多大,国家只能对各种资源组合给予的满足程度加以排列,所以国际关系中国家行为理论的建构只能以序数效用为基础。

(二)偏好

前一节分析了国家的国际权力约束线, 即国家依靠权力能够在国际社会尽可能地攫取最佳资源组合的能力和界限。国家通常依靠权力争取在国际社会中攫取到最佳的资源(利益)组合,这些资源通常涵盖满足该国全体人民需要的安全、政治、经济和文化等方面的利益。这些资源是国家对外决策和行为的出发点,是国家对外政策的目标,国家制定对外政策就是为了实现和维护这些国家利益。

在安全、经济、军事和文化等诸多国家利益中哪一种利益更重要,国家采用何种策略才能最大化地实现国家利益? 什么样的利益组合可以更大程度地满足国家的需求？这就需要解决一个根本性的问题,即满足国家需求的最佳利益组合是什么,这就涉及一个国家的偏好。国际关系中决定国家行为的最主要因素之一就是国家追逐资源与利益的偏好或者国家对外行为的政策目标,简称国家偏好。下面就从分析国家偏好入手,解决"最佳资源组合"问题。

假定有两种资源,x_1代表一种资源的数量,x_2代表另一种资源的数量。那么这组资源组合就可以表示为(x_1, x_2),写为 X。另一组资源组合(y_1, y_2),写为 Y。假定任意给定两组资源组合(x_1, x_2)和(y_1, y_2),国家可以根据需要对其进行排序。

在国家的选择中,有三种情况:

(1)如果其中一组资源组合是严格偏好的,因此$(x_1, x_2) > (y_1, y_2)$可以解释为(x_1, x_2)严格偏好于(y_1, y_2),对国家而言,肯定会选择(x_1, x_2)而不是(y_1, y_2)。

(2)两组资源组合是无差异的,因此$(x_1, x_2) \cup (y_1, y_2)$可以解释为$(x_1, x_2)$无差异于$(y_1, y_2)$,根据国家偏好无论选择两组资源组合的哪一组,国家所获得的满足程度是一样的。

(3) 如果国家在资源组合之间有偏好或无差异,(x_1, x_2)弱偏好于(y_1, y_2),表示为$(x_1, x_2) \geq (y_1, y_2)$。

无差异曲线是描述偏好的一种最佳的方法,无差异曲线能够反映国家在资源组合之间的偏好。所谓无差异曲线就是表示能给国家带来同等满足程度(或同等效用水平)的两种资源不同数量组合的点的轨迹。下面我们用无差异曲线来分析国家对各种资源组合的偏好。[①]

假定:横轴x_1(经济资源)代表经济发展政策目标,纵轴x_2(安全资源)代表军事发展政策目标。

---

① 在国际关系研究中,美国学者罗伯特·吉尔平也曾用无差异曲线来分析国家偏好,研究实现国家政策目标的各种实力要素的组合。参见[美]罗伯特·吉尔平:《世界政治中的战争与变革》,上海人民出版社,2007年,第26~29页。

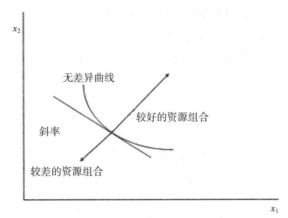

图 3-4　无差异曲线

如图 3-4 所示，一条无差异曲线描绘出了对该国家而言没有差异的或者获得同等效用水平的各种资源的组合。每一种组合都反映了该国家对 x_1 经济资源的偏好(经济发展)和对 x_2 安全资源的偏好(军事发展)。右上方的箭头代表较好的资源组合,左下方的箭头代表较差的资源组合。对于国家来讲,两种资源都较多的组合是一种较好的组合,两种资源都少的组合是一种较差的组合。

无差异曲线的斜率也称边际替代率(MRS),是衡量国家为获得更多的 x_1 (经济资源)而愿意放弃的 x_2 (安全资源)的数量,即国家为追求经济发展而牺牲军事发展的代价。

国家外交资源的配置,就是成本与效用的权衡问题,国家总是希望运用有限的外交资源实现最大化的国家利益,即寻找代表效用的无差异曲线与代表成本约束的权力约束线之间的相切点。

四、国家行为选择

(一)最优选择

我们将上述的权力约束集和资源组合的无差异曲线结合在一起，进一步研究国家如何最大化地运用国际权力获取尽可能多的资源或利益的决策行为,即考察国家行为的最优选择。所谓的国家行为选择模型,是指国家总是选择它们权力所能攫取到的最优资源组合(或利益组合),从而实现国家利益或效用的最大化,即国家从它们的权力约束集中选择权力约束线与代表国家偏好的无差异曲线相切的点所代表的最佳资源组合。

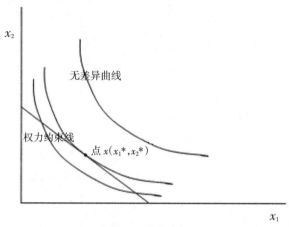

图 3-5　最优选择

图 3-5 中,权力约束线与无差异曲线相切于点 $X(x_1{}^*, x_2{}^*)$,也称为均衡点,$X(x_1{}^*, x_2{}^*)$就是国家行为的最优选择,资源组合 $X(x_1{}^*, x_2{}^*)$就是国际权力所能及的最优资源组合。国家的最优选择是国际权力约束集中处在最高无差异曲线上的资源组合。在这种选择处,权力约束线和无差异曲线是相切的,无差异曲线的斜率与权力约束线的斜率相等。

在国际关系中,国家总是在权力可及的范围内,尽可能多地攫取资源与利益,提升综合国力,形成优于别国的竞争优势。国家行为体是一种理性行为体,国家之间权力的博弈是零和的,国家总是运用权力攫取最佳的资源组合(利益组合),这种利益组合可以是安全利益、经济利益、政治利益、文化利益等诸多利益的具体组合。

国家行为理论所要阐述的核心问题是国家在国际权力边界范围内所能攫取到的最佳资源组合的均衡点,也是指在保证国家权力最大化的同时,确保在国际关系中国家利益(或资源组合)效用最大化。

(二)战略扩张与战略收缩

国际关系中国家行为体遵循实力不平衡发展规律,国家之间的实力对比不是一个一成不变的常数,随着时间的变化,也在变化中。例如1978年中美实力对比与2011年中美实力对比大不相同。根据上述分析,假定国际规范和国家之间关系不变,那么两国之间实力对比的变化会改变一国的权力边界,即国家权力约束线会向外或向内移动。随着国际权力约束线的移动,国家面对各种资源或利益组合会作出最优选择,即无差异曲线与约束线之间的切点也会发生改变。随着国家实力对比的变化和国家国际权力的相对增减,权力约束集也相应地扩大或缩小,由此所引致的国家最优选择的变动,被称作国家行为的战略扩张或战略收缩。

　　假定各种操作性实力不变,即确保权力约束线的斜率不变的情况下,分析国家资源性实力均衡增加对国家决策的影响。随着资源性实力的均衡增加,权力约束线向外平移,与无差异曲线相切的均衡点发生变动。把这些切点连成一条曲线,我们称之为国际社会中国家行为体的实力增减—国家决策曲线。如图3-6所示:

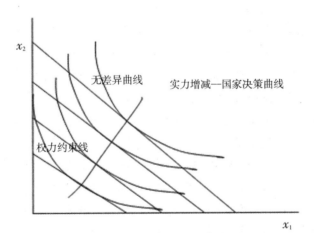

图3-6　国家实力均衡增长对国家行为选择的影响

　　我们把一国相对于别国国家实力的增长所导致的国家国际权力约束线外移以及国家权力集的扩大,称为战略扩张;反之,国家实力的减弱所导致的权力约束线内移以及国家权力集的缩小,称之为战略收缩。如图3-7所示:

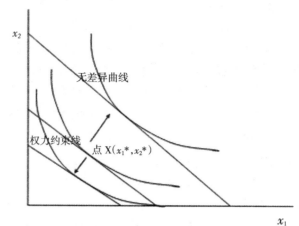

图 3-7 战略扩张与战略收缩

　　随着国际权力约束线的位移,国家行为选择的均衡点也在发生位移。国家不断增强其综合国力,拉大与他国的实力差距,在国际社会中争取更多的权力空间,拓展本国的国家利益。国家总是在权力能及的范围内实现国家利益的最大化。正是因为国家对权力最大化的不断追逐,造成国际社会中国家行为体的实力不平衡发展。同时,国家实力不平衡发展规律又反作用于国家行为的选择,影响该国战略扩张与战略收缩的行为选择。

　　例证 1:20 世纪 70 年代美苏争霸,美苏实力对比中,美国处守势,苏联处攻势。1979 年 12 月 27 日晚,苏联在经过精心策划之后,采取突然袭击的方式,空运大批军队完全控制了阿富汗首都喀布尔。随后,早已部署在苏阿边境的苏军长驱直入,占领了阿富汗的主要城市和交通干线。苏联入侵阿富汗,标志着 20 世纪 70 年代苏联对外扩张的顶点。苏联出兵阿富汗表现为苏联的战略扩张。美国从越南撤兵代表着美国的战略收缩。

　　例证 2:受欧债危机的影响,欧洲实力大幅度削弱,美国也深受国际金融危机的影响。这也影响到欧洲一体化的推进和北约军事行动能力的增强。俄罗斯凭借着强大的能源和军事实力,加强对周边国家与区域的控制。乌克兰处于欧美与俄罗斯中间地带,是地缘政治的交锋点,是地缘政治斗争的前沿阵地。2014 年 2 月趁乌克兰政局动荡,亲俄武装攻占克里米亚军事基地。随后,克里米亚举行公投并加入俄罗斯。乌克兰东部局势动荡,体现着欧美与俄罗斯的战略博弈。

　　战略扩张与战略收缩是针对大国间实力对比而言的, 随着霸权国实力的衰落,霸权国的战略收缩行为往往会造成某些区域出现权力真空,从而加剧收缩区域的政治分裂和局势动荡。

例证:2008年全球金融危机使得美国的经济实力相对衰降,美国调整其全球战略,使全球战略中心东移到亚太地区。欧洲也深陷欧债危机的泥潭,整体实力受到掣肘。在西亚、北非和中东地区出现权力真空,即没有一个主导型的超级大国为这些区域提供权力、秩序与安全等公共物品,这也是西亚、北非和中东局势动荡的深层国际政治背景。

(三)寻找新的均衡点

首先,我们研究一下国家利益排序对国家行为选择的影响。

在不同的历史条件下,各种国家利益的重要性是不一样的,国家利益的重要性不仅受利益性质的影响,还受利益量和利益紧迫性的影响。某种国家利益在某一时期的重要程度取决于利益量的大小和紧迫程度。在既定条件下,当某种国家利益的量较大且比其他国家利益有更紧迫实现的需要时,这种国家利益的排序就先于其他种类的国家利益。[①]

国家利益的排序影响到国家利益的组合,各种资源的比重会发生改变。现在把国家利益排序因素添加到国家行为的分析模型,观察均衡点的变动。

假定:资源组合 $X(x_1,x_2)$ 为一个国家的对外政策目标,横轴 x_1(经济资源)代表单纯经济发展政策目标,纵轴 x_2(安全资源)代表单纯军事发展政策目标。假定该国军事实力不变(x_2 不变动),其中 x_1 所代表的经济发展政策目标是国家利益的优先考虑,即在资源组合中,x_1 所代表的经济利益排序优先。观察图3-8中权力约束线的移动,AB 代表初始状态下的国际权力约束线,AB 与无差异曲线的切点代表初始均衡点。因为该国不断追求单纯经济发展政策目标,x_1 所代表的经济实力不断增大,由 OB 增大为 OC 和 OD,权力约束线也分别变化为 AC 和 AD。随着权力约束线的移动,权力约束线与无差异曲线切点(均衡点)也在不断变动。我们把这些切点连接起来,构成一条曲线,如图3-8所示,我们把这条曲线命名为利益排序—国家决策曲线,这条曲线显示国家利益排序对国家决策的影响。

[①] 阎学通、阎梁:《国际关系分析》,北京大学出版社,2008年,第70页。

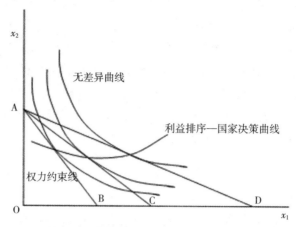

图 3-8　国家利益排序对国家决策的影响

二战后，日本在美日同盟和和平宪法的框架下，集中精力发展本国经济，经济利益在国家利益排序中占优先地位，经过几十年的发展，日本从二战的废墟中崛起，成为一个有世界竞争力的经济大国。随着经济实力的提升，日本的国际影响力和国际地位得以提升，日本政府对外决策空间得以拓展。改革开放以来，我国以经济建设为中心，聚精会神搞建设，全心全意谋发展，现在我国经济已经超过日本，成为世界第二大经济体。经济利益在国家利益排序中的优先地位，使得我国对外决策时更多地运用经济手段解决国际问题，这就体现出利益排序对国家决策的影响。但是不同的实力要素对应着不同的问题领域，实力要素的均衡发展会使国际权力空间大大拓展，相应地，运用国际权力解决国际问题的能力就会得以提升。例如国家领土安全和国民人身安全等问题就不能仅仅依靠经济手段来解决，就需要与之对应的军事实力来维护。

下面把国家利益排序和国家实力对比两方面因素都添加到国家行为选择的模型中，构建动态均衡模型，观察国家行为选择均衡点的变动。

假定一个国家在利益的权衡、取舍中，其中对资源 x_1 的需求变得更重大、更紧迫，即保持 x_1 的排序优先，如图 3-9 所示，权力约束线由 M_1 变成 M_2，均衡点从 A 点移到 B 点。不难看出，均衡点从 A 点到 B 点的位移是国家利益排序对国家决策行为的影响。假定在 x_1 排序优先时，为了使国家实力对比的差距适当地缩小，想保持原来的效用水平，即继续停留在无差异曲线 L_1 上，就需要做一条平行于权力约束线 M_2，且与无差异曲线 L_1 相切的直线，交点为 C。从 A 点到 C 点的移动,叫作国家利益排序的替代效用,即效用水平不变时,国家利益排序的变化所引起的对资源 x_1 需求的变化。由于国际行为体实力的不平衡发展,随着两国实力差距的拉大,国际权力约束线会平行外移,均衡点由 C 点回到权力约束线与无差异曲线相切的 B 点。不难看出,从C 点到 B 点的移动,是实力差距变化对国家决策行为的影响。此时,B 点就是新的均衡点,是国家行为选择的最优点。

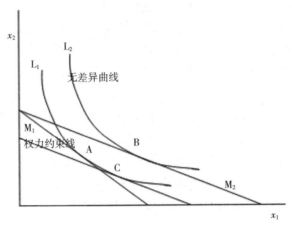

图 3-9　新的均衡

上述模型(图 3-9)显示,因国家行为体实力发展不平衡而导致的国际关系中国家实力对比变化,以及国家利益排序调整对国家行为选择的总体效应。这些因素会影响着国家的最优选择,使得国家行为选择不断趋向实现国家利益最大化(效用最大)的新的均衡点。

国家对外战略的调整就是一个权力与效用之间的均衡点变动的过程。2008 年受世界金融危机的影响,从虚拟经济到实体经济、从经济领域到社会政治,美国都深受其害。相反,中国崛起步伐加快,中美实力对比差距缩小。针对实力对比的变化,美国对其全球战略进行了调整,由原来的"全球警察"角色转变为保重点,亚太成为其当前全球战略的重心。美国将大量的兵力部署和外交资源用于亚太,加大对该区域的战略投放力度,加强与亚太盟友的军事同盟体系的建设,这也被称为美国重返亚太战略。亚太新兴大国与美国实力差距的缩小,使得美国调整其在亚太的战略,对于美国而言,就是一个寻找能体现权力与效用之间平衡的新的均衡点的过程。

同样,还有一个典型的案例可以检验模型的解释力和预测力,那就是中国崛起以及中国的对外战略调整。改革开放三十多年来,中国把经济建设放在首要位置,经济实力在国际利益排序中处于优先地位。随着近几年国际环境的变化,安全利益(经济安全、海外资产和人员的安全、网络信息安全,以及海洋领土安全等)变得异常突出。世界金融危机再次敲响了经济安全的警钟,防范系统性金融风险,加强经济安全成为我国政府高度关注的事情。随着中国在海外投资和旅行的规模加大,中国资产和游客在海外的安全利益备受中国政府和人民关注,确保海外的中国资产安全和中国公民的人身安全成为重要的政策议题。斯诺登事件再次暴露出网络安全对于国家安全的重要性。美国重返亚太以及强化与其盟友的军事同盟关系,朝鲜拥核和日本重温军国梦,使得整个亚太区域军备竞赛呈现出螺旋升级的态势,传统安全再次成为亚太地区的热点。为了应对国际局势的变化,我国特别注重包括核威慑和常规军事实力在内的整体军事实力的提升,强化了我国军队实际应战能力。同时,我国提出与利益一致的国家结伴和共建命运共同体,实施"一带一路"战略,体现出我国政治实力的不断提升。国家间实力差距的变化以及利益排序调整等因素影响着国家的最优选择,使得国家行为选择不断趋向实现国家利益最大化(效用最大)的新的均衡点。

五、本章小结

作为运用模型、定量与定性相结合的方法研究国际关系学国家行为理论的一种初步探索和尝试,对于整个国际关系学学科的建构,应该有着重要的意义。这与经济学中在消费者行为理论和生产者行为理论基础上建构起整个经济学学科大厦一样。经济科学的发展路径,值得包括国际关系学在内的社会科学予以借鉴。国际关系学和经济学一样,是一门十分严谨的科学。计量经济学的出现,才使得经济学真正成为一门科学;国际关系学也是如此,当数学工具和定量方法真正、广泛地运用到国际关系研究的时候,国际关系学才会插上科学的翅膀。

分析资源性实力、操作性实力与权力之间的关系是国际关系研究中的重大问题,这有点儿像物理中的矢量、动量、力的关系问题研究。如何深入研究,特别是如何能用实证的方法验证,可能还需要一点特殊的方法才行。我们谨以探寻国际关系学的国家行为理论作为初步奠定对国际关系学进行学科建构的微观基础和理论起点。

改革开放以来,中国秉承"发展是硬道理"的战略思想,以经济建设为中心,全面推进社会主义现代化建设总体部署。中国已经成为全球第二大经济体,实力差距也是权力之源,中国国际权力空间也得以拓展。随着国际形势的变化,中国提出了"一带一路"战略,这是我国统筹国际国内两个大局提出的重大战略思想,也体现出国际权力空间的变化对于国家战略与政策的影响。我国提出的"一带一路"战略得到包括中亚和东盟等周边国家的积极响应,体现了我国对于亚欧区域的经济领导力。

第三章

第二章

附　录

关于"一带一路"战略的几点思考

2013 年 9 月，中国国家主席习近平在哈萨克斯坦的纳扎尔巴耶夫大学发表的演讲中，提出共同建设"丝绸之路经济带"的构想。习近平提出，为了使欧亚各国经济联系更加紧密、相互合作更加深入、发展空间更加广阔，我们可以用创新的合作模式，共同建设"丝绸之路经济带"，以点带面，从线到片，逐步形成区域大合作。2013 年 10 月，中国国家主席习近平访问印度尼西亚和马来西亚，出席亚太经济合作组织第二十一次领导人非正式会议，在印尼国会发表重要演讲时提出，中国愿同东盟国家加强海上合作，发展海洋合作伙伴关系，共同建设 21 世纪"海上丝绸之路"。"丝绸之路经济带"和 21 世纪"海上丝绸之路"被简称为"一带一路"战略。"一带一路"战略是中共中央和国务院根据国际局势的变化，统筹国内国外两个大局而作出的重大战略部署。

历史上，丝绸之路包括陆上丝绸之路和海上丝绸之路。其中陆上丝绸之路又有两条，分别是丝绸之路的北线和丝绸之路的南线。丝绸之路的北线，是西汉时张骞以长安为起点和东汉时班超以洛阳为起点出使西域开辟的，经中原地区、关中平原、河西走廊和塔里木盆地，到锡尔河与乌浒河之间的中亚河中地区、大伊朗，并联结地中海各国的陆上通道。丝绸之路的南线也被称为楚印商道和茶马古道。据考证，早在春秋时期，楚国商人将我国所产的丝和丝织品，经汉江、滇池、禅人地运往古印度，又从印度贩回琉璃、玑、珠等商品。这条古丝绸之路，从今天的汉江流域经云贵高原到达缅甸和印度，是我国最早的丝绸之路。秦汉时期，西安和洛阳是秦汉的都城。丝绸之路南线的起点沿汉江流域迁移至以长安为中心的汉中平原和四川盆地，以及以洛阳为中心的中原地区，丝绸之路北线和丝绸之路南线在起点处连接起来。丝绸之路北线是沙漠驼铃的黄色之路，丝绸之路南线是高原马帮的绿色之路，海上丝绸之路则是海洋帆船的蓝色之路。历史上，海上丝绸之路也可以追溯到春秋时期，从汉江流域出发，沿江河出海，经东南亚，抵达印度洋沿岸的国家和地中海地区。这条海上丝绸之路在唐宋时期比较发达，明朝郑和下西洋走的就是这条海上丝绸之路。在漫长的历史中，丝绸之路一直作为连接东西方文明的桥梁和纽带，在中西经济与文化的沟通交流中发挥着重要的作用。

当前，我国倡议的"一带一路"战略，受到亚欧大陆许多国家的积极响应。"一带一路"战略为我国与周边国家合作提供了战略机遇,必然会推进亚欧一体化进程。"一带一路"使我们看到东方文明崛起的曙光,同时使我们喟叹历史轮回的因缘。18、19世纪,伴随着西方大国的崛起,一条从西伯利亚自西向东推进的路线,与一条从大西洋到非洲东海岸、横越印度洋和太平洋、抵达中国东部沿海城市的路线,共同构成推进欧亚一体化的"钳形"战略。这个自西欧到太平洋的"钳形"战略,使东方从属于西方,并缔造了欧洲的世界中心地位。21世纪,一条从中国大陆出发,沿着古丝绸之路横越广袤的中亚直抵西欧的西进路线,一条从中国东部沿海出发,经马六甲海峡横越太平洋和印度洋直达大西洋沿岸西欧国家的路线。一条是从欧亚大陆横穿而过的路线,一条是覆盖欧亚大陆周边区域的海洋路线,这两条路线构成推进东方世界复兴的"一带一路"战略。历史上,西欧"钳形"东进战略依靠的是坚船利炮和不平等条约的强行推进;而今天,我国倡导的"一带一路"战略本着互联互通、互利互惠和合作共赢的精神,赢得欧亚大多数国家的广泛响应和积极支持。历史上,西欧主导的"钳形"东进路线是一条战争与侵略的路线,而今天,我们的"一带一路"西进战略是一条和平与合作的路线。未来"一带一路"战略会把整个欧亚大陆乃至北非紧紧地联系在一起,亚欧非各国在这条利益一致的纽带上合作发展、和平共处,成为休戚与共的命运共同体,这也将推进亚欧一体化进程,深刻影响未来世界的整体格局和人类和平相处的政治秩序。

中央提出"一带一路"战略,丝绸之路经济带建设包括丝绸之路北线和丝绸之路南线建设。丝绸之路北线与丝绸之路南线是我国古代连接其他文明区域的经济、文化之路,也是汉朝张骞出使西域发现的两条文明之路。丝路北线主要从西安出发,经过中亚,抵达西亚和欧洲。丝绸之路南线主要从汉中平原、四川盆地出发,经云贵高原,穿越缅孟印巴,过中东诸国,到地中海沿岸国家,抵达西欧和北非。从实施层面讲,丝绸之路建设宜遵循先易后难、适时推进、以点带面、从线到片、逐步推进的原则。国家正加快实施北部丝绸之路经济带建设,北部丝绸之路建设有上海合作组织作依托,建设起来较容易;在上海合作组织框架下与中亚诸国合作建设丝绸之路经济带,取得良好的进展。在中亚合作取得进展的基础上,也应加快推进与西欧诸国的经济合作。

丝绸之路南线建设规划和海上丝绸之路建设也应适时跟进。从长远角度考虑,我们急需从国家战略层面打造新的丝绸之路南线经济带,推进与印度洋沿岸南亚和中东诸国,以及地中海、大西洋沿岸西欧和北非地区的经济合作和一体化,促进政治和安全合作,构建亚欧非一体化大战略。丝绸之路南线也是一条连接人类古文明的穿越之路,一条中华文明连接古印度文明、两河流域文明和地中海沿岸古希腊罗马文明以及尼罗河流域古埃及文明的现代文化之路。我们的提议是:将丝绸之路南线建设提上议程,加快论证、规划丝绸之路南线战略。丝绸之路南线可以孟中印缅经济走廊建设为试点和先行区域,从丝绸之路南线建设整体战略考虑,逐步推进与中东和西亚、北非的合作。鉴于西亚、北非、中东动荡的政治局势,当前丝绸之路南线建设面临一些不利的因素,我们可以选择沿线一些政治局势稳定的友好国家为节点,从互利互惠的经济合作入手,先易后难、逐步推进,拓展到政治和安全领域的合作。要从全球战略的高度,统筹考虑经济合作和安全合作的关系。安全合作关系是国际关系合作层面中最牢固的关系,是推进"一带一路"战略、构建亚欧一体化和打造命运共同体最坚实的基础。我们应该积极吸纳印度、巴基斯坦、缅甸、孟加拉国和斯里兰卡等南亚诸国加入上海合作组织,打造上海合作组织的升级版,这样会加快推进"一带一路"战略的实施和进展。

　　海上丝绸之路建设可以中国与东盟合作为契机,加快推进经济合作、实现基础设施的互联互通。同时,中国与东盟宜加快政治与安全领域的合作,构建命运共同体。被誉为"印度洋上的珍珠"的斯里兰卡与我国有着悠久深厚的友谊,两国政治关系良好。鉴于"斯里兰卡对习主席提出的建设21世纪海上丝绸之路的构想十分欢迎。斯里兰卡是实施此项构想中的重要国家之一,也是第一个对这一构想作出积极响应的国家",以及"斯里兰卡要建设海事、航空、商业、能源、知识五大中心,同中国提出的建设21世纪海上丝绸之路倡议不谋而合"。我国正与斯里兰卡共建21世纪海上丝绸之路的重要枢纽和印度洋中心。以东盟和斯里兰卡为桥头堡和重要节点,以点带面,加快推进海上丝绸之路沿线区域大合作。同时,向西推进到海湾地区的中东国家和地中海沿岸的西亚、北非和西欧诸国。

　　阿拉伯地区是连接西亚、北非和西欧的桥梁和纽带,是陆上丝绸之路和海上丝绸之路交汇的重要区域,在"一带一路"战略中也是连接东西、交汇海路的重要节点。习近平在中阿合作论坛第六届部长级会议上倡议,中阿共建"一带一路",加强政策沟通、深化务实合作,构建"1+2+3"合作格局。以能源合作为主轴,深化油气领域全产业链合作,维护能源通道安全,构建互惠互利、安全可靠、长期友好的中阿能源战略合作关系;以基础设施建设、贸易和投资便利化为两翼,加强在重大发展工程、标志性民生项目上的合作,为促进双边贸易和投资建立相关制度性安排；以核能、航空航天、新能源三大高新领域为突破口，努力提升中阿务实合作层次。习近平在中阿合作论坛第六届部长级会议开幕式上的讲话，为未来中阿关系的发展指明了方向；也为"一带一路"战略在阿拉伯地区的实施与开展，提供了恢宏的合作框架和战略规划。

21世纪丝绸之路建设，是一个需要历经几十年努力的世纪工程，需要从民族复兴大业的战略高度进行系统思考、整体规划；实施时，遵循先易后难、以点带面的原则，逐步推进。陆上丝绸之路北线建设以上海合作组织安全框架为契机，推进经济合作建设；丝绸之路南线建设应以孟中印缅经济走廊为试点，同时打造上海合作组织的升级版，推进与南亚诸国的政治合作和安全合作；海上丝绸之路建设应以中国与东盟互联互通建设，以及中国与斯里兰卡共建海上丝绸之路印度洋中心为契机，加快经济合作，并外溢至政治和安全合作领域。以中阿合作论坛为支点，推进中阿务实合作。在先行区域和容易环节取得进展后，再加快拓展至丝绸之路沿线其他国家和区域，从经济领域向安全领域合作迈进，推进丝绸之路经济带一体化，打造利益共同体和命运共同体。

陆上丝绸之路与海上丝绸之路遥相呼应，一条从腹地穿越，一条从海上联通，共同构成"一带一路"战略。针对美国全球战略重心的东移、强化亚太军事基地和盟友关系的战略规划，我国需要在"一带一路"战略的基础上，构建服务于中华民族复兴的全球大战略——一体两翼的腾飞战略，即以亚欧大陆为主体，以太平洋和印度洋为依托，以非洲和美洲为两翼的全球大战略，以周边为依托经略全球。落实好"一带一路"战略，统筹好国家经济战略和全球安全战略之间的关系，陆权和海权战略共进，开创一个崭新的更加辉煌的中华盛世，实现中华民族伟大复兴的"中国梦"。

（资料来源：南开大学台港澳法研究中心王首伟　李晓兵）

第三章

> 结构为行为体提供了框架，行为体在这个框架中互动并发生联系。在结构中，系统就是互动行为体的各种组合。行为体如何相互联系，结构与行为的关系是怎样的，这两个问题是人们寻求认识系统和整体层面上的变革的重要内容。
>
> ——詹姆斯·多尔蒂

第四章
国际体系结构与国家策略

国际体系结构是如何影响国家行为的？这是国际关系研究中最具争议性的研究议题，对这个问题的研究，催生了一批杰出的国际关系大师和以他们为代表的经典理论，诸如以吉尔平为代表的霸权稳定论和以基辛格为代表的均势论等。本章主要通过对国际格局（单极、两极和多极）与国家行为之间关系的研究构建相关的理论模型，通过案例检验模型的解释力与科学性，从而探讨体系结构对国家行为的影响，尝试性地解决"结构和行为之间的关联"这一关系到整个国际关系学学科架构的重大理论难题。

国际体系是指由国际行为体、国际格局和国际规范构成，并按照一定的秩序和内部联系组合而成的国际社会的有机整体。国际行为体在互动中形成一定的国际格局和国际规范，国际体系又包括体系进程和体系结构两个方面。体系进程主要以时间的维度来考察体系运行的状态，是一个动态的概念；体系结构主要考察由国际行为体和行为体之间的互动和联系而形成的整体结构，是一个相对静态的概念。结构是由单位的数量和类型以及国际体系中的权力分配状况决定的。极（Polarity）指的是行为体的数量以及它们的实力分配状况,因此体现着国际体系的结构。[①]在无政府状态的国际体系中,国际格局是体系结构的表现形式。在国际关系学中探讨国际体系结构对国际行为体的影响,主要是分析国际格局对国家行为的影响,这样可以使问题简化,便于提供有效而实用的分析框架和理论模型。

国际社会是无政府状态的,国际体系是一个由"中心"和"边缘"构成的等级体系。国家实力和国家行为体之间战略关系的竞争,决定着某一特定国家在国际体系中的地位和作用。在没有更高权威、无政府状态的国际体系中,生存是国家的最高法则,要生存就必须拥有更强的实力、更多的权力;占据"中心—边缘"国际体系中心的国家,就拥有更多的国际权力来攫取国际资源从而扩大生存的概率。所以支配国际体系运转的最主要规律是实力向心规律。[②]国际社会中行为体的数量以及行为体之间的互动构成国际系统,并呈现出一定的结构性特征。系统描述的是系统单位之间任何的相互作用和相互影响,结构塑造了互动模式,随着结构的变化,互动模式也发生改变。在现代民族国家体系中,出现了三个典型的国际体系,分别是维也纳体系、凡尔赛—华盛顿体系和雅尔塔体系。

国际体系的结构也被称为国际格局。国际格局是指在一定历史时期内国际体系中主要行为体之间互动而形成的一种结构状态和局面。国际格局主要有大国实力对比和大国战略关系两个要素构成。国际格局有单级、两极和多极三种形态。为了分析国际体系结构对国家行为的影响,我们分别研究单级格局、两极格局和多极格局对国家行为的影响。

一、单极格局与国家行为

在单极格局的国际体系中只有一个超级大国,其余的是强国和中小国家。这就要分别分析超级大国的国际策略和国际行为、强国的国际策略和国际行为、中小国家的国际策略和国际行为,以及它们之间的关系。

所谓单极格局也称为超级大国主导下的国际秩序,历史上所说的英国治下的和平和美国治下的和平,就是分别指以英国和美国为首的单极格局

---

① [美]詹姆斯·多尔蒂、小罗伯特·普法尔茨格拉夫:《争论中的国际关系理论》,阎学通、陈寒溪译,世界知识出版社,2013年,第127页。

② 阎学通、阎梁:《国际关系分析》,北京大学出版社,2008年,第24页。

时期,或称霸权时期。在单极格局中,超级大国占据国际体系的中心地位,拥有最大的国际权力,所受到的权力约束力最小,在国际策略和战略选择上,选择空间巨大,表现为单边主义和霸权政策。实力差距决定着国家国际权力的大小,实力差距越大,实力强的国家就拥有更大的国际权力,国际权力与实力差距正相关。超级大国与别国的实力差距越大,超级大国的国际战略和行为选择就越自由,越有能力更方便地攫取国际资源,实现霸权利益最大化。假定 R_1、R_2 分别代表两国之间资源性实力的差距,P_1 和 P_2 分别代表与资源性实力 R_1、R_2 相对应的操作性实力的差距;假定 N 为一国相对于另一国的权力,即该国的国际权力,那么就可以表示为:

$N=f(x)=f(R_1,P_1,R_2,P_1)$

国家实力为资源性实力与操作性实力之积,可以推导出一个国家的国际权力约束线的公式:[①]

$R_1P_1+R_2P_2=N$

用几何图形表示,如图 4-1 国际权力约束模型所示:

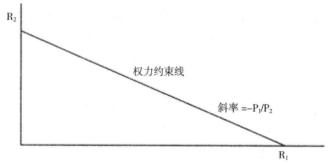

图 4-1　国际权力约束

单极格局中强国的约束力次于超级大国的约束力。权力是一个相对的概念,在无政府状态的国际社会中,实力差距是权力之源。强国实力逊于超级大国,强国所受到的国际权力约束就比超级大国多,国家行为受到的限制就较大,政策选择空间就较小。A、B 两国的国际权力约束对比如图 4-2 所

---

① 综合国力实力要素是资源性实力(R)和操作性实力(P)的组合。$R=(M+E+C)$,其中资源性实力包括军事实力(M)、经济实力(E)和文化实力(C),操作性实力(P)就是政治实力。有文章对国际权力约束公式有详细的推演过程,参见王首伟:《国际关系学中国家行为理论的建构》,《东北亚研究》2013 年第 2 期。

示。在两国的国际权力约束模型中 A 代表超级大国,B 代表强国。强国 B 相对于超级大国 A 国而言,权力约束较大,政策空间明显较小。同理,在单级格局中,中小国家面临的国际权力约束就更大,国家战略和政策选择的空间就更小,面临着被大国欺负,甚至生存的危机,往往选择依附超级大国的战略。

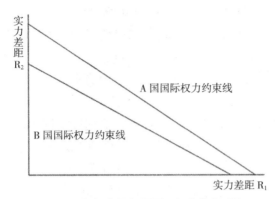

图 4-2 超级大国与强国际权力约束对比

如图 4-3 所示,国家总是选择它们权力所能攫取得到的最优资源组合(或利益组合),从而实现国家利益或效用的最大化,即国家从它们的权力约束集中选择权力边界线与代表国家偏好的无差异曲线相切的点所代表的最佳资源组合。图中显示,超级大国获得国家利益的满足度(效用)远大于国际体系中强国所获得的效用。

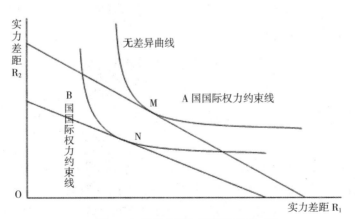

图 4-3 超级大国与强国的效用对比

注:M、N 分别代表超级大国 A 国和强国 B 国最佳政策选择,即均衡点,代表国家利益的满足程度。M 点比 N 点代表更高的效用、国家利益的实现和满足度。超级大国 A 国政策空间比强国 B 国大,在更多的资源组给以处实现国家利益的最大化,拥有更多的政策余地和更少的约束力。

在单极格局中,超级大国与强国之间的关系是十分复杂的。超级大国维护霸权利益,担心强国赶超,往往采取防范和遏止战略,二者之间的权力博弈是十分激烈的。历史上发生了许多伴随着大国崛起的国际战争案例。二战前德国和日本的崛起, 采取的策略就是以战争方式挑战霸权国主导的国际秩序。"崛起国与霸权国"之间的关系在国际关系学界被称为是零和的,即国际主导权的争夺问题。随着中国崛起和民族复兴进程的推进,中美作为"崛起国与霸权国"的关系,成为世界关注的热点。中美关系是关系世界和平与发展的大国关系, 如何处理好中美关系是中美两国政府、智库和学术界关注、研究的焦点。

虽然霸权国与崛起国存在结构性的矛盾,但是霸权国与崛起国(或称强国者)之间仍然存在合作的空间,现以两国模型为例进行矩阵分析。

冷战后"一超多强"的国际格局中,中国崛起与美国霸权是一种结构性矛盾,但这并不意味中美之间就没有合作的空间。现以国际机制为例,分析中美之间的博弈和战略选择。二战后,美国主导构建了许多国际机制来实现其全球的制度性霸权。中国崛起对国际秩序形成一定的压力,面对美国的制度性霸权,中国选择什么样的战略是最优的;美国为了维系其霸权利益,将采取什么样的占优战略,是否容纳中国进入现行的国际机制。现在对中美之间的博弈进行矩阵分析。中国有两个战略可以选择:融入和挑战,美国也有两个战略:容许和斗争。假定:在中国进入国际机制之前美国的霸权利益为100,进入国际机制后美国的寡头利益为60,进入成本为20,各种战略组合下的支付矩阵如表4-1所示:

表 4-1   大国博弈的矩阵分析

局中人　　　　局中人		美国的战略选择	
		容　许	斗　争
中国的战略选择	融　入	10,30	−20,0
	挑　战	0,100	0,100

矩阵中有两个纳什均衡:(融入,容许)和(挑战,斗争),其中(融入,容许)是强纳什均衡,(挑战,斗争)是弱纳什均衡。中国选择融入时,美国的最优战略是容许,所以(融入,容许)是一个纳什均衡。尽管在中国选择挑战战略时,容许和斗争对美国而言是无差异的,但是只有当美国选择斗争时,挑战才是中国的最优战略,所以(挑战,斗争)是也是一个纳什均衡。用重复剔除弱劣战略的办法,找到博弈的解,斗争是美国的弱战略,所以被剔除,(融

入,容许)是重复剔除的占优均衡。纳什均衡是参与人将如何博弈的"一致性"(consistent)预测。从中可以看出,双方博弈的结果是各方取得的是相对收益,而非绝对收益。所以基于中国崛起的趋势和崛起国对国际体系的压力,美国的占优战略是容许中国进入国际机制之中发挥建设性作用;对中国来讲,选择融入战略进入现行国际机制优于挑战战略。

单极格局下"崛起国与霸权国"存在合作空间的理论模型,为我们探讨中美关系开阔了视野。中美新型大国关系是习近平访问美国时提出的新形势下处理中美关系的战略性构想,显示了中国领导人破解"崛起国与霸权国关系困境"的智慧和胆识,这为未来中美关系的发展奠定了基础。在国际格局的嬗变中,中国领导人根据国际形势的变化和国家间关系的发展,借鉴中华优秀传统文化和历史上国际关系的经验教训,提出了新型大国关系的战略理念。这为人类社会和谐相处与和平发展,贡献了中国的智慧和特色。

二、两极格局与国家行为

两极格局中两个超级大国之间的互动类似于经济学中的双垄断博弈,可以运用博弈论来分析两极格局下的国家战略和行为选择。经济学家使用博弈论分析寡头垄断,该理论经数学家约翰·冯·诺依曼(John von Neumann)和经济学家奥斯卡·莫根施特恩(Oskar Morgenstern)的研究在 20 世纪 40 年代得以发展。博弈论研究的是当自己的目标实现需要取决于他人的行动的时候,他们该如何作决策。冷战时期美苏争霸和军备竞赛就是两极格局中超级大国之间博弈的很好例证。诺贝尔经济学奖获得者托马斯·谢林的代表作《冲突的战略》就是运用博弈论研究美苏军备竞赛。博弈论被广泛地运用于国际关系学,为分析国家决策选择提供了十分有价值的科研方法。

(一)两极博弈与囚徒困境

以 A、B 两个超级大国军备竞赛为例,来建立两极格局对国家行为影响的理论模型。假定两个超级大国都进行军备控制,那么各收益 100。这是因为军备竞赛的机会成本很高,如果双方进行军备控制,就可以把本想增强军备的资源用于改善国民的生活、教育和医疗等的支出,从而增加国民福利。如果其中一方进行军备竞赛,另一方进行军备控制,那么进行军备竞赛的一方就获得了相对安全优势,获益140;相反,进行军备控制的一方就可能失去安全保障,失去40,收益变为60。如果双方都进行军备竞赛,那么双方各获益80,因为军备竞赛失去的是很高的机会成本,而且还会引发恶性循环;但是增强军备是提升国家实力的表现,是实现权力均衡的手段,所以进行军备竞赛也不是负收益。

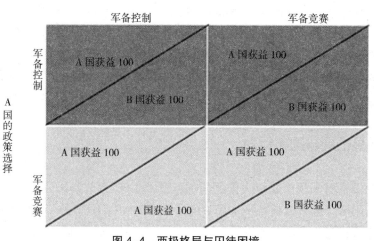

图4-4　两极格局与囚徒困境

很明显,如果两个超级大国合作,都进行军备控制,那么双方都会取得很好的收益,实现军备控制的效益,从而把有限的资源用到改善国民福利等更好的地方上。但是现实中会出现这种结果吗?国际社会是无政府状态,在"中心—边缘"的等级性国际体系中,占据体系中心就拥有更大的权力来实现国家利益的最大化,就会获得更多的安全收益。所以现实世界中,两个超级大国都不会相信对方,很难达成战略互信,只会猜测对方的决策。希望获益140,选择军备竞赛,就成为各方的占有策略,即不论对方选择何种策略,对该国而言,选择军备竞赛都会更好。占有策略是指不管别国采用何种策略,对于某国而言都是最好的策略,结果是两国都选择了军备竞赛。这种情况出现的是一个均衡状态(80,80),被称为纳什均衡。

在图4-4中,两国对均衡结果都不会满意,因为如果双方都选择军备控制,两国都可以获益100。通过增进战略互信,进行合作,两个超级大国就可以达成合作均衡(100,100)。在合作均衡中,两国相互合作以增进它们的总收益,两国就可以在军备控制中实现改善国民福利的好处。然而我们在现实中看到的是,这个博弈的结果很可能是非合作博弈,每个国家都追求自身利益最大化。

博弈中每一方都追求占优策略,从而导致不合作,并使每方收益减少的情况,我们称之为囚徒困境。①囚徒困境模型在国际关系学中有广泛的应用,在分析国际现象、预测国际形势等方面是一个十分有用的工具。

两极格局中的国家能摆脱囚徒困境吗?模型表明超级大国之间的合作行为总会失败,但是现实中为了实现共赢的目标而达成合作,超级大国之间会不会找到某些方式实现合作从而免于恶性竞争呢?答案是肯定的。囚徒困境模型的基本假设是博弈只进行一次,但是现实中,超级大国之间的博弈是要经历一段相当长的时间,也就是说是重复博弈。在重复博弈中,不进行合作的一方,会遭致对方采取报复策略,结果遭受更大的损失。所以在重复博弈中可以看到合作行为。例如超级大国之间达成军备控制的共识,双方在重复博弈中增进战略互信,为了避免双方发生冲突和抑制冲突升级为战争而

---

① "囚徒困境"(prisoner's dilemma)经典模型。假设两个合谋犯罪的嫌疑犯被警察抓住,分别被关在两个不能互通信息的房间进行审讯。警察告诉他们:如果两人都坦白,则各判刑 5 年;如果一人坦白一人抗拒,则坦白者立即释放而抗拒者重判 8 年;如果两人拒不认罪,则他们会被以较轻的妨碍公务罪各判 1 年。如果我们用 –1、–5、–8 分别表示罪犯被判刑 1 年、5 年、8 年的得益,用 0 表示罪犯被立即释放的得益,那么我们可以用一个特殊矩阵将这个博弈表示出来:

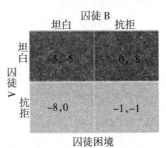

囚徒困境

对该博弈中的两个博弈方来说,各自都有两种可供选择的策略:坦白或抗拒;共有四种可能结果,其中最好的得益是 0,最坏的得益是 –8。假定 A 选择的是坦白,B 的最优选择是坦白;假定 A 选择的是抗拒,B 的最优选择同样是坦白。事实上,(坦白,坦白)不仅是纳什均衡,而且是一个占优战略选择。而(抗拒,抗拒)不是纳什均衡,因为它不满足个人的理性要求;订立攻守同盟也没有用,因为没有人有积极性遵守协定。因此,两个囚徒决策时都以自己的最大利益为目标,结果是无法实现最大利益,甚至较大利益。著名的囚徒困境博弈模型说明了:在一次博弈的情况下,人们不遗余力地追求自身利益最大化,而博弈结果对于集体来说往往并非帕累托最优状态。

建构的预防性合作机制等。在冷战期间,美苏超级大国订立了一系列军备控制条约就是很好的案例。历史上,世界权力中心转移总是伴随着国际战争而进行的,为了人类的和平,在未来的国际关系中,超级大国之间在重复博弈中通过构建预防性合作机制,增进战略互信,实现世界权力中心的和平转移,也是具有可行性的。

在两极格局中,如果两个超级大国通过可信承诺等信号传递从而建立战略互信机制,收益矩阵就会变化为图4-5所示:

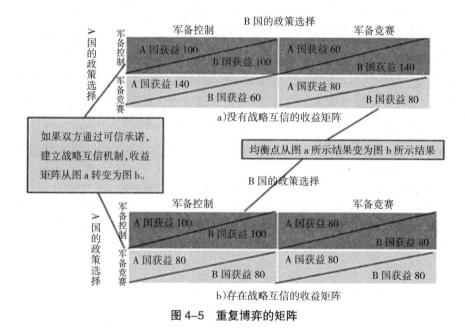

图4-5　重复博弈的矩阵

所以在两极格局中超级大国之间建立战略互信机制十分重要,可以减少误判概率,从而实现有效合作,增进共同利益。超级大国之间的竞争是全面的,其中安全竞争又是十分激烈的,通过建构预防性合作机制,避免恶性竞争从而规避大国间战争,是考验人类智慧的重大课题。通过运用博弈论进行研究,或许能够对人类的未来与世界和平提供某种有意义的启示和帮助。

(二)序贯博弈

以上我们研究的是同时行动的博弈。在两个国家的国际关系模型中,国家行为往往不是同时进行的,表现为行为的一前一后,即一方先行动,然后另一方作出反应,这种情况可以通过序贯博弈模型予以分析。

国际关系中遏制与反遏制、封锁与反封锁、介入与反介入,以及其他一些表现为有时间先后、一方行为以另一方行为先发生为前提的国际事件都适用于序贯博弈模型予以分析。例如古巴导弹危机中,美方对苏联向古巴输送导弹、试图建立导弹基地而作出的决策选择;苏联对中美建交的反应等。在无序的没有更高权威的国际社会中,国家为了安全利益,一方对另一方在安全领域内作出的行动,会作出灵敏的反应。军备竞赛也是这样,一方在核武器或常规武器研发方面作出突破之后,另一方就会通过技术赶超或增强反制能力来抵消另一方的优势,从不平衡和差距向平衡和对等拉平,从而实现权力均势。两个超级大国之间冷战、争取政治盟友、壮大自身阵营,也是实现权力均衡的手段。这就是为什么中美建交具有深远的世界政治影响力。苏联对中美建交的反应在这个问题上得到了最直观的诠释。

下面运用决策树分析美国对古巴导弹危机的反应:

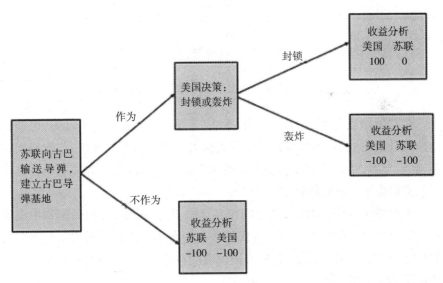

图 4-6　序贯模型——美国对古巴导弹危机的决策树

在图 4-6 模型中,美国针对苏联在古巴建立导弹基地的行为,有两种反应:作为和不作为。其中不作为的结果是美国国家安全受到严重威胁,收益为 –100,所以对美国而言,理性决策的反应是:作为。假定作为有两种政策选择:封锁(迫使对方妥协)或轰炸(彻底销毁古巴导弹基地),选择封锁策略的收益是美国迫使苏联撤走导弹,收益为 100;而苏联撤走导弹,回归原来的状态,苏联收益为0。轰炸的结果可能是双方爆发核战争,同归于尽。所以对于美国而言,最好的策略选择就是封锁。

同理,我们分析一下苏联在美国采取封锁策略后的决策选择,如图4-7:

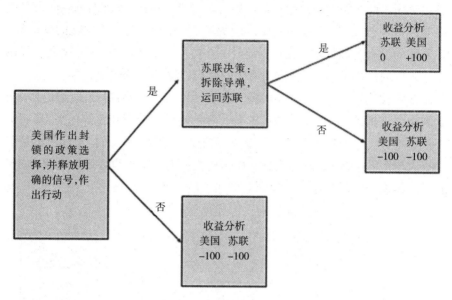

图4-7　苏联在美国作出封锁行动的决策树

在美国作出封锁行为之后,苏联如果不理会,不撤走也不反应,可能会使冲突升级为战争,使得双方蒙受巨大损失。所以对苏联来讲,作出撤回策略、撤走导弹,是合乎苏联利益的政策选择。这就是序贯博弈模型为古巴导弹危机提供了很好的解释力。

在两极格局中,超级大国之间相互竞争、相互牵制,其他强国和中小国家分别与超级大国结盟。超级大国把争取盟友作为提升自身实力和影响力的战略行为,中小国家成为超级大国争取的对象,这为中小国家提供了很大的政策选择空间。[1]

---

[1]　阎学通、阎梁:《国际关系分析》,北京大学出版社,2008年,第39页。

三、多极格局与国家行为

有学者给多极格局这样下定义：多极格局是指多个国际行为主体（包括主权国家、国家联盟等）在国际社会中，既保持独立自主和平等地位又相互作用、制约而形成的力量对比多头均衡状态。[①]笔者对多极格局的界定比较简约，多极格局是指在没有超级大国的国际体系中，国际行为体之间通过实力对比和战略关系组合而呈现的多头均衡状态。多极格局形式上是一个松散的体系，这对于无政府状态的国际体系而言，国家行为和国际关系松散无序而富于变动。多极格局中的国家受到体系结构的影响都很相似，国家往往根据利益和偏好不断变换结盟对象，所以多极格局中的结盟关系往往是短命的。

博弈论也可以运用于多极格局中国家之间的互动和国家行为的研究，除此之外，还有一些模型可以解释多极格局对国家行为的影响。

（一）集体行动困境的理论模型

集体行动的逻辑或曰集体行动的困境是客观存在的社会现象，是个体理性行为的非合作博弈结果，在国际关系中时有发生，很适合解释多极格局下的国家行为。我们介绍三种典型的模型：公地悲剧、囚徒困境和集体行动逻辑模型。

1.公地悲剧

1968 年英国科学家哈丁（G.Hardin）在美国著名的《科学》杂志上发表了《公地的悲剧》（The Tragedy of the Commons）一文，此文描述了理性地追求自身最大化利益的个体行为是如何导致公共利益受损的恶果。哈丁设想古老的英国村庄有一片牧民可以自由放牧的公共用地，每个牧民直接利益的大小取决于其放牧的牲畜数量，一旦牧民的放牧数超过草地的承受能力，过度放牧就会导致草地逐渐耗尽，而牲畜因不能得到足够的食物就只能挤少量的奶。倘若更多的牲畜加入到拥挤的草地上，结果便是草地毁坏，牧民无法从放牧中得到更高收益，这时便发生了"公地悲剧"。同时，尽管每个牧民在

---

① 王来法、黄俊尧：《论多极格局与世界和平：以个体理性的视角》，《国际观察》2003 年第 2 期。

决定增加饲养量时会考虑到现有牲畜的价值的负效应，但他考虑的只是对自己牲畜的影响，并非对所有牲畜的影响。

于是，最优点上的个人边际成本小于社会边际成本，纳什均衡总饲养量大于社会最优饲养量。正如哈丁所说："这是悲剧的根本所在，每个人都被困在一个迫使他在有限范围内无节制地增加牲畜的制度中。毁灭是所有人都奔向的目的地，因为在信奉公有物自由的社会中，每个人均追求自己的最大利益。"[①]

2.囚徒困境

基于个体理性的决策，常常与集体理性相冲突，导致所谓囚徒困境的出现。囚徒困境描述的是一次博弈所导致的个人理性与集体理性的矛盾。著名的"囚徒困境"(prisoners' dilemma)博弈模型说明了：在一次博弈的情况下，人们不遗余力地追求自身利益最大化，而博弈结果对于集体来说往往并非帕累托最优状态。囚徒困境模型在上文两极格局模型中已经提到，不再赘述。

3.集体行动的逻辑

美国著名经济学家奥尔森(M.Olson)演绎的"集体行动的逻辑"(The Logic of Collective Action)说明个人理性不是实现集体理性的充分条件，其原因是理性的个人在实现集体目标时往往具有"搭便车"(free-riding)的倾向。奥尔森批驳了传统的集体行动观，即由具有相同利益的个人所形成的集体是要为他们的共同利益而行动的，他认为"除非一个集团中人数很少，或者除非存在强制或其他特殊手段以使个人按照他们的共同利益行事，有理性的、寻求自我利益的个人不会采取行动以实现他们共同的或集团的利益"[②]。在奥尔森看来，集团的共同利益实际上可以等同或类似于一种公共物品，任何公共物品都具有供应的相连性(jointness of supply)与排他的不可能性(impossibility of exclusion)两个特性。公共物品的两个特点决定集团成员在公共物品的消费和供给上存在"搭便车"的动机，即使个人不为公共物品的生产和供应承担任何成本，也能为自己带来收益，因为公共物品的消费并不排斥不承担成本者的消费。

与囚徒困境描述的一次博弈所导致的个人理性与集体理性的矛盾稍有不同，奥尔森阐述的是 n 人存在的场合下，反复式的迭演博弈所导致的集体

---

① Garrett Hardin, Tragedy of the Commons, *Science*, Dec., 1968, Vol.168.

② ［美］曼瑟尔·奥尔森：《集体行动的逻辑》，陈郁等译，上海三联书店、上海人民出版社，1995 年。

非合作性结局；与哈丁叙述的个体理性导致集体非理性的过程稍有不同，奥尔森阐述的则是在存在共同利益的情况下，理性的个体不会为共同利益采取合作性的集体行动。尽管如此，三种分析模型在本质上仍然是一致的：集体行动存在着困境，人类对公共事务的管理并非轻而易举。[①]

正如奥尔森指出："有时当每个个体只考虑自己的利益的时候，会自动出现一种集体的理性结果；有时第一条定律不起作用，不管每个个体多么明智地追寻自我利益，都不会自动出现一种社会的理性结果"[②]。

公地悲剧在国际关系学中的案例很多，例如各国在发展经济的过程中排放废气和污水，导致海洋污染、全球气候变暖等许多环保问题，超出了地球的"承载"能力和破坏了人类的可持续发展，整个人类的公共利益受损。核扩散也是一个公地悲剧的案例，许多国家追求核能力，确保自身安全，增进国家利益，造成整个世界笼罩在核阴影之中，整个人类的生存都面临着威胁。囚徒困境在多极格局中时有发生，是因为多极格局中的国家拥有更多的政策选择空间，例如国家往往根据利益和偏好不断变换结盟对象，使得一次性博弈成为常事。俾斯麦在德国统一进程中对结盟对象的朝秦暮楚，就是一个案例。奥尔森的个体理性与集体非理性的悖论，即集体行动的逻辑对多极格局的国际现象有很好的解释力。多极格局的一个难题就是公共物品的供给方缺失，没有哪个国家拥有像单极和两极格局中超级大国对公共物品的供给能力和意愿，也不能避免"搭便车"现象。军备控制是符合人类和平意愿的公共利益，是一种集体理性，但是在多极格局中的强国很难达成一致的协议，即使有文字条约，各国也难以自觉遵守，各国根据自身实力和利益不断地突破条约的限制，最终使军控条约成为废纸。例如1922年2月6日由美、英、日、法、意五国签订了《关于限制海军军备的条约》，条约规定了五国战列舰总吨位的限制，然而列国的激烈竞争使得这个军控条约成为"历史陈迹"。

维也纳和凡尔赛—华盛顿体系中，有许多国际现象都可以运用以上理论模型予以合理的解释，这也说明了上述模型对多极格局中国家行为解释

---

① 陈潭：《集体行动的困境：理论阐释与实证分析——非合作博弈下的公共管理危机及其克服》，《中国软科学》2003年第9期。

② Mancur Olson, "Forewood" in Todd Sandler, Collective Action: Theory and Applications, The University of Michigan Press, 1992. 转引自苏长和：《全球公共问题与国际合作：一种制度的分析》，上海人民出版社，2000年。

的普适性。

(二)投票悖论与阿罗不可能定理

多少人投票并不能出现一致选择的现象,被称为投票悖论。斯坦福大学肯尼斯·阿罗运用数学方法证明了多数投票并不总是能出现一致的现象是普遍的。阿罗不可能定理认为没有办法可以设计出一种可以一直代表投票人偏好的投票机制,阿罗不可能定理说明多数投票可能导致没有效率的政策偏移。

在多极格局中,多强并立、相互制衡,大国各怀鬼胎,很难达成反映各方利益的一致的协定。对破坏多方协调的秩序的挑战行为,也很难作出一致的反应。在凡尔赛—华盛顿体系中建立的国际联盟,在德国和日本作出退出和破坏等国家行为,各国难以对此作出一致的制裁和惩罚,而使国际联盟最终土崩瓦解,从中可以看出投票悖论和阿罗不可能定理的解释力。在多极格局中,理性的个体国家难以达成体现各自利益的一致的协议和国际机制,国际机制的运行也没有保障,没有强有力的领导,以及对违反约定的惩罚机制、意愿和能力,使得对未来的预期更加不确定。

四、体系格局与世界和平

国际体系结构和战争发生频率之间的关系一直是人们关注的研究对象。国际关系学现实主义理论关于体系结构与世界稳定的研究,集中于霸权稳定论和均势论这两种经典的理论。霸权稳定论是由查尔斯·金德尔伯格首创,他在《萧条中的世界:1929—1939》(1971年)一书中率先提出的,后来由罗伯特·吉尔平加以系统完善,罗伯特·基欧汉所提出的"后霸权主义"是对霸权稳定论的修正。[1]霸权稳定论认为,霸权带来世界政治、经济的稳定,霸

---

① 吉尔平指出:"只有在霸权存在的情况下,一种特殊类型的国际经济秩序,即自由经济秩序才能繁荣和充分发展。"金德尔伯格也强调,开放和自由的世界经济需要一个霸主或主宰的强国。他认为,20世纪30年代大危机之长期化并酿成第二次世界大战爆发的主要原因是:"当时英国的霸权正在衰弱,英国已经无力保障国际清算系统,而美国则在到1936年以前一直不愿从英国手中接过这一责任。""霸权稳定论"这个称呼是由罗伯特·基欧汉创立的,用基欧汉的话来说,该理论"认为,由一个国家主宰的霸权结构,非常有益于强大国际体系的发展,这个体系的运行规则比较明确,并且得到很好的遵守"。

权丧失导致世界政治、经济的不稳定。霸权为国际社会提供安全和秩序等公共物品,霸权带来了世界和平。

均势论是国际政治领域里最古老的、也是最长久不衰的理论之一。 均势论经历了从经验到思想再到理论的过程,亚里士多德、奥古斯丁、马基雅维里、休谟及卢梭是均势思想发展史上的坐标。①在现代国际体系中,均势指的是没有一国处于优势地位或能对其他国家发号施令的状态, 是与霸权相对而言的一种国际体系,是国家间力量对比的一种暂时的均衡状态,又称势力均衡,而努力建立和维持这样一种状态的战略或政策即为均势理论或均势政策。历史上,英国把维持欧洲大陆上的均势作为其对外政策的基石。奥地利首相梅特涅把均势原则推向极致,这就是维也纳体系。

霸权稳定论强调世界霸权的意义,侧重于单极格局;而均势论更注重力量的平衡,最典型的是多极格局。当然在单极格局和两极格局中也有均势存在,例如美国的“离岸平衡手”战略,通过构建地缘均势战略以维系霸权。所以霸权和均势在现实中是混杂呈现的, 多极格局也会出现强国在区域性称霸、实现地缘政治的霸权,单极和两极格局也会有地缘政治均势的出现。体系结构的无政府状态,即主权国家之上没有更高的权威,这是导致世界不稳定的根源。体系结构的类型(国际格局):单极、两极还是多极格局,只是影响着国家行为和政策选择的空间,不能说在哪种格局中世界更稳定、更和平。除了结构之外,影响国家行为的还有其他的信息,比如未来的不确定性以及预期。导致国际战争的因素是多因素的,国际格局的类型——单极、两极和多极——与国际战争之间没有必然联系。但是结构因素是影响国家行为和政策选择的诸多因素之中最重要的。为了实现世界和平,使无政府状态的国际社会变得有序,人类发明了很多办法,如国际法、联合国、国际制度等,甚至发明了终极武器,通过核武器时代的恐怖平衡,来确保自身安全。核威慑原理确实改变了人类对战争的预期——同归于尽——有效地遏制了世界战争的爆发。

以卡尔·多伊奇和戴维·辛格为代表的学者对多极格局有积极评价:“第一,多极体系意味着体系内基本成员数目的增多。增加成员的结果是相互作用的机会与范围的增大……使交叉压力和负反馈出现,使体系的冲突和对抗的强度进一步减弱。第二,在多极体系中,所有的国家行为体都有其特定

---

① 魏炜:《均势论的思想溯源》,《历史教学问题》2006 年第 1 期。

的利益、关注和目标。随着行为体数量的增加,彼此进行交易和补偿的可能性也相应增多,因而可以产生稳定的相互作用。第三,由于国家行为者数目增多,对别国的注意力就会分散和大幅度下降……体系的紧张程度也就减轻了,体系内的多数成员就不会认为某种局势会危及其生存。"①也有学者指出,多伊奇和辛格的分析忽略了系统中"行为主体数目增多"的负面效应,即由于主体数目增多导致交易成本上升,达成协议的难度提高,未来预期的不确定性增强。多极均衡状态并不等同于和平状态,均势机制并未解决行为主体面临的外部预期的不确定性难题。②所以多极格局是人类和平的幻影,多极格局并不能给人类带来永久的和平。例如 1495 年到 1521 年间的欧洲是多极体系,这一时期欧洲多极格局由奥地利、英格兰、法国、西班牙、奥斯曼帝国和威尼斯构成,总共发生 26 次战争。1521 年到 1529 年间是两极体系,由哈布斯堡帝国和奥斯曼帝国构成的两极格局中总共发生 25 次战争。

五、本章小结

结构与行为之间的关系是什么? 这对于整个社会科学的学科建构,无论是经济学、社会学还是国际关系学,都是十分重要的问题。对这个问题的回答,关系整个学科的科学建构和整个学科内容体系的科学与完整。国际体系结构是如何影响国家行为的? 这是国际关系研究中最具争议性的研究议题,也是整个国际关系学最重要的内容。对这个问题的研究,催生了一批杰出的国际关系大师和以他们为代表的经典理论,诸如以吉尔平为代表的霸权稳定论和以基辛格为代表的均势论等。国际关系学主要研究国家行为以及分析影响国家行为的相关因素,这和经济学研究经济行为一样。经济学在回答市场结构与经济行为的关系方面做得十分成功,这对于我们从事国际关系学研究,具有启发性和借鉴价值。本章通过分析国际格局(单极、两极和多极)与国家行为的关系构建理论模型,通过案例检验模型的解释力,从而探讨体系结构对国家行为的影响,尝试性地解决"结构和行为之间的关联"这一关系到整个国际关系学学科架构的重大理论难题。

① 方柏华:《国际关系格局》,中国社会科学出版社,2001 年,第 288~289 页。

② 王来法、黄俊尧:《论多极格局与世界和平:以个体理性的视角》,《国际观察》2003 年第 2 期。

　　当前,国际形势正在发生深刻变化,大国实力对比和大国战略关系也在变化、调整之中,这将深刻影响着国际格局的嬗变趋势。国际格局的变化将对国家对外战略与政策选择产生深刻的影响。未来大国关系将走向何方,如何管控分歧、化解冲突和促进大国之间的合作? 这已经成为摆在各大国政治家和国际关系学者面前一个亟待解决的战略性课题。中国国家领导人在访美期间,提出要构建"前无古人,但后启来者"的新型大国关系倡议。美国领导人也予以回应,指出中美要建立一种"在竞争与合作中实现最佳平衡"的大国关系,"而这是没有先例可循的"。中美两国高层都意识到,在当前时代,构建中美新型大国关系是破解历史上崛起大国与守成大国走向冲突这一难题的唯一选择。新型大国关系是以相互尊重、互利共赢的合作伙伴关系为核心特征的大国关系,是崛起国和守成大国之间处理冲突和矛盾的新方式。新型大国关系是顺应国际局势的变化,跳出崛起国与霸权国之间"修昔底德陷阱",引领人类走向和平发展美好未来的战略性构想。我国领导人倡议构建新型大国关系,表达了中国坚定不移走和平发展道路、不谋求霸权的决心和立场,这必然对世界和平发展与人类和谐相处之道产生深远的影响。根据本章的分析,国际体系结构的类型与国际战争之间没有必然的联系,构建新型大国关系对于未来实现世界权力中心的和平转移来说是一项十分有远见的战略构想,这将深远地影响未来国际体系结构下的大国互动模式,塑就一个和平的世界。

第四章

中国国家主席习近平于 2014 年 7 月 9 日出席了在钓鱼台国宾馆芳华苑举行的第六轮中美战略与经济对话和第五轮中美人文交流高层磋商联合开幕式,并发表题为"努力构建中美新型大国关系"的致辞。习近平回顾了建交35 年来中美关系发展取得的成就,强调中美双方要审时度势,登高望远,相互尊重,增进互信,加强合作,携手推进新型大国关系建设。

努力构建中美新型大国关系
——在第六轮中美战略与经济对话和
第五轮中美人文交流高层磋商联合开幕式上的致辞
（2014 年 7 月 9 日）
中华人民共和国主席　习近平

克里国务卿,

雅各布·卢财长,

各位来宾,

女士们,先生们,朋友们:

7 月的北京,柳叶翠青,槐花馨香。在这个美好的季节里,第六轮中美战略与经济对话和第五轮中美人文交流高层磋商在北京开幕了,很高兴有机会同各位朋友见面。首先,我谨对远道而来的美国朋友们,表示热烈的欢迎!对长期以来关心和支持中美关系发展的两国各界人士,表示诚挚的感谢!

我们今天所在的钓鱼台国宾馆,见证了中美关系一系列重大历史事件,基辛格秘密访华、尼克松对中国的历史性访问、中美建交谈判等都同这里有密切关系。1979 年中美建立正式外交关系是当时轰动世界的大事件,不但改变了国际关系大格局,也开启了中美两国人民交流合作新时期。

35 年来,中美关系虽然历经风风雨雨,但总体是向前的,得到了历史性发展。两国建立了 90 多个政府间对话机制。双边贸易额增长了 200 多倍,去年达到 5200 多亿美元。双向投资存量已经超过 1000 亿美元。两国建立了 41 对友好省州和 202 对友好城市。两国人员往来每年超过 400 万人次。中美合作不仅造福中美两国人民,而且促进了亚太地区和世界和平、稳定、繁荣。

早在 1979 年,邓小平先生就指出:两国人民的利益和世界和平的利益要求我们从国际形势的全局,用长远的战略观点来看待中美关系。今天,中美两国经济总量占世界三分之一、人口占世界四分之一、贸易总量占世界五分之一。而且,中美两国利益深度交融,历史和现实都表明,中美两国合则两利,斗则俱伤。中美合作可以办成有利于两国和世界的大事,中美对抗对两国和世界肯定是灾难。在这样的形势下,我们双方更应该登高望远,加强合作,坚持合作,避免对抗,既造福两国,又兼济天下。

近1000年前,中国宋代文学家苏轼说过:"来而不可失者,时也;蹈而不可失者,机也。"发展中美关系要顺时应势、与时俱进。35年来,尽管国际环境和我们两国各自国情都发生了深刻变化,但中美关系能克服困难、不断前行,其原因就是两国几代领导人准确把握时代脉搏,不断赋予中美关系新的内涵和动力。今天,我们双方更应该审时度势,转变思路、创新思维,不断开创两国合作新局面。

女士们、先生们、朋友们!

去年夏天,我同奥巴马总统在美国加州安纳伯格庄园举行了历史性会晤,达成共同努力构建中美新型大国关系的重要共识。此后,我同奥巴马总统在圣彼得堡和海牙会晤时,再次确认了这一共识。

构建新型大国关系是双方在总结历史经验基础上,从两国国情和世界形势出发,共同作出的重大战略抉择,符合两国人民和各国人民根本利益,也体现了双方决心打破大国冲突对抗的传统规律、开创大国关系发展新模式的政治担当。

一年来,中美新型大国关系建设取得了新的进展。两国继续携手应对国际金融危机影响,努力推动世界经济复苏。两国围绕有关国际和地区问题以及全球性问题开展密切协调,合力应对攸关人类前途命运的挑战。两国深化双边各领域务实交流合作,确保两国人民从中不断受益。

构建中美新型大国关系是一项前无古人、后启来者的事业,没有现成经验和模式可以照搬,出现一些困难甚至波折不足为怪。有问题并不可怕,关键是我们要共同解决问题,而不能被问题牵着鼻子走。展望今后一个时期,我愿意谈几点看法和主张。

第一,增进互信,把握方向。中美两国如何判断彼此战略意图,将直接影响双方采取什么样的政策、发展什么样的关系。不能在这个根本问题上犯错误,否则就会一错皆错。中国提出了"两个一百年"奋斗目标,正在努力实现中华民族伟大复兴的中国梦, 比以往任何时候都更需要一个和平稳定的外部环境。中国人民珍爱和平，崇尚"和为贵"，主张"己所不欲，勿施于人"。中国将坚定不移走和平发展道路，坚定奉行亲、诚、惠、容的周边外交理念，坚定致力于同本地区以及世界各国发展友好关系。

"天高任鸟飞，海阔凭鱼跃。"我始终认为，宽广的太平洋有足够的空间容纳中美两个大国。中美双方应该加强对话，增信释疑，促进合作，确保中美关系始终不偏离构建新型大国关系的轨道。

第二，相互尊重，聚同化异。中美两国历史文化传统、社会制度、意识形态不同，经济发展水平各异，双方存在不同看法、在一些问题上存在分歧和摩擦在所难免。中美是两个各具特色的国家，在很多方面肯定有差别，有差别才需要沟通和合作。我们双方应该坚持从大处着眼，把握构建新型大国关系总目标，认清两国共同利益远远大于分歧；应该相互尊重、平等相待，尊重彼此主权和领土完整，尊重彼此对发展道路的选择，不把自己的意志和模式强加于对方；应该善于管控矛盾和摩擦，坚持通过对话协商、以建设性方式增进理解、扩大共识。只要我们双方坚持相互尊重、聚同化异，保持战略耐心，不为一事所惑，不为一言所扰，中美关系大局就能任凭风浪起、稳坐钓鱼台。

第三，平等互利，深化合作。新形势下，中美应该合作、能够合作的领域更加宽广。机会需要创造，创新才有机会，正所谓"聪者听于无声，明者见于未形"。中美都是富有创造力的民族，在推进两国关系发展上，尤其需要顺应时代发展而创新。我们双方应该创新思维，不断挖掘合作潜力、培育合作亮点。我们应该加快双边投资协定谈判，争取早日谈成一个高水平、双向平衡的协议，推进中美经济关系建设；应该深化两军对话，完善沟通和合作机制，推进中美军事关系建设；应该在双向和互利基础上加强对话合作，共同打击一切形式的恐怖主义；应该发挥各自优势、承担各自义务，共同应对气候变化这一全球性挑战；应该加强在重大国际和地区问题上的沟通和协调，为维护和促进世界和平、稳定、繁荣作出更大贡献。

第四，着眼民众，加深友谊。中美两国人民对彼此都怀有淳朴友好的感情。中美友好的根基在民众，希望在青年。我曾多次访问美国，也去过普通美国人家中做客，美国民众的真诚好客让我深受感动。

当今时代，经济全球化、社会信息化快速发展，但电话、网络永远不能取代人与人面对面的沟通和交流。植根于人心的友情，才是牢不可破的。我们要鼓励和扩大两国人民友好往来，拓宽两国地方、智库、媒体、青年、社会各界交流渠道，不断夯实中美友好的社会和民众基础。

女士们、先生们、朋友们！

战略与经济对话和人文交流高层磋商是中美之间参与部门最多、讨论议题最广的重要平台。本轮对话和磋商是在国际政治经济形势出现新变化、中美关系面临新机遇新挑战的重要时刻举行的。希望双方立足现实、着眼长远、深入沟通、相向而行，为构建中美新型大国关系注入更多正能量。

中国有句谚语："只要功夫深，铁杵磨成针。"美国诗人摩尔说："胜利不会向我走来，我必须自己走向胜利。"构建中美新型大国关系是一种使命和责任。"合抱之木，生于毫末；九层之台，起于累土。"让我们用积土成山的精神，一步一个脚印，携手推进新型大国关系建设，努力开创中美关系更加美好的明天！

谢谢各位。

（资料来源：新华社）

第四章

> 不战而屈人之兵，善之善者也。故上兵伐谋，其次伐交，其次伐兵，其下攻城。
>
> ——《孙子兵法》
>
> 以正治国，以奇用兵，以无事取天下。
>
> ——老　子

第五章
国家对外决策

国家对外决策研究是国际关系学中的热门领域，在整个国际关系学中占据十分重要的地位。如何推进对外决策研究的科学化，提高国家对外决策的水平，是关系到国家利益维护和对外决策成效的核心问题。本章主要从政策科学的视角，介绍一些重要的国家对外决策理论与决策模型，旨在推进国家对外决策理论研究的科学化与规范化。

先秦史诸侯国对外决策的经典案例

司马错与张仪争论于秦惠王前。司马错欲伐蜀，张仪曰："不如伐韩。"王曰："请闻其说。"对曰："亲魏善楚，下兵三川，塞轘辕、缑氏之口，当屯留之道，魏绝南阳，楚临南郑，秦攻新城、宜阳，以临二周之郊，诛周主之罪，侵楚、魏之地。周自知不救，九鼎宝器必出。据宝鼎，安图籍，挟天子以令天下，天下莫敢不听，此王业也。今夫蜀，西辟之国，而戎狄之伦也，弊兵劳众不足以成名，得其地不足以为利。臣闻'争名者于朝，争利者于市。'今三川、周室，天下之市朝也。而王不争焉，顾争于戎狄，去王业远矣。"司马错曰："不然，臣闻之，欲富国者，务广其地；欲强兵者，务富其民；欲王者，务博其德。三资者备，而王随之矣。今王之地小民贫,故臣愿从事于易。夫蜀,西辟之国也,而戎狄之长,而有桀、纣之乱。以秦攻之,譬如使豺狼逐群羊也。取其地,足以广国也;得其财,足以富民缮兵。不伤众而彼以服矣。故拔一国,而天下不以为暴;利尽西海,诸侯不以为贪。是我一举而名实两附,而又有禁暴正乱之名。今攻韩劫天子,劫天子,恶名也,而未必利也,又有不义之名,而攻天下之所不欲,危!臣请谒其故:周,天下之宗室也;齐,韩、周之与国也。周自知失九鼎,韩自知亡三川,则必将二国并力合谋,以因于齐、赵,而求解乎楚、魏。以鼎与楚,以地与魏,王不能禁。此臣所谓'危',不如伐蜀之完也。"惠王曰:"善!寡人听子。"卒起兵伐蜀,十月取之,遂定蜀。蜀主更号为侯,而使陈庄相蜀。蜀既属,秦益强富厚,轻诸侯。

——《战国策·秦策一》

我国在对外决策方面有着悠久的历史和实践。历史上,我国在决策研究方面也是一直走在世界的前列。有关国家对外决策的研究文献与案例记载,可以追溯到我国的春秋战国时期《左传》《战国策》和《孙子兵法》等典籍。以《史记》《汉书》和《资治通鉴》等为代表的正史记载着国家处理对外事务和对外决策方面的历史、决策和论述,其中著名的"司马错与张仪争论于秦惠王前"和"汉武出击匈奴"等就是国家对外决策的典型案例。以《六韬》《鬼谷子》和《孙子兵法》为代表的我国先秦著作,从决策环境(政治环境和客观形势)、决策主体(性格、气质和心理偏好)和决策方法等角度探讨国家对外决策问题,初步形成了比较完备的国家对外决策体制理论,涵盖了决策体系的中枢系统、咨询系统和情报系统等方面的内容。西方著作从决策的角度对国际政治进行研究,可以追溯到 2400 年以前,希腊历史学家修昔底德在他的著作《伯罗奔尼撒战争史》中论述的希腊各城邦领导人对战争与和平、结盟与建立帝国等重大国际问题的决策和言论。以《资治通鉴》为代表的我国对外决策的历史实践惯于从天时、地利、人和等角度分析客观形势,进行利弊权衡,从而确定政策,以及对政策实施效果的论述与评估。以修昔底德为代表的西方对外决策著作不仅研究决策者的决策合理性问题和他们对总体环境的认识,而且研究各种深层次的心理动力,如恐惧、荣誉和兴趣等,以及这些动力以不同组合构成人们行为的驱动力。①

---

① [美]詹姆斯·多尔蒂、小罗伯特·普法尔茨格拉芙:《争论中的国际关系理论》,阎学通、陈寒溪译,世界知识出版社,2013 年,第 586 页。

如何推进对外决策研究的科学化,提高国家对外决策的水平,是关系到国家利益维护和对外决策成效的核心问题。国家对外决策研究是国际关系学中的热门领域,在整个国际关系学中占据十分重要的地位。本章主要从政策科学的视角,介绍一些重要的国家对外决策理论与决策模型,推进国家对外决策理论研究的科学化与规范化。

一、政策科学与国家对外决策

(一)政策科学与对外决策研究

有关国家对外决策科学化研究的发轫和起源,需要追溯到政策科学。政策科学也称政策分析,是对政策的调研、制定、分析、筛选、实施和评价的全过程进行研究的方法。政策分析的核心问题是对备选政策的效果、本质及其产生原因进行分析。它是在运筹学和系统分析的基础上发展起来的。运筹学和系统分析侧重于对系统进行定量分析,政策分析则侧重于对问题的性质进行分析,从而发现新的政策方案和解决途径。

在20世纪40年代,美国政治科学家哈罗德.D.拉斯韦尔(Harold.D.Lasswel)提出了"政策科学"(Policy Science)概念。以赖纳(Daniel Lerner)和拉斯韦尔主编的《政策科学:范围和方法的最近发展》的出版为标志,现代政策科学作为一种跨学科、综合性的崭新的研究领域出现了,这个出现被誉为当代西方科学发展过程中的一次"科学革命"。该书首次对政策科学的对象、内容、性质及发展方向作出规定,奠定了政策科学的基础。作为一种以行为为取向的跨学科、综合性研究领域,政策科学与众多社会学科,诸如政治学、经济学、管理学、社会学以及法学,都有密切的联系,社会科学对政策科学的发展作出了重大贡献,同时政策科学也推进着社会学科的发展和完善。20世纪50年代,政策科学迅速被引入其他学科,包括外交政策研究,并与其他学科交融,形成崭新的学科。政策科学与国际关系学交叉、融合的部分,涉及国家对外决策、军备控制和国际危机管理等领域和内容。

在国际关系中,国家行为体的互动都是基于国家利益而作出的有明确目的的行为,这种行为也称为国家对外决策。国家行为体能否实现自己的目的,取决于能否制定并实施适当的对外政策。与这样一种现实的需要相适应,在过去的60年中,有关外交决策(foreign policy decision making,FPDM)的研究在西方国家,特别是美国逐渐发展起来,并最终成为国际政治研究中一个重要学科。这门学科的主旨,就是研究决策者与所处环境之间在不同层次上的互动过程和互动内容。进行这个领域的研究,对于国际关系研究来说是不可缺少的。运用政策科学研究对外决策,在国际关系研究中被称为外交决策学,外交决策学是决策科学发展的产物。

(二)对外决策研究的特点

国家对外决策研究的是国家对外政策的制定过程。作为国家的一种公共政策,对外政策所针对的是本国管辖范围之外的事务,是"对他国政府、政府间组织、非政府组织和国际环境中的各种关系,有意或无意地给予影响的公共政策"。华莱士(William Wallace)认为:"外交政策是把民族国家与其国际环境连接起来的政治。"

由于对外政策决策于国内,实施于国外,因此对外决策的研究对象既包括国内政治变量,也包括国际政治变量;其内容既涉及政治学又涉及国际政治学。正是由于这种跨学科的特点,对外决策研究不但连接起这两个分属不同层次(level),各有自己的概念、假设和方法的领域,而且在方法上还使用了信息论、控制论、系统论、运筹学、组织理论、认知理论等,构成了国际政治学与其他社会科学的交叉部分。

在国际关系学中,外交政策分析(foreign policy analysis,FPA)是一个重要的组成部分,而外交决策学是外交政策分析的一部分。一般来说,外交政策分析的内容包括两方面:第一是政策研究,即从国际关系的角度分析和预测一国外交政策的目标、内容、原因、环境等因素,探索国家外交政策的历史经验和教训,研究决策者如何确定国家利益和对国家利益的追求途径等;第二是决策研究,即用其他学科的研究方法分析外交决策的机制和过程,以及这些机制与过程对政策制定的影响。

在国际关系中,行为体互动的主要表现就是对外政策的制定与实施。无论是古代欧洲的城邦国家和中国的春秋战国,还是《威斯特伐利亚和约》之后所产生的主权国家,都需要某种形式的对外政策和对外政策研究。第一次世界大战之后,国际政治作为一门学科正式产生,外交政策分析一直伴随着这个学科的发展。经过多年的发展,对外决策研究领域逐渐形成三个理论框架,即以博弈论为主要方法的理性选择模式、以系统论和控制论为方法的官僚组织模式和基于心理分析法的认知心理模式。这三种模式可以说构成了外交决策理论的骨干,它们分别探讨了外交政策形成的推理过程、组织过程和认知过程,研究对象分属国家层次、组织层次(middle-range)和个人层次。

二、国家对外决策理论与模型

模型分析是现代国际关系研究中最常用的方法之一。国际关系学家在研究对外决策理论时,将模型分析方法引入对外决策理论研究中,形成各具特色的对外决策分析模型。下面分别介绍一下国家对外决策的六个主要的理论模型:官僚政治模型、过程模型、理性模型、渐进决策模型、系统决策模型和双层博弈理论。

(一)官僚政治模型:对外政策——作为政治机构的输出

世界上每一个国家的政治体制和机构设置都存在着差异,国际社会中国家行为体既有政体的议行合一制和三权分立制,又存在着君主制和共和制。以中美之间的政治体制和政治机构差异为例:中国政治机构的设置是全国人大下的"一府两院"和军队机关,这些机构在中共中央的统一领导下活动。美国是在作为立法机构的国会、行政机构的总统和司法机构的联邦法院三者之间,实行三权分立、相互制衡的政治体制,政党制度是两党制,两党竞争,两党分肥,相互制衡。这和包括历史传统和民族文化心理在内的国情差异有关,例如中国几千年来大一统的政治体制和民众对大一统体制与权威的认同,是我国政治体制合法化的重要根基。对外决策作为政治机构的输出,不同的国家其政治机构在对外决策中的关系、地位、作用及其决策程序也是有区别的。

决策是政治系统的输出,由此在社会中实现价值的权威性分配。政治机构的职能、设置及其之间的关系,成为对决策权力和价值分配施以影响的依据和制约。所以对外决策从某种意义上讲,也是不同机构部门之间多种倾向性选择的竞争与妥协的渐进过程,外交政策是涵盖立法机关、行政机关、国防部、外交部和政党团体等多种机构的输出和结果。官僚政治对对外决策的影响,不仅影响决策过程,而且影响决策结果。各部门之争会发生在各个领域,如各种军事和技术项目、武器转让、军队部署、联盟外交、对外发展援助、信息和文化交流项目、情报活动、对国际组织的支持,以及加强和平变革进程等。对对外政策和国家安全造成影响的各个行政部门内部和部门之间的利益差异,以及各军种之间的差异,都充分体现了官僚政治对决策的影响。①

外交决策体制是国家政治决策体制的组成部分,外交决策体制的构成由国家的政治决策体制的性质所决定。在我国,中国共产党中央委员会、政治局和政治局常务委员会是党和国家一切重大方针政策的制定者,当然也就是中国外交政策的最高决策机构。中国的对外战略、方针、政策,涉外重大问题、重大事件,涉外危机管理的最高决策在中央进行,实行"集体决策、分工负责"的原则。中央外事工作领导小组分工负责外交的决策和协调,中央外事领导小组设立办事机构——中央外事领导小组办公室。作为主管外交事务的主要职能部门,外交部在外交决策中发挥着重要作用,负责调查研究国际形势和国际关系中全局性、战略性问题,研究分析政治、经济、文化、安全等领域外交工作的重大问题,为中央外交决策提出建议。比较重要的部门还有负责党际交往的中共中央对外联络部和负责对外经济事务的商务部。随着涉外事务领域的不断扩展,其他部门在外交决策中的作用在日益增长,外交决策的协调问题日益突出。与外交政策有密切关系的经济部门(特别是相关行业、大型国有企业等)和地方政府的利益诉求、政策需求会通过作为中央外事领导小组成员单位的相关主管部门输入到外交决策的过程中。②

(二)过程模型:对外政策——作为一项政治活动

政策的过程模型也被称为政策生命周期模型(或称为政策循环模型),它试图通过决策过程中阶段性的描述,对政策进行程式化的分析,其核心是将公共政策看作一种政治行为或政治行动,通过政治与公共政策的关系对公共政策的政治行为进行阶段性或程序化研究。国际关系学的决策过程模型将国家对外决策过程简化为政策动议、政策预估、政策选择、政策实施、政策评估和政策终结六个阶段,如表5-1所示:③

① [美]詹姆斯·多尔蒂、小罗伯特·普法尔茨格拉芙:《争论中的国际关系理论》,阎学通、陈寒溪译,世界知识出版社,2013年,第589页。

② 张骥:《中国外交决策的基本过程》,《东方早报》2013年3月。

③ Garry D. Brewer and Peter Deleon, *The Foundations of Policy Analysis*, Illinois: The Dorsey Press, 1983, p.20.

表 5-1 决策过程及其特点

决策过程和阶段	特　点
第一阶段:政策动议(policy initiation)	引起对问题的注意与思考 确定问题的性质和解决问题的目标 设计可选择的方案 尝试解决问题的想法、要求和可能性
第二阶段:政策预估(policy estimation)	对解决问题的想法和要求作出调查 效果的科学实验 对可能结果的检测 形成方案的轮廓 建立预期的实施标准和考察指标
第三阶段:政策选择(pllicy seliection)	就可能的选择展开讨论 妥协、讨价还价和协调 减少关于选择的不确定性 对综合意识形态和其他非理性因素加以考虑 在不同选择之间作出决定 委派执行人员
第四阶段:政策实施(policy implementation)	制定实施规则、规定和指南 修改政策适应的实际条件(如激励和资源条件) 将决策转换为可操作程序 确定方案目标、标准,包括实施时间表
第五阶段:政策评估(pllicy evaluation)	根据所建立的标准比较预期和实际运行状况 就实施过程中发现的差异委派责任
第六阶段:政策终结(policy termination)	确定成本、结果和收益 根据需要和要求作出改进 详细说明政策终结过程中产生的新问题

政策动议是决策的起始阶段,这一阶段主要是发现问题、确定问题的性质和决策目标的确定,这也属于国家对外决策的情报活动阶段。政策预估就是对政策动议阶段形成的可选方案的风险、成本和收益作出预先评价的过程,在这一阶段对政策建议或提案进行成本—收益、统计方法和计算机模型等分析,强调专业性、科学性和规范性,所以这一阶段需要对外决策咨询系统(智库)的介入与支持。政策选择是决策的形成阶段,也称抉择活动阶段。通过政策预估,各种备选方案得到综合性的评价,从而形成可供决策者选择的备选方案,从备选方案中选择最优的方案。这一阶段官僚政治发挥着重要的作用。政策实施是已选方案的执行阶段,在这一阶段政策被分解为各种规则、方法和程序,并指派不同的部门负责落实,即通过政府行政体系得以贯彻。政策评估是政策实施以后对政策实施的状况、过程和结果作出全面评价的阶段,主要考察对外政策的适应性和有效性,显示决策程序中存在的问题,使反馈信息及时回到政策议程和政策形成阶段,从而形成新的政策方案,改进现有政策。政策终结是政策实施的总结,那些失效的、多余的或不必

要的政策、方案或组织将得以调整。

在过程模型中，政策是一个动态过程。公共政策的过程也可以如下：①社会问题的出现；②社会问题的确认；③政策议程的建立；④政策规划；⑤政策方案的执行；⑥执行效果的评估；⑦政策调整与改变；⑧政策的终结。该模型假设不同的政府主体和政治利益团体参与到不同的政策阶段，由此形成持续循环的政策过程。关于这一模型的解释版本有很多，其中较为详细的版本将政策的制定过程细分为若干阶段，包括问题界定、议程设定、政策采纳、政策执行和政策评估，整个过程通过政策反馈形成一个循环：

$$问题界定 \rightarrow 议程设定 \rightarrow 政策采纳$$
$$\uparrow \qquad\qquad\qquad \downarrow$$
$$政策反馈 \leftarrow 政策评估 \leftarrow 政策执行$$

过程模型认为，对外决策是从发现问题到制定和实施解决问题的方案的完整过程。美国对古巴导弹危机事件的决策过程，就是过程模型的典型案例。

问题界定是政策过程的第一阶段。在古巴导弹危机中，当美国侦察机掌握了导弹基地的证据后，美国总统肯尼迪意识到形势的严峻性，马上同重要人物们召开了紧急会议研究对策。会上提出多种方案，包括外交途径、空袭军事基地、大规模轰炸以及入侵古巴等。与会人员成立了国家安全委员会执行委员会，全权负责古巴问题。肯尼迪选择了"封锁政策"。这就进入政策制定的第二和第三阶段，即议程设定和政策采纳。

在这个政策采纳的过程中，不同身份的人提出了各自不同的意见和方案。虽然他们的目标是一致的，但是这其中或多或少掺杂着他们自身以及所处职位的考虑因素。格雷厄姆·艾利森提出的官僚政治模式将国家领导人和高层决策者作为研究主体，将决策过程包含的权力层次用同心圆的形式表示出来：核心是总统及其主要顾问，最内圈是作为重要决策者的主要政府官员和军方官员，中圈是作为特殊决策者的国会和政党领袖、利益集团，最外圈是宣传媒介和公众舆论的代表人物。[①]在这个同心圆中，起决定作用的还是总统和主要的官僚阶层，这和上述的官僚政治模型很吻合。决策的过程实际上是一个复杂的讨价还价的过程，政策是政治博弈的结果，这在后面理性模型和博弈论中要进一步讲。

当政策采纳后，应该进入决策的后半阶段，即政策执行和政策评估。封

第五章

---

① 卢义民、倪世雄：《美国外交决策模式研究》，《复旦学报》(社会科学版)1988年第6期。

锁政策的执行更主要是实践问题。政策评估在某种程度上也可以理解为政策影响,主要包括对政策本身的评价和政策的实际影响。对政策的评估则通过各种途径反馈给决策者,从而对政策进行调整或者作为以后处理类似事件的依据。封锁的直接效果是阻止苏联继续向古巴运送进攻性武器,并逼迫苏联撤走已经布置在古巴的导弹。运用过程模型分析古巴导弹危机,是一个十分有价值的视角。①

(三)理性决策模型:对外政策——实现收益最大化

理性决策模式(rational choice model)的哲学基础是现实主义,它认为民族国家基于对国家利益的权衡进行对外决策。理性决策的特征是决策者能够搜集一切决策所需的资料、资源和信息,通过思考排列出所有可能的行动方案,并选出最佳的方案。理性决策模型用图 5-1 表示:②

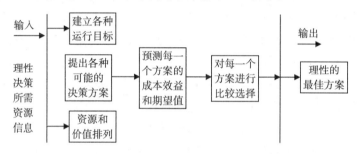

图 5-1 理性决策模型

在现实主义范式中,一个基本的观点就是国家是理性的行为者(rational actor)。"在谋求权力与安全的时候,国家采取的是有目的的政策,或者说出于主观期望是按照功利原则或理性规范行事。"现实主义认为,国际政治学所研究的就是在无政府状态的国际体系中,国家作为主要行为体追求权力与安全的过程。这个过程是理性的,即用有目的的政策争取自身环境的最优和自身利益与权力的最大化。

赫伯特·西蒙对完全理性决策模型的假设进行了批判,认为理性决策模型的假设在现实中很难实现或存在约束条件, 他在批判完全理性决策模型

---

① 韩洪文:《美国对古巴导弹危机的初步反应》,《军事历史》1997 年第 5 期。

② 沈亚平:《公共行政研究》,天津人民出版社,1999 年,第 129 页。

的基础上建立了有限理性决策模型。西蒙认为,应该选择"令人满意的"准则取代"最优化"准则。西蒙的有限理性决策模型为:决策者得到有限的决策资源和决策信息,然后进行对策搜集,对搜集出来的每一个方案进行比较,找到满意的对策,然后停止搜集,输出满意的对策。如果找不到满意的对策,则降低满意标准,重新进行对策搜集,直到形成满意对策。有限决策模型可用图 5-2 表示:[①]

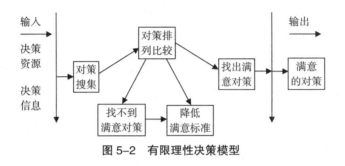

图 5-2　有限理性决策模型

西蒙的有限理性决策模型意味着决策者在不断放弃不满意的解决办法,直到找到一个令他们满意并能够付诸行动的方案。

(四)渐进决策模型:对外决策是一个渐进的调适过程

渐进决策模型是美国学者查尔斯·林德布洛姆在有限理性的基础上,针对现代西方发达国家的民主政治现状所提出的一种政府行政决策模型。在西方现代民主政治制度和民主政治实践中,政府的决策是国家权威机构和非权威机构的社会团体、社会民众相互作用的结果,是政权系统内作用的结果。[②]

渐进决策模型认为,政府的对外决策既要实现和维护整体的国家利益,而且要调适平衡社会各阶层的利益诉求,政府的对外决策要在民主政治的制度架构中运行,体现出政治的民主和解决问题的功效以及民众监督。因此,国家对外决策是一个广泛参与性的决策,是众多参与者利益调适后的综合,是一个集中管理和多元参与相结合的多渠道混合模式。政府的决策是民主政治互动基础上的一种调适和先前基础上的一种渐进,是一种渐进性的、

① 沈亚平:《公共行政研究》,天津人民出版社,1999 年,第 132 页。
② 沈亚平、吴春华:《公共行政学》,天津大学出版社,2011 年,第 139 页。

第五章

调适性的决策过程。

　　查尔斯·林德布洛姆认为,人类解决问题有两种模式。第一种模式是在假设人类具有完全理性,对人类智慧和能力持乐观态度的前提下,由人类理性来引导出决策,实现问题的解决;第二种模式是在承认人类智慧和能力有限的前提下,通过社会互动、调适来作出决策,实现问题的解决。[①]两种模式的特点比较如表5-2所示:[②]

表5-2　两种决策模型比较

特点要素	假设情况	
	模式一	模式二
人类的知识与能力	充实乐观	不充实、不乐观
问题解决的基础	客观真理	主观意图
问题解决的标准	先验的正确性	经验的同意
决策产生的方式	发现	选择
人际关系条件	不平等	平等
决策单元	一元	多元
社会需求	和谐一致	分歧冲突
问题解决途径	智慧思考	社会互动
问题解决过程	同心协力	相互制约
思考的范围	整体	各自的局部
对失误的态度	规避	修改
是否接受方案的依据	方案结果	方案推出程序

　　基于渐进决策模型对现代民主政治多元参与的研究,与格雷厄姆·埃里森在《决策的本质》中提到的组织过程模型和官僚政治模型存在许多形式上的交叉、重叠,但三种模型又有实质的区别。查尔斯·林德布洛姆的渐进决策模型对于分析现代西方民主国家对外决策,有着十分重要的价值,提供了有效的分析工具。当然,在现实的国际关系中,一个国家具体的外交决策实践往往不是按照某一种理论模型的逻辑而进行,模型的意义在于提供一种分析问题的框架和视角,多种模型的混合运用可能更贴近于实际。国家对外决策研究不仅研究政策制定中的抽象的效用最大化选择,同时也研究不同部门和官僚机构间多种倾向性选择的竞争与妥协的渐进过程。[③]

---

　　① 沈亚平、吴春华:《公共行政学》,天津大学出版社,2011年,第140页。

　　② [美]C.E.林德布洛姆:《政治与市场》,参见张世贤:《林布隆》,台湾:允晨文化公司,1982年,第228~229页。

　　③ [美]詹姆斯·多尔蒂、小罗伯特·普法尔茨格拉芙:《争论中的国际关系理论》,阎学通、陈寒溪等译,世界知识出版社,2013年,第604页。

（五）系统决策模型：对外政策是政治系统的产出

戴维·伊斯顿指出，决策就是政治系统的输出，由此在社会中实现价值的权威性分配。他提出了动态的、研究政府运行过程的政治系统论。政治系统作为相对关联的结构与过程所形成的团体，其功能在于为社会提供权威性的价值分配。公共政策作为政治系统的产出，简称为系统决策模型。政治系统为了适应外部环境所产生的环境压力，必须随时予以应对、作出决策，外部所产生的影响政治系统稳定的环境压力就是投入，环境被界定为政治系统界限之外的任何条件或情景；政治系统的产出是公共政策。

伊斯顿的系统分析模型从一个动态的视角生动地描述了涉及政治决策过程的各种因素（如图 5-3 所示），即政治系统、环境、需求和支持的投入、转换过程、产出的政策和反馈等，并且描述了这些因素在整个政治运行过程中的位置，为科学地认识政治过程提供了一套有效的概念工具。[①]运用系统决策模型来分析国家对外决策，对外政策就是政治系统的产出，即实现价值的权威性分配，在维护整体国家利益的同时，兼顾社会不同群体和利益团体的利益诉求。

环境输入 ——需求、支持——→ 政治系统 ——公共政策——→ 输出

图 5-3　系统决策模型

（六）双层博弈理论

外交决策是在一个可感知的总体环境中进行的，其中包括作为内部环境的国内政治体系和作为外部环境的国际政治体系。[②]

以沃尔兹为代表的结构现实主义认为，国际体系结构决定着国家对外行为，即国际体系结构是影响对外决策的决定性因素。在《国际政治理论》一书中，沃尔兹将国际体系层次分析方法发挥到极致，把国际体系结构作为决定国家国际行为的唯一因素。他坦承，在结构理论中国家被省略了。他坚持认为，如果有谁能够建构一个同时包容国际和国家两个层次的理

第五章

[①]　沈亚平、吴春华：《公共行政学》，天津大学出版社，2011 年，第 141 页。

[②]　[美]詹姆斯·多尔蒂、小罗伯特·普法尔茨格拉夫：《争论中的国际关系理论》，阎学通、陈寒溪等译，世界知识出版社，2003 年，第 594～595 页。

论,我们都将为之感到欢欣鼓舞。但是迄今为止没有谁知道如何才能做到这一点。[1]20世纪90年代,国际关系研究者强调把对外决策研究同国内政治研究更为谨慎地结合起来的必要性。罗伯特·帕特南(Robert D.Putnam)认为,政治家们处于国际谈判(无论是危机还是非危机时期)和国内政治力量的压力之间。外交行动必须符合两个条件:一方面要让其他国家能够接受,另一方面要能够获得国内选民的同意。[2]所以国家对外决策面临着国际政治和国内政治两个层面的双层博弈。双层博弈模式是关于外交谈判的理论,它把政治家作为战略行为体,认为政治家同时处理国内和国际事务,政治家的外交决策是对国内和国际两个棋盘上面临的机遇和约束的双面算计。外交谈判可分为国际、国内两个层次,对这两个层次的谈判,决策者都要同等认真对待,否则协议就得不到外国的接受或国内的批准,从而不能实现国际合作。自1988年罗伯特·帕特南提出双层博弈模式,就不断对它进行拓展和深化,从不同的方面发展了该模式,提高了它的理论化程度,增强了它的理论解释力。[3]

罗伯特·帕特南认为国际谈判可以比喻为"双层博弈"。在国家层次,国内各利益集团通过向政府施加压力,迫使决策者采取对其有利的政策。为确保执政,政府也需要这些利益集团的支持,因此在国际层次,民族国家政府极力争取获利最大化、损失最小化。每个国家领导人都出现在两个棋盘上。在国际谈判桌的对面,坐着外国谈判对手,在其领导人的旁边坐着外交官和其他国际事务顾问。在国内谈判桌周围,在领导人的后面坐着执政党要员、国会议员、主要利益集团的代表、领导人的政治顾问等。双层博弈的复杂性在于,民族国家政府的决策既能被本国国内接受,同时又要得到其他国家政府的同意,而其他国家政府也要考虑本国国内接受的可能性。所以在国际谈判中,国内层次的博弈最为重要。为此,他提出了获胜集合(win-sets)概念。获胜集合,指国际协议在国内行为体(包括政府部门、利益集团、各社会阶层)中获得批准(ratification)的可能性。批准,既指正式的投票程序(如美国宪法规定,国际条约需要参议院2/3以上的赞成票才能通过),也指非正式的形式(如社会舆论的反应)。获胜集合越大,国际协议越可能达成;获胜集合越小,越难以达成协议。获胜集合的大小取决于国家权力的分配、领导人的政策偏

---

① [美]肯尼思·华尔兹:《国际政治理论》,信强译,上海人民出版社,2003年,第17页。

② [美]詹姆斯·多尔蒂、小罗伯特·普法尔茨格拉芙:《争论中的国际关系理论》,阎学通、陈寒溪等译,世界知识出版社,2013年,第633页。

③ 钟龙彪:《双层博弈理论:内政与外交的互动模式》,《外交评论》2007年2期。

好、政治制度及谈判战略等因素。

　　双层博弈模式的特点在于,把决策者个人因素、国家内部因素和国际体系因素三个层次综合起来,从内政与外交互动的视角来进行分析,而不是国际、国内两个因素简单、机械的叠加。首先,它假定国家领导人同时在做两件事,即处理国内政治和国际政治事务。其次,它认为一个国家的外交战略和策略既受到其他国家是否接受的限制,也受到在国内能否得到批准的制约。外交是一个战略互动的过程。①

　　在外交活动过程中,领导人需要同时考虑国内和国际的情况,国际谈判的结果取决于领导人选择的影响本国和外国行为体的战略。利用对有关本国行为体的信息、资源和议程设置的控制,领导人可以获得谈判优势,达成国际协议,反之,领导人也可以利用国际战略来改变国内约束条件。领导人还可以采取针对外国国内行为体的策略,寻求国际谈判对手背后的联盟。安德鲁·莫拉维斯克(Andrew Moravcsik)将这种双层博弈下的外交称之为双面外交(janus –faced dip lomacy)或双刃外交(double –edged diplomacy),意在突出和强调外交决策的艰难和复杂,领导人需要同时兼顾国内和国际压力,否则,一着不慎,满盘皆输。②

三、本章小结

　　国家对外决策研究是国际关系学中十分重要的研究内容, 同时也是国际关系研究的热门领域。笔者只是从政策科学的角度来研究国家对外决策,列举了官僚政治、理性决策、过程决策、渐进决策、系统决策和双层博弈六种理论模型。这六种模型被广泛地应用到国家关系研究中,也是国际关系研究者们常运用的方法和工具。除此之外,还有从控制论、认知理论和心理学等角度来研究国家对外决策。例如国际关系学者将心理学引入到国际关系分析,研究决策者的性格、健康状况、人格和心理特征对决策的影响,由此诞生了国际政治心理学。决策者的意象和认知作为干预变量, 影响到决策的效

①　钟龙彪、王俊:《从单层博弈到双层博弈:中国外交决策模式的变迁》,参见 http://www.aisixi-ang.com/data/16035.html。

②　AndrewMoravcsik, "Integrating International and Domestic Theories ofInternational Bargaining", in Peter B. Evans, Harold K. Jacobson, Robert D.Putnam, eds., *Double –Edged D iplomacy:International Bargaining and Domestic Politics*, p.15.

第五章

果。将心理学运用到国际关系研究,是国际关系学的一个重要研究领域。国际关系学者们从不同的学科背景和研究视角出发,丰富了国家对外决策研究的内容,拓宽了研究领域,使得国家对外决策理论日臻完善。

国际危机管理也是国家对外决策研究领域的一部分,而且具有十分重要的地位。同时,国际危机管理因为情势危急、时间急迫等特点,构成国家对外决策研究的独特领域,所以有关国际危机管理的研究,在本章中不予详述。国家对外决策的理论与模型适用于国际危机管理研究。

第五章

改革创新：打造中国外交新机制

从国内政治与外交的关系上讲，外交是内政的延续，外交服务于国内政治的需要。自改革开放以来，我国最大的政治就是社会主义现代化建设，所以外交战略、外交政策和外交工作的中心就是服务于社会主义现代化建设，积极为社会主义现代化建设争取和平的国际环境。从国际政治与外交的关系讲，在民族国家组成的国际体系之中，外交是国家的主权行为，国家利益是外交的根本出发点，国际格局和国家利益需求影响着国家外交战略和外交政策的选择。一个国家理性而成熟的外交战略和外交政策，不仅应服务于国家内部政治、经济和社会等方面发展的需要，而且应根据国际格局的演变趋势和国家利益的现实需求进行必要的调整。

影响当前中国外交的国内因素和国际因素。21世纪前20年是国家发展重要战略机遇期，我国的主要任务是全面建设社会主义小康社会。按照邓小平同志规划的"三步走"战略，到本世纪中叶达到中等发达国家水平，实现社会主义现代化奋斗目标。外交战略、外交政策行为必须服务于这个大局，服务于国家发展的重大战略需求。然而当前我国所处国际环境、国际格局以及中国周边安全环境的变化，对中国外交提出崭新的挑战。

当前的国际环境发生了什么样的变化？如何正确评估中国周边安全环境？为什么中国外交需要改革与调整？中国外交该如何改革与调整？这些都是关乎我国国家安全、现代化建设进程的重大战略性研究课题。

清华大学当代国际关系研究院发表的《改革创新：打造中国外交新机制》研究报告，对于这一战略问题予以积极回应，并提出对中国外交进行改革创新的政策建议。

首先，该报告提出中国外交改革创新的必要性，文章指出，国际格局的中美两极化趋势要求中国开展大国外交，为了应对随着国际地位不断上升带来的新挑战，中国外交需要从传统的"以弱对强"转向"以大事小"。中国海外利益迅速拓展需要全球外交。今后十年，全球化向政治、安全和文化等多领域拓展的趋势不可阻挡，这种趋势既带来机遇，但更多的是挑战，在我国更多利益走向海外的情况下，这些风险和挑战都要求我国具备全球性的外交视野和应对能力。如何从全球角度制定我国的双边和多边外交政策，正在成为新的课题。民族复兴任务需要政治导向型外交,将经济利益置于外交中的国家利益首位,会阻碍对提高我国国际战略信誉的重视。安全战略信誉是崛起大国增强其国际影响力的核心要素,亦是作为大国的一个本质属性。经济社会转型要求外交改革跟上社会治理现代化步伐。我国需要向国际社会提出比西方社会更具普世意义的价值观,如公平、正义、文明等,强化中国在世界的软实力,提升中国文化的亲和力。

其次,该报告认为,中国外交需要思想观念创新。崛起大国需要创造出相应的理论支撑其对外战略,中国需要创造实现民族复兴的外交理论。例如今后中美战略竞争程度只升不降,我国需要创造出管控大国分歧和冲突的和平竞争理论,为了防止中美战略竞争升级为战争,需要完善新型大国关系理论。随着我国民族复兴步伐加快,我国逐步成为一个超级大国,"弱国无外交"的说法将失去解释外交被动局面的效力,同时也不适用于指导我国对外战略和服务于实现民族复兴的国家目标。因此,我国需要培养大国的全球外交意识,树立大国外交意识、大国担当意识。我国还需要创造奋发有为的外交理念,积极有为、主动进取,外交工作需要不断创新和变革。

再次,报告指出中国外交需要策略创新。中国外交需要实现四个转变:从回避冲突向直面冲突转变,从维护战略机遇期向创造战略机遇期转变,从融入国际体系向塑就国际环境转变,从坚持不结盟向建设命运共同体转变。

最后,报告指出中国外交需要制度创新。我国外交应建立持续性的改革机制,从顶层设计开始,建立一个能自动进行持续改革的外交新机制。建立外交政策评估机制,实现政策评估与政策制定和政策执行相结合。中国外交需要简化决策程序以提高效率,外交领域中的简政放权已经变得非常重要。中国外交应建立鼓励创新的激励机制,同时激励机制应与人才培养和人事制度改革相结合,鼓励外交人员创造性地开展工作。中国外交应进行专业化与社会化相结合的改革,建立符合我国国情的"旋转门"制度。

报告特别强调,今后十年,我国外交工作能在多大程度上服务好民族复兴的国家目标,很大程度上取决于我国外交改革创新的能力有多大的提高。

（部分资料来源于清华大学当代国际关系研究院网站）

> 危机是威胁到决策集团优先目标的一种形势，在此形势中决策集团作出反应的时间非常有限，且形势常常向令决策集团惊奇的方向发展。
>
> ——查尔斯·赫尔曼

第六章
国际危机管理

一个国家对国际危机事件的应对和处理体现着这个国家国际危机管理的水平与能力，也深层反映出该国对外决策机制的成熟程度。本章主要介绍国际危机的含义、特征、过程和阶段，以及国际危机管理的条件与方式。在国际危机管理过程中，国家实力对比与国家间的利益关系是影响国际危机管理的首要因素，国家实力的强弱在很大程度决定了一国进行国际危机管理的能力高低以及危机事件的大概结局。国际维和是一种特殊的国际危机管理形式。随着中国崛起步伐的加快，中国将在国际社会中担当更重要的任务和角色，中国将更频繁地参与国际维和行动。

在国际社会中，国际危机事件频繁发生，国际危机管理是国际关系学中的一个重要研究领域。一个国家对国际危机事件的应对和处理体现着这个国家国际危机管理的水平与能力，也深层反映出该国对外决策机制的成熟程度。

危机管理理论一词最早出现于 20 世纪 60 年代，那时正值美苏冷战高峰时期古巴导弹危机发生之后，时任美国国防部长的罗伯特·麦克纳马拉曾

第六章

指出："从今往后的军事战略可能不复存在,取而代之的将是危机管理。"这句话一语道破了危机管理的原意,即"赢得外交胜利的艺术"。冷战期间这个术语的提出,最早是美国用来处理与苏联以及其他社会主义国家之间的关系问题,这也反映了当时美苏之间剑拔弩张的紧张程度和危机失控的风险。而在传统与非传统安全问题相互交织、相互作用的今天,国际危机管理变得更为重要。

一、什么是国际危机

(一)国际危机的含义

危机(Crisis)源于希腊语的分离(Krinein)一词,它本是医学用语,其最初的意思为:决定病人是走向死亡还是逐渐恢复的关键时刻。[1]它拥有两层含义,既有在危险关头面临的威胁、风险和潜在的破坏性,同时也蕴含着山重水复、柳暗花明的某种"机遇",即能为解决某一问题或推行某种政策使情势转危为安提供了某种可能。这两个层次的含义为人们认识危机提供了两种不同的视角,一是发现危机,二是寻机管理、控制危机使其不扩大、不升级,甚至解决危机。国际危机是指在冲突的背景下,由于某些事件发生的突然性而导致国家重大利益面临严重威胁的一种特殊情势,在这种情形下,如果不及时解决就可能导致包括战争在内的会产生各种严重后果的外交、政治、安全、经济、社会等事件。

对于国际危机的认识则应该从单元层次与体系层次两个维度上进行,即外交决策与国际体系两个层次。从外交决策的视角分析,国际危机通常是指一国政府或决策者在面临或者陷入某种危险的国际事件或者情势时,其政治制度的基本价值面临严重威胁,并且能用来挽救或防止这种情势进一步恶化的决策时间比较短,在行将导致敌对性军事行动或者已经使存在的敌对行动急剧升级甚至爆发战争的情况下,所导致的外交决策过程或者行为的一系列变化。从国际体系的视角上来看,国际危机则是源于国际体系结

---

[1]　J·H·Kalicki, *The Pattern of Sino-American Crises: Political-Military Interactions in the 1950s*, Cambridge University Press, 1975, p.3.

构(通常是指实力分配)的变化所带来的一系列的威胁到国家间关系、并可能导致这种关系发生危险性质变的转折性事件，特指两个或两个以上国际行为体(特指国家)之间的冲突或危机的相互作用反作用于国际体系并对现存国际体系构成挑战,这种挑战既可能表现为主权国家内部结构的变迁,也可能是两个或多个国家间相互关系的破坏，可以对地区或全球体系构成影响,甚至形成威胁。由于体系层次的危机和单元层次的危机都是分析、解释国际危机的两个不同维度,它们之间相互联系,互相影响。一方面,体系层次的国际危机由于结构的变化使国家间的关系和行为方式发生变化，其结果可能导致更为激烈的碰撞与冲突,并继而引发外交政策危机。另一方面,从单元层次来看,某国一些行为的变化(特指敌意性的)会引起另一方更为敌意的反应。即一国变化中的行为会引起另一国的威胁感知,并进而引发外交政策危机,国际危机也由此爆发。[1]因此不能把国际危机单纯地看成外交政策危机,或者是国与国之间关系的危机。

(二)国际危机的类型

国际危机一般分为传统安全国际危机和非传统安全国际危机两种类型。其中传统安全国际危机一般包括军事战争危机、核开发危机和地区冲突危机等,非传统安全国际危机则包括国际恐怖主义危机、大规模杀伤性武器(WMD)扩散危机和国际人道主义危机三种类型。国际危机本身带有很大的破坏性与危险性,显然对国际和平与稳定的影响是负面的,但是并不能说明摊上国际危机这样的"大事"就一定会导致一个危险的结果。既然危机本身就存在着某种机遇与转折,这就为防止国际危机继续恶化,管控局势,使危局向好的方面发展提供了某种可能。从引发国际危机的角色上看应该分为危机挑起者和危机应对者。[2]国际危机管理即从危机应对者的角度来分析,在危险中把握机遇,寻找使事态不再恶化的方法,并使局势向有利于自己的方向发展。危机管理更多的是通过控制危机最终使危机降级。根据国际学术界对危机管理的几种定义我们可以把国际危机管理看成是和平解决冲突,避免战争，使有关各方在消除战争危险并使双方的关系走向正常方面寻找

---

① Michael Brecher, *Crisis in World Politics: Theory and Reality*, Pergamon Press, 1993, p.4.

② 陈先才:《当代国际危机管理模式研究》,吉林大学出版社,2007 年,第 10 页。

利益共同点,即"冲突双方在消除战争危险和使事态恢复正常的任务上存在着共同的利益"[1]。也可以把国际危机看成是争取赢的过程,迫使对手让步并在国际上进一步获得利益,即"赢得外交胜利的艺术"。对国际危机管理最有说服力的一种定义是,在双方都能承受的范围内为控制危险的局势进行有限度的冒险,从而赢得一场危机,在这个过程中双方进行有意识的、对局势的管控,达成双方均能接受的解决方案,而不是诉诸武力。这一定义在承认了国家是理性行为体,追求利益最大化这一客观规律作为前提的同时,认为国际关系不仅是国家之间互动的过程,而且更是国家之间在追求利益时相互妥协的过程。只有这样,国际危机才有可能实现真正的管理,甚至最后的解决,也就是冲突双方寻找一条能实现共赢(Win-win)的解决途径。在国际危机管理中避免战争固然重要,但实际情况是,国家作为理性行为体在危机中的关注点往往不仅仅是避免战争,更多的则是能够进一步地促进或保护己方利益,即设法使己方利益最大化或至少使损失减少到最低限度。因此对于国际危机管理有两种不同的观点,有的认为是降低战争风险,有的则认为是设法获取最大利益。成功的国际危机管理应该是"在不引发战争的情况下达成双方都可以接受的协议"。其关键点在于处于危机中的各方都必须认清危机升级后爆发直接冲突的风险和危害、拥有避免升级的共同愿望,以及防止战争发生的共同利益,在危机管理上有时甚至需要把对手看作有着"共同追求"的伙伴。如果处于危机的各方都把危机视为坏事,都要尽力防止战争,那么处于危机中的各方就会倾向于采取妥协的策略来达成协议。但是有些国家故意挑起国际危机是为了实现其国家利益而精心策划的阴谋,比如日本于 2012 年 9 月提出的将钓鱼岛"国有化"直接导致了中日两国之间的海上危机。从这一点来看,国际危机管理并不单单指避免使用武力,还有通过对危机实施成功操作以实现国家利益最大化的含义。[2]

第六章

---

[1] Coral Bell, *The Conventions of Crisis: A study in Diplomatic Management*, London: Oxford University of International Affairs, 1971. 转引自夏立平:《美国关于危机管理的理论与实践——以中美为例》,《美国研究》2003 年第 2 期。

[2] Ali E. Hilxal Dessouki, "The Middle East crisis theoretical Propositions and Examples", in D. Frei ed., *Managing International Crisis*, Beverig Hius: Sage, 1982.

(三)引发国际危机的相关因素分析

引发国际危机的要素是多种多样的，无论是从单元层次还是体系层次分析，国际危机一定是由于利益冲突而引发的最终导致局势发生剧变或者是冲突性相互作用的过程。从单元层次分析国际危机强调的是决策者对情势的个人认知，其构成的因素一般包括：①对威胁的感知；②必须在有一定期限的时间内反应；③对发生敌对性暴力行为几率的认知。

(1)对威胁的感知既包括对一国具体利益和政策的危害评估，也包括对决策者和精英团体自身的权力和地位、某种价值观念、国际规则和行为准则的危害评估。当然不同的决策者所处的环境不同，对威胁的感知也不同。比如在1962年古巴导弹危机期间，美国决策者们的意见就不一致，美国总统肯尼迪虽然想通过赢得这次危机来扭转猪湾事件以来对美国外交的负面影响，并且对联合国的斡旋采取否定的态度，拒绝与赫鲁晓夫进行谈判，但在对苏联的手段选择上却一直保持着审慎的态度。与之不同的是，参谋长联席会议主席泰勒·狄龙认为，苏联在西半球部署弹道导弹使其第一次打击能力成倍增加，主张对苏联在古巴的导弹设施实施外科手术式的打击，进行空袭加以摧毁。而国防部长麦克纳马拉却更关注苏联部署导弹带来的政治影响而非导弹本身带来的威胁，所以提出封锁政策，不让苏联继续向古巴运送进攻性武器，通过封锁迫使苏联撤出已在古巴部署的导弹。

(2)时间是危机发生的另一个重要因素，必须要在有一定期限的时间内作出反应，特指决策速度要快，要有一定的时效性，但是这并不意味着处理和解决危机的时间会是短期的，比如第二次柏林危机持续的时间长达一千三百多天，伊朗人质危机持续四百四十多天，而是要在短的时间内拿出有效的应对之策来。在古巴导弹危机中，由于苏联在古巴部署导弹的工程进展迅速，而美国获取相关情报的时间却有一定的滞后性，给美国用来反应的时间很短，制定出相关对策就变得极其紧迫，美国需要有效而又快速的方法迫使苏联停止在古巴的导弹工程，这样时间上就不允许美国通过谈判来解决问题而是直接采取封锁的手段。

(3)对发生敌对性暴力行为几率的认知是危机发生的最重要的因素，少了这个因素也就谈不上危机的危险性和破坏性。古巴导弹危机中参谋长联席会议主席泰勒·狄龙主张对苏联在古巴部署的导弹设施实施外科手术式的打击,但这一方案遭到很多人的反对。原因是很多参与决策的人担心,如果空袭不能完全摧毁苏联在古巴的导弹,残留下来的苏联导弹可能对美国进行报复,它必将给美国带来巨大的损失,同时给世界带来的灾难也是不可预测的。因此肯尼迪在危机中的决策表现是审慎而又克制的。

从单元层次上看,一国的决策者一旦认识到上述三个因素同时存在时,那么该国就处于外交危机之中,其决策程序和外交行为都会随之进行调整;当这种感觉和认知消失或解除时,危机也就随之结束,进而恢复正常外交决策程序。概括地来说,从单元层次看待一国是否卷入国际危机主要取决于决策者对危机的主观认识与判断,是否有"危机感"、"紧迫感"、"恐惧感"。如果没有危机感,一国便不会进入危机状态。

从体系层次分析国际危机,强调的是处于危机中的各方的冲突性相互作用对现行国际体系结构的稳定与平衡带来的消极影响,其构成要素一般包括:①对现存体系结构是否构成挑战;②处于危机中的各方之间是否存在着相互作用。

(1)对现存体系结构是否构成挑战是一个重要因素。比如从2010年底席卷北非、中东地区的"阿拉伯之春"引发的埃及、突尼斯政权的垮台;利比亚、叙利亚陷入内战,部族以及宗教冲突从而引发地区危机,以美国为首的西方对该地区局势的强势介入,以及单纯地扶植反对派一味地打压当权派使危机加重,无利于危机解决,最终导致了北非、中东地区的长期大动乱,激化了逊尼派与什叶派之间的矛盾,叙利亚内战的解决遥遥无期,宗教极端势力与恐怖主义趁机把实力做大,其势力已经扩张到了伊拉克,甚至建立了割据政权,宣称建国,①严重危害了该地区的长期稳定。北非、中东乱局引发的危机还对美国与其盟友和主要大国之间的关系造成很大的消极影响,完全对现存国际体系结构构成了挑战。

(2)处于危机中的各方之间是否存在着相互作用也是一个重要的因素。北非、中东乱局引发的危机导致一些国家政府的倒台,在这一地区引发了一系列的多米诺骨牌效应,使中东地区国际关系重新洗牌。

---

① 即伊拉克与大叙利亚伊斯兰国(The Islamic State of Iraq and Greater Syria),也称"伊拉克和黎凡特伊斯兰国"缩写为ISIS或ISIL,是一支有逊尼派背景的宗教极端武装,其组织的目标是消除在一战结束后,由温斯顿·丘吉尔所创建的现代中东的国家边界,并在这一地区创立一个由基地组织运作的酋长国。

（四）国际危机的过程与阶段

国际危机属于国际冲突的研究范畴，但二者并非能互相等同。危机通常是由某一具体的特殊事件引发并围绕这一特殊事件而展开，比如古巴导弹危机是由于苏联在古巴部署了进攻性导弹，海湾危机是因为伊拉克侵略科威特。国际危机属于国际冲突中相对较低的层次，正处于和平与战争之间的中间地带，并不意味着其结果就一定会发生直接的国际战争，但是正处于从国际对抗到国际战争的临界状态，尚未达到直接暴力冲突。

国际危机的整个过程一般分为危机潜伏、危机爆发、危机升级、危机降级、危机结束这五个重要阶段。其中危机升级与危机降级这两个阶段是危机相关方互相讨价还价的过程，是国际危机管理中最重要的一环。在危机爆发之前一定会有一个潜伏期，爆发危机可能会是由一个偶然事件引发的，但是偶然中存在必然，危机的发生一定是有一系列的利益冲突或矛盾长期积累造成的，这就需要对危机监控建立一个长期、有效的战略预警机制，从而能够提前发现存在危机的潜伏点。危机爆发一定是源于利益冲突，最先采取威胁性行动的为危机触发方，它有可能是国家，也有可能是非国家行为体。从危机管理的角度来看，"爆发"这个时期正是整个危机"低烈度"的阶段，也正是有关各方"低紧张"关系的阶段，有利于各方快速作出决策，对危机进行管控，使其不再扩大，也方便相关各方进行一些正式或者非正式的谈判沟通，或可以接受其他国家或国际组织的调解与斡旋。在这个阶段了解对手的意图、能力和决心，是合理作出决策的关键，对危机的发展与管控具有决定性影响，当然这需要决策部门与其他相关部门进行协调与合作，对相关情报也有很高的时效性要求。在危机升级过程中通常伴随着互相敌意的升级、威胁方式和程度上的变化。从单元层次上看，在这个阶段对威胁的感知上升，时间压力增加，敌对性军事对抗行动升级。从体系层次上看，双边关系遭到破坏，对地区以及全球体系产生消极影响。这一阶段对危机管理来说是寻找转折点的时期，虽然在这期间相关各方会陷入某种困境，但是如果各方都对彼此抱以持续的敌意与互不信任，那么危机会继续上升，直至军事冲突爆发。如果危机中的相关各方都有使危机降级与妥协的愿望，那么危机管理便可以实施，危机就会出现降级。在危机降级过程中，相关各方在可承受的范围内寻求都能接受的条件，通过讨价还价达成一致，或一方提出妥协，另一方表示可以接受时,危机便可降级。从单元层次上看,对威胁的感知、时间的压力与战争风险得以减弱;从体系层次上看,危机相关各方的敌对行为以及对体系结构的挑战逐步降低,为危机管理创造条件,直至化解危机。最后危机结束,有关各方改变了敌对关系和行为,或者恢复到危机爆发前的状态,也有可能将关系保持在一个各方均能接受的平衡点上。国际危机的爆发以及发展是呈波浪形的,既存在着危机继续激化的可能,也存在着转折点化解危机的契机。

二、如何进行国际危机管理

(一)国际危机管理的方式

在国际危机管理过程中,要综合运用策略与技巧,使硬实力与软实力实现有机结合。这其中包括①谈判。既要保持正式渠道的沟通,也要保留非正式渠道的接触;既要有双边的谈判,也要有多边的谈判。②调停。要不失时机地邀请友好国家或国际组织参与危机斡旋和调停。③综合运用非军事手段施压,比如实施经济制裁,扩大对外宣传获取国际舆论支持。④采取适当的威慑手段,比如军事演习、军队调动、封锁或武装干预等。

国际危机管理既要保证控制危机不要继续升级,也要防止一味地追求危机降级而跌入对手设下的陷阱。从某种程度上讲,国际危机管理既要在博弈中获胜,又要降低风险;既要给对手施压逼对手就范,又要采取适当的退让换取妥协。因此国际危机管理是走在钢丝上的游戏,它的潜在危险主要来自于以下三个方面:

(1)由于沟通不足或认知偏差,造成对对手能力、意图和决心的错误认识和误判。比如1990年8月,伊拉克吞并科威特,萨达姆对国际社会,尤其是美国的决心估计不足,错误地认为美国不会军事干预。结果是苏联选择中立,美国纠集多国部队发动对伊拉克的军事进攻,使得危机上升为战争。

(2)由于政策失误,无法控制危机使得局势失控。比如发生在2012年4月的黄岩岛危机,起因是菲律宾违背《南海行为准则》,实行错误的外交政策,抓扣在中国专属经济区内合法捕捞的渔民而引发危机。在危机发生之后,菲律宾政府并没有进行政策纠错,而是寄希望于引入其他域外大国,借助外界干预逼中国在领海问题上就范。菲方在错误的道路上渐行渐远,一度使危机进一步升级,南海局势顿时充满了火药味。中国采取克制和审慎的对外政策,根据国际法严正交涉,最终控制住危机的升级,这也体现了我国国际危机管理能力的成熟。但是菲律宾在这场危机中没有讨到什么便宜,偷鸡不成蚀把米。

(3)持续上升的敌人意向会对危机管理产生消极影响。比如2001年4月中美撞机事件发生之后,中美双方的意向被不断激活,敌人意向立刻在一些政府部门、政治精英和公众中被激活,并且通过包括大众媒体在内的各种渠道中快速传播,会迅速地影响两国高层对危机的管理,使双方的关系骤然紧张起来。

成功的国际危机管理应该有以下各要素:决策者能集思广益;目标明确、手段正确;情报获取高效,对对手认识与判读正确;审慎、严格地实施政策;基于利益的讨价还价;赢得国内国际的支持;保持沟通渠道通畅;适时保密;对不利影响能提前预知;适当互相保留"面子";政策制定要灵活机动,预留空间。成功的国际危机管理需要具备以下条件:①挑战方有可能部分放弃已经获得的重大利益;②双方或多方都有解决国际危机的意愿;③在较短的时间内,存在沟通、妥协的渠道和方法。这三个条件都是化解危机的必要条件,缺少其中任何一个,危机都会升级为军事冲突。

在国际危机管理过程中,国家实力对比与国家利益的关系是影响国际危机管理的首要因素,国家实力的强弱在很大程度上决定了一国进行国际危机管理的能力高低以及危机事件的大概结局。由于国际社会中各国存在实力差距,所以国际危机管理也存在着是否具有对称性的问题。

(二)案例分析

1.海湾危机

1990年8月伊拉克吞并科威特引发的第一次海湾危机,是一次典型的非对称国际危机。尽管这场危机的结果是爆发了海湾战争,但是从危机管理的角度分析,美国的政策显然是成功的,伊拉克则是失败的。在危机爆发之前,面对伊拉克对科威特的武力恐吓,布什政府更多的是对伊拉克采取安抚的政策,这源于美国在中东地区需要萨达姆政权的存在以抵抗伊朗。危机发生后的初期,美国政府的决策是积极主动的,布什政府要求伊拉克立即无条件撤出科威特,恢复科威特合法政府。在伊拉克占领科威特一小时后,布什政府即公开发表声明,要求伊拉克军队立即无条件撤出科威特,并冻结伊拉克和科威特在美国的资产账户。由于担心阿拉伯国家对西方势力介入的敏感心态,以及美国在中东地区的驻军数量有限,不足以威慑萨达姆,美国促请联合国通过了660号决议案,谴责伊拉克的入侵行为,要求其"立即无条件撤军"。布什总统本人发表讲话公开谴责萨达姆是希特勒式的暴君,是坏人,并呼吁,为了避免慕尼黑式的悲剧重演,国际社会必须作出一致和强烈的反应。8月6日,联合国安理会通过661号决议案,宣布对伊实施全面经济制裁。在1990年10月以前,美国的态度是坚定而又审慎的,一方面积极争取阿拉伯国家和国际社会的支持,对伊实施经济封锁和武器禁运,向海湾增兵,另一方面对国际社会反复强调,美军的部署是为了慑止伊拉克侵略沙特阿拉伯,"完全是为了防御"目的。美国决策者认为,一旦萨达姆控制了海湾地区,将对美国在海湾的经济和战略利益构成重大威胁。美国将无法继续得到廉价的石油供应和来自产油国的巨额投资;同时,美国担心,一旦萨达姆取得成功,中东将不可避免地发生一连串冲突,最终可能发生一场阿拉伯同以色列之间的战争。[①]在与伊拉克的外交折冲过程中,美国政府本着"不谈判、不妥协、不给面子、不奖励侵略者"的"四不"立场与伊拉克展开接触。美国外交政策的着力点不仅在于应对伊拉克,而且关键在于争取国际社会的支持,占据道义的制高点,拉拢中东国家,在中东地区孤立伊拉克。美国虽然在危机爆发的潜伏期反应被动,但在危机爆发后能快速作出反应,灵活运用政策,主要得益于其成功的危机管理决策机制,得益于国家安全委员会、危机管理委员会及其执行委员会这三个机构的有效配合,对几种不同的政策和手段进行评估后作出相对正确的选择。美国政府说服沙特阿拉伯出兵,在阿拉伯世界建立反伊联盟;获得联合国的授权,争取到各主要大国的支持,在迫使伊拉克撤军问题上联合国五大常任理事国态度一致,为美国动用武力争取了国际舆论的支持和法理基础;最后筹集到了大量资金的支持,成功地组建了一个临时联盟,尤其是德国与日本不能派兵却承担了美国整合多国部队所需的大部分资金,沙特阿拉伯、阿联酋与科威特则承担了多国部队出兵的绝大部分成本,对由于制裁伊拉克而受损的中东国家给予经济补偿,

①　张相元、王勇等编:《海湾战争纵揽》,海潮出版社,1992年,第770~775页。

争取他们加入联盟。即使是在战争爆发的最后关头，美国政府仍表现出为和平努力的善意。美国通过危机公关，在冷战即将结束、苏联实力迅速衰落的情况下，几乎使全世界绝大多数国家都站在了美国一边。

相较于美国，伊拉克的反应则过于被动，面对以美国为首的国际社会的强烈谴责、经济制裁、军事禁运和外交孤立，萨达姆政权不仅拒绝接受美国提出的条件，反而加深了对"美国阴谋论"的认知。也正是由于美国没有划定伊拉克撤军的最后期限，使得伊拉克并未有紧迫感，萨达姆自始至终都认为美国不会动用武力，侥幸地认为越南战争对美国的伤害使美国会谨慎动用武力。在面对美国的外交、军事压力以及国际社会的谴责时，萨达姆拒绝了国际社会的调停和美国开出的条件，采取了针锋相对、以牙还牙的策略。从某种程度上讲，正是萨达姆的固执己见，错过了讨价划价、争取利益的最佳时机，反而使危机进一步升级。当然，萨达姆在面对危机时也进行了危机公关，进行了反对孤立与破坏国际反伊联盟的努力。他采取的最主要措施包括三个方面：一是利用宗教矛盾和阿拉伯民众的反美情绪，宣传对美开展圣战。二是利用阿拉伯国家同以色列的矛盾，把撤军问题同中东问题连在一起，甚至在战争期间，萨达姆仍然通过向以色列发射"飞毛腿"导弹来挑起宗教战争，离间反伊联盟。三是积极拉拢进行了 8 年战争的宿敌伊朗与有利益冲突的叙利亚。而在此期间，萨达姆对苏联的调停置若罔闻，对美国政府释放出的"留有面子"的善意信号不以为然。尽管萨达姆主动释放西方人质的策略在国际舆论上给自己争得了几分，但在美国等西方国家强大的舆论宣传攻势下却适得其反，使他在西方国家公众中的独裁者和恐怖分子形象进一步加深，加快了一些国家派兵参加多国部队的步伐。当萨达姆意识到战争的威胁时，本想利用美国的府会之争使布什政府放弃战争的打算，且释放西方人质导致其失去了一个重要的谈判筹码。到最后战争已迫在眉睫时，萨达姆选择的是消极等待，被动地接受战争爆发。

如果说 1991 年的海湾危机的管控失败最终引发地区战争固然有萨达姆的个人因素的原因，决策者的固执与判断失误给他带来了无可挽回的失败，但不可否认的是，正是由于双方力量相差悬殊与极不对称，使以美国为首的西方不仅占据着军事上的绝对优势，也占据着道德的制高点，最终可以合法地动用武力发动战争。但是并不是说当小国与大国发生摩擦产生危机时，由于两国的实力对比差距悬殊就认定这场危机一定是非对称的。分析国际危机不仅要站在单元的角度上进行行为体之间的对比，更需要站在国际体系的角度上分析，萨达姆在海湾危机中的失败也正是由于他挑战了当时的国际体系结构的稳定，在苏联霸权迅速衰落，冷战将要结束，两极格局将要瓦解的时刻挑战地区稳定，谋求地区霸权，特别是挑战上升势头正旺、将要成为独霸的美国时，那么他的失败也就不可避免了。

2.叙利亚危机

2013年4月，由于叙利亚境内使用化学武器造成了大量的平民死亡，酿成了严重的人道主义危机，触动了美英等国画出的动武红线，使叙利亚危机处在了由内战转变成国际战争的临界点上。单从叙利亚与美英等西方集团的实力对比看，这场危机的升级明显是非对称的，但从国际体系的角度上讲却又是对称性的。

2013年8月27日，美国国务卿克里宣布将与盟国一起公布叙利亚使用化学武器的新证据。紧接着9月5日，美国参议院外交关系委员会就授权奥巴马政府向叙利亚动武的提案作出表决，以10票对7票获得通过，提案容许总统奥巴马下令向叙利亚发起有限度的行动，为期不超过90天。虽不能派出地面部队，但意味着美国可以对叙利亚实施类似于利比亚模式的外科手术式的空中打击。与此同时，在二十国集团峰会上，9个成员国与欧盟支持美国对叙利亚动武。而就在这紧要关头，作为当时二十国集团峰会东道主的俄罗斯明确表态反对美国对叙利亚动武，俄罗斯总统普京更公开表示，如果叙利亚遭到军事打击，俄罗斯将施以援手，包括提供武器和开展经济合作。紧接着，俄罗斯表示愿意推动叙利亚巴沙尔政权交出化学武器，并说服其加入《禁止化学武器公约》。之后，奥巴马请求国会推迟进行对叙动武草案的投票，希望通过外交途径推动解决叙利亚问题。2013年9月12日叙利亚总统巴沙尔表示，他愿意将叙政府拥有的化学武器交由国际监督，积极邀请联合国调查员对其境内的化学武器进行调查。笼罩在叙利亚的国际战争危机得以降级。2013年9月14日，美俄就叙利亚化武问题达成框架协议，规定叙利亚必须在一周内提供全部化学武器的库存清单，并制订计划，在2014年中期之前销毁全部化学武器，危机得以解除。

叙利亚危机得以成功实施管控，究其原因主要有以下四个方面。首先，叙利亚并不是孤立的，积极邀请中俄介入进行调停、斡旋，尤其是其盟友俄罗斯在背后坚定的支持，使这场危机变成大国之间的危机管控。俄美两国决策者对彼此的战略意图和决心有充分的认识和相对正确的判断。其次，虽然叙利亚危机由于化学武器的滥用触发战争的几率加大，给俄美两国快速反应作出决策的时间较短,但由于俄美两国一直保持着顺畅的沟通,两国决策者得以适时地了解对方的关切点与问题的症结,使快速作出决策成为可能。巴沙尔在顶住西方带来的压力的同时,针对问题的症结没有采取针锋相对的政策,而是顺坡下驴,积极采纳盟友的意见,把握时机主动解除化学武器,给危机解决创造了前提条件。再次,俄罗斯、中国这些年的快速崛起改变了国际体系结构中的实力对比,作为国际体系中的重要力量适时地介入使这场危机在联合国安理会否决了对叙利亚动武的提案,而美国由于深陷两场战争的泥潭,急需抽身撤军,再加上 2007 年国际金融危机的打击,国力受到严重损耗。其他西方国家也面临着各种国内外问题的困扰而自顾不暇。也正是博弈双方的实力对比相差不大,对动用武力造成的灾难性后果有充分的认识,使双方的行为变得克制而审慎,且互相留有余地。最后,由于叙利亚积极融入国际体系,不是作为体系稳定的挑战者出现在危机管理中,它善于把握时机,依靠其所处的对称性地位,从而最终使危机得以降级,危机管控得以成功实施,避免了战争的爆发。

海湾危机与叙利亚危机的经验,对于我们进行国际危机管理有着深刻的启发和借鉴意义。在危机管理中应本着非零和的态度来解决危机,寻求双方利益的契合点并作出必要的利益交换或妥协,通过讨价还价的方式才能使危机升级为战争的风险得以避免。

三、国际维和

国际维和是一种特殊的国际危机管理形式。联合国国际维和部队在国际社会危机事件处理中发挥着重要的作用。国际维和一般是由国际组织出面邀请有关国家参加的军事行动,用以防止国际冲突的进一步升级。国际维和的主要功能在于:一是防止已经发生的军事冲突蔓延和升级;二是促使已经发生的军事冲突结束。国际维和部队的任务是把冲突双方隔离开,而不是卷入军事冲突之中,更不能支持或偏袒任何一方的军事行动。进行国际维和的首要条件是有和平可维护。也就是说,军事冲突双方有意愿暂时停止打击对方的军事行动。当一方无意愿停止打击对方时,在这种情况下就没有和平可维持。[①]

---

① 阎学通、阎梁:《国际关系分析》,北京大学出版社,2008 年,第 136 页。

国际维和实质上是为政治解决国际军事冲突提供条件，使冲突方或第三方有更多的时间和相对稳定的环境进行谈判、调停和斡旋。也就是说，国际维和是解决国际危机或国际军事冲突的辅助手段，冲突和危机的最终解决需要政治谈判。

自20世纪90年代开始，中国也积极参与国际维和行动。中国参与维和行动，派出军事人员，在国际社会上深具影响力，为维护世界和平作出了杰出的贡献。随着中国崛起步伐的加快，中国将在国际社会中担当更重要的任务和角色，将更频繁地参与国际维和行动。

四、本章小结

国际危机，是发生在两个或两个以上国际行为体之间的危机，其中尤以外交危机和军事危机居多，是国际社会中的一种低烈度的冲突形式，是国家间关系的转折点，如果处理不当，往往会引发包括战争在内的一系列的灾难性后果。分析国际危机通常是从单元层次与体系层次两个视角来进行，从单元层次上看国际危机就是外交政策危机，是从决策者的个人感知和认知的角度来界定危机，它包括对威胁的感知、决策者的焦虑感是否加强、对暴力有可能发生的预期和在紧张的形势及信息不充分的条件下必须作出重要的决策等。而从国际体系的层次来看待国际危机则关注的不仅仅是决策者对危机的感知或者一个国家外交政策或行为的变化，而是在危机发生的时间段里，危机各方的冲突性相互作用给国际体系结构带来的影响。

由于危机自身特有的潜伏性与突然性往往使相关的一个国家或多个国家必须在相当短的时间内作出政策选择，这是国际危机管理给各国政府带来的一大挑战。如何建立高效的危机预警机制与快速反应决策机制是各国政府面临的一个重大的问题。国际危机管理不单是一个争取赢的过程，或者是迫使对手让步，实现自己利益的过程，更多的则是避免战争。能否避免战争是国际危机管理成功与否的唯一指标。因此国际危机管理是指赢得一场危机的同时将危险和冒险限制在双方所能承受的范围内，即达成一个为双方均能接受的解决问题的方案，且不诉诸武力。冷战后的今天，国际危机管理的主要目标除了避免冲突、避免战争这类传统的军事安全问题外，也包括因恐怖主义、大规模杀伤性武器扩散、人道主义灾难等非传统安全因素引发的两国间的外交政策危机或国际体系危机。

> 兵者,国之大事,死生之地,存亡之道,不可不察也。
>
> ——孙 武
>
> 战争无非是政治通过另一种手段的继续,一切战争都可以看作政治行为。
>
> ——克劳塞维茨
>
> 战争是由彼此对抗的政治行为体实施的有组织的暴力。
>
> ——赫德利·布尔

第七章
国际战争与国际冲突

　　战争与和平是国际关系研究的主题,对战争原因的研究,一直是政治学界的永恒话题。现代政治学惯用层次分析研究战争原因,在科学性与解释力方面存在明显不足,没有构建科学的国际战争理论。国际战争是国家行为,源于国家的政策选择(决策),所以从决策变量入手分析战争原因是一个较为恰当的分析起点。在决策(自变量)与国际战争(因变量)之间的关系分析中,预期对政策选择的影响是起着关键作用的。我们把预期引入分析模型中来,探寻国际战争原因,从而尝试构建科学的国际战争理论。运用历史数据对理论模型和基本假设进行案例检验,验证理论模型和基本假设的正确性。经研究得出:在国际体系结构的无政府状态下,国家行为体基于战争获益和胜利预期的政策选择,是影响国际战争等国家行为选择的重要因素。国际冲突是指一个政治行为体有意识地反对另一个政治行为体的斗争,可能基于利益或追求的目标,甚至心理上的相互抵触。战争是冲突的最高形式,或者称为升级版的冲突,而冲突除了战争之外,更多地包含还没有升级为战争的那部分冲突。本章分析了几种常见的国际冲突。

一、预期与国际战争

战争与和平是国际关系研究的主题。古今中外,国家间战争层出不穷、形式多样;对战争原因的研究,一直是政治学界的永恒话题。战争爆发的原因是什么?什么因素造成国际战争的发生?在探寻国际战争真正起因的前提下,如何构建科学的国际安全理论,特别是国际战争理论? 这些问题是国际关系研究的核心问题,具有十分重要的理论价值和现实意义。

(一)相关研究文献回顾

对国际战争等国家行为的研究,一直是国际关系理论的热点问题。现实主义认为国际体系结构是影响国家行为的重要因素, 新现实主义认为国际体系结构是影响国家行为的唯一重要因素。[①]研究体系结构与国际战争关系的代表是奥根斯基的权力转移说,探讨国际格局(自变量)对国家战争行为(因变量)的影响。冷战后以米尔斯海默为代表的进攻性现实主义继承了结构现实主义的理论体系,认为国际体系稳定与否、国家选择战争还是和平,主要是由国际体系的实力分配决定的。冷战后欧洲的长期和平是两极格局、美苏均势和核武器的产物。新自由主义认为,新现实主义强调了国际体系结构,但忽视了国际体系的进程。约瑟夫·奈在批判新现实主义时指出,国际体系应该有着两个并存的状态,一是体系中的结构,二是体系中的进程。进程指体系单位相互作用的方式, 包括体系单位在相互作用中建立起来的组织结构和相互交往中所遵循的规则。国际进程可以在国际体系结构没有发生变化的情况下影响国家的国际行为。[②]以基欧汉为代表的新自由制度主义学派指出,国际制度选择影响国家行为,国际机制有助于维持国际秩序,也是影响国家合作行为的重要条件。归结起来,上述研究都是从国际体系层次入手,分别把体系结构、体系进程和国际机制作为自变量来研究国家行为(因变量),认为影响国家行为的重要因素是国际体系。

著名国际关系学者辛格在《国际关系中的层次分析问题》中指出,国家

---

① 秦亚青:《国际关系理论:反思与重构》,北京大学出版社,2012 年,第 125 页。

② 同上,第 132 页。

的国际行为在宏观和微观两个层次上受到影响。在宏观层次上,国家的行为主要受到国际体系的影响,即国际体系的结构和特征影响了体系中单位国家的行为;在微观层次上,国家的国际行为则受到国内因素的影响,这些因素包括国家的决策程序、决策内容、决策人物等。①沿用辛格的研究逻辑,国际战争是国家的国际行为,它既受到国际体系宏观层次的影响,也受到国内因素微观层次的影响,国家行为是体系结构、特征与国内决策混合作用的结果。

相关研究文献显示,现代政治学研究惯用层次分析探讨战争原因,即从人性角度的个体层面、从国家角度的组织层面和从国际格局的结构层面三个层次进行分析,取得了丰硕的研究成果。②但是这些现有对国际战争原因的研究成果,在科学性与解释力方面存在着明显不足,在构建科学的国际战争理论方面,有待进一步研究。人性是一个难以衡量而又令人难以捉摸的概念,从人性角度的个体层面来解释战争,难以构建科学的国际战争理论。深入到国家的内部组织,包括政治体制、社会阶级结构和经济结构,来寻找战争爆发的原因,是一个有重要价值的视角和尝试,但是人类自古至今,几乎在所有政治组织形式内——奴隶社会、封建王朝和现在的民族国家,都出现过国家间战争,而且每种政治组织下的政治体制、社会阶级结构和经济结构都不相同,所以从国家角度的组织层面构建的国际战争理论,存在逻辑与事实的悖论。以沃尔兹为代表的新现实主义学者认为解释与预测国家行为的主要因素是国际体系结构,以吉尔平为代表的霸权稳定说、以奥根斯基为代表的权力转移说以及米尔斯海默的两极稳定说,都认为国际体系结构决定国家行为(包括国家战争行为)。核武器出现后,学者们又用核威慑原理来解释大规模国际战争为什么不爆发,并用冷战时期的两极格局和冷战后的一极格局下出现的国际和平,来质疑体系结构层次对战争原因的解释力。这些经典的国际关系理论在解释战争原因方面,取得了十分重要的开拓性研究

① David Singer, "The Level-of-Analysis Problem in International Relations", *World Politics*, Vol. 14, 1961, pp.77-92. 参见秦亚青:《国际关系理论:反思与重构》,北京大学出版社,2012年,第126页。

② 可以参阅摩根索、沃尔兹、约瑟夫·奈、基欧汉和米尔斯海默等国际关系学者的相关学术著作和研究成果。详见摩根索的《国家间政治:权力斗争与和平》,沃尔兹的《人、国家与战争》和《国际政治理论》,约瑟夫·奈的《理解国际冲突:理论与历史》等学术著作。其中摩根索从人性法则的角度出发研究国际政治,沃尔兹将体系结构作为自变量解释国家行为,在构建科学的国际政治理论方面,贡献卓著。中国学者阎学通对国际战争原因的层次分析进行了归纳,参见阎学通、阎梁:《国际关系分析》,北京大学出版社,2008,第111~114页。

成果,但是在科学地解释战争原因从而构建科学的国际战争理论方面,显得力不从心。除了现代政治学界惯用的层次分析探讨战争原因(从体系结构、国家组织和领导人三个层次分析)之外,还有没有更合理的概念或视角,可以帮助我们更深层地探寻战争原因? 如何构建更加合理、更加科学的国际战争理论? 这是本章研究的核心问题。

　　国际关系中战争与合作都是国家行为,源于决策行为,所以从决策变量入手分析战争与合作的原因是一个较为恰当的分析起点。在决策(自变量)与战争或合作等国家行为(因变量)之间的关系分析中,需要研究决策的影响因素。在决策的影响因素中预期(含理性预期和非理性预期)是起着关键作用的。所以笔者尝试把预期引入分析模型中来,探寻国家行为的原因,从而构建科学的国际战争理论和国际合作理论。本章主要研究预期对国际战争的影响。20世纪70年代以来,托马斯·萨金特、罗伯特·卢卡斯和罗伯特·巴罗等经济学家将理性预期引入宏观经济学领域,引发一场经济学领域的理性预期革命,大大地推进了经济学研究。笔者相信,将预期引入国际关系学研究,一定会在前人研究成果的基础上,实现新的突破和跨越。当然,能否形成国际关系学的理性预期批判或者预期革命,有待进一步观察和检验。国际关系理论探寻的核心问题是什么因素对国家行为体的国家行为影响最大、最有意义,所以研究预期对国际战争(国家行为)的影响,将对整个国际关系理论研究产生深远的影响。

　　影响国际事件(因变量)的因素可能有多个,如何找到造成国际事件(因变量)发生的恰当的原因(自变量),在国际关系研究中可以运用统计学的方法进行归因分析,建立多元回归模型,作多元回归分析。通过多重判定系数和估计标准误差,判断回归方程的拟合优度,对线性关系和回归系数进行显著性检验(F检验和t检验)。引入模型的多个变量可能相关,存在多重共线性,通过逐步回归和变量选择,从而去掉不必要的自变量。然而问题在于:在探讨国际战争原因中,对战争(因变量)与决策、预期以及其他因素进行量化有难度,无法建立数据库,因而就无从用统计学的方法建立它们之间的函数关系。但是这不影响我们通过简化建构理论模型,并运用案例和历史数据对国际战争原因进行定性研究,这是本章所采用的研究方法。

（二）核心概念与理论模型

1.预期与预期理论

预期（含理性与非理性）直接来源于未来的不确定性，预期被称为对未来不确定性（包括形势和变动）的预测。正是由于未来的不确定性，理性行为体才有必要对未来进行预期，作为政策选择的依据与参考。作为对未来不确定性的估计、判断与预测，预期影响着行为体的政策选择。[①]

在预期理论的演进过程中，先后出现了静态预期、外推性预期、适应性预期和理性预期等预期形成假设。在国际关系研究中，我们以国家实力（power）中预期实力（expected power）和现状实力（actual power）的关系为例分别分析预期理论的模型假设。[②]

（1）静态预期

模型：$=P_t^E=P_{t-1}^A$

其中 t、$t-1$ 分别代表两个时期，P_{t-1}^A 为 $t-1$ 期的现状国力，P_t^E 为 $t-1$ 期预期的 t 期的国力。这种预期称为静态预期。

静态预期假定行为体（国家、个人和其他组织）完全按照过去已经发生过的情况来估计或判断未来的形势，进行预期所获取的信息是关于过去的特定时期 $t-1$ 期的，预期变量水平等于变量前期水平，在预期中没有随机变量的干扰和变动，所以有很大的局限性、不科学。

（2）外推性预期

外推性预期是指对未来的预期不仅依据变量（如政治学中的权力和经济学中的价格等）的过去水平，而且还应建立在变量的变化方向的基础上。

---

① 经济学家对预期的研究已经取得十分丰硕的研究成果。在西方经济学的发展历史上，凯恩斯 1936 年《就业、利息和货币通论》的发表，使预期与不确定性问题逐步进入经济研究的视野，而理性预期学派则使预期成为经济理论中重要的研究范畴。参见［澳］迈克尔·卡特、罗德尼·麦道克：《理性预期》，上海人民出版社；［美］奥利维尔·布兰查德：《宏观经济学》，清华大学出版社。我们对预期的研究，借鉴了经济学对预期理论的既有研究成果。

② 经济学中用预期价格与实际价格的关系分析预期理论模型，我们认为，无论是经济学中的核心观念价格，还是政治学中核心概念权力，都可以作为变量或基本概念，成为研究的起点与基础。预期理论在政治学与经济学中可以被通用。下文的预期理论借鉴了经济学家，特别是高鸿业的研究成果，笔者尝试把预期理论引入国家行为和国际关系等政治学研究领域。

这种预期不仅要依赖于变量过去已经达到的水平，而且还依赖于该变量所显示出来的变化方向或变化趋势。

模型：$P_t^E = P_{t-1}^A + \alpha\,(P_{t-1}^A - P_{t-2}^A)$

其中 α 称为预期系数，这种预期就是外推预期。其含义是：t 时期的预期实力 P_t^E 等于 $t-1$ 时期的实际实力 P_{t-1}^A 加上（或减去）前两个时期($t-1$、$t-2$)的实际实力之差($P_{t-1}^A - P_{t-2}^A$)。即行为体对未来的预期不仅应以实力的过去水平 P_{t-1}^A 为基础，而且还要考虑已经显示出来的实力变化的方向或趋势，即 $t-1$ 期的实力 P_{t-1}^A 与 $t-2$ 期的实力 P_{t-2}^A 的变动($P_{t-1}^A - P_{t-2}^A$)。如果 $\alpha > 0$，则预期 t 时期的国力将大于 $t-1$ 时期的实际实力，以往的这种实力变化的趋势会继续下去；如果 $\alpha < 0$，则未来时期的实力将下降，实力变动的趋势发生逆转；而 $\alpha = 0$，则意味着 $P_t^E = P_{t-1}^A$，这就是静态预期。α 的值取决于人们的情绪，乐观的人预期变量上涨的趋势将继续下去，从而 $\alpha > 0$；悲观的人则认为变量上涨只是暂时的，从而 $\alpha < 0$。在外推性预期模型中，行为主体进行预期所获取的信息来源于变量过去的特定时期 $t-1$ 期和 $t-2$ 期的特定方面的信息，即仅仅考虑了过去的实力变动方向，通过引进预期系数 α，根据变量的变化方向，预测变量将要达到的水平。由于行为主体的乐观与悲观程度不同，从而会得到极不相同的预期值。

（3）适应性预期

适应性预期是说行为主体会根据自己过去在作出决策时所犯错误的程度来修正以后每一时期的预期。[①]

以实力预期为例，模型：$P_t^E = P_{t-1}^E + \beta\,(P_{t-1}^A - P_{t-1}^E)$　　　　$0 < \beta < 1$

其中 P_t^E 为 t 期的预期实力，P_{t-1}^A 为 $t-1$ 期的实际实力，P_{t-1}^E 为 $t-1$ 期的预期实力，而 β 被称为适应系数或修正因子，它决定了对过去的预期误差进行修正的速度，这种预期就是适应性预期。

在适应性预期下，对 t 时期国家的实力预期等于对 $t-1$ 期国家的预期实力加上（或减去）$t-1$ 期所揭示的预期误差($P_{t-1}^A - P_{t-1}^E$)的一定比例（β）。如果 $t-1$ 期的实际实力水平高于预期，则对本期的预期实力将基于对 $t-1$ 期的预期实力向上调整；如果实际 $t-1$ 期的实际实力水平低于预期，则对本期的预期实力水平将向下修正。在适应性预期条件下，对 t 期的实力预期 P_t^E 是对过

① 适应性预期是由美国经济学家卡甘(Cagan)在1956年提出的，后来由美国货币主义经济学家佛里德曼加以推广，成为其货币和通货膨胀理论的一个重要组成部分。

去一系列实力的加权平均数,距离现在越远,权数呈几何递减,因而对当前预期实力形成的作用越来越小。

适应系数 β 反映了预期的修正速度。当 β 的值较低时,对 t 期的实力预期修正缓慢,$t-1$ 期的实际实力水平对它几乎没有影响;β 接近于 1,t 期的实力预期对 $t-1$ 期的实际实力反应就很迅速;当 $\beta=1$ 时,$P^E_t=P^A_{t-1}$。

可以看出,静态预期是适应性预期的一个特例。很显然,相对于前两种预期的形成机制而言,适应性预期更加复杂,更为接近现实。

不管是静态预期、外推性预期还是适应性预期,都有一个共同的缺点,即人们只是凭借过去的经验对未来作出判断,没有充分利用与预期相关的其他变量所提供的有用信息,因此又被统称为非理性预期。我们假定理性行为体行为都是合乎理性的,即它们会利用一切可以利用的信息资源来对未来进行预测和判断。上述预期都只是利用了过去的信息,而把当前存在的对未来预期可能产生影响的各种可得信息都排除在预期形成机制之外。

(4)理性预期

所谓理性预期就是指行为体(国家、领导人、公司、其他组织或个人)面对不确定的未来为避免风险或获得最大收益而运用过去和现在一切可获得的信息,对所关心的变量在未来的变动状况作出尽可能准确的预测。仍以实力预期为例,根据理性预期,在 $t-1$ 期预期 t 期的实力水平为:

$$P^E_t=E(P_t \mid I_{t-1})$$

其中 P^E_t 是在 $t-1$ 期预期的 t 期的实力水平,I_{t-1} 是在 $t-1$ 期所获的所有信息集合,也可以构成一个信息数据的矩阵,所以 I_{t-1} 也被称为 $t-1$ 期的信息数据矩阵。$E(P_t \mid I_{t-1})$ 是 t 期的实力水平在 $t-1$ 期的信息集合条件下的数学期望。理性预期下的预期实力水平取决于 $t-1$ 期所得到的信息集合 I_{t-1}。

定义预期误差为 $\varepsilon = P^A_t - P^E_t = P^A_t - E(P_t \mid I_{t-1})$

也可以写为:$P^E_t = P^A_t - \varepsilon$

根据理性预期的假设 $E(\varepsilon)=0$,则 $P^E_t=P^A_t$,即理性预期 P^E_t 是实际 P^A_t 的无偏估计,同时预期已充分利用了信息集 I_{t-1} 所提供的信息,过去的预期误差对预期 P^E_t 将不能提供任何有用的信息。这表明,理性预期假说认为,行为体会充分有效地利用所有可得的信息来形成一个无系统性偏误的预期。

2.预期与国际战争关系的理论模型

本章基本假设:对战争获益(包括比较收益和相对收益)与胜利的预期是战争的前提。(The expectations of comparative and relative benefits of war and final success are the prerequisites to war.）理论模型中的核心变量：预期—决策—国际战争，在这些变量关系中，基于理性预期的国家决策（自变量）是影响国际战争（因变量）的关键因素。

国际战争是一种国家行为，体现着国家行为体对国家利益、国家实力及其运用实力追求国际权力的努力。国家行为体是一种理性行为体，尽可能地争取、维护和拓展本国的国家利益，提高本国的综合实力，并把国家实力转化为尽可能地攫取和占有国际社会中资源的能力，从而实现国家权力的最大化。所以作为理性的国家行为体面对不确定的未来为避免风险或获得最大收益而运用过去和现在一切可获得的信息，对所关心的变量在未来的变动状况作出尽可能准确的预测。但是也不能绝对地说所有的国家决策都是基于理性预期作出的政策选择。本章研究中我们假设国家是理性行为体，国家决策基于理性预期。

对战争获益和取得胜利的预期，决定着战争的政策选择，这是国际战争的前提。笔者认为，预期是一个可以科学解释在国际体系结构的无政府状态中国际战争原因的关键因素。无论是国际关系理论进攻性现实主义者所推演的大国崛起与体系战争逻辑，还是传统国际关系理论解读战争原因的层次分析，都忽视了预期这一影响国家行为的关键因素，所以传统的国际关系理论一直没能建构起可以解读战争起因的科学理论。预期作为一种心理现象和心理范畴，也可以成为决策范畴，预期影响着行为主体的政策选择与现实行为。我们把预期作为内生变量专门研究预期对国际战争的影响，如果把预期纳入决策范畴，这里的变量关系：预期—决策—国家行为—国际战争，就变为：基于预期的决策—国家行为—国际战争。国际战争是国家与国家之间的战争，也是国家行为范畴。所以，预期与国际战争之间的变量关系就简化为：基于预期的决策—国际战争，预期对国际战争具有决定性作用。

历史资料佐证希特勒发动第二次世界大战也是经过周密筹划的，他在战争初期也表现得很谨慎。用希特勒的人性缺陷等角度探寻第二次世界大战的起因，缺乏科学的说服力。对战争获益和取得胜利的预期，是德国发动战争的深层次动机，可以解读战争的起源。运用核威慑原理来解释二战以后的国际和平，也没有从深层次找到国际战争的起因。核武器的出现，改变了国家对战争的预期，对核战争可能造成同归于尽的预期，是核威慑条件下国际和平的前提。从体系结构的角度来解释战争，已经被冷战时期的两极格局和冷战后的一极格局下出现的国际和平所否定。所以把预期引入分析模型

中来,探寻国际战争原因,这对于构建科学的国际战争理论,将是一次国际
关系研究中的突破与跨越。

如前文所述,预期理论中预期模式很多,包括非理性预期(静态预期、外
推性预期和适应性预期)与理性预期,所以不能确保所有的决策都是基于理
性预期的结果。纵然是国家行为体所作出的决策都是基于理性预期,也不能
确保这种决策就是正确的。预期是对未来不确定的预测,大规模的国际战争
往往历时长久、规模巨大,蕴含着很长一段时间的预期,国家行为体和决策
者面临的不确定性因素太多,决策时所能搜集到的信息量有限,所以战争往
往不完全是按照预期的方向发展。但是理性预期与非理性预期相比较而言,
更能确保决策的科学性。我们研究国际战争时,假设国家是理性行为体,国
家决策也是在理性预期基础上作出的。国家行为体充分、有效地利用所有可
得的信息来形成一个无系统性偏误的预期,无论是对国家行为的正确选择,
还是引导国家行为的方向趋势,都是富有深远意义的。

笔者需要陈述的是,本章不是对传统国际关系理论层次分析方法的根
本否定,只是指出单纯地运用体系结构、人性,抑或国家组织层次,在解读战
争起因方面的理论解释力与科学性存在明显不足。在肯定前人所作出的研
究成果的基础上,尝试性地将预期引入分析模型中来,探寻预期对国际战争
等国家行为的影响。国家行为体的决策是基于对本国实力、利益和其他国家
行为体实力、利益、动机以及国际体系结构、进程与机制等所有可得信息。所
以传统的国际关系理论中的层次分析,对研究预期对国际战争的影响,也是
深有启发的。与之不同的是,我们把理性预期作为内生变量加以研究,在理
性预期与国际战争之间的变量关系中寻找规律,探寻战争起因,以求构建科
学的国际战争理论。战争的原因不仅仅在于人性、国家组织或体系结构等方
面,预期对国际战争具有重要作用,基于战争获益和取得胜利的预期是战争
爆发的至关重要的原因和前提。

对学界惯用的研究国际关系的层次分析法,我们把结构层次与单位层
次的分析看作运用宏观和微观两种不同的视角和方法进行国际关系研究。
根据研究对象和分析视角的差异,将国际关系学划分为微观国际关系学和
宏观国际关系学。微观国际关系学主要研究国际行为体的类型、特征、行为
和国际行为体之间的关系,并分析其对国际社会的影响。宏观国际关系学主
要研究整个国际社会的体系、格局和规范,以及体系、格局与规范对国际行
为体和对国际行为体之间关系的影响。笔者在研究国际战争原因时引入预

期理论,从基于预期的决策选择(自变量)和国际战争(因变量)的变量关系中,探询内部的规律性。预期是基于过去和现在一切可获得的信息的运用,这些信息包括国家实力和国家利益等国内因素和他国实力、国家利益、国家战略意图和国家行为等国际社会因素,也包括国际格局、国际机制的体系结构与进程等因素,这就避免了层次分析的人为因素划分。可将分析模型简约为:

信息集→预期→决策→国家行为

信息集既包括本国的国家实力和国家利益等国内因素和别国的国家实力、国家利益、国家战略意图和国家行为等国际社会因素,也包括国际格局、国际机制的体系结构与进程等因素。

·国家利益
·国家实力
·国际社会
　(包括他国实力、利益、意图与行为等)　　　　}　信息集
·国际体系结构
　国际体系进程(国际机制等)
·其他因素

用数学语言转化,定义一个信息矩阵 I_{t-1},其形式为:

$$I_{t-1}=\begin{pmatrix} \alpha_1\ \alpha_2\ \alpha_3\cdots\alpha_n \\ b_1\ b_2\ b_3\cdots\beta_n \\ c_1\ c_2\ c_3\cdots\chi_n \\ d_1\ d_2\ d_3\cdots\delta_n \end{pmatrix}$$

其中矩阵 I_{t-1} 第一行行向量 $(\alpha_1,\alpha_2,\alpha_3\cdots\alpha_n)$ 表示本国的国家实力、国家利益、国家行为以及意图等信息集合,矩阵 I_{t-1} 第二行行向量 $(b_1,b_2,b_3\cdots\beta_n)$ 表示他国的国家实力、国家利益、国家行为以及国家意图等信息集合,矩阵 I_{t-1} 第三行行向量 $(c_1,c_2,c_3\cdots\chi_n)$ 表示国际体系结构、格局、规范和国际机制等信息集合,矩阵 I_{t-1} 第四行行向量 $(d_1,d_2,d_3\cdots\delta_n)$ 表示其他影响国家理性预期的信息集合, I_{t-1} 是在 $t-1$ 期所获的所有信息集合。

所以基于理性预期的政策选择与国际战争之间的变量关系:

基于理性预期的政策选择————→国际战争

基于理性预期的政策选择与国际战争关系的理论模型为:

$$W=F(S_t^E)=F\left[E(S_t\mid I_{t-1})\right]$$

第七章

在模型中，W 表示国际战争，S_t^e 表示基于理性预期的政策选择，I_{t-1} 是在 $t-1$ 期所获的所有信息矩阵，$E(S_t | I_{t-1})$ 是 t 期的战争获益（包括战争结果）在 $t-1$ 期的信息矩阵的数学期望。其中基于理性预期的决策是自变量，国际战争是因变量，国际战争是基于（对战争获益和胜利结果的）理性预期的政策选择的结果函数。

（三）检　验

上述理论模型和基本假设有待于检验，案例研究的优势在于通过案例分析与比较，明晰事物现象之间因果关系和因果机制，从而把握事物的内在联系和规律。案例作为有效性的历史数据可以检验理论模型和基本假设的正确性。选择案例时依据两个标准：第一，案例有代表性，并且在理论上存在重大争议，在国际战争研究中难以回避的重大历史事件。第二，案例中蕴含的自变量可能有多个，可以观察到变量之间关系的强弱变化，有助于剔除干扰项，从而确定变量之间的因果关系。

1.案例检验

在人类有文字记载的漫长历史中，战争一直与人类相伴至今，并且它还将延续到未来很长一段时间。在我们无法科学地解读战争起因，并从根本上找到抑制战争的有效手段之前，我们没有理由相信战争将成为历史的陈迹，并被永远放置进历史的博物馆之中。用历史上的国际战争案例来验证理论模型与假设，具有重要的研究价值和现实意义。

为验证上述基本假设和理论模型，我们选择人类历史上规模巨大且有深远历史影响的四次战争作案例检验。案例分别是：公元前 431—前 404 年古希腊历史上的伯罗奔尼撒战争，中国西汉历时百年的汉匈战争，1914—1918 年的第一次世界大战和 1939—1945 年的第二次世界大战。在人类历史中，这些战争在历时时间之漫长、战争规模之宏大和战争影响之久远等方面，都是无与伦比的，用这些具有代表性的历史数据作为案例检验理论模型，有十分重要的研究价值。

案例一：伯罗奔尼撒战争

在研究伯罗奔尼撒战争爆发的原因时，修昔底德写道："不过几年后，就发生了我在上面已经叙述了的一些事件——科西拉事件、波提狄亚事件和一些构成雅典和斯巴达间战争原因的其他事件。我在上面已经说过，希腊人

第七章

彼此间以及抵抗外族的一些军事行动都是发生在泽尔土的败退和这次战争之间大约五十年的时间内。在这些年代中，雅典人使他们的帝国日益强大，因而也大大地增加了他们自己国家的权势。斯巴达人虽然知道雅典势力的扩大，但是很少或者根本没有制止它；在大部分的时间内，他们仍然保持着冷静的态度，因为在传统上，他们如果不是被迫而作战的时候，他们总是迟迟作战；同时也因为他们自己国内的战争，他们不能采取军事行动。所以最后，雅典的势力达到顶点，人人都能够很清楚地看见了；同时，雅典人开始侵略斯巴达的同盟国了。在这时候，斯巴达人感觉到这种形势不能再容忍下去了，所以决定发动现在这次战争，企图以全力进攻，如果可能的话，他们想消灭雅典的势力。"①在战争的政策选择方面，斯巴达表现出审慎的行为：他们派人到特尔斐神庙问神，他们是不是可以作战；召集同盟者，希望同盟者对于应不应当宣战的问题表示态度，大多数同盟国表决赞成战争。在斯巴达同盟代表大会上，科林斯人的发言诠释着伯罗奔尼撒同盟对战争胜利的预期。"有许多理由，我们一定会胜利的：第一，我们在人数方面和军事经验方面，比他们占优势；第二，我们一心一意服从指挥。至于海军方面，他们虽然强些，但是我们可以利用我们同盟国现有的人力和物力，以及奥林比亚和特尔斐的资财来建设我们的海军。""我们可以煽动他们的同盟国叛乱——这是剥夺他们的力量所在的资源的最好办法。"②"不要担心暂时的恐怖，要争取战后的永久和平。"③"让我们进攻它，毁灭它，让我们将来能够安全地生活着，让我们解放那些已经被奴役了的希腊人！"④

在战前间隔期间，斯巴达分别派出三个代表团与雅典进行交涉，要求解除波提狄亚之围和给厄基那以独立。如果雅典能够撤销那个排斥麦加拉人于雅典帝国内一切港口以及亚狄迦市场之外的麦加拉法令，那么战争就可以避免了。雅典人既不肯在头两点上让步，也不愿意撤销这个法令。最后一个代表团带着最后通牒到雅典说道："斯巴达希望和平。现在和平还是可能的，只要你们愿意给予希腊人以自由的话。"⑤

雅典方面，桑西巴斯的儿子伯里克利是当时雅典人的领导人物，无论在

---

① ［古希腊］修昔底德：《伯罗奔尼撒战争史》，商务印书馆，2007年，第91~92页。

② 同上，第94页。

③ 同上，第96页。

④ 同上，第97页。

⑤ 同上，第110页。

第七章

行动上和辩论上,他是最有力量的人。①因为伯里克利曾经说过,如果雅典等待时机,并且注意它的海军的话;如果在战争过程中它不再扩张帝国的领土的话;如果它不使雅典城市本身发生危险的话,雅典将来会获得胜利的。②"只要你们在战争进行中,下定决心,不要扩大你们的帝国,只要你们不自动地把自己牵入新的危险中去,我可以举出许多理由来说明你们对于最后的胜利是应当有自信心的。"③

　　针对伯罗奔尼撒战争原因,众说纷纭。④在希腊地缘政治中,虽然出现一些可能引发战争的因素,诸如处于希腊地缘政治中边缘地区的战争与争端,使得雅典和斯巴达两个大国之间展开争取盟友的竞争加剧;雅典及其同盟势力的增长和扩张行为,使得同处于希腊地缘政治格局自助体系下的另一个行为体——斯巴达及其同盟的安全困境加剧;希腊地缘政治中,雅典同盟与斯巴达同盟所构成的对抗性的两极格局,使得双方博弈时政策选择的空间变窄。但是双方如果保持理性、谨慎与克制,避免战争或不使战争升级的可能性还是有的。笔者认为,战争是交战各方政策选择的结果,预期对政策选择起着十分关键的影响。在雅典决定与斯巴达同盟进行战争时,伯里克利基于双方实力对比对战争胜利的预期,对雅典的政策选择起着十分关键的作用。

　　战争双方都认为最终胜利是属于自己的,强化了对战争获益或胜利的预期。斯巴达同盟有许多理由相信他们一定会胜利的,通过战争争取战后的永久和平;雅典同盟同样对最后的胜利是有自信心的,雅典将来会获得胜利。双方基于战前已有的信息,包括国家实力、国家行为、国家意图以及两个同盟所形成的体系格局和国际规范等,在对这些信息集合进行分析、评估的基础上对未来战争进程和结果都形成了预期,而且战争各方都是理性的。双方对战争获益和战争胜利的预期,影响着决策行为,使得双方在和平与战争

---

　　①　[古希腊]修昔底德:《伯罗奔尼撒战争只》,商务印书馆,2007 年,第 111 页。

　　②　同上,第 169 页。

　　③　同上,第 116 页

　　④　修昔底德认为使战争不可避免的真正原因是雅典势力的增长和因而引起斯巴达的恐惧。参见:[古希腊]修昔底德:《伯罗奔尼撒战争史》,商务印书馆,2007 年,第 21 页。约瑟夫·奈在著作《理解国际冲突:理论与历史》对伯罗奔尼撒战争原因进行分析,国际社会是一个自助体系,在无政府状态下国家行为体面临安全困境的压力,分别从体系结构、国家和领导人层次阐述这场战争爆发的原因。

第七章

的政策选择中都选择了战争,从而造成伯罗奔尼撒战争的爆发。

案例二:西汉历时百年的汉匈战争

《资治通鉴·汉纪九》——世宗孝武皇帝建元六年,匈奴来请和亲,天子下其议。大行王恢,燕人也,习胡事,议曰:"汉与匈奴和亲,率不过数岁,即复倍约;不如勿许,兴兵击之。"韩安国曰:"匈奴迁徙鸟举,难得而制,自上古不属为人。今汉行数千里与之争利,则人马罢乏;虏以全制其敝,则危道也。不如和亲。"群臣议者多附安国。于是上许和亲。①

《资治通鉴·汉纪十》——世宗孝武皇帝元光二年,雁门马邑豪聂壹,因大行王恢言:"匈奴初和亲,亲信边,可诱以利致之,伏兵袭击,必破之道也。"上召问公卿。王恢曰:"臣闻全代之时,北有强胡之敌,内连中国之兵,然尚得养老、长幼,种树以时,仓廪常实,匈奴不轻侵也。今以陛下之威,海内为一,然匈奴侵盗不已者,无它,以不恐之故耳。臣窃以为击之便。"韩安国曰:"臣闻高皇帝尝围于平城,七日不食;及解围反位而无忿怒之心。夫圣人以天下为度者也,不以己私怒伤天下之功,故遣刘敬结和亲,至今为五世利。臣窃以为勿击便。"恢曰:"不然。高帝身被坚执锐,行几十年,所以不报平城之怨者,非力不能,所以休天下之心也。今边境数惊,士卒伤死,中国槽车相望,此仁人之所隐也。故曰击之便。"安国曰:"不然。臣闻用兵者以饱待饥,正治以待其乱,定舍以待其劳;故接兵覆众,伐国堕城,常坐以役敌国,此圣人之兵也。今将卷甲轻举,深入长驱,难以为功;从行则迫胁,衡行则中绝,疾则粮乏,徐则后利,不至千里,人马乏食。《兵法》曰'遗人获也',臣故曰勿击便。"恢曰:"不然。臣今言击之者,固非发而深入也。将顺因单于之欲,诱而致之边,吾选枭骑、壮士阴伏而处以为之备,审遮险阻以为其戒。吾势已定,或营其左,或营其右,或当其前,或绝其后,单于可禽,百全必取。"上从恢议。汉朝孝武皇帝设计诱击匈奴单于。自是之后,匈奴绝和亲,攻当路塞,往往入盗于汉边,不可胜数。②这场辩论是汉朝对匈奴政策的转折点,也是汉朝与匈奴关系的转折点。至此,汉朝终止了对匈奴的和亲政策,汉匈关系进入漫长的战争状态。

国际关系层次分析法认为,汉匈战争的原因有多个方面,分别从体系结构、单位层次和领导人等层次解释这场战争爆发的原因。从国际格局方面

---

① 司马光:《资治通鉴》(第一册),岳麓书社,2010年,第193页。

② 同上,第195页。

讲,自高祖以来汉朝历经五世,休养生息,实力不断上升,汉朝作为崛起国、匈奴作为霸权国,亚洲地缘政治版图呈现汉匈两极化国际格局,汉匈两国结构性矛盾加剧。从领导人层面上讲,汉武帝性格英武,穷兵黩武,这都可以作为解释这场战争的原因。我们认为,全面的解释,并不一定是科学的解释,因为全面的解释法,即层次分析法无法找到战争的真正原因,所以全面的层次分析无法构建起一种严谨的战争起因理论。从以上引述的史料内容,我们可以分析出:在没有更高权威的区域体系中,对战争获益或胜利的预期从而促成对战争的政策选择,是汉匈战争爆发最为深层的原因和动机。我们认为,在汉匈战争之前,汉王朝面对未来的不确定性为避免风险或获得最大收益而运用过去和现在一切可获得的信息,对所关心的变量在未来的变动状况作出尽可能准确的预测。汉王朝在对汉匈双方国家实力、国际格局(随着汉朝崛起,汉匈格局两极化)以及国家行为和意图(特别是汉朝崛起、结盟与拆解对方同盟体系等战略的筹划)等既有信息集进行分析、判断的基础上,形成了通过战争可以取胜的理性预期。因为本章主要研究战争原因,所以对战争进程和结果等内容不作详细阐述。

案例三:第一次世界大战与第二次世界大战

鉴于文章囿于篇幅所限,一战和二战的历史资料就不再详述,只作简单地归纳、概括。据历史数据显示,第二次世界大战爆发之前作为战争策源地的德国和日本,对战争获益和战争胜利的预期刺激着国家政策选择,最终造成国家战争的爆发。德国预期通过战争称霸欧洲和世界,从而实现德国崛起,并对战争胜利的结果的预期坚信不疑;日本希望通过战争称霸亚洲进而争霸世界,基于对自身实力和外部环境的判断,对战争胜利的预期充满希望。大国崛起,特别是崛起大国与霸权国实力差距的缩小,增强了崛起国通过战争实现崛起或称霸等政治目标的预期。崛起大国面临的崛起困境,强化了战争获益和战争胜利的预期,这使得崛起大国采用了战争手段来实现国家崛起的政治目标。二战前的德国与日本就面临此情势,对战争获益和胜利的理性预期,使得两国都作出了战争的政策选择,从而造成了国际战争的爆发。关于第一次世界大战与第二次世界大战的历史数据充分验证了假设与理论模型的正确性。

国际战争的历史案例很多,我们可以随机挑选案例对假设与模型进行检验。检验是一项庞大的系统工程,而且科学研究的正确性需要不断地接受历史与实践的检验。本章只是预期与国家行为之间关系理论研究的开始,检验假设与理论模型也绝非一篇文章所能全部概括。案例选择有局限性,科学研究者宜秉承开拓创新的精神,努力走出自圆其说的怪圈与陷阱,努力实现研究的科学性与严谨性。运用统计学方法,建立有关国际战争的数据库,随机选择数据对理论模型进行检验,这会使得研究结果更加科学。

2.反证法

我们采用重要的历史数据,即在冷战时期两极格局与冷战后单极格局下的国际和平,可以得出国际格局的类型与国家战争行为之间没有因果关系。在核武器这一终极武器出现之后,许多国际关系学者把美苏冷战时期没有发生世界大战归因于核武器,构建起核威慑理论。在冷战后"一超多强"的单极格局下没有发生世界大战,学者们对此种现象的解释可谓众说纷纭、莫衷一是。霸权稳定论者利用单极格局这一历史数据,检验着他们的理论假设;核威慑理论者也验证了自己的假设,根据核威慑原理,核大国之间发生核战争会同归于尽。科学研究最忌讳自圆其说,因为这无助于科学发现和认识真理。社会科学不像自然科学那样可以通过反复试验来验证假设,因为人类社会的发展没有反复性,所以无法用科学试验来检验假设。为了使社会科学研究具有科学性,除了确保逻辑的正确和利用有限的历史数据检验之外,我们还可以运用反证法检验理论假设的正确性。

我们的基本假设是对战争获益(包括比较收益和相对收益)与胜利的预期是战争的前提。理论模型是基于理性预期的政策选择是解释国际战争的最关键因素,国际战争是基于理性预期的政策选择的结果函数。在国际体系的无政府状态下,对战争获益或胜利的预期从而促成对战争的政策选择,是国际战争爆发最为深层的原因和动机。冷战期间,在两极国际格局下美苏两个超级大国争夺世界霸主地位,进行核军备竞赛,但没有爆发世界大战。这些有重要研究价值的历史数据包括:两极格局、核威慑和国际和平等数据,两极稳定论者和核威慑和平论者都可以用这些历史数据来验证理论假设,问题是这会不会掉进"自圆其说"的陷阱与怪圈呢? 在冷战后"一超多强"的国际格局之下,俄罗斯、法国、中国、美国等都是拥有核武器的国家,部分地区国家想努力迈进核门槛,但至今没有发生世界大战。这段历史为霸权稳定论者与核威慑和评论者也提供了自圆其说的检验数据。但是这两段历史数据也诠释了体系结构与国际战争之间的逻辑关系的不严谨。核威慑和平论者忽视了一个基本历史常识,即在核武器出现之前,人类大部分时间是处于和平状态的,国际战争与人类和平一样是常态,在人类有文字记载的漫长历史中,和平持续的时间多于战争时间。这就要研究为什么在没有核武器的历史中也会有国际和平,为什么没有爆发国际战争? 在人类历史中为什么会有和平阶段,战争没有爆发的原因是什么? 对这个问题的回答可以有多种解释。战争无利可图,或者对战争胜利的预期不甚乐观,用别的方法取代战争可以取得更好的效果等预期,即对战争获益和战争结果的预期同样可以解释为什么在漫长的和平时期没有爆发国际战争。而核武器的出现,从根本上改变了国家对国际战争获益和胜利的预期,核威慑原理在解释国际战争与和平问题方面前进了一大步。核威慑原理对国家理性预期的影响(即核战争会使交战双方同归于尽,这改变了对战争获益和胜利的理性预期),才是解释核武器出现后没有出现大规模国际战争,特别是核大国之间没有爆发战争的根本原因。同样,人性解释论更是荒谬。能说二战后的大国领导人包括斯大林、赫鲁晓夫、勃列日涅夫与肯尼迪、尼克松等的人性结构优于二战期间的希特勒、墨索里尼和东条英机吗? 能判断人类历史上所有发起国际战争的领导人的人性都存在残缺吗? 概言之,预期理论对任何国际战争都可以作出合理的解释。一种好的理论,在于它的解释力与科学性,在于它的简约、逻辑架构严谨,从而揭示了事物内部的联系性即规律性。预期理论模型可以很好地诠释国家行为,它的简约和对国际战争的解释力,是对现有从人性、组织、体系结构和核威慑等视角来解释国家行为等国际关系理论的重大完善和补充。

3.军事理论与理论模型的一致性

重要军事理论著作《孙子兵法》在首篇"计篇"中凸显"庙算"的重要性,从某种意义上也印证了文章中假设与理论模型的正确。

春秋战国时期是中国古代最早出现类似于国际关系状态的历史阶段,各诸侯国间的政治关系,类似于现存的国家间关系。处于春秋时期的孙武所著的《孙子兵法》,是一个可供我们探寻中国古代国际安全战略思想的很好的研究案例。《孙子兵法》是一本杰出的战争理论著作,挖掘其中的安全战略思想对于丰富和完善国际关系理论,特别是国际战争理论具有重要的学术价值。

在《孙子兵法·计篇》中有"夫未战而庙算胜者,得算多也;未战而庙算不胜者,得算少也。多算胜,少算不胜,而况无算乎! 吾以此观之,胜负见矣"[1]。

---

① 参见《孙子兵法·孙膑兵法》,中华书局。

在《孙子兵法》中,战争是"庙算"的结果,是一项基于预期的政策选择。孙武主张:"非利不动,非难不用,非危不战。"[①]认为战争应为利益和国家安全而驱动,主张"慎战"和"庙算",从某种意义上揭示了人类战争的动因,这应该是中国古代国际安全战略思想的伟大创举。在("庙算")政策选择和(战争)国家行为之间的这一变量关系中,孙武十分强调"庙算"的重要。

除了"慎战"的思想,孙武提出"不战而屈人之兵"的国际安全战略思想。这应该被理解为:在敌我双方的博弈中,运用谋略或威慑的手段,从而实现战争成本的最小化,即达到"不战而屈人之兵"的效果。这可以被延伸为威慑安全战略的应用,也是中国古代威慑安全战略的精华。"战胜而强立"是孙膑对孙武的国际安全战略思想的延续和超越。[②]剖析其中的变量关系:在"战胜"(自变量)与"强立"(因变量)的变量关系中,战胜会使国家在国际格局中实现"强立"的效果。"战胜而强立"也可以指战争前对战争结果的预期,即预期通过战争手段实现国家崛起,改变国际体系中的国家地位和国际格局。从领导人的"庙算"(政策选择)到战争(国家行为)再到"强立"(包括国家崛起以及崛起后的国际格局),尤其强调对战争结果("战胜")的预期,体现出孙武国际安全战略思想的精深,这完全可以与西方国际关系理论的层次分析相媲美,对于我们构建科学的国际战争理论有一定的启发和借鉴意义。

它们之间的变量关系如下:

"庙算"(政策选择)——战争(国家行为)

"战胜"(战争结果)——"强立"(国际格局)

《孙子兵法》中的"庙算",即一种对未来不确定性的估计,是对战争获益和战争取胜概率的预期,直接决定着国家战争行为。而战争结果,将深刻地影响国家格局和国际秩序,将实现"强立"的效果,即国家在国际格局中的崛起。

之所以用《孙子兵法》这部杰出的军事著作来进一步验证理论模型与假设的正确性,是因为这部军事著作具有被实践反复检验的正确性,至今仍对人类战争行为起着指导作用。该书自身的科学性和实践性,对于挖掘国际安

---

① 孙武:《孙子兵法》,吉林摄影出版社,2003年,第159页。

② 孙膑在《见威王》中提出事备而后动,战胜而强立等军事思想,参见《孙子兵法·孙膑兵法》,中华书局。在《韩非子·难一》中,韩非提出"战而胜,则国安而身定,兵强而威立"等战略思想,参见《韩非子》,中华书局。

全战略思想,构建科学的国际战争理论具有十分重要的研究价值。①

(四)结　论

在无政府状态的国际体系结构中,国家行为体基于战争获益和胜利理性预期的政策选择,是影响国际战争等国家行为选择的重要因素。需要指出的是,笔者所探讨的预期理论与沃尔特所提出的威胁均衡理论是有区别的,也不同于罗伯特·杰维斯的国际政治心理学理论。将政治心理学的认知理论作为主要理论依据的现实主义理论是二战后国际关系理论的发展。在沃尔特的威胁均衡理论中,威胁是一个心理学概念,表示为一个行为体对外部威胁的感知,这种感知既来自于体系层次的因素,也源于单位层次的因素。沃尔特与罗伯特·杰维斯的研究,对沃尔兹的新现实主义(结构现实主义)是一种突破与超越。笔者认为预期(含理性与非理性)直接来源于未来的不确定性,与感知或知觉是有明显区别的。在预期理论的演进过程中,无论是静态预期、外推性预期、适应性预期等非理性预期,还是理性预期,都不同于感知或知觉,预期更多的是对未来不确定性的预测。理性预期是国家行为体面对不确定的未来为避免风险或获得最大收益而运用过去和现在一切可获得的信息,对所关心的变量在未来的变动状况作出尽可能准确的预测。通过理性预期的概念,可以得出预期对国家行为的影响远大于知觉和感知。基于感知或知觉,是无法构建科学的国际战争理论。国家行为体会充分、有效地利用所有可得的信息来形成一个无系统性偏误的预期,在理性预期基础上的政策选择是科学解释国家行为,特别是国际战争起因的一个较为恰当的变量。

基本假设与理论模型通过严格地检验,验证了其正确性。预期与国家行为的关系,是一个值得认真研究的领域,无论对于预期理论、决策理论的发展,还是国家行为和国际安全等国际关系理论的科学构建与完善,都具有十分重要的理论价值;同时,对于指导国家行为和预测国际形势,相信会有一定的借鉴意义。

有学者也许会提出质疑:既然战争是基于对获胜概率和收益的理性预期,那么政治行为体只需要收集信息进行数学估计来代替战争就可以了。这

①　挖掘和继承中国古代国际安全战略思想,特别是孙武的国际安全战略思想,对于丰富、完善和建构科学的国际关系理论,特别是国际安全理论,有着十分重要的学术价值。

种想法低估了信息的成本和信息与决策之间的联系。现实中,信息不完全、不对称是十分普遍的现象,每一个政治行为体搜集信息的能力也是有差异的。纵然获取全部有用的信息,不同政治行为体的决策能力和决策机制也存在差距。彼此对抗的行为体,敌意往往会干扰对对方行为和态度的理性认知,就像囚徒困境模型中的表现一样,互相猜疑、互不信任,即任何估计和计算对方意图的努力都可能犯错误。过高估计敌人的意图只需要花费金钱,而低估则会付出生命,所以有疑惑时,最好的办法就是假定最坏的情况会发生。准确理解敌人的意图是不可能的,所以更为安全的做法是对可测量的军事实力作出评估,并假定敌人有意更大限度地增强这些实力。[①]所以基于理性预期的战争决策选择总会发生,并且战争的进程和结果也不完全按照双方预期的那样推进。

世界权力中心转移是国际关系研究的长久课题。历史上,世界权力中心的转移基本上是通过战争方式完成的,[②]但是权力中心转移与国际战争之间、大国崛起与体系战争之间没有必然的联系。战争是基于对战争收益和胜利结果理性预期的政策选择的结果函数,"战争无非是政治通过另一种手段的继续"[③]。大国崛起以及面临的崛起困境,增强了崛起中大国对战争获益和胜利的预期,其逻辑关系是:大国崛起—对战争获益和胜利的理性预期—战争的政策选择—体系战争。在当前国际关系中,科技创新、知识经济和核威慑原理等因素改变了国家对战争获益或胜利的预期,交战双方会同归于尽,所以大国竞争,包括大国实力对比和争取政治盟友的大国战略关系等层面的竞争,将取代大国战争,成为改变国际格局和实现世界权力中心和平转移的主要途径。随着中国崛起速度的加快,中美如何构建新型的大国关系以及世界权力中心能否和平转移,是亟待研究的战略性课题。本章节是笔者致力于"世界权力中心和平转移的条件与机制"这一战略性研究课题的开篇与序幕。

① [美]詹姆斯·多尔蒂、小罗伯特·普法尔茨格拉芙:《争论中的国际关系理论》,阎学通、陈寒溪译,世界知识出版社,2013年,第305页。

② 参见阎学通:《权力中心转移与国际体系转变》,《当代亚太》2012年第6期。权力转移理论是国际关系学界研究的热点与难点,西方学者奥根斯基、罗伯特·吉尔平、米尔斯海默和基辛格等都有这方面的研究,其中以奥根斯基的"大国崛起与体系战争"逻辑关系为代表。

③ 参见[德]克劳塞维茨的《战争论》,战争不仅是一种政治行为,而且是一种真正的政治工具,是政治交往的继续,是政治交往通过另一种手段的实现。

二、国际争端与国际冲突

在国际关系研究中,国际冲突和战争理论往往是一起的,冲突和战争两个概念二者紧密相连,甚至可以相互替代。国际关系学者刘易斯·科尔斯就对冲突这样界定:一场"争夺价值以及稀有的地位、权力和资源的斗争。敌对双方的目标是压制、伤害或消灭对方"[①]。严格来讲,冲突与战争二者还是有区别的,冲突是行为体之间的互动,冲突的含义不仅意味着战争。我们在本节中就是将二者区别开来进行专题研究。

(一)战争、冲突与竞争

战争是由彼此对抗的政治行为体实施的有组织的暴力,是迫使对方服从己方意志的暴力行为。暴力是战争的手段,将己方意志强加给对方是目的。战争是一种暴力行为,而暴力的使用是没有限度的。因此交战的每一方都使对方不得不像自己那样使用暴力,这就产生一种相互作用,从概念上讲,这种相互作用必然会导致极端。使敌人无力抵抗是战争的目标。[②]而国际冲突是指一个政治行为体有意识地反对另一个政治行为体的斗争,可能基于利益或追求的目标,甚至心理上的相互抵触。战争是冲突的最高形式,或者称为升级版的冲突;而冲突除了战争之外,还更多地包含没有升级为战争的那部分冲突,我们把这部分冲突命名为国际争端。所以本节我们主要分析没有升级为国际战争的那部分国际冲突和国际争端。国际争端几乎无时无处不与国际社会相伴,国际争端是一种日常化的国际现象。地球上不可能时常都发生国际战争,但国际冲突和国际争端则是常见的。

国际竞争与国际冲突也是两个不同的概念,在自助的国际体系中,受向心力的支配,国家之间围绕资源和权力的竞争是无处无时不在的。人们在为某种稀缺资源竞争时,可能并没有完全意识到竞争者的存在,或者存在和平的竞争,或者无意阻止竞争者实现其目标。只有当各方设法通过降低对方的

[①]　[美]詹姆斯·多尔蒂,小罗伯特·普法尔茨格拉芙:《争论中的国际关系理论》,阎学通、陈寒溪译,世界知识出版社,2013年,第197页。

[②]　[德]克劳塞维茨:《战争论》,中国人民解放军出版社,2005年,第4~7页。

地位而提高自己的地位,设法阻挠他人实现目标,设法击败竞争对手,甚至消灭他们时,竞争才转化为冲突。国际冲突是指发生在国际舞台上为争夺权力、地位、资源以及因意识形态的对立导致国际行为体之间的目标不可协调而产生的相互压制、伤害或消灭对方的行为。在不同的环境中,冲突可以是暴力的或者非暴力的、显性的或者隐性的、可控制的或者不可控制的、可解决的或者不可解决的。国际竞争有良性的竞争和恶性的竞争之分,良性竞争就是没有升级为冲突的竞争,恶性竞争就是发展为冲突的竞争。

按照对抗的等级和烈度来区分,良性竞争的对抗性和对抗烈度最低,恶性竞争就会发生冲突,冲突的对抗性和对抗烈度明显高于竞争,而冲突的升级将可以导致战争,战争是对抗性和对抗烈度程度最高的,是暴力最大限度的使用。三者区别如表 7.1 所示:

表 7-1   国际竞争、国际冲突和国际战争的区别

概　念	分　类	对抗性	对抗程度
国际竞争	良性竞争、恶性竞争	总体对抗性最低,恶性竞争对抗性升级	对抗烈度很小 良性竞争(0) 恶生竞争(+1)
国际冲突(争端)	暴力的或者非暴力的、显性的或者隐性的、可控制的或者不可控制的、可解决的或者不可解决的等	对抗性中性(处于对抗性最低的良性竞争与对抗性最高的战争之间)	对抗烈度中性 非暴力冲突(+2) 接近暴力边缘的冲突(+3) 发展为低层次暴力的冲突(+4)
国际战争	最大限度使用暴力	对抗性最高	对抗烈度最大 暴力使用没有限度(+5)

对国际竞争、冲突和国际战争进行明确地区分是比较困难的,对其进行精确地赋值更是一件困难的事。我们在表 7.1 中的简单赋值和划分是为了凸显三个概念之间还是有区别的。赋值的科学性有待商榷,因为战争又分为很多种:有限的战争和扩大化的战争、常规战争和核战争、区域战争和全球战争等,对每个战争的烈度进行赋值是有困难的,是按照死亡人数、武器运用还是按照参加国数量等标准;冲突的种类也很多,对每个冲突进行精确地赋值也是难以达到的。简单赋值,取决于研究者的研究目的,就像分类是为了研究一样,从而便于推进研究的深入。

第
七
章

（二）常见的国际冲突

我国先秦思想家荀子指出："欲恶同物,欲多而物寡,寡则必争。"①这同样适用于国际关系领域。资源相对于人的无限需求而言,存在稀缺性。为了支配稀缺的资源,国际社会必然有冲突。国际关系中的冲突指的是国际社会中各行为体出于对一定领域的利益、目标的追求和维护而产生的对抗和摩擦,也可理解为广泛的利益不一致或利益冲突。其由低到高的表现形式是:矛盾、摩擦、一般冲突、国际危机、战争。一般而言,国际冲突是国际社会各行为主体间为争夺稀有的权力、地位和资源而进行的压制、伤害或消灭对方的行为,包括一般冲突、国际危机和国际战争三个阶段。国际冲突的特点是:冲突领域限于国际社会,利益与权力之争是国际冲突的本质所在,国际冲突表现为不同的层次。

常见的国际冲突有国际摩擦(包括经贸和外交等各种领域)、领土争端与海洋权益争端、国际危机和国际战争等。下面分别进行介绍。

1.国际经贸摩擦

针对经济利益和市场竞争,国家之间时常会发生经贸摩擦,国家之间的倾销与反倾销、补贴与反补贴、自由贸易与关税壁垒,以及知识产权争议,都属于常见的国际经济关系的矛盾和争端。2008年世界金融危机以来,一些西方国家进行贸易保护,回归重商主义传统,遭到了以中国为代表的新兴经济体主张自由贸易、扩大自贸区的冲击。国家商务部和外交部经常处理一些国家间经贸关系摩擦事件,我国已经是世贸组织等国际组织的成员,运用国际私法和国际规范处理这些国际纠纷和争端,同时也对外国产品和企业进行反倾销和反补贴调查,维护中国企业的正当利益和市场秩序。

2.环保与资源领域的国际冲突

20世纪末大气污染问题引发了人类之间的国际冲突,发达国家指责新兴经济体对大气层的污染排放,发达国家内部也存在冲突。欧洲国家要求美国按照《京都议定书》的标准减少对大气层的污染,美国不接受这种要求,美国与欧日在排放量的谈判上达不成一致。这就涉及国家污染大气层的权力问题以及权力的分配标准。除了环保冲突,还有海洋捕鱼、海洋资源开放,也

———————
① 参阅《荀子》,中华书局。

会引发国际冲突。例如 2013 年中国台湾渔民遭菲律宾射杀,引发中国与菲律宾的外交冲突。以石油为代表的能源问题,在国际关系中日益突出,引发一系列国际冲突,甚至升级为国家之间的战争,这是国际关系研究的重要领域,也被称为能源政治研究。

3.领土争端和海洋权益争端

相互毗邻的国家之间常存在一些领土争端,例如中日钓鱼岛争端、日韩竹岛争端、日俄北方四岛争端、以巴领土争端、印巴领土争端、朝韩边界问题、中菲南海岛屿争端、中越岛屿与海洋权益争端以及最近发生的俄罗斯与乌克兰的领土斗争等。海洋权益争端也普遍存在于毗邻的海洋国家之间,专属经济区的重叠、防空识别区的重叠,都可能发生国家间的分歧和冲突。中日两国关于东海大陆架的划界存在严重的分歧,钓鱼岛问题和春晓油气田问题都与中日两国关于东海划界的分歧有关。中国认为,按照《联合国海洋法公约》对大陆架的定义,包括钓鱼岛所在海床在内的东海大陆架向东延伸至冲绳海槽,都是中国大陆的水下自然延伸部分,应该属于中国。日本认为,在东海领域,中日海岸线最近处的距离为 360 海里,不足 400 海里,不适用于 200 海里的原则。

4.国际危机事件

前几年中美撞机事件、美国轰炸我驻南使馆事件以及台海危机,最近发生的黄岩岛事件、钓鱼岛事件和中越南海冲突事件,都是国际危机的典型案例。随着美国高调重返亚太以及加强其与亚太盟友的同盟关系,未来亚太地区爆发国际危机事件的概率会提高,中国与美国为首的盟友体系之间围绕着主权和海洋权益争端的斗争会激烈起来,这样的国际冲突会变得更加频繁。我们在"国际危机管理"一章对国际危机作专题研究,在此不予赘述。

5.国际战争

前面一章探讨了国际战争爆发的原因,对于国际战争的形式、种类没有详细涉及。国际战争包括常规战争和核战争、局部战争和全面战争、区域战争和全球性战争,还有地面战争和海陆空多兵种联合作战、机械化战争与信息化战争、网络战争与太空战争等,根据国际道义标准又分为正义战争和非正义战争。根据最近国际形势,国际矛盾国内化和国内冲突国际化引发的国际冲突在增加,两个方向是交互作用,例如叙利亚危机、乌克兰局势和伊拉克内战都体现了这种趋势。战争是人类的巨大灾难,国际关系学的诞生就是肩负着规避战争、实现人类和平的崇高使命。人类社会已经进入 21 世纪,就

第七章

在不久前爆发了叙利亚和伊拉克战争，亚太地区军备竞赛呈现螺旋升级的态势，日本制定了军事大国的路线图和战略部署，我们没有理由相信未来的人类社会就没有战争了。军事大国之间的直接大规模军事战争以及核战争的概率已经降低为零，但是代理人战争和没有升级为核战争的常规战争，将在21世纪的国际关系中重演。这使我们不得不感慨，战争像人类一样古老，并可能延续下去。

国际冲突种类众多。除了上述常见的冲突外，还有一些其他国际冲突。例如日本否认二战侵略史，安倍政府参拜靖国神社、解禁集体自卫权、修改和平宪法，引起韩国和中国在内的东亚国家与人民的愤怒和警惕，引发一系列外交冲突。韩国谴责日本政府寻求解禁集体自卫权以及将朝鲜半岛列入"有事时"行使集体自卫权对象，称日本企图改变宪法解释，参加海外侵略战争。趁乌克兰局势动荡，俄罗斯出兵克里米亚，使乌克兰国家分裂，引发俄罗斯与欧美等国的外交冲突。因民族和宗教问题而引发的国际冲突也很多，中东逊尼派和什叶派的对抗，引发中东地区局势的动荡。伊拉克北部，因极端组织而导致的伊拉克战争也是引人关注的国际冲突。西亚、北非、中东局势，动荡频繁，国际冲突频发。恐怖主义和基地组织造成的国际冲突事件，也是当前国际关系的焦点。

最近几年来，中国企业积极响应"走出去"战略，纷纷到海外投资经营。中国公民出境旅游规模不断攀升，中国留学生在海外学习、生活的数量巨大。中国人员和资产在海外的安全问题日益突出，确保公民在海外的人身和财产安全，成为我国政府和外交部门的重要职责。2013年5月13日，越南各地发生打砸抢烧外国企业的严重暴力事件，造成中国公民伤亡和财产损失，破坏了中越交流与合作的气氛和条件。中国从5月19日起提升中国公民赴越旅游安全指示级别，调整为"暂勿前行"，并暂停中越部分双边交往计划。

随着中国崛起和民族复兴步伐的加快，未来我国将面临更多的国际争端，我国外交也将应对更多的国际冲突。我国具有悠久的历史传统，积淀了丰富的处理冲突与争端的哲学和智慧。我国古代先贤就提倡推己度人，协调、平衡社会关系的"絜矩之道"，也有"利而不害，为而不争"的无为精神，我国也是一个"隆礼重法、讲信修睦"的五千年文明礼仪之邦。①中国优秀传统

① "絜矩之道"出自《大学》。"利而不害，为而不争"出自《老子》，原句为"天之道，利而不害；圣人之道，为而不争"。"隆礼重法"是以荀子、韩非子和商鞅为代表的法家思想，详见《荀子》《韩非子》和《商君书》。"讲信修睦"出自《礼记·礼运》，原句为"选贤与能，讲信修睦"。

文明对于处理当前的国际关系,特别是化解国际冲突和纠纷,也具有深远的借鉴价值。伴随着民族复兴进程的加快,我国将为国际社会贡献更多的政治智慧,构建一个"天下有治"的国际体系,造福于全人类。

三、本章小结

战争与和平是国际关系学的主题,就像爱情是文学的永恒主题一样。对现实主义者来说,战争是国际关系和世界事务的持久性特征,国家追求权力和利益的动力必然使它们陷入彼此的冲突之中。从某种意义上讲,国际关系学是基于战争原因的研究而发展起来的一门社会科学。古典现实主义强调国家利己主义,认为国家之间的对抗来源于人性深处逐利、竞争和侵略的内在倾向;新现实主义认为战争源于国际体系的无政府状态,体系结构是影响国际战争的最深层次原因。然而传统上对国际战争原因的研究,存在解释力不足的问题。本章主要从决策变量入手,将预期引入国际战争研究的分析模型,研究预期对国际战争的影响。构建理性预期与国际战争之间关系的理论模型,通过对模型和假设的实证检验,得出研究的结论是:基于对战争获益和取胜的理性预期的政策选择是国际战争的重要原因。我们承认,每个战争都是独特的,需要对一系列特定的历史环节进行具体的考察。同时,国家之间的战争也必然存在着共性,战争是个性与共性的复合体。本章主要是研究国际战争的共同规律,即对战争共性的研究。通过探寻战争的原因,构建科学的国际战争理论,对于构建新型国际关系、实现人类的持久和平,具有重大的理论价值和现实意义。

国际竞争与国际冲突是两个不同的概念,在自助的国际体系中,受向心力的支配,国家之间围绕资源和权力的竞争和冲突是无处无时不在的。为了研究的需要,本章对国际竞争、国际冲突和国际战争进行了区分,并简要介绍了几种常见的国际冲突。

第七章

附 录

中国古代先贤关于战争与和平的言论

兵者，不祥之器，非君子之器，不得已而用之，恬淡为上。胜而不美，而美之者，是乐杀人。夫乐杀人者，则不可得志於天下矣。夫唯兵者，不祥之器，物或恶之，故有道者不处。

——老　子

大邦者下流，天下之牝，天下之交也。牝常以静胜牡，以静为下。故大邦以下小邦，则取小邦；小邦以下大邦，则取大邦。故或下以取，或下而取。大邦不过欲兼畜人，小邦不过欲入事人。夫两者各得所欲，大者宜为下。

——老　子

夫兵者，非士恒势也。此先王之傅道也。战胜，则所以在亡国而继绝世也；战不胜，则所以削地而危社稷也。是故兵者不可不察。然夫乐兵者亡，而利胜者辱。兵非所乐，而胜非所利也。

——孙　膑

圣人以治天下为事者也，不可不察乱之所自起。当察乱何自起？起不相爱。诸侯各爱其国，不爱异国，故攻异国以利其国，天下之乱物，具此而已矣。

故圣人以治天下为事者，恶得不禁恶而劝爱？故天下兼相爱则治，交相恶则乱。

今若夫兼相爱、交相利，此其有利，且易为也，不可胜计也，我以为则无有上说之者而已矣。

视人之国，若视其国；视人之家，若视其家；视人之身，若视其身。是故诸侯相爱，则不野战。

今天下之士君子，忠实欲天下之富，而恶其贫；欲天下之治，而恶其乱，当兼相爱、交相利。此圣王之法，天下之治道也，不可不务为也。

——墨　子

故用国者，义立而王，信立而霸，权谋立而亡。

——荀　子

> 当前，中国人民正在为实现中华民族伟大复兴的中国梦而奋斗。中国梦是追求和平的梦，追求幸福的梦，奉献世界的梦。
>
> ——习近平
>
> 拿破仑说过，中国是一头沉睡的狮子，当这头睡狮醒来时，世界都会为之发抖。中国这头狮子已经醒了，但这是一只和平的、可亲的、文明的狮子。
>
> ——习近平

第八章
国际合作与一体化

　　除了国际战争、政治分裂和国际冲突之外，国际关系学也研究国际合作、一体化和国际和平。如何解释在缺乏中央权威强制合作的自利行为体之间实现国际合作，并发展国际合作理论？这是国际关系学的一个重大理论问题。亚当·斯密"看不见的手"适合于诠释国际关系。国际社会有其自身的运动原理，我们称之为国际关系的向心力，即国家行为体向国际体系中心靠近的力量，而不至于在激烈的国际竞争中被边缘化，支配国际体系运转的最主要规律是实力向心规律。然而就像市场会失灵一样，在国际社会之中这种"自由秩序"也时常被国家间恶性竞争所造成的纷争、冲突、动荡和战争打破，国际政治失序也是一种常态。人类设计出国际政治失序的应对之策就是国际合作，包括创建国际组织、国际机制，推进一体化及结盟，打造命运共同体。

　　战争与和平、冲突与合作是国际关系的主题。除了国际战争、政治分裂和国际冲突之外，国际关系学也研究国际合作、一体化和国际和平。国家主权的属性与原则，不仅从法理上确立了国际社会中民族国家之间的平等关系,而且也从理论和制度上塑就了一种现实:国家之上没有更高的权威。如何解释在缺乏中央权威强制合作的自利行为体之间实现国际合作,并发展国际合作理论? 这是国际关系学的一个重大理论问题。

在理性预期与国际战争的章节中,我们指出,在无政府状态的国际体系中,国际战争与国际合作这些国家行为,是基于国家利益考量(理性自利)的国家行为体的决策行为,所以从决策变量入手分析战争或合作的原因是一个较为恰当的分析起点。在对决策(自变量)与战争或合作等国家行为(因变量)之间的关系分析中,需要研究决策的影响因素。在决策的影响因素中预期(含理性预期和非理性预期)是起着关键作用的。我们尝试把预期引入到分析模型中来,探寻国家行为的原因,从而构建科学的国际战争理论和国际合作理论。经研究得出如下结论:在国际体系结构的无政府状态下,国家行为体基于战争获益和胜利的理性预期的政策选择,是影响国际战争等国家行为选择的重要因素。同理,在国际体系结构的无政府状态下,国家行为体基于合作获益的理性预期,是影响国际合作的重要因素。

本章主要解决如下问题:为什么需要国际合作? 国际合作的必要条件有哪些? 如何有效地开展国际合作? 国际合作的主要形式有哪些?

一、国际合作理论与模型

(一)国际关系的"自由秩序"与政治失序

首先探讨一下国际关系的"自由秩序"、政治失序与国际合作这个议题,解决"为什么需要国际合作"这个问题。1776 年英国经济学家亚当·斯密(1723—1790)在《国富论》中提出了"看不见的手"的命题,意思是:个人在经济生活中只考虑自己利益,受"看不见的手"驱使,即通过分工和市场的作用,可以达到国家富裕的目的。"每个人都试图用应用他的资本,来使其生产品得到最大的价值。一般来说,他并不企图增进公共福利,也不清楚增进的公共福利有多少,他所追求的仅仅是他个人的安乐、个人的利益,但当他这样做的时候,就会有一双看不见的手引导他去达到另一个目标,而这个目标绝不是他所追求的东西。由于追逐他个人的利益,他经常促进了社会利益,其效果比他真正想促进社会效益时所得到的效果为大。"①

　　亚当·斯密认为私人行为可以产生行为人所不曾预期的有益的公共影响。他的体系建立在这样一种观察上:人的动机就是利己。对斯密来说,利己可能是一种值得赞美的人类特性,反映了一个人不仅关心他的物质福利,还关心他的荣誉。更重要的是,对斯密来说,利己是社会理论中的"运动原理",就像吸引力是牛顿物理学中的运动原理一样。斯密相信,那些认为政府可以自由制定它用来调节社会的任何法律的人,是不懂得人性的一个最基本的特点。斯密所称的"制度的人","似乎想象他能摆布一个巨大社会的不同成员,就像一只手在棋盘上摆布不同的棋子一般容易;他不考虑,在棋盘上的不同棋子除了那只手在移动它们之外,还有其他的运动原理;在人类社会这个巨大棋盘上,每一个棋子都有它自己的运动原理,与立法者可能想要施加于它的原理完全不同"。②

　　与产权所界定的市场经济有只"看不见的手"一样,在主权所界定的国家体系中也有一只"看不见的手"在发挥着作用。在国际社会中,作为理性自利的每一个国家行为体,在谋取利益、追逐权力的国际竞争中,不断提高自身国家实力的努力,也推进着人类社会的进步和增进着人类共同的福祉。它们各自在扩大政治实力、经济实力、军事实力和文化实力的同时,也推进着人类社会政治文明的进步、市场经济的发展、科技创新的不断突破和文化教育等事业的进步发展。可见亚当·斯密所认为的私人行为可以产生行为人所不曾预期的有益的公共影响,同样适合于诠释国际关系。"在人类社会这个巨大棋盘上,每一个棋子都有它自己的运动原理",国际社会也有其自己的运动原理。笔者称之为国际关系的向心力,即国家行为体向国际体系中心靠近的力量,而不至于在激烈的国际竞争中被边缘化,支配国际体系运转的最主要规律是实力向心规律。在国际社会中,各国生产力发展水平不同造成不同国家的实力水平不同,这被称为实力不平衡发展规律。向心力和实力不平衡发展使得整个国际体系呈现出一个"中心—边缘"体系。

　　然而就像市场会失灵一样,在国际社会之中这种"自由秩序"也时常被国家间恶性竞争所造成的纷争、冲突、动荡和战争打破,国际政治失序也是一种常态。人类社会的历史几乎是一半处于自由秩序的和平状态,一半处于

---

① 参见[英]亚当·斯密:《国民财富的性质和原因的研究》,商务印书馆,1993 年。

② 参见[英]亚当·斯密:《道德情操论》,商务印书馆,1998 年,第 380~381 页

政治失序的战争状态。国际政治失序会使国家蒙受损失,于是乎,为管控纷争和冲突、规避战争的国际合作成为一种需求。通过合作,营造良性的政治秩序,增进共同的利益和福祉,成为国家的政策行为选择。国际政治失序表现为:国家间恶性竞争、竞争的外部效应(对地球资源环境的破坏)、政治秩序等公共物品的缺失、信息不对称所造成的逆向选择和道德风险、全球贫富失衡等问题。国家间恶性竞争可以造成国际社会的纷争、冲突、动荡和战争;政治秩序等公共物品缺失会加剧国家间冲突,减损公共利益;信息不对称会使国家间合作的成效大大降低,而且会刺激国家采取损人利己等行为;全球贫富悬殊会加剧发达国家与贫困国家之间的矛盾与对立, 这会为恐怖主义势力和反人类运动的蔓延、猖獗提供温床。

人类设计出国际关系政治失序的应对之策就是国际合作, 包括组建跨国政府间组织(联合国、国际货币基金组织、世界银行等国际组织)、创建国际制度和推进一体化(例如欧盟、东盟等区域一体化)。

(二)国际合作的理论模型

国际关系学中国际合作理论有两个经典模型:囚徒困境和捕鹿游戏。囚徒困境模型在"国际体系结构与国家策略"一章已详细阐述,其基本假设是博弈只进行一次,但是现实中,国际行为体之间博弈可能是多次的重复博弈。在重复博弈中,不进行合作的一方,会遭致对方采取报复策略,结果遭受更大的损失。所以在重复博弈中,参与人之间可以进行沟通和交往,并且作出对合作进行激励或对不合作进行惩罚的可信承诺,从而可以看到合作行为。

现在重点介绍另一个合作的理论模型就是卢梭的捕鹿游戏:通过合作才能捕获一只鹿,使众人共享一顿美餐。基本假设是如果所有参加者为了共同的目标协同工作, 则可以捕获一只鹿; 如果一个或更多的参加者开小差(比如说去追兔子),鹿则很可能会逃掉,如表 8-1:

表 8-1　捕鹿游戏

参与人 B

		合　作	不合作
参与人 A	合作	1,1	0,0
	不合作	0,0	0,0

在囚徒困境和捕鹿游戏中, 采取合作行为的关键是每个人对他人合作

诚意的相信程度。不相信别人的合作诚意,就不会采取合作行为。因此,建立在私利基础上的合作理论,其核心问题是对相互合作的回报的认识在多大程度上可以取代单方行动和竞争获利的想法。①理性预期在国际合作中发挥着十分重要的作用,对合作获益的理性预期是推动国际合作的关键。合作理论的核心是合作的动力或收益要超过单边行动的动力或收益,这也被称为合作的激励。在无政府状态的国际体系中,以私利为基础的合作理论涉及三个方面:频繁往复的交往,交换有关合作目标的信息从而深化国家间的对话,增强国家的透明度,合作形式得以实现的基本制度。②通过可信承诺等信号传递(沟通和交往等方式)建立互信机制,可以促进国际行为体之间的国际合作。例如两个超级军事大国之间建立战略互信机制,可以减少误判概率,从而实现有效合作,增进共同利益。超级大国之间的竞争是全面的,其中安全竞争又是十分激烈的,通过建构预防性合作机制,避免恶性竞争从而规避大国间战争。

国际关系现实远比模型复杂,模型是对现实的高度简化,模型的意义在于帮助我们在分析复杂问题时提供一个有说服力的工具。在现实中,有共同利益的国家行为体之间,未必就会实现国际合作。合作是一个复杂的过程,是理性的国家行为体之间为促成自己目标的实现而进行政策协调的结果。对实现国际合作的充要条件的研究,在国际关系学界尚未达成共识。当前,在国际合作领域出现了一些有启发性的研究议题,如霸权与合作的关系、国际机制、一体化理论和联盟等,表现为金德尔伯格和罗伯特·吉尔平为代表的霸权稳定论、克拉斯纳和罗伯特·基欧汉为代表的国际机制论,以及哈斯和约瑟夫·奈为代表的一体化理论等。作为一个核心前提条件,有关合作行为的理论需要理解和发展政治一致性(政治共识),这种一致性是各种制度安排的基础,而合作正是在这些制度安排中形成和发展的。除了国际组织、国际机制和国际行为体这些多边主义的制度安排以外,我们还要关注希望建立政治共同体的观念和创建上述实体的一体化进程。③

---

①② [美]詹姆斯·多尔蒂、小罗伯特·普法尔茨格拉芙:《争论中的国际关系理论》,阎学通、陈寒溪等译,世界知识出版社,2013 年,第 536 页。

③　同上,第 537 页。

(三)权力与国际合作

权力是国际关系中的一个核心概念，可以宽泛地定义为达到期望的结果的能力。在国际关系分析中，权力既体现为国家行为体运用国家实力(包括经济实力、政治实力、军事实力和文化实力)的能力，也体现为通过并非出自对方选择的方式影响对方行为的能力，这里主要指的是影响力。国际关系学主要是研究国际权力关系的学科，是围绕着权力的斗争与和平而展开的。

霸权稳定论注重国际合作中的权力因素，认为霸权的领导作用有助于产生一种秩序的模式，世界政治中的秩序由霸权国(主导国)创立，国际秩序的维护也需要霸权国的持续存在。同时，霸权取决于某种非对称的合作，成功的霸主总是支持和维护这种非对称合作。罗伯特·基欧汉认为，当一个国家将其盟友拉到一起，或者建立一些自己主导的国际机制时，它实际上就是在对权力资源进行投资。①霸权稳定论确立了一种有用的分析国际合作和纷争的起点，提供了从权力因素解释国际合作的研究视角。权力是合作的必要条件，但不是充分条件。霸权国愿意去领导并创建国际秩序，这需要激励因素；而次级国家愿意服从霸权国的领导和遵守霸权国主导的国际秩序，这涉及激励相容问题，即霸权机制的合法性以及合作的共存问题。霸权为一种状态，在这种状态中，一个国家足够强大，能够维持管理国家间关系的基本规则，并且它愿意这样做。霸权国愿意并有能力提供安全、秩序和机制等公共物品，次级国家可以从这种公共物品中获益，这就可能实现霸权下的合作。

霸权既表现为物质资源的优势，也表现为国际威望和领导力等政治资源上的能力。前者可以通过控制战略性资源(例如石油)、资本来源(资本市场强国)、市场以及高附加值产品的竞争优势，来增进霸权利益；后者则可以通过联盟、安全保障承诺，以及国际机制的创建和维护等，显示政治影响力。在自助体系的国际社会，安全是国家首要的需求，所以霸权与军事力量的关系是紧密相连的孪生兄弟。一个霸权国必须拥有足够的军事力量，从而有能力去保护它所主导的国际政治经济秩序免遭敌对国家的侵犯。②同时，也有

———————

① [美]罗伯特·基欧汉:《霸权之后:世界政治经济中的合作与纷争》，苏长和、信强等译，上海人民出版社，2006年，第23页。

② 同上，第38页。

足够的军事力量确保盟友的安全,实现安全保障承诺,维护其霸权体系。

尽管霸权对于推进国际合作有着很强的说服力,但是霸权下的合作无法解释两个实力相当的国家行为体之间的对称性合作现象,例如冷战期间美苏在军备控制领域的合作。利益一致是合作的基础,包括共同的利益和互补的利益,利益一致性是政治一致性的基础。合作还需要谈判和政策协调将独立的个体或组织的行动变得互相一致起来。通过谈判和政策协调过程,当行为体将他们的行为调整到其他行为体现行的或可预料的偏好上时,合作就会出现。也就是说,作为政策协调过程的结果,当一国政府遵从的政策被另外国家的政府视为能够促进他们自己目标达成的一致性认识时,国家政府间的合作就会发生。①所以政治性是合作的本质,因为合作要求参与者调整各自的需要和利益。②在现实的国际关系中,无论是霸权体系下的非对称性合作,还是实力相当国家之间的对称性合作,权力与政策协调的能力也是有关联的。协调与谈判的目的也在于诱导其他行为体调整其政策以适应自己的目标,找到双方利益的契合点,达成合作的基础和前提。通过合作来实现共同的利益或互补的利益。利益一致可能促成合作,实际的或潜在的冲突也可以推进合作,这种为规避冲突或冲突升级的合作,被称为预防性合作。

国际体系结构对国家行为的影响是结构性的,随着中国崛起步伐加快,国际格局中美两极化趋势渐见,中美之间的竞争会加剧。争取政治盟友、构建国际合作,已经成为当前我国对外战略与政策的创新与实践。提升中俄战略伙伴关系,加强与东盟的战略合作,充分利用并拓展上海合作组织、亚信等国际合作平台,深化中欧关系,提出"一路一带"战略,推进孟中印缅经济走廊建设等,是实现我国与周边国家、区域进行合作的重要表现。政治上合作共赢、结伴而行,经济上互联互通、互惠共赢,也需要在安全领域加强国际合作,构建命运共同体。国际合作理论,对于中国处理对外关系是有一定的借鉴价值的。随着中国国家实力的不断上升,国际权力也在不断增大,介入国际事务的深度、国际影响力与处理国际问题的能力也在不断增强,两者是正相关。

---

① [美]罗伯特·基欧汉:《霸权之后:世界政治经济中的合作与纷争》,苏长和、信强等译,上海人民出版社,2006年,第52页。

② [美]詹姆斯·多尔蒂、小罗伯特·普法尔茨格拉芙:《争论中的国际关系理论》,阎学通、陈寒溪等译,世界知识出版社,2013年,第560页。

二、合作与国际机制

　　二战后的数十年内，美国领导并创建了大量的国际机制。在当前的国际关系中，也有许多国际机制不断被创建。随着新兴经济体的崛起，对主要国际机制改革的要求也不断呈现。中国崛起步伐加快，面临着创建新的国际机制和对现存机制改革的战略选择。国际机制是国际关系中既存的事实，促进国家间合作。国际关系学对国际机制的研究，也取得了丰硕的成果，形成了新制度主义学派。本节主要介绍国际机制的概念、国际机制的创设和国际机制的功能与作用，以及中国崛起与国际机制改革等相关内容。

（一）国际机制的概念

　　国际机制的概念是从 20 世纪 70 年代的复合相互依赖模式中产生出来的，首先是由约翰·鲁杰（John Ruggie）和恩斯特·哈斯（Ernst Hass）提出来的。鲁杰于 1975 年将这个概念引入国际政治文献，他将机制定义为"由一些国家接受的一系列相互预期、规则与规章、计划、组织实体以及资金承诺"。到了 20 世纪 80 年代，国际机制成为新自由主义与新现实主义之间辩论的焦点。关于机制，有一个普遍接受的定义，那就是在一次以国际机制为主题的会议上，把国际机制界定为"一个既定问题领域内使各行为体预期趋于一致的一系列隐含的或明确的原则、规范、规则和决策程序。原则是指对事实、因果关系和诚实的信仰；规范是指以权利与义务方式确定的行为标准；规则是指对行动的专门规定和禁止；决策程序是指流行的决定和执行集体选择政策的习惯"。机制相当于法律规范，确定了"未来的影子"（the shadow of future），其意义在于汇聚预期。国家是利己的理性行为体，其对外决策行为基于国家利益的理性权衡，预期在国家行为中起着十分重要的作用。因为机制的原则确定了其成员期望追求的目标，规则与规范更加明确地界定成员的权利和义务，国际机制为行为体的合作行为提供了激励。

　　机制本质上可能是正式的、也可能是非正式的安排。正式的机制由国际组织经立法而产生，拥有管理委员会和官僚机构。非正式机制的基础较为简单，即参与者的目标和相互利益一致，但非正式机制要达成专门的协议。国际机制与国际协议是既有区别又有联系，机制是一系列汇聚预期的制度性规范,协议是经协商一致而达成的契约或声明等。政府间协议从某种意义上是构成国际机制的组成部分,而机制的一个主要功能就是促进政府间特定的合作性协议的形成,二者是相互促进的,但是机制更具稳定性与长期性,机制的首要作用就是汇聚稳定的预期。

利益一致是合作的前提,促进国际机制形成的激励因素从更根本的意义上讲,取决于共同的或互补的利益的存在。在国际社会自助体系中,理性利己的国家行为体对合作收益的理性预期,形成激励,促成国际合作。机制以共同利益为基础,正是共同利益使协作成为参与者最佳的战略选择。

奥兰·扬将机制区分为协商型机制和强加型机制,前者以参与者明确同意为特征,后者是由居于主导地位的行为体精心建立的,即主导者综合利用增强凝聚力、推进合作和刺激诱导等手段,使其他参与者服从规则的要求,成为制度性霸权。机制的形成可能是参与者之间达成协议或合约的结果。创建机制既可以通过渐进的方式,也可以采用其他参与者接受某一参与者单边行动的方式。随着时间推移与合作的推进,一种机制的任务拓展或外溢可能导致出现范围更广泛、内容更连贯的机制,即机制的外溢效应。

(二)国际机制的功能

科斯定理(Coase theorem)对于国际机制研究是具有突破性的价值。科斯定理是由罗纳德·科斯(Ronald Coase)提出的一种观点,认为在某些条件下,经济的外部性或非效率可以通过当事人的谈判而得到纠正,从而达到社会效益最大化。关于科斯定理,比较流行的说法是:只要财产权是明确的,并且交易成本为零或者很小,那么无论在开始时将财产权赋予谁,市场均衡的最终结果都是有效率的,实现资源配置的帕累托最优。科斯定理的内容:①在交易费用为零的情况下,不管权利如何进行初始配置,当事人之间的谈判都会导致资源配置的帕累托最优;②在交易费用不为零的情况下,不同的权利配置界定会带来不同的资源配置;③因为交易费用的存在,不同的权利界定和分配,则会带来不同效益的资源配置,所以产权制度的设置是优化资源配置(达到帕累托最优)的基础。科斯定理的两个前提条件:明确产权和交易成本。科斯定理的精华在于发现了交易费用及其与产权安排的关系,提出了交易费用对制度安排的影响,为人们在经济生活中作出关于产权安排的决策提供了有效的方法。在现实世界中,科斯定理所要求的前提往往是不存在的,财产权的明确是很困难的,交易成本也不可能为零,有时甚至是比较大的。因此,依靠市场机制矫正外部性是有一定困难的。

科斯定理经常被用来说明在没有中央权威的情况下谈判的功效问题,有时它也被专门用于国际关系研究中。在国际关系中,存在着主权争议和领土争端(国家边界、领海领空等)问题;交易成本十分高昂,降低交易成本更为复杂;存在着信息不对称和不完全等问题。所以在国际社会中,国际谈判的功效和国际合作的功能受到影响。将科斯定理倒置过来,用来分析国际制度, 这种分析很大程度上就是对产权、不确定性以及交易成本等问题的反映。国际社会的自助体系,需要国际机制。国际机制扮演着建立法律责任模式(规范行为体的权利与义务等责任体系),提供相对对称和完全的信息,解决谈判的成本等功能。

提供了国际机制有助于以互利的方式组织行为者之间的关系, 通过建立行为体间的行为模式来稳定预期, 提供了使各方将它们的惯例或行为调整到一个新环境中的有用的关系网。在这种由国际机制构成的关系网中,违约的成本增加,按照规则行为的成本降低了。国际机制使得各国谈判的交易成本更加低廉。在没有合适的制度安排的情况下,由于不确定性的存在,一些相互有利的谈判协议是不可能达成的。国际机制从某种意义上讲,解决了国家间谈判面临的不对称信息、逆向选择和道德风险等难题。国际机制的原则、规则、制度和程序,以及它们相互联结在一起而产生的互动的模式,对于各国政府而言都是有益的,因为这些安排使得沟通成为可能,从而降低了交易成本并促进信息交流。

(三)国际机制的种类

国际机制涉及不同的国际问题领域,如安全、政治、国防、防扩散、经济、贸易、货币政策、法律、文化、食品安全政策和环境保护等,包括国际安全机制、国际防扩散机制、国际贸易机制、国际宏观政策协调机制和国际环境保护机制等。国际机制的适用领域相当广泛,从世界贸易组织、世界卫生组织到欧盟等均适用。按照成员国的范围与分布,国际机制又分为全球性机制和区域性机制,前者如联合国、国际货币基金组织和世界银行等世界组织和国际机制,后者如欧盟、东盟、上海合作组织、阿拉伯国家联盟、非洲统一组织等区域性组织与机制。

第八章

国际安全机制。在自助的国际体系中,安全是第一位的需求。任何一个国家要生存和发展,它首要的追求目标必然是国家安全利益。国际安全机制是关于特定国际安全领域,为达成某一共同的安全目标而建立的,容许国家相信其他国家将予以回报,而在它的行为上保持克制的那些原则、规则和标准。这一概念不仅指便于合作的标准和期望,而且指一种超出短期自我利益追逐的一种合作形式。在"没有制度的情况下,实际的合作常常比可能的合作要少",合理的国际安全机制对于促进安全合作的实现具有十分重要的作用。随着国际格局的嬗变和中国崛起困境的加剧,中国面临许多周边安全问题,中国需要积极建构安全合作机制。诸如在东北亚地区急需构建区域安全机制以确保地区的安全稳定;在上海合作组织的基础上,构建周边安全合作机制;建构中美俄东盟安全合作组织,应对亚太安全问题。随着中国与周边国家互联互通,经济一体化程度加深,构建安全合作机制,建构共同安全的命运共同体,将成为一个极其紧迫的课题。

国际防扩散机制。为防止大规模杀伤性武器扩散,国际社会建立了一系列的国际机制,形成了多层级的国际防扩散体系。根据成员国之间的承诺关系属性,国际机制可以分为正式机制和非正式机制。成员国之间是否意图在相互之间建立有法律约束力的权利与义务关系,是正式机制与非正式机制的本质区别。为防止大规模杀伤性武器扩散,建立起来的多层级国际防扩散体系和国际机制包括:第一层级包括不扩散核武器条约、禁止化学武器公约和禁止生物武器公约,属于正式机制;第二层级为多边出口控制机制;第三层级为防扩散安全倡议,属于非正式机制。对于国际防扩散的正式机制和出口管制,我们会在第九章军备控制与战略威慑中涉及,不再赘述。有学者专门研究了国际防扩散体系中的非正式机制,研究发现,非正式防扩散机制的形式选择并不是出于对共同问题取得最优解决效果的需要,而是国内层次和国际层次的激励因素共同作用的结果。非正式防扩散机制虽然在实践中表现出一定程度的有效性,但这些机制的非正式性带来的局限性也制约了其有效性的提升。

除了上述国际机制外,国际社会还存在着国际经济机制、国际贸易机制、宏观政策国际协调机制,以及与环境议题有关的碳排放国际合作机制、反腐败国际合作机制。腐败问题现已成为当今社会生活中的毒瘤。全球腐败犯罪呈现出行为跨国化、主体多元化、手段多样化等特征,各主权国家仅凭本国力量已不足以遏制腐败犯罪的滋生和蔓延。面对日益猖獗的跨国腐败犯罪,通过国际合作、建立反腐败合作机制来打击此类犯罪将成为一种趋势。

(四)新兴大国崛起与国际机制变革

2008 年国际金融危机以来，欧美许多国家从虚拟经济到实体经济都遭受严重影响,欧债危机更使欧洲经济体深受重创,经济不振、失业率上升和收入分配不公加剧着国内社会矛盾。自 2010 年开始,国际金融危机的后果溢出金融和经济领域,向社会和政治领域蔓延,各国内部冲突不断。标志事件有 2010 年 12 月爆发的突尼斯骚乱以及在阿拉伯地区的连锁反应,埃及、阿尔及利亚、也门、巴林、利比亚和叙利亚等国家内部也相继出现了连锁动乱与内战。北非、西亚和中东局势动荡频繁,乌克兰国家分裂和伊拉克内战仍在持续。美国出现"占领华尔街"运动等抗议美国金融体系维护权贵阶层利益的社会政治活动,2011 年 10 月"占领华尔街"运动引起全球同步行动,七十多个国家的示威者,在伦敦、东京、罗马、巴黎、马德里和首尔等全球七百多个城市上演类似的示威活动。失业和贫富差距等经济问题使得社会的不公正和不公平更加难以忍受;欧美大国受金融危机影响,经济实力和全球领导力受重创。美国高调"重返亚太",进行全球战略调整,使得西亚、北非和中东出现政治权力的真空。原有的国际机制和国际制度暴露出一系列不公平、不公正和领导无力等问题,急需进行改革。新兴大国的崛起,形成对二战胜利者建立的一整套国际政治经济制度体系的挑战与压力，建立公正合理的国际政治经济新秩序成为新兴经济体的一致呼声。国际金融危机以来欧美经济实力和政治实力的相对下降,使得现有的国际机制呈现权责力不符,出现不能适应当前国际形势发展等问题。国际社会缺乏有效的领导,国际机制权责力不符,国际社会进入了一个需要变革的年代。

任何一个国际机制都包含两个层面,一是制度的科学性和合理性,制度体现着对行为的规范和约束,体现着权责体系,内部必然有其科学的内核;二是制度的价值倾向性,制度体现着主导者和制定者的偏好与利益,制度创建者通过对制度的创建、实施与维护来维护自身的利益。制度的合理性与科学性,可以诠释某些制度的持久性存在问题,而制度的价值倾向性可以解释制度的改革问题。现行的国际机制是西方大国主导的、吸纳新兴经济体融入的、体现西方中心主义的治理模式和体制机制。西方国家在军事、政治和软

第八章

实力等方面仍然具有雄厚的实力,冷战后,非西方国家接受并融入西方主导的国际制度中,并发挥着建设性作用。这些因素决定着新兴大国对现行的国际制度宜采取渐进改革而不是激进革命手段来推进国际机制的发展与完善。但是不排除在国际制度改革无法推进时,可以采取颠覆性的重建,构建崭新的国际制度,来代替原有的以西方为中心的国际机制。

2011 年 9 月我国政府发表《中国的和平发展》白皮书,指出中国"以积极姿态参与国际体系变革和国际规则制定,参与全球性问题治理",并提出"各国国情和发展阶段不同,应按照责任、权利、实力相一致的原则,着眼本国和人类共同利益,从自身国力出发,履行相应国际义务,发挥建设性作用"。从白皮书可以看出,我国无意颠覆现有的国际机制,积极与国际体系建设包容性合作关系,并发挥建设性作用,以权责力相一致的原则推进国际机制改革。国际机制改革已成为当前中国国际关系学术界的热门话题,学者们提出一系列对国际制度改革的政策主张,围绕着制度改革的原则、改革的方式与方法等问题,学术界的观点有分歧也有共识。对于国际机制变革,笔者的主张如下:①对现存的西方主导的国际机制,按照权责力一致原则,推进增量改革和存量改革,改革原有的治理体系,建立自适应的国际机制,实现治理决策的民主化、治理规则的公正化和治理能力的现代化。②根据国际格局的演变趋势,制定我国的全球战略,在不同的问题领域,在全球和区域层面,积极与利益一致的国家开展机制化合作,建构符合国家利益需求的新机制。这两种方案"道不同而不相悖",相互补充、相互推进。后一种方案可以对现有机制改革形成压力,也可以是前一个方案失败后的替代和递进。两种方案遵循的路径都是渐进的。国际机制变革的总体目标是形成公正合理的国际政治经济新秩序,推进我国国际治理体系和治理能力的现代化,构建有利于实现中华民族伟大复兴"中国梦"的全球治理体系与国际机制。

三、一体化理论与实践

(一)一体化的定义

一体化理论,作为一种合作理论,至今没有一个普遍认可的定义,也没有一个得到广泛认可的测量指标体系。许多一体化理论都是以欧盟的观察经验得出的。①从字面含义上讲,一体化就是使原来彼此分离的、独立的部分(个体或单位)成为一个整体(系统)的过程。一体化所涉及的问题领域又可分为经济一体化、政治一体化、军事一体化和文化一体化等;从地理范围上又可分为区域一体化、次区域一体化和全球一体化。厄恩斯特·哈斯认为:"一体化是说服来自不同国家的政治行为体将其忠诚、期望和政治活动转移到一个新的中心的过程,这个中心的机制应该拥有高于现存国家的管辖权。这一政治一体化过程的结果是产生一个高于现存政治实体的新的政治共同体。"②

　　一体化是一个多维的现象,涉及政治、社会、经济和文化等诸多领域。一体化与共同体存在替代关系,我们在本书中把一体化界定为导致政治共同体形成的过程。

(二)欧洲一体化的实践

　　二战后国际格局的两极化以及美苏对抗为欧洲合作、联合,并走向一体化,既构成紧迫感与压力,也提供了战略机遇。欧洲一体化的实践是国际合作与一体化的典范,也是国际关系一体化理论的实验室。我们简单梳理一下欧洲一体化的发展进程和历史概况,这对于我们深入探讨一体化的条件、动力和进程,是有借鉴意义的。

　　二战后初期,西欧各国的社会经济状况十分险恶,严重的经济困难使得社会动荡不安。欧洲各国面临着经济恢复和国家重建的任务。美国从全球战略的角度出发,实行了遏制苏联、扶持欧洲的马歇尔计划。欧洲合作既体现了美国的利益,也成为欧洲各国的需求。1948年4月16日,以英法为代表的欧洲各国在巴黎签署了《欧洲经济合作公约》,并在欧洲经济合作委员会的基础上建立了经济合作组织,负责制定和推动各成员国执行共同复兴的计划,逐步加强各国间的经济合作。③

　　1950年5月9日,法国外长舒曼公布一份备忘录,即舒曼计划,倡议"把法德的全部煤钢生产置于一个其他欧洲国家都可以参加的高级联营机构的

---

①　张海冰:《欧洲一体化制度研究》,上海社会科学院出版社,2005年,第14页。

②　Ernst.B.Haas, *Beyond the Nation-state-Functionalism and International Organization*, Stanford University Press, 1964, p.35.

③　袁明:《国际关系史》,北京大学出版社,2005年,第239页。

管制之下"。舒曼计划得到美国的"同情和赞赏",联邦德国、意大利、荷兰、比利时和卢森堡等国家表示欢迎和赞同。1950年6月20日,法国、联邦德国、意大利和3个低地国家在巴黎就舒曼计划的实施展开谈判,英国派观察员参加,美国在幕后大力促成。经过10个月的交涉和谈判,1951年4月18日,六国签署了《欧洲煤钢联盟条约》。联营旨在建立煤钢单一共同市场,取消有关关税限制,联营将设立超国家的机构——高级机构,并设立共同议会、部长特别理事会和法院。①舒曼计划在推进欧洲市场一体化进程中起着十分重要的作用,从某种意义上讲,它是欧洲一体化的起点。西欧国家在建立和发展煤钢联营过程中获得的经验推动了经济共同体的诞生。1957年3月25日,参加欧洲煤钢联营的6个国家——法国、联邦德国、意大利、比利时、荷兰和卢森堡在罗马举办会议,签署了《欧洲经济共同体条约》,取消关税壁垒,废除阻止人员、劳务和资本等经济要素自由流通的各种障碍,旨在形成一个共同市场。同时,六国还签署了《欧洲原子能共同体条约》,这两个条约都在1958年1月生效。这样,西欧就有了三个共同体:欧洲钢铁联营、欧洲经济共同体和欧洲原子能共同体。欧洲经济共同体的建立,促进了成员国之间的政治合作。②《罗马条约》推动了成员国政治上的合作。1961年2月,六国首脑会议就建立政治同盟问题取得共识。

欧洲一体化的发动机是法德两个欧洲大国,法德政治合作是欧洲一体化的关键。1963年1月22日,戴高乐与阿登纳签署了《德法合作条约》,规定两国政府应就外交政策进行磋商、协调,在防务政策以及教育和青年方面加强合作。5月16日,联邦议会在审批这一条约时增加一个序言,保证欧共体将向英国和其他非共同体国家敞开大门。1961年8月,英国麦克米政府正式提出加入欧共体的申请。鉴于英美特殊关系和法国自身利益的考虑,拥有独立外交传统的法国就英国加入欧共体表示否决,戴高乐指出,英国的加入会使欧共体成为美国支配和领导下的巨大的大西洋共同体。围绕着欧洲大陆的领导权,法国与英美矛盾激化,法国从北约军事一体化机构中撤出。1965年7月,戴高乐政府宣布暂不参加欧洲共同体会议,造成欧共体内部的"空椅子"危机。1967年11月,法国政府再次否决了英国加入欧共体的申请。

欧洲一体化是一个矛盾交织、螺旋推进的复杂过程。到了20世纪70年

---

① 袁明:《国际关系史》,北京大学出版社,2005年,第266页。

② 同上,第292页。

代,欧洲经济共同体开始进入它的黄金时代。欧共体的范围扩大了,随着英国政策的变化以及法国反对英国加入立场的松动,英国于1972年正式成为欧共体的成员国。[①]20世纪70年代美苏两极格局中,美国对外战略急剧收缩,英国力量进一步削弱,英国希思政府调整了英国的对外政策,以英美间"自然关系"取代英美间"特殊关系",在欧洲内部发挥积极作用成为它的主要目标。法国戴高乐政府也于1968年下台,法国新政府在接纳英国加入欧共体的问题上采取了比较灵活的态度。法国的考虑是,英国的参加将有助于西欧国家取得同美国平等的地位以及平衡欧共体内部德国日益增强的势力。1972年英国成为欧共体成员,不久,爱尔兰和丹麦也加入欧共体。1979年希腊也成为欧共体成员国。

　　20世纪70年代欧共体经济一体化和政治合作进程出现了新发展。首先表现为经济一体化程度加强,60年代已提前实现了建立工业品关税同盟和实施共同农业政策的目标,60年代末共同体首脑会议提出建立经济和货币联盟的计划。按照这个计划,70年代欧共体经历了三个发展阶段:第一阶段,缩小成员国间货币兑换率(汇率)的波动程度,开始建立货币基金,加强彼此间货币政策和经济政策的协调;第二阶段,欧共体推动成员国实行更加趋于一致的经济货币政策,使资本逐步实现自由流通;第三阶段,欧共体致力于发行统一货币和建立联合中央银行,从而形成一个商品、劳务、人员和资本自由流动的经济统一体。共同体成员国间政治合作和一体化也得以促进。1970年10月,六国外长会议通过了《关于欧洲政治统一的报告》,决定开展外交政策的合作。为了保障政治协商和合作的效率,外长会议和首脑会议被制度化。从1976年开始,欧洲政治合作进入筹备欧洲联盟的新阶段。1979年,欧共体第一次举行了欧洲议会的直接选举,跨出了最终建立欧盟的关键一步。

　　20世纪80年代欧共体进一步扩大,内部联合程度也有新的进展。伊比利亚半岛的两个国家西班牙和葡萄牙于1986年1月加入欧共体,2月欧共体通过了《单一欧洲文件》,规定在1992年建成共同体内部市场的计划。1988年共同体成员国通过了若干重要的协议和立法,包括资本流动、金融市场的开放、公路运输的开放、公共采购和公共工程的开放、职业资格的相互承认等。80年代欧共体政治合作和一体化方面也取得了重要进展。1981年10月,欧共体10国外长在伦敦会议上宣布,政治合作有待提高并表现为行

---

① 袁明:《国际关系史》,北京大学出版社,2005年,第341页。

动,加强行动的一致性。1983 年在斯图加特会议上通过《关于欧洲联盟的宣言》,强调要为建立欧洲联盟而努力。1985 年 10 国首脑举行会议讨论建立欧盟的问题。应该说,20 世纪 70、80 年代,欧洲经济共同体形成了稳定的组织机构和运行机制,建立了欧洲货币体系。一个商品、资本、人员、劳务自由流动的欧洲统一大市场逐步形成。①

　　1991 年 12 月 9 日,欧共体 46 次首脑会议在荷兰马斯特里赫特举行,并签署了《欧洲联盟条约》(也称《马斯特里赫特条约》),这是欧洲一体化进程中继 1957 年《罗马条约》后又一个里程碑。《马斯特里赫特条约》的主要内容是:①完善欧共体范围内没有国界的内部大市场,实现货物流通、人员流通、资本流通和服务流通的"四大自由",清除三大障碍,即边界障碍、技术障碍和财务障碍。②建立经济与货币联盟,其中最主要的是货币统一问题和建立统一的欧洲中央银行。③建立政治联盟,包括共同的外交和防务政策。④发展各成员国在司法和内政的合作。⑤增强"欧洲公民"意识。《马斯特里赫特条约》于 1993 年 11 月 1 日开始生效,标志着欧洲联盟正式成立。1994 年 3 月 30 日,奥地利、瑞典、芬兰和挪威的入盟协商完成。1995 年 1 月 1 日,瑞典、芬兰、奥地利正式加入欧盟,欧盟成员国扩大到 15 个。1996 年 12 月 14 日,欧盟都柏林首脑会议通过了《稳定和增长公约》《欧元的法律地位》《新的货币汇率机制》的欧元运行机制文件。1999 年 1 月,欧元正式问世。

　　从统一市场到统一货币,欧洲一体化实现了稳步而有章法的自我内部整合。2000 年 2 月 15 日,欧盟开始与罗马尼亚、斯洛伐克、拉脱维亚、立陶宛、保加利亚和马耳他第二批 6 个入盟候选国正式举行入盟谈判。2001 年 1 月 1 日,希腊正式成为欧元区第 12 个成员国。2002 年 1 月 1 日,欧元正式流通。3 月 1 日,欧元成为欧元区国家唯一法定货币。2002 年 11 月 18 日,欧盟 15 国外长会议决定邀请塞浦路斯、匈牙利、捷克、爱沙尼亚、拉脱维亚、立陶宛、马耳他、波兰、斯洛伐克和斯洛文尼亚 10 个中东欧国家入盟。2003 年 4 月 16 日,在希腊首都雅典,欧盟与捷克、塞浦路斯、爱沙尼亚、匈牙利、拉脱维亚、立陶宛、马耳他、波兰、斯洛伐克和斯洛文尼亚 10 个完成入盟谈判的候选国签署入盟协议。2004 年 5 月 1 日,马耳他、塞浦路斯、波兰、匈牙利、捷克、斯洛伐克、斯洛文尼亚、爱沙尼亚、拉脱维亚、立陶宛 10 国正式加入欧盟。2004 年 6 月 10 日至 13 日,25 个会员国参与史上最大的跨国选举(世界

第八章

---

　　①　袁明:《国际关系史》,北京大学出版社,2005 年,第 381 页。

第二大的民主选举）。这次议会选举是欧洲人民党—欧洲民主派的第二次胜利。2004 年 6 月 17 日，欧盟首脑会议在比利时布鲁塞尔欧盟理事会大厦开幕。2004 年 7 月，欧盟外长会议决定正式开始建立欧盟军事装备局。2004 年 9 月，在欧盟国防部长非正式会议上，法国、意大利、西班牙、葡萄牙与荷兰的国防部长在荷兰诺德韦克签署了组建欧盟宪兵部队的意向声明。2004 年 10 月 29 日，欧盟 25 个成员国的领导人们在罗马签署了欧盟历史上的第一部宪法条约，标志着欧盟在推进政治一体化方面又迈出重要的一步。

2004 年 11 月，在布鲁塞尔举行的欧盟国防部长会议正式决定，欧盟将于 2007 年前组建 13 个能部署到世界上任何热点地区的快速反应战斗小分队。2004 年 12 月，欧盟首脑会议在布鲁塞尔举行并决定，罗马尼亚和保加利亚将于 2005 年 4 月签订入盟条约并于 2007 年成为欧盟正式成员国。2005 年 1 月，欧洲议会全会表决批准了欧盟宪法条约，但该条约还需要欧盟各成员国的批准方可生效。2005 年 4 月 25 日，保加利亚和罗马尼亚两国领导人在卢森堡签署了两国加入欧盟条约，为两国按计划于 2007 年 1 月 1 日正式入盟奠定了基础。

2005 年 5 月 11 日，保加利亚、奥地利和斯洛伐克议会分别批准《欧盟宪法条约》。2005 年 5 月 29 日，法国全民公决否决《欧盟宪法条约》，6 月 1 日，荷兰全民公决否决《欧盟宪法条约》。2005 年 12 月 15 日—17 日，在欧盟首脑会议上欧盟 25 国领导人就欧盟 2007—2013 年财政预算方案达成协议，从而解决了这一困扰欧盟各国已久的难题，并为欧盟的进一步扩大和欧洲一体化进程的推进创造了良好条件。本次首脑会议还同意给予马其顿"欧盟候选国地位"。2006 年 1 月 1 日，欧盟开始实施新的普惠制。2007 年 1 月 1 日，罗马尼亚和保加利亚正式成为欧盟成员国，这是欧盟历史上的第六次扩大。2007 年 3 月 25 日，欧盟迎来 50 岁"生日"。2007 年 6 月 23 日，参加欧盟峰会的 27 国首脑在布鲁塞尔就替代《欧盟宪法条约》新条约草案达成协议。

2007 年 10 月 19 日，欧盟非正式首脑会议通过了欧盟新条约，从而结束了欧盟长达 6 年的制宪进程，新条约被称为《里斯本条约》。2007 年 12 月 12 日，欧盟轮值主席国葡萄牙总理苏格拉底、欧洲议会议长珀特林以及欧盟委员会主席巴罗佐在欧洲议会总部所在地法国的斯特拉斯堡共同颁布旨在保障欧盟公民权利的《欧盟基本权利宪章》。2009 年 7 月 17 日，冰岛政府向欧盟轮值主席国瑞典和位于比利时首都布鲁塞尔的欧盟委员会正式申请加入欧盟。2011 年 6 月上旬克罗地亚加入欧盟的司法谈判获得成功,入盟谈判画上句号。2013 年 7 月 1 日,克罗地亚正式成为欧盟第 28 个成员国。

现在的欧洲联盟(英文:European Union;法文:Union europ éenne;德文:Europäische Union),简称欧盟(EU),总部设在比利时首都布鲁塞尔,是由欧洲共同体(European Community,又称欧洲共同市场,简称欧共体)发展而来的,初始成员国有 6 个,分别为法国、联邦德国、意大利、比利时、荷兰以及卢森堡。该联盟现拥有 28 个会员国,正式官方语言有 24 种。

(三)欧洲一体化的启示

从欧洲一体化的历史进程中,可以总结出三点启示。首先,必须有大国的领导和驱动,这是一体化的动力。欧洲一体化是由法德两个欧洲大陆大国领导和驱动的。其次,必须存在利益一致(共同利益或互补利益),这是国际合作和一体化的基础。再次,一体化的过程是渐进性的。从合作的范围方面看,一体化是从一个问题领域拓展或外溢到另一个问题领域;从参与国的数量看,是一个从中心不断拓展到边缘的过程;从合作的层次看,是从经济贸易等低级政治领域的合作和一体化向政治和安全等高级政治领域一体化迈进的过程。

二战后地区一体化的发展,特别是欧洲一体化的发展,推动了一体化理论的建立并为一体化研究提供了基础。戴维·米特兰尼提出了功能主义,技术问题的解决,需要加强国际合作,这些合作将为建立日益坚实的合作网络奠定基础,而合作网络的出现使国际机制和制度得以形成并逐步得到加强。厄尔斯特·哈斯和约瑟夫·奈等学者提出了新功能主义,其考察对象是一体化进程。哈斯认为,与煤炭和钢铁行业紧密相关的欧洲精英们,推进了欧洲其他领域的一体化,成为一体化进程的领导力量。一体化是一个外溢与拓展的过程,一个领域的一体化必然向外延伸,从一个部门外溢到另一个部门。奈创立了一个以过程机制和一体化潜力为基础的新功能主义,丰富了一体化国际关系理论研究。卡尔·多伊奇强调了交往与沟通对安全共同体的意义,他对政治共同体形成的过程进行了研究,为一体化作出了贡献。他强调一体化指标的提高,而这些指标是以沟通模式和交往量为依据的。但是,作为一种合作理论,一体化既没有人们能普遍接受的定义,也没有一系列人们认可的指标作为测量的基础。①一体化研究也必然会随着一体化的实践不断加深、不断推进。

（四）中国崛起与一体化战略

随着中国崛起步伐加快，中国对外开放的加大和经济实力的上升，中国在国际体系中的地位和作用也不断提高。为了维护不断拓展的国家利益，我国也要积极推进包括经济一体化、政治一体化和安全一体化的战略，打造命运共同体，实现与周边国家区域的互利共赢、合作共生和共同发展。中国在借鉴其他地区一体化实践经验的基础上，根据一体化发展规律和中国具体国情，积极稳妥地推进一体化战略。

中央提出"一带一路"战略和孟中印缅经济走廊，加强与欧亚大陆和周边国家的互联互通，加快基础设置互联互通建设，推进商品和货物流通的便利化和自由化等，打造欧亚统一市场，实现经济一体化。打造上海自贸区试点，我国推进经济一体化的战略步伐会加快，改革开放的力度在加大。设立上海自贸区表明了中国政府进一步推进市场化改革的决心。上海自贸区的设立，在很大程度上是为了应对跨太平洋伙伴关系协定（TPP）、跨大西洋贸易与投资伙伴协定（TTIP）等发达经济体向我国提出的新挑战。在中国经济最发达的地方划定一个区域率先试验实行负面清单管理、实行国民待遇。取得经验后，将迅速复制、推广到整个国家。中国与周边国家和区域建设自贸区的范围不断扩大，中国—东盟自由贸易区建立；加强与欧盟合作，创设中国—欧盟自贸区的远景规划。2013 年 11 月 20 日至 21 日第十六次中国、欧盟领导人会晤在北京举行，双方共同发表《中欧合作 2020 战略规划》。该规划共分"和平与安全、繁荣、可持续发展、人文交流"四大板块，涵盖近百个领域的合作。这是中欧首次制定中长期战略合作规划，对中欧关系发展意义重大。

依托上海合作组织和亚信合作平台，构建安全共同体，不断推进我国与亚洲周边国家的安全一体化进程。在加强与周边国家安全一体化合作方面，还存在巨大的发展空间。中国与东盟的安全合作有待提升，中国与西亚、欧洲等区域的安全合作也有待深入研究。随着欧亚大陆经济一体化的加深，共

---

① ［美］詹姆斯·多尔蒂、小罗伯特·普法尔茨格拉芙：《争论中的国际关系理论》，阎学通、陈寒溪译，世界知识出版社，2013 年，第 510 页。

同的安全利益和诉求会不断提出，经济一体化与安全一体化的不对称问题会逐渐凸显出来。加强与周边国家区域的安全与防务合作，将会随着中国崛起步伐的加快，成为中国政府面对的政策议题。下面以上海合作组织和亚信会议为例，简略探讨一下我国推进国际合作和一体化的实践。

上海合作组织（简称"上合组织"）2001年6月15日在上海成立，成员国为中国、俄罗斯、哈萨克斯坦、吉尔吉斯斯坦、塔吉克斯坦和乌兹别克斯坦。现有蒙古国、巴基斯坦、伊朗、印度、阿富汗5个观察员国，对话伙伴国有白俄罗斯、斯里兰卡和土耳其3个国家。成员国总面积为3018.9万平方千米，即欧亚大陆总面积的3/5，人口约16亿，为世界总人口的1/4。这是中国首次在其境内成立国际性组织，并以其城市命名，宣称以"上海精神"解决各成员国间的边境问题。2013年9月13日，元首理事会第十三次会议在吉尔吉斯斯坦比什凯克举行。与会元首共同签署并发表了《上海合作组织成员国元首比什凯克宣言》。峰会批准了《〈上海合作组织成员国长期睦邻友好合作条约〉实施纲要（2013—2017）》。国家主席习近平发表题为"弘扬'上海精神'促进共同发展"的重要讲话。习近平指出，当前国际和地区形势复杂多变，上海合作组织既面临难得机遇，也面临严峻挑战。"三股势力"、贩毒、跨国有组织犯罪严重威胁本地区安全稳定。受国际金融危机影响，各国经济发展都不同程度地遇到困难。我们需要树立同舟共济、互利共赢的意识，加强合作，联合自强，把上海合作组织打造成成员国命运共同体和利益共同体，使其成为成员国共谋稳定、共同发展的可靠保障和战略依托。习近平提出四点主张：

第一，弘扬互信、互利、平等、协商、尊重多样文明、谋求共同发展的"上海精神"。切实落实《上海合作组织成员国长期睦邻友好合作条约》，在涉及主权、安全、领土完整、政治制度、社会稳定、发展道路和模式等重大问题上相互支持，共同应对威胁和挑战，维护成员国安全利益和发展利益。在平等、协商、互谅互让的基础上开展互利合作，使成员国成为和睦相处的好邻居、同舟共济的好朋友、休戚与共的好伙伴。

第二，共同维护地区安全稳定。落实《打击恐怖主义、分裂主义和极端主义上海公约》及合作纲要，完善执法安全合作体系，建立应对安全威胁和挑战的综合中心，合力打击"三股势力"。支持阿富汗民族和解进程，帮助阿富汗早日实现和平稳定，共同维护地区安全。

第三，着力发展务实合作。把丝绸之路精神传承下去，发扬光大。尽快签署《国际道路运输便利化协定》，开辟从波罗的海到太平洋、从中亚到印度洋和波斯湾的交通运输走廊；商谈贸易和投资便利化协定；推动区域经济合作；加强金融领域合作，成立上海合作组织开发银行和上海合作组织专门账户；成立能源俱乐部，建立稳定供求关系，确保能源安全；建立粮食安全合作机制，在农业生产、农产品贸易、食品安全等领域加强合作。

第四，加强人文交流和民间交往，为上海合作组织发展打牢民意基础和社会基础。把上海合作组织打造成为成员国的利益共同体和命运共同体，加快推进经济一体化和安全合作，上海合作组织的影响力越来越大。

亚洲相互协作与信任措施会议（简称亚信），是一个有关安全问题的多边论坛，其宗旨是在亚洲国家之间讨论加强合作、增加信任的措施。峰会和外长会议均为每四年举行一次，两会交错举行，间隔两年。亚信会议现有成员国26个，观察员国和组织12个，横跨亚洲各区域，涵盖不同制度、不同宗教、不同文化、不同发展阶段，具有广泛代表性。亚信的宗旨是通过制定多边信任措施，加强对话与合作，促进亚洲和平、安全与稳定。现已制定军事政治、新威胁新挑战、经济、生态、人文五大领域信任措施。2014年5月21日，亚信第四次峰会在上海举行，中国国家主席习近平主持会议并发表题为"积极树立亚洲安全观 共创安全合作新局面"的主旨讲话。习近平强调，中国将同各方一道，积极倡导共同、综合、合作、可持续的亚洲安全观，搭建地区安全和合作新架构，努力走出一条共建、共享、共赢的亚洲安全之路。习近平表示，亚信是亚洲覆盖范围最大、成员数量最多、代表性最广的地区安全论坛。中国建议加强亚信能力和机制建设，深化各领域交流合作，增强亚信的包容性和开放性，推动亚信成为覆盖全亚洲的安全对话合作平台，并在此基础上探讨建立地区安全合作新架构。

东亚经济一体化步伐加快，根据亚洲开发银行数据，截至2013年1月，亚洲地区的自贸协定数量已经从2002年的70个飙升至257个，其中109个自贸协定已签署并实施，23个已签署待实施，75个正在谈判，50个处于可行性研究阶段。从地理分布上来看，包括东盟10国、中国、日本、韩国、澳大利亚、新西兰和印度在内的16国作为一个整体，共涉及179个自贸协定，占全部亚洲地区自贸协定数目的70%。可以说亚洲，特别是东亚地区已经成为全球自贸协定谈判的主要前沿阵地之一。区域全面经济伙伴关系协定（RCEP）是东盟在美国积极推动跨太平洋伙伴关系协定背景下作出的战略性选择，这也是东亚合作多年来取得的重大突破。中国总理李克强指出，区域全面经济伙伴关系协定是东亚地区参与成员最多、规模最大的贸易协定谈判,是对既有成熟自贸区的整合。区域全面经济伙伴关系协定具有较强的包容性,符合亚洲产业结构、经济模式和社会传统实际,采取循序渐进方式,兼顾成员国不同发展水平,不排斥其他区域贸易安排。中方愿与各方一道,积极推动谈判进程。与此同时,可考虑启动亚太自贸区(FTAAP)的可行性研究,以实现亚太地区贸易投资利益最大化。中国对跨太平洋伙伴关系协定持开放态度,只要有利于世界贸易的发展,有利于公平、开放的贸易环境,中方乐见其成。我们坚持维护世界贸易组织多边贸易体制在全球贸易发展中的主导地位,区域全面经济伙伴关系协定和跨太平洋伙伴关系协定应成为多边贸易体制的重要补充,二者可以并行不悖、相互促进,希望跨太平洋伙伴关系协定在 2015 年能够达成协议。

四、结盟、结伴与命运共同体

著名美国学者兹比格纽·布热津斯基指出,冷战后美国在全球至高无上的地位,是由一个的确覆盖全球的同盟和联盟所组成的精细体系支撑的。美国的全球力量是通过一个明显由美国设计的全球体系来发挥的,这个全球体系的基本特征包括:一个集体安全体系,包括一体化的指挥机构和部队(以北约为核心的大西洋联盟、以美日同盟为基础的亚太联盟)、地区性经济合作(亚太经合组织、北美自由贸易协定)和专门的全球合作机构(世界银行、国际货币基金组织和世界贸易组织);强调一致作出决定的程序,这些程序是由美国主导的;优先考虑让民主国家加入的主要联盟组织;一个初始的全球性立宪和司法机构(从世界法院到审判波黑战争罪犯的特别法院)。①

联盟战略在美国的全球安全战略中居于核心地位,美国在全球有许多盟友,构成支撑其全球战略的盟友体系。二战后的美国,为了遏制苏联,出台了联合西欧、扶持西欧的马歇尔计划,并与西欧盟友一道组建美国主导的北大西洋公约组织。这也被称为美国的大西洋联盟政策。二战后美国与许多亚太国家缔结同盟,包括美日、美韩、美澳新等军事联盟构成其在亚太的同盟体系。亚太同盟和大西洋联盟构成"离岸平衡手"战略,维系美国的全球霸权和其主导的全球秩序。

第八章

---

① [美]兹比格纽·布热津斯基:《大棋局:美国的首要地位及地缘战略》,上海世纪出版集团,2007 年,第 21~25 页。

2008 年世界金融危机以来,欧美经济受挫,中国崛起步伐加快,美国对其全球战略进行了调整。2011 年 11 月, 美国总统奥巴马在亚太经合组织(APEC)峰会上高调亮出"转向亚洲"战略。美政府开始从阿富汗和伊拉克两场战争中撤出,同时寻求外交政策新亮点。奥巴马团队执政以来,美国政府在"巧实力"的概念下调整了战略选择,决定把战略重心转移到亚太。在 2012 年 6 月 3 日闭幕的本年度香格里拉对话会上, 美国防部长帕内塔提出了美国"亚太再平衡战略",指出美国将在 2020 年前向亚太地区转移一批海军战舰,届时将 60% 的美国战舰部署在太平洋。2014 年 7 月,美国进行环太平洋军事演习,体现出亚太战略在其全球战略中的重心地位。中国外交学院教授苏浩指出,美国将其军事盟国和战略伙伴国与自身的战略利益绑定,将它们推到前沿以对抗美国的挑战者,其效果可以一石三鸟:既将双边军事同盟变为多边同盟网络,从而强化了美国主导的安全秩序;又挑拨了中国与周边国家关系,迟滞了东亚区域一体化进程;同时更是直接锁住中国海上实力的拓展空间,而又避免了与中国的直接对抗和冲突。

同时,美国联合盟友打造跨太平洋伙伴关系协议,企图主导亚太一体化进程, 与中国争夺在亚太地区的经济领导权。跨太平洋伙伴关系协定(Trans-Pacific Partnership Agreement,TPP) 的前身是跨太平洋战略经济伙伴关系协定(Trans-Pacific Strategic Economic Partnership Agreement),是由亚太经济合作会议成员国中的新西兰、新加坡、智利和文莱四国发起,从 2002 年开始酝酿的一组多边关系的自由贸易协定,原名亚太自由贸易区,旨在促进亚太地区的贸易自由化。2008 年 2 月美国宣布加入,并于当年 3 月、6 月和 9 月就金融服务和投资议题举行了 3 轮谈判。2008 年 9 月,美国总统奥巴马决定参与跨太平洋伙伴关系协定谈判, 并邀请澳大利亚、秘鲁等一同加入谈判。2009 年 11 月,美国正式提出扩大跨太平洋伙伴关系计划,澳大利亚和秘鲁同意加入。美国借助跨太平洋伙伴关系协定已有的协议,开始推行自己的贸易议题,全方位主导跨太平洋伙伴关系协定谈判。自此跨太平洋战略经济伙伴关系协定, 更名为跨太平洋伙伴关系协定, 开始进入发展壮大阶段。2011 年 11 月 10 日,日本正式决定加入跨太平洋伙伴关系协定谈判,而中国没有被邀请参与跨太平洋伙伴关系协定谈判。2013 年 9 月 10 日,韩国宣布加入跨太平洋伙伴关系协定谈判。2013 年 11 月 25 日,安倍表示将在 2013 年内促进跨太平洋伙伴关系协定达成协议, 美国力邀日本加入跨太平洋伙伴关系协定。美国通过跨太平洋伙伴关系协定全面介入亚太区域经济整合进程,开创并主导21世纪贸易协议的新标准。美国旨在阻止亚洲形成统一的贸易集团,维护其在亚太地区的战略利益;全面介入东亚区域一体化进程,确保其地缘政治、经济和安全利益;重塑并主导亚太区域经济整合进程,稀释中、日等国的区域影响力。

2013年6月17日—18日举行的八国集团北爱尔兰峰会上,美国和欧盟共同宣布,双方将正式展开"跨大西洋贸易与投资伙伴关系协定"(Transatlantic Trade and Investment Partnership,简称TTIP)的谈判。跨太平洋伙伴关系协定和跨大西洋贸易与投资伙伴关系协定共同构成美国领导世界、维系经济霸权的全球战略。

(一)结盟的含义

关于结盟问题,汉斯·摩根索认为,一国是否采取联盟并不是一个原则问题,而是一个权谋问题。①他在其巨著《国家间政治:权力斗争与和平》中提出,结盟和军备一样都是权力均衡的表现形式。我国长期奉行不结盟原则,结盟政策取舍就不仅是一个权谋问题,而是关乎外交政策改革和创新问题。然而在历史上,我国是一个不缺乏结盟智慧与结盟实践的国度。早在春秋战国时期,诸侯国之间联盟缔约、合纵连横等比比皆是,这在《左传》和《战国策》中就有记载。汉朝孝武帝时期,随着自身实力的不断崛起,西汉王朝采取与周边王国结盟,拆解敌对同盟等外交方略,与匈奴展开战略关系层面的竞争,这在《汉书》《史记》和《资治通鉴》中也有记载。要想推进中国外交政策与实践的改革创新,就需要学术界深入研究和梳理一下结盟的含义、条件、内容、形式以及作用,从而结合当前的国际形势和我国国家实力的变化,科学地评估结盟政策的利与弊。

所谓结盟,简而言之,就是结成同盟(也可简称为联盟)。利益一致是结盟的基础和前提,然而客观上利益一致的国家并非就会形成结盟关系。这是因为结盟是一种政策行为,是国家决策者在对结盟政策利弊进行评估和对结盟对象进行甄别之后所作出的战略选择。

作为国际权力均衡的表现形式,结盟本身也形式多样。《左传》中记载的

---

① [美]汉斯·摩根索:《国家间政治:权力斗争与和平》,徐昕、郝望、李保平译,王缉思校,北京大学出版社,2006年,第219页。

春秋时期诸侯国之间的"盟",不仅有增进友好关系的政治联盟,而且有安全利益一致或互补的军事盟约。当前,除了国家间政治联盟和军事同盟之外,随着市场经济的发展和经济全球化的深入推进,国家之间为增进经济竞争力、实现互利共赢而达成的经济联盟也很多。在国际社会中还存在基于共同文化、共同政治制度和共同思想观念的文化联盟。结盟也并非一定借助于盟约等法律文件的形式将合作的内容详细规定而存在。

汉斯·摩根索认为:"联盟是否维系取决于基本利益是否一致,这也说明了有效联盟与无效联盟的区别所在。"[①]他指出:"联盟是否有效,能在多长时间内有效,要看支撑联盟的缔约国的利益与缔约国的其他利益相比孰大孰小。"[②]联盟又分为有效联盟和无效联盟、暂时的联盟和永久的联盟。在现实中,作为维护国家利益、维系国际权力均衡的手段,联盟往往是短命的,因为权力均衡存在三个弱点:不确定性、不现实性和功能不足。

(二)我国学术界对"结盟"的学理争议

随着中国崛起步伐加快,我国在国际体系中的地位和作用日益上升,我国所面临的国际形势和崛起困境也日趋严峻,这些对我国的国家发展战略和外交政策都构成了严峻的压力和考验。目前,在我国政治学与国际关系学学术界圈内已经出现了关于中国外交政策改革的会议和议题,学术界的争论颇大,而争论的焦点在于结盟政策的取舍问题。

根据结盟的含义,结盟政策是在国际社会中,一国为了维护自身国家利益从而与利益一致的别国(或多个国家)结成盟友的政策行为和战略选择。对结盟的准确界定,可以使我们打开基于国家利益来评估结盟政策利弊和进行结盟政策取舍的思想通道。

国际政治是围绕权力斗争与和平而展开的,一国结盟政策取舍首先需要考察该国所面临的权力均衡的结构,即在全球权力均衡的支配系统和区域性权力均衡的从属系统中该国的实力、地位和作用。根据国际形势的变化、国际格局的演变、地缘态势的调整和国家实力的状况,进行结盟政策的取舍以及结盟对象的选择。从某种意义上讲,结盟也是对权力均衡失态的反

---

①② [美]汉斯·摩根索:《国家间政治:权力斗争与和平》,徐昕、郝望、李保平译,王缉思校,北京大学出版社,2006年,第223页。

应,权力天平的两端托盘的升降,直接关系到国家安全和生存等国家核心利益。一国最理想、最优越的位置是超然之上,居于权力天平的中央,成为权力均衡的"掌控者",然而能成为这样国家的机会实在太少。结盟取舍也取决于一国对敌对联盟(也称竞争者联盟)的反应。

反对结盟者的主要观点可以归纳为:①认为结盟是冷战思维的表现,佐证为历史上的美苏冷战;②结盟会使得两个敌对同盟之间的敌意加深,发生战略误判的概率变大;结盟会引起体系结构的僵化,使得政策选择空间压缩,政策灵活性降低、失去弹性,甚至会爆发战争,佐证为两次世界大战;③结盟的成本很高,担心结盟会让我们背上沉重的包袱;④结盟不利于世界和平与稳定,我们是社会主义国家,要维护世界和平、促进共同发展。

主张结盟者的主要观点是:

(1)结盟是维护国家利益、实现权力均衡的手段。"冷战思维"也堪称一种冷战历史遗产,基于冷战时期美苏两个大国之间对抗和遏制在思想意识和思维模式中的遗存与反应。结盟早在几千年前的春秋战国时期就存在,结盟不是冷战思维。

(2)权力均衡有两种主要模式:直接对抗模式和竞争模式,中美之间围绕争取盟友的良性竞争模式,避免直接对抗,这有助于构建新型的大国关系。在未来的10年内,随着中美两极化体系结构的逐步呈现,政策选择的空间会变窄;但是在核威慑时代,中美之间围绕争取盟友的战略关系层面的竞争,不会回归到历史上出现的美苏冷战状态,更不会引发世界性战争,而且中美双方还可以为规避战争、降低冲突而建立对话机制和危机管理模式,增进合作(有学者称之为预防性合作)。

(3)对于结盟成本和结盟对象选择等问题的担忧,虽然这些因素确实客观存在着,但是进行成本—收益分析后,就会发现结盟的收益远大于成本。共同利益和利益互补是结盟的前提,与发展中国家结盟也是有意义的。

(4)从古代城邦到现代民族国家,结盟几乎一直与人类社会的历史发展相伴,结盟不是人类和平的障碍,通过结盟来实现权力均衡对人类和平和秩序产生深远的影响。维护国家利益是外交政策的出发点和归宿,利益一致是结盟的前提,这与社会的性质没有关系。结盟政策是权谋问题,不是原则问题。

主张结盟者从当前我国所面临的国际形势提出政策主张:结盟之利远大于其弊。随着中国崛起速度的加快,我国与美国在争取盟友的战略关系层面的竞争,会使得中美两极化国际格局逐渐呈现。他们认为,对于我国长期形成的不结盟的政策惯例,不是一朝一夕就可以改变的。为了降低政策改革的风险,我国外交政策改革和外交实践创新也可以搞政策试点,例如把中俄结盟和中缅结盟等作为试点,先行先试,在探索中发现问题、分析利弊、积累经验。如果在试验阶段取得成效,就可以把试点范围扩大到周边国家,最后扩散到全球范围。主张结盟者主张首先是周边地缘结盟,如与俄罗斯结盟,对全球战略平衡和国际格局转变意义深远,利远远大于弊;与巴基斯坦、缅甸和斯里兰卡等南亚诸国结盟,不仅有利于我国西部开发战略、经济安全和南亚平衡战略,而且可以构建由"两洋"(太平洋、印度洋)依托的全球海洋战略,谋求海权优势;与中亚、中东联盟,向西再延伸到欧洲,可以搭建新时代的"丝绸之路",以亚欧大陆为支撑的大陆陆权战略;然后在全球范围结盟,非洲和南美洲诸多国家,都是我国的潜在盟友,与之结盟,可以构建服务于中华民族伟大复兴的全球战略。学界有人认为,我国缺乏像美国那样成熟的全球安全战略。如果我国外交采纳结盟政策,那么中国的全球安全战略蓝图,就不是遥远的事了。

据《资治通鉴·汉纪》中记载,自汉武帝征伐匈奴到孝宣中兴这段历史,汉王朝与匈奴关系的演变:从汉王朝崛起到汉匈两极格局的呈现(实力对比和战略关系两个方面),最后取代匈奴的霸主地位,实现汉王朝治下的和平(汉主导的单极格局)。这段历史仍然值得我们借鉴,国家实力对比的变化,争取盟友和瓦解敌对同盟的战略关系的竞争构成国际格局转变的两个重要方面。当前国际社会已经变成一个全球化、知识经济和新型科技革命等诸多因素相互交织、国家行为体之间高度相互依赖的新地球和新时代。核威慑原理改变了大国之间通过战争获益和取胜的预期(不管是希望实现崛起目标还是称霸目的),大国之间爆发国际战争的概率已经降低为零,当然这有一个前提:双方都有足够强的核实力,确保核威慑的有效性。实现国际格局的改变就需要内部改革和外部竞争两个方面双管齐下:内部通过改革提升实力,从而拉大与别国的实力差距;外部通过争取盟友等手段进行战略关系层面的竞争,实现国际战略关系朝着有利于我方的方向转变。国际领导力是大国竞争的核心,也是影响国际格局转变的核心要素。国际领导力既包括内部领导集团的团结稳定、凝集力和领导力,也包括外部战略关系的竞争力和领导力,如正确的外交战略(结盟政策、对盟友体系的领导力和维系能力等)。内部高层领导集团的分裂是国家领导力的致命伤,如西汉王朝时匈奴内部的分裂和衰落,冷战期间苏联的内部解体等案例。争取盟友的战略关系层面的竞争,也是塑就卓越国际领导力的重要方面。结盟是权谋问题,是提升我国政治实力和国际领导力、实现全球权力均衡的途径与方法,是顺应国际局势发展和国家实力上升的一项有远见的政策行为和战略选择。

主张结盟的学者们认为,结盟政策与我国和平发展的国家发展战略和外交战略是相容的,与独立自主的和平外交政策也是不冲突的。其观点为,中国外交战略是和平发展,中国外交政策是独立自主的和平外交政策。结盟政策与我国和平发展的外交战略是不冲突的,与我国独立自主的和平外交政策也不冲突。结盟政策与当前的外交战略和外交政策是否相容,取决于结盟的目的和性质。如果结盟是为了更好地实现和平发展,是为了提高国家竞争力和国际领导力,是为了应对崛起困境从而维系国际权力均衡,那么结盟政策就不是一个政策禁区的原则问题,而是一个实现国家利益的权谋问题。在全球范围内寻找盟友,实现国家的和平发展战略,是可取的。

结盟包括政治联盟、军事联盟、经济联盟和文化联盟等多种形式,政治盟友关系会为国家间在经济、科技、文化、生态和城市建设等领域的国际合作奠定更加坚实的基础。中国与俄罗斯结盟可以维护全球军事战略的平衡(例如中俄与美之间的非均势核威慑,可以平衡美国势力的扩张),可以为我国进行现代化建设争取更多的和平空间。中国可以与周边国家构建经济联盟(如中 + 韩 + 东盟联盟,把孟中印缅经济走廊打造成南亚经济联盟,打造与西亚、中东诸国的西部联盟等),对于亚洲区域的整体发展和推进亚洲一体化进程,甚至是构建一个"泛亚盟"组织,都有深远的意义。在东亚和东南亚构建儒家文化联盟,增进文化交流和教育科技等方面的合作,提升该区域联盟的整体竞争力。

改革开放三十多年来,中国已经高度融入国际体系。在中国与世界的互动中,内政和外交已经高度融合、不可分割,二者共同服务于中国和平发展的国家战略。我国聚精会神搞建设、全心全意谋发展,国家建设取得了辉煌瞩目的成就。在国际形势不断变化、国家实力不断提升的未来,中国外交应该有更大的作为。

(三)结伴战略与命运共同体

我国学术界对"结盟"政策的学理争议,以及回归结盟的政策主张,深层地折射出国际关系的时代特征和国际格局的变动趋势。随着国际格局的嬗变和国际形势的变化，我国对外政策面临着改革创新的艰巨任务。

由于"结盟"二字被贴上"冷战思维"的标签，因此很多结盟的国家都采取口头否定、实际加强结盟的策略。例如俄罗斯总统普京一方面对媒体讲"同盟体系已经过时"，另一方面却努力巩固以俄罗斯为首的集体安全组织。美国政界人士一方面警告中国搞结盟将导致冷战，另一方面却敦促奥巴马加强与东亚盟国的战略合作。为了适应这种国际策略的变化趋势，我国应加快与周边国家的命运共同体建设。我国应强调其与经济共同体的区别在于，前者是以军事合作为核心的全面战略合作，而后者是以经济合作为核心的地区合作。

在中国外交实践中，我国采取结伴战略取代"结盟"，打造战略合作伙伴关系，构建新型大国关系，这是中国对外政策的创新。"结伴"代替"结盟"，不仅体现了外交理念的创新，而且也反映出我国对构建国际政治经济新秩序的责任和期望。期待未来的国际关系是一种和平相处、合作共赢的新型国际关系，而不是对抗冲突、零和思维的传统国际关系。

与利益一致的国家"结伴"已经成为当前我国的外交政策行为，习近平主席在出访与我国有共同利益的国家时，提出了结伴而行和构建命运共同体的政策主张，得到了周边国家的积极响应。2013年9月，中国国家主席习近平出席了二十国集团领导人第八次峰会、参加了上海合作组织元首理事会第十三次会议，访问了哈萨克斯坦、土库曼斯坦、吉尔吉斯斯坦、乌兹别克斯坦等中亚四国，并在哈萨克斯坦的纳扎尔巴耶夫大学发表的演讲中提出共同建设"丝绸之路经济带"的构想。习近平提出，为了使欧亚各国经济联系更加紧密、相互合作更加深入、发展空间更加广阔，我们可以用创新的合作模式，共同建设"丝绸之路经济带"，以点带面，从线到片，逐步形成区域大合作。2013年10月，中国国家主席习近平访问印度尼西亚和马来西亚，出席亚太经济合作组织第二十一次领导人非正式会议，在印尼国会发表重要演讲时提出，中国愿同东盟国家加强海上合作，发展海洋合作伙伴关系，共同建设21世纪"海上丝绸之路"。2014年是和平共处五项原则发表60周年，习近平指出："在国际政治经济形势经历深刻调整的新形势下，和平共处五项原则依然具有强大生命力，必将为推动建立平等互信、包容互鉴、合作共赢的新型国际关系作出新贡献。"自中国共产党第十八次全国代表大会以来，中国相继提出"一带一路"战略、与周边国家构建利益共同体和命运共同体、与

第八章

大国结伴而行,以及构建新型国际关系的主张,体现出当前中国外交的崭新理念和外交政策的改革创新。

需要特别强调的是,"一带一路"战略是中共中央和国务院根据国际局势的变化,统筹国内国外两个大局而作出的重大战略部署。中国倡议的"一带一路"战略受到亚欧大陆许多国家的积极响应,"一带一路"战略为我国与周边国家合作提供了战略机遇,必然会推进亚欧一体化进程。18、19世纪伴随着西方大国的崛起,一条从西伯利亚自西向东推进的路线,与一条从大西洋到非洲东海岸、横越印度洋和太平洋抵达中国东部沿海城市的路线,共同构成推进欧亚一体化的"钳形"战略。这个自西欧到太平洋的"钳形"战略,使东方从属于西方,并缔造了欧洲的世界中心地位。21世纪的今天,一条从中国中西部出发沿着古丝绸之路、横越广袤的中亚直抵西欧的西进路线,一条从太平洋西岸城市出发、经马六甲海峡、横越太平洋和印度洋直达大西洋沿岸西欧国家的路线;一条是从欧亚大陆横穿而过的路线,一条是覆盖欧亚大陆周边区域的海洋路线,这两条路线构成东方世界复兴所推进的亚欧一体化的"一带一路"战略。历史上,西欧"钳形"东进战略,依靠的是坚船利炮和不平等条约的强行推进;而今天,我国倡导的"一带一路"战略本着互联互通、互利互惠和合作共赢的精神,赢得欧亚大多数国家的积极响应和支持。历史上,西欧主导的"钳形"东进路线是一条战争与侵略的路线,而今天我们的"一带一路"西进战略是一条和平与合作的路线。未来"一带一路"战略会把整个欧亚大陆紧紧地联系在一起,亚欧各国在这条利益一致的纽带上合作发展、和平共处,成为休戚与共的命运共同体。

五、本章小结

国际合作与一体化研究,不仅是国际关系学的重要理论问题,而且是当前中国崛起进程中重大的现实问题,这关乎到在当前国际局势深刻变化的背景下中国未来的对外战略抉择和政策取舍。国际合作理论也是国际关系理论中争议很大的研究领域,许多观点尚需要思考、甄别,并结合发展着的实践作出科学的判断。

附 录

亚信上海峰会
——在亚信发展史以及亚洲安全与合作进程中的一座里程碑

亚洲相互协作与信任措施会议第四次峰会 2014 年 5 月 21 日在上海举行。中国国家主席习近平主持会议并发表题为《积极树立亚洲安全观 共创安全合作新局面》的主旨讲话。习近平强调，中国将同各方一道，积极倡导共同、综合、合作、可持续的亚洲安全观，搭建地区安全和合作新架构，努力走出一条共建、共享、共赢的亚洲安全之路。习主席的讲话凝聚了各方共识，充分表明了中方坚定致力于维护亚洲安全、稳定、发展的真诚意愿，体现了中国胸怀、中国智慧、中国担当，对亚洲实现持久和平与共同发展具有重要意义，引起与会各国、各方的普遍共鸣和积极反响。与会各方围绕"加强对话、信任与协作，共建和平、稳定与合作的新亚洲"这一主题交换意见，共商安全合作大计，共谋长治久安良策，共襄发展繁荣盛举，达成广泛共识，取得重要成果。

与会各方就亚洲地区安全形势以及反恐、粮食安全、能源安全、网络安全、核裁军和防扩散等问题广泛交换意见，一致认为，亚洲各国面临的相同任务是发展，需要安全稳定的环境。各方愿发扬团结合作、同舟共济精神，推动亚信进程，加强政治、安全对话和合作，增进互信，把亚洲建成持久和平、共同繁荣的和谐地区。各方高度评价中国为促进亚洲和世界和平、稳定、繁荣作出的重大贡献，赞赏中国坚持和平发展和睦邻友好，支持中方倡导的亚洲安全观，表示愿同中方携手努力，共建丝绸之路经济带，加强经济融合和互联互通，共同应对各种威胁和挑战，协力打击"三股势力"，实现共同安全、共同发展、共同繁荣。各方相信中方担任亚信主席国，一定能有力推动亚信发展。这次峰会一定会成为亚信史上新的里程碑。峰会发表了《亚洲相互协作与信任措施会议第四次峰会上海宣言》。

积极树立亚洲安全观　共创安全合作新局面
——在亚洲相互协作与信任措施会议第四次峰会上的讲话
（2014 年 5 月 21 日，上海）
中华人民共和国主席　习近平

各位来宾，各位同事，

女士们，先生们，朋友们：

感谢土耳其总统特别代表达武特奥卢外长刚才的发言。值此中方担任亚信主席国之际，我谨对各方特别是亚信倡议国哈萨克斯坦和前任主席国土耳其给予中方的信任和支持，表示衷心的感谢！

现在，我代表中华人民共和国发言。

今天，包括亚信成员国、观察员、峰会客人在内的 47 个国家和国际组织的领导人及代表相聚上海，大家围绕"加强对话、信任与协作，共建和平、稳定与合作的新亚洲"这一主题，共商安全合作大计，共谋长治久安良策，共襄发展繁荣盛举，对亚洲和世界安全都意义重大、影响深远。

今天的亚洲，拥有全世界 67% 的人口和三分之一的经济总量，是众多文明、民族的汇聚交融之地。亚洲和平发展同人类前途命运息息相关，亚洲稳定是世界和平之幸，亚洲振兴是世界发展之福。

今天的亚洲，虽然面临的风险和挑战增多，但依然是世界上最具发展活力和潜力的地区，和平、发展、合作、共赢始终是地区形势主流，通过协商谈判处理分歧争端也是地区国家主要政策取向。亚洲在世界战略全局中的地位不断上升，在世界多极化、国际关系民主化进程中发挥着越来越重要的作用。亚洲良好局面来之不易，值得倍加珍惜。

今天的亚洲，区域经济合作方兴未艾，安全合作正在迎难而上，各种合作机制更加活跃，地区安全合作进程正处在承前启后的关键阶段。

"明者因时而变，知者随事而制。"形势在发展，时代在进步。要跟上时代前进步伐，就不能身体已进入 21 世纪，而脑袋还停留在冷战思维、零和博弈的旧时代。我们认为，应该积极倡导共同、综合、合作、可持续的亚洲安全观，创新安全理念，搭建地区安全和合作新架构，努力走出一条共建、共享、共赢的亚洲安全之路。

共同，就是要尊重和保障每一个国家安全。亚洲多样性特点突出，各国大小、贫富、强弱很不相同，历史文化传统和社会制度千差万别，安全利益和诉求也多种多样。大家共同生活在亚洲这个大家园里,利益交融、安危与共,日益成为一荣俱荣、一损俱损的命运共同体。

安全应该是普遍的。不能一个国家安全而其他国家不安全,一部分国家安全而另一部分国家不安全,更不能牺牲别国安全谋求自身所谓绝对安全。否则,就会像哈萨克斯坦谚语说的那样:"吹灭别人的灯,会烧掉自己的胡子。"

安全应该是平等的。各国都有平等参与地区安全事务的权利,也都有维护地区安全的责任。任何国家都不应该谋求垄断地区安全事务,侵害其他国家正当权益。

安全应该是包容的。应该把亚洲多样性和各国的差异性转化为促进地区安全合作的活力和动力,恪守尊重主权、独立和领土完整、互不干涉内政等国际关系基本准则,尊重各国自主选择的社会制度和发展道路,尊重并照顾各方合理安全关切。强化针对第三方的军事同盟不利于维护地区共同安全。

综合,就是要统筹维护传统领域和非传统领域安全。亚洲安全问题极为复杂,既有热点敏感问题又有民族宗教矛盾,恐怖主义、跨国犯罪、环境安全、网络安全、能源资源安全、重大自然灾害等带来的挑战明显上升,传统安全威胁和非传统安全威胁相互交织,安全问题的内涵和外延都在进一步拓展。

我们应该通盘考虑亚洲安全问题的历史经纬和现实状况,多管齐下、综合施策,协调推进地区安全治理。既要着力解决当前突出的地区安全问题,又要统筹谋划如何应对各类潜在的安全威胁,避免头痛医头、脚痛医脚。

对恐怖主义、分裂主义、极端主义这"三股势力",必须采取零容忍态度,加强国际和地区合作,加大打击力度,使本地区人民都能够在安宁祥和的土地上幸福生活。

合作,就是要通过对话合作促进各国和本地区安全。有句谚语说得好:"力量不在胳膊上,而在团结上。"要通过坦诚深入的对话沟通,增进战略互信,减少相互猜疑,求同化异、和睦相处。要着眼各国共同安全利益,从低敏感领域入手,积极培育合作应对安全挑战的意识,不断扩大合作领域、创新合作方式,以合作谋和平、以合作促安全。要坚持以和平方式解决争端,反对动辄使用武力或以武力相威胁,反对为一己之私挑起事端、激化矛盾,反对以邻为壑、损人利己。

亚洲的事情归根结底要靠亚洲人民来办,亚洲的问题归根结底要靠亚洲人民来处理,亚洲的安全归根结底要靠亚洲人民来维护。亚洲人民有能

第八章

力、有智慧通过加强合作来实现亚洲和平稳定。

亚洲是开放的亚洲。亚洲国家在加强自身合作的同时，要坚定致力于同其他地区国家、其他地区和国际组织的合作，欢迎各方为亚洲安全和合作发挥积极和建设性作用，努力实现双赢、多赢、共赢。

可持续，就是要发展和安全并重以实现持久安全。"求木之长者，必固其根本；欲流之远者，必浚其泉源。"发展是安全的基础，安全是发展的条件。贫瘠的土地上长不成和平的大树，连天的烽火中结不出发展的硕果。对亚洲大多数国家来说，发展就是最大安全，也是解决地区安全问题的"总钥匙"。

要建造经得起风雨考验的亚洲安全大厦，就应该聚焦发展主题，积极改善民生，缩小贫富差距，不断夯实安全的根基。要推动共同发展和区域一体化进程，努力形成区域经济合作和安全合作良性互动、齐头并进的大好局面，以可持续发展促进可持续安全。

女士们、先生们、朋友们！

亚信是亚洲覆盖范围最大、成员数量最多、代表性最广的地区安全论坛。20多年来，亚信以增进互信协作、促进亚洲安全稳定为己任，秉持协商一致原则，为加深理解、凝聚共识、深化合作作出了重要贡献。

当前，亚洲人民对和平稳定的渴望更加强烈，对携手应对安全挑战的需求更加迫切。

中方建议，推动亚信成为覆盖全亚洲的安全对话合作平台，并在此基础上探讨建立地区安全合作新架构。中方认为，可以考虑根据形势发展需要，适当增加亚信外长会乃至峰会频率，以加强对亚信的政治引领，规划好亚信发展蓝图。

中方建议，加强亚信能力和机制建设，支持完善亚信秘书处职能，在亚信框架内建立成员国防务磋商机制及各领域信任措施落实监督行动工作组，深化反恐、经贸、旅游、环保、人文等领域交流合作。

中方建议，通过举办亚信非政府论坛等方式，建立亚信各方民间交流网络，为广泛传播亚信安全理念、提升亚信影响力、推进地区安全治理奠定坚实社会基础。

中方建议，增强亚信的包容性和开放性，既要加强同本地区其他合作组织的协调和合作，也要扩大同其他地区和有关国际组织的对话和沟通，共同为维护地区和平稳定作出贡献。

中国将履行亚信主席国职责，同各方一道，进一步提升亚信地位和作用，携手开创亚洲安全合作新局面。

女士们、先生们、朋友们！

中国始终是维护地区和世界和平、促进共同发展的坚定力量。中国同印度、缅甸共同倡导的和平共处五项原则，日益成为指导国家间关系的基本准则。中国一贯致力于通过和平方式处理同有关国家的领土主权和海洋权益争端，已经通过友好协商同 14 个邻国中的 12 个国家彻底解决了陆地边界问题。中国积极参与地区安全合作，同有关国家发起成立上海合作组织，倡导互信、互利、平等、协作的新安全观，支持东盟、南盟、阿盟等在地区事务中发挥积极作用。中国同俄罗斯共同提出亚太安全与合作倡议，为巩固和维护亚太地区和平稳定发挥重要作用。中国推动六方会谈进程，支持阿富汗和平重建，为通过对话谈判解决国际和地区热点问题而不懈努力。中国同地区国家和国际社会合作应对亚洲金融危机和国际金融危机，为促进地区和世界经济增长作出了应有贡献。

中国坚定不移走和平发展道路，始终不渝奉行互利共赢的开放战略，在和平共处五项原则基础上发展同世界各国友好合作。中国和平发展始于亚洲、依托亚洲、造福亚洲。

"亲望亲好，邻望邻好。"中国坚持与邻为善、以邻为伴，坚持睦邻、安邻、富邻，践行亲、诚、惠、容理念，努力使自身发展更好惠及亚洲国家。中国将同各国一道，加快推进丝绸之路经济带和 21 世纪海上丝绸之路建设，尽早启动亚洲基础设施投资银行，更加深入参与区域合作进程，推动亚洲发展和安全相互促进、相得益彰。

"山积而高，泽积而长。"中国是亚洲安全观的积极倡导者，也是坚定实践者。中方将一步一个脚印加强同各方的安全对话和合作，共同探讨制定地区安全行为准则和亚洲安全伙伴计划，使亚洲国家成为相互信任、平等合作的好伙伴。中方愿同地区国家建立常态化交流合作机制，共同打击"三股势力"；探讨建立亚洲执法安全合作论坛、亚洲安全应急中心等，深化执法安全合作，协调地区国家更好应对重大突发安全事件。中方倡议通过召开亚洲文明对话大会等方式，推动不同文明、不同宗教交流互鉴、取长补短、共同进步。

女士们、先生们、朋友们！

中国人民正在努力实现中华民族伟大复兴的中国梦，同时愿意支持

第八章

和帮助亚洲各国人民实现各自的美好梦想，同各方一道努力实现持久和平、共同发展的亚洲梦，为促进人类和平与发展的崇高事业作出新的更大的贡献！

谢谢大家。

（资料来源：新华网）

第八章

> 加强核安全，既是我们的共同承诺，也是我们的共同责任。让我们携手合作，使各国人民对实现持久核安全更有信心、对核能事业造福人类更有信心！
>
> ——习近平
>
> 对我们所有人而言，若没有核武器，世界就会缺乏稳定，而且更危险。
>
> ——玛格丽特·撒切尔

第九章
军备控制与战略威慑

在自助的国际体系中，国家追求权力和安全的努力，往往会造成安全困境和国家间的军备竞赛。从某种意义上讲，军备控制有利于自助体系中的国家行为体之间减少敌意和猜忌，从而减缓安全困境和军备竞赛的螺旋升级。国家行为体追求国家利益的个体理性与国际安全的集体理性，存在着冲突和悖论。在一定条件下，国家可以通过合作和多边军控建立国际组织，走出安全困境，实现集体安全。这种多边军控合作和国际组织也构建成全球治理的重要内容。本章简要介绍军备控制的概念、方式和特征，以及核威慑和战略稳定性等核心概念和基本内容，重点介绍一下核威慑的基本原理，并论述军备控制的全球治理和出口管制等研究领域。

自从人类诞生以来，寻求生存和安全的需求在整个需求层次里面一直占据着最基础、最重要的地位。人类的敌人，其中一个来自自然，另一个是自己，所以人类不断思考和发明征服和掌控自然的工具；同时也在设计着用以自卫或征服同类的工具，催生着武器的不断发明与持续升级。在自助的国际体系中，各国都在为了自身安全而不断扩充军备、升级武器，这样就造成国家间的安全困境和军备竞赛的螺旋升级，最终使得身在国际社会的国家行为体更加没有安全感。两次世界大战的惨痛、核战争的阴霾和对大规模杀伤性武器扩散隐患的担忧，特别是国际暴力恐怖势力对人类安全的挑战，使得国际安全合作，尤其是军备控制和防扩散的国际合作，成为国际社会关注的热点。朝鲜核问题、伊朗核问题和暴恐势力活动的猖獗，使得从事国际问题研究的学者和各国领导人都高度关注核扩散的隐患及其对国际安全的威胁，军备控制研究早已成为国际安全研究领域中的一个重要领域。

核武器的出现对人类的影响是深远的，某种意义上讲，它改变了人类对于战争结果的预期，从而使得国家对外决策选择使用武力时显得谨小慎微。有学者认为，东亚和平的基础是非均势核威慑；也有学者说，二战后没有爆发世界大战也是因为大国之间的核威慑。大国间核战争使得交战国同归于尽，战争获益和取胜的概率降级为零，那么大国在对外决策时就自动规避核战争和可能升级为核战争的常规战争的政策选择。

下面简要介绍军备控制、核威慑和战略稳定性等核心概念，并阐述核威慑的基本原理，以及与军备控制相关的全球治理和出口管制等基本内容。

一、军备控制

(一)军备控制的概念

军备控制属于国际关系研究中的国际安全问题，顾名思义，军备控制是指对军备的控制和约束，具体是指对武器及其相关设备、相关活动或者相关人员进行约束。[①]作为一项公共政策，军备控制政策是对军队和武器的性能设计、生产规模、部署方式和地点、保护、指挥和控制、向第三国的转让，以及计划、威胁和实际使用军事力量所采取的某些限制和管理。[②]

狭义的军备控制是指限制某些武器的发展、部署和使用等。从广义上讲，军备控制包括狭义的军控、裁军、不扩散和建立信心措施等。如图9-1所示：[③]

---

①　李彬：《军备控制理论与分析》，国防工业出版社，2006年9月，第4页。

②　[美]詹姆斯·多尔蒂、小罗伯特·普法尔茨格拉芙：《争论中的国际关系理论》，阎学通、陈寒溪等译，世界知识出版社，2013年，第375页。

③　李彬：《军备控制理论与分析》，国防工业出版社，2006年9月，第6页。

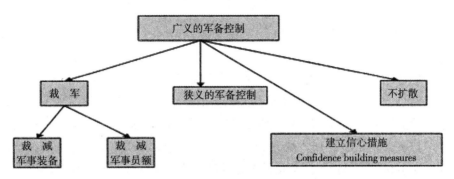

图 9-1 军备控制相关概念的从属关系

军控和裁军是相关的,有些地方也是重叠的。裁军是削减、消除和禁止继续生产武器,或对军事人员或装备进行裁减。降低军备水平,实现部分裁军,通常都是在一些想保持相互威慑的国家之间进行的。美苏两国第一阶段削减战略武器谈判,以及后来关于削减战略武器的谈判,其目的是实现相互威慑,以及以更小规模的核系统为基础的战略稳定。与裁军相比较而言,军备控制以国家将继续掌握足以保卫本国安全的军备为前提,它的目的是利用现有军备加强国家安全,并促进实现理想的政治和战略目标,而不是让武器技术支配政策,结果损害国际安全形势和国际形势发展的可预测性。[①]建立信心措施是指采取一些措施,以便其他国家或实体了解自己的军备发展和军事活动,由此减少它们对自己的误解和猜疑。不扩散就是防止某些国家和其他国际组织获得某种武器或者改进武器等,例如核不扩散、不改进升级武器装备和防止暴恐组织获取某些武器等。

军备控制是相对于军备扩张而言的,军备扩张表现为单边的扩军或多国扩充军备,不管国家间扩充军备有没有关联。而军备竞赛则表现为不同国家之间在扩充军备方面的对抗性互动,例如冷战时期的美苏军备竞赛,至少有两个国家,而且是有关联的。军备竞赛通常会造成两国之间或多国之间安全困境和敌意猜忌的螺旋升级。

图 9-2 军备控制与军备竞赛

---

① [美]詹姆斯·多尔蒂、小罗伯特·普法尔茨格拉芙:《争论中的国际关系理论》,阎学通、陈寒溪等译,世界知识出版社,2013 年,第 375 页。

(二)军备控制的方式

军备控制的方式包括对军备的数量和质量的控制，以及对军备使用的控制两个方面。首先，禁止是最彻底的量的控制军备的方式，指不允许拥有或使用某种武器。禁止性的军控条约有《生物武器条约》《化学武器条约》《禁止杀伤人员地雷条约》《中导条约》等，分别禁止缔约国拥有生化武器、杀伤人员地雷和中程导弹等。禁止是军备控制方式中强度很大的。其次是裁减，即裁减军备和军事人员的数量。不增加军备数量，也不改进其质量被称为冻结。限制与冻结很相近，主要表现为对量设置上限。最后，军控方式还包括不扩散和军备透明。军备透明是指向其他国家提供军备数量、质量、部署等方面的资料，以减少猜疑。这些对军备量的控制，从透明、不扩散、限制、冻结、裁减到禁止，其排列顺序大体上代表着控制强度逐步增强。[1]

在武器使用方面的控制措施有不使用(也称为禁止使用)、负面安全保证、限制使用、限制部署、降低戒备和建立信心措施等。不使用就是不使用某种武器或不针对某个目标使用武力。负面安全保证就是协议签署国或某国单方承诺不对一个国家或一些国家使用某种武器。限制使用是在一些场合下不允许使用某种武器。降低戒备就是降低武器的战备状态，使这些武器不容易被发射，其目的是减少猜疑以及降低事故发生的可能性。建立信心措施是通过相互信息沟通，使对方了解自己的军事活动不具恶意。控制军备使用的措施按照不使用、负面安全保证、限制使用、限制部署、降低戒备和建立信心措施等的顺序，其控制强度逐步减弱。军备控制的方式及其强度如图9-3所示：[2]

---

① 李彬：《军备控制理论与分析》，国防工业出版社，2006年，第11页。

② 同上，第14页。

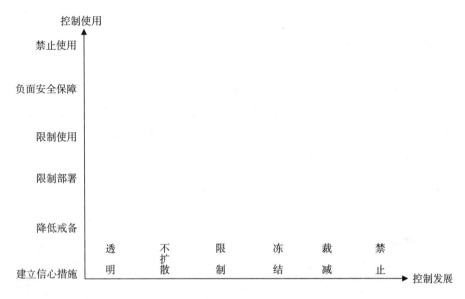

图 9-3　军备控制的方式及其强度

(三)军备控制的特征

　　从军备控制的内容上讲，军备控制既包括对军事力量能力（人员和装备）的削减或限制,也包括对军事力量活动的削减或限制。从参与军备控制的行为体数量来看,有单方面的军备控制(单边)、两个国家之间(双边)和多个国家之间的军备控制活动(多边)。每个国家的军备控制政策都是外交政策的组成部分,是由这个国家的军事和安全等国家利益决定的。双边或多边的军备控制是有关国家通过谈判达成协议来实现的，是国家对外决策的结果，也是国家之间政治斗争的重要工具。军备控制也表现为一定的宣传效应。从某种意义上讲,军备控制有利于自助体系中的国家行为体之间减少敌意和猜忌,从而减缓安全困境和军备竞赛的螺旋升级。军备控制作为国家行为,从深层上受到国际格局的影响,如冷战期间的美苏两极格局下的双边军备控制，冷战后国际格局的变化对军备控制的影响，这有许多案例可供研究。随着中国崛起步伐加快,未来中美两极化格局下中美之间军备控制将是国际关系研究的一个主题。

第九章

二、核威慑的基本原理

核威慑基本原理是由于战争双方将在核战争中同归于尽，这使得进行核战争变得没有意义，因此核威慑双方均不敢发动核战争或有升级为核战争危险的常规战争。但是这一原理并不能推导出核威慑可以防止没有升级为核战争危险的常规战争。

(一)核武器的作用

核武器爆炸产生的物理效应包括光辐射、冲击波、早期核辐射、放射性沾染、电磁脉冲等，其杀伤力巨大，被称为终极武器。国家实力差距是造成国家国际权力大小的重要因素，拥有核武器的国家可以将其转化为该国的国际权力，对别的国家形成威慑，并支撑该国在国际社会中的大国地位。权力是指强迫对方做其不愿意做的事情的能力，或阻止对方做其原本想做的事情的能力。在国际安全领域，拥有核武器的国家就获得了这种强迫或威慑的权力。这也是许多国家谋求核能力的根本原因。朝鲜核问题和伊朗核问题，也是源于核武器可以成为国家权力和软实力的重要组成部分。核武器与权力之间的关系如图 9-4 所示：[1]

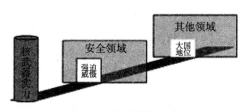

图 9-4　核武器与权力

中国学者李彬认为，核武器所有可能的用途包括：①使用核武器打击其他国家；②强迫其他国家做其不愿意做的事情或者放弃其想做的事情，即获得硬权力；③使得其他国家产生抽象的敬畏感，即获得大国地位或软实力。核武器可能发挥的作用如表 9-1 所示：[2]

---

①　李彬：《军备控制理论与分析》，国防工业出版社，2006 年，第 67 页。

②　同上，第 68~71 页。

表 9-1　核武器可能发挥的主要作用

概　念	主要目的	发挥作用的时间
核作战（Nuclear warfighting）	杀伤目标	使用过程中及以后
核强迫（Nuclear coercion）	迫使其他国家做某件事情	使用之前
核威慑（Nuclear deterrence）	迫使其他国家放弃做某件事情	使用之前
大国地位（Power status）	使其他国家产生总体性的敬畏	与使用无明显关联

（二）核威慑

威慑（deterrence）是指，使对手认识到它想要进行的某个行动会受到严重报复或者行动效果将不明显，从而迫使对方放弃这个行动。威慑的对象是行动，而不是人或者国家。动词形式的威慑用慑止（deter）或吓阻来表示。第一类是惩罚性威慑（by punishment），即扬言对对手的行动进行报复，迫使对方放弃行动。第二类是抵消性威慑（by denial），即实质性地或者心理性地抵消对方行动的效果，迫使对方放弃行动。"核威慑"中的"核"不是指被慑止的对象，是指威慑的手段，扬言使用核武器进行报复，打消对方的行动念头。因此，核威慑是一种惩罚性威慑。[①]根据核威慑原理，核威慑的主要目的是防止大国之间发生大规模战争，不仅要防止核战争，还要防止可能升级为核战争的常规战争。

亨利·基辛格认为，威慑需要实力、使用实力的意志，以及潜在进攻者对这两方面因素的评估。而且威慑是所有这些因素的乘积，而不是它们的和。如果其中任何一个因素为零，威慑就会失效。可见，威慑既是军事技术概念，也是心理—政治概念。威慑成功与否取决于潜在进攻者的认知和评估，威慑的可信性一直是威慑的必要条件。当威慑的基础是建立在足以给进攻者以"难以承受的打击"的军事力量之上，同时又有明确的意图和坚定的政治意愿来实施这种惩罚时，威慑才是最可信的。[②]

核威慑有效性的研究，是核威慑理论的重中之重。核威慑是否有效以及在什么情况下有效，核威慑能否用于慑止常规进攻，国际关系学者进行了核威慑的经验研究和理性分析。

---

① 李彬：《军备控制理论与分析》，国防工业出版社，2006 年，第 72 页。

② ［美］詹姆斯·多尔蒂、小罗伯特·普法尔茨格拉芙：《争论中的国际关系理论》，阎学通、陈寒溪等译，世界知识出版社，2013 年，第 352 页。

（1）考察核威慑用于慑止常规进攻的情况，也被称作延伸威慑。延伸（扩展）威慑（extended deterrence）主要用以慑止对第三方的进攻或核武器用于慑止常规进攻。以两国模型为例，甲方声称对乙方的常规进攻进行核报复，用理性分析方法考察乙方的决策。乙方有两种备选方案，方案一：发动常规进攻；方案二：不发动常规进攻。如表9-2所示：[1]

表 9-2　发动常规进攻的收益矩阵

方　案	收　益
方案一：发动常规进攻	常规进攻获得的利益—承受核报复的损失
方案二：不发动常规进攻	0

根据理性分析可知，如果常规进攻获得的利益小于承受核报复的损失，则放弃常规进攻，威慑有效；如果常规进攻获得的利益大于承受核报复的损失，则选择常规进攻，威慑失效。由于核武器巨大的破坏力和杀伤力，常规进攻获得的利益远远小于承受核报复的损失。因此，通常情况下用核报复来慑止常规进攻是有效的。当然理性模型有严格的假设：不存在战争升级的问题，不存在使用核武器的道德压力，决策者的目标是防止对手伤害自己，而不是追求势力扩张。

（2）核武器慑止小规模、渐进的进攻行为的情况。如何慑止小规模的、渐进的进攻行为？有两种方案，其一是全面（大规模）报复战略：将小规模进攻行为与大规模行为等同，毫不犹豫地进行全面的大规模核报复。其二是灵活反应战略：发展不同种类的核武器、制定不同规模的报复方案，根据进攻行为的严重程度决定核报复的规模。全面报复战略是1954年艾森豪威尔政府时期提出的，灵活反应战略是1961年肯尼迪政府时期提出的。灵活反应的威慑也称为有限、分级威慑（limited deterrence）。全面报复战略和灵活反应战略存在争论：灵活反应派认为，因为对手发动小规模进攻而用大量的核武器进行报复，对手可能根本不相信这一点，因此单一的大规模核报复无法慑止对手的小规模进攻行为。而全面报复派则认为，如果发动小规模进攻的对手也拥有核武器，在你进行有限核报复之后，对手一定会相对应地发动全面核报复，结果跟全面报复一样。因此，灵活反应并没有任何意义。[2]无论是全面报复战略还是灵活反应战略，尽管存在理论分歧和争论，但是两者存在共

---

[1]　李彬：《军备控制理论与分析》，国防工业出版社，2006年，第74页。

[2]　同上，第77页。

识,那就是核威慑与战争实力相结合可以加强威慑的可信性。根据核威慑基本原理,核威慑可以慑止双方均不敢发动核战争或有升级为核战争危险的常规战争,但是这一原理并不能推导出核威慑可以防止没有升级为核战争危险的常规战争。所以除了核威慑,国家还需要具备一定的战争实力(常规军事力量),才能确保威慑的可信性。

尽管国际关系学者对核威慑的理论基础存在着分歧,理性分析有着严格的假设,但是对于核威慑的核心命题却能达成基本共识。达成基本的命题有:战争双方将在核战争中同归于尽,这使得进行核战争变得没有意义,因此核威慑双方均不敢发动核战争或有升级为核战争危险的常规战争。核威慑无法防止其他各种形态的冲突(诸如内战、暴乱、地区国际战争、小规模战争等),核大国在这些问题领域和地区没有生死攸关的核心利益,其核威慑缺乏可信性和实用性。威慑成功与否取决于潜在进攻者的认知和评估,威慑的可信性一直是威慑的必要条件。要维持威慑的有效性,就不能隐藏威慑能力,必须把自己威慑能力的信息传达给对手。核大国依靠核威慑防止自己或盟友的重大利益受到核攻击,但也需要常规防御能力来对付常规军事威胁,以便在核威慑可信性很低的地区保护自身的重大利益。

三、战略稳定性

战略稳定性包括危机稳定性(crisis stability)和军备竞赛稳定性(arms race stability)。本节首先用矩阵分析两个完全对等的核武器国家在关系处于危机的情况下,是否首先发动核进攻的问题。见下表9–3所示:[1]

表9–3　相互核威慑的矩阵分析

		乙	
		行　动	等　待
甲	行　动	(–1,–1)	(0,–1)
	等　待	(–1,0)	(0,0)

在两国关系陷入安全危机时,双方都有两种备选方案:行动和等待,行动就是核打击。假定:行动(不管是首先行动还是报复行动),给对手造成的损失一样大。假定取值为 –1。两方都采取等待,而不是行动(核打击),则表示

---

① 李彬:《军备控制理论与分析》,国防工业出版社,2006 年,第 77 页。

威慑有效;反之,任何一方实施核打击,就意味威慑失败。表9-3中是一次博弈的模型,而现实中相互威慑可能是多轮博弈,多轮博弈用图9-5决策树模型分析:

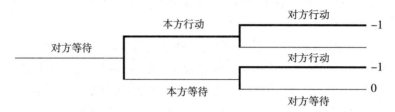

·假定本方等待时,对方行动的概率为 α

·本方等待的平均收益 $U_{平均} = (1-\alpha) \times 0 + \alpha \times (-1) = -\alpha$

·风险中性和风险厌恶型决策者对于等待的偏好值

　$U_{等待} \geq (U_{平均} = -\alpha) > (U_{行动} = -1)$

·除了赌徒型决策者,在上述模型条件下(先发制人和后发制人效果相当),相互威慑有效

图9-5　两国关系危机中发生核打击的决策过程

图9-5决策树表示两国关系陷入危机时,其中任何一国关于是否抢先发动核打击的决策过程。如果双方决策都选择等待,就表示威慑有效;如果一方选择行为,则威慑失效。当先发制人与后发制人所造成的后果没有差别时,除了赌徒型决策者,决策者往往选择等待。因此核威慑往往是有效的。核威慑的有效性来自于先发制人和后发制人造成的后果的差别。如果后果差别很大,先发制人的意愿就会很强烈,核威慑有效性就很差;如果后果差别很小,先发制人的意愿就很低,核威慑有效性就很大。如果核武器仅是用来慑止对手的核进攻,我们就可以用先发制人和后发制人造成的后果之间的差别来表示两国关系出现危机时的稳定性,即危机稳定性。如果先发制人和后发制人造成的后果之间的差别小,则危机稳定性就高,双方发动先发制人核打击的意愿就低;反之,如果先发制人和后发制人造成的后果之间的差别大,则危机稳定性就低,双方发动先发制人核打击的意愿就大。先发制人打击被称为第一次打击,后发制人打击被称为报复打击或第二次打击。[①]

不可接受的损失和相互确保摧毁是美国前国防部长麦克纳马拉(McNamara)提出的,他详细定义了不可接受的观念,为了慑止苏联进攻,不可接受的损失被估计为1/3的人口、1/2的工业,被称为麦克纳马拉标准。

---

① 李彬:《军备控制理论与分析》,国防工业出版社,2006年,第78~79页。

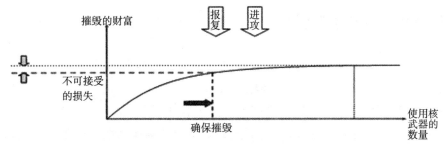

图 9-6 确保催毁，不可接受的损失

注:①不可接受损失的麦克纳马拉标准:1/3 人口、1/2 工业;

②麦克纳马拉估计:400 枚威力为百万吨 TNT 的核武器可以产生不可接受的损失;

③最低核威慑标准:

N=D(被摧毁)+I(被拦截)+M

N 表示一个国家为维持最低核威慑需要的核武器数量,D 表示被对手先发制人打击摧毁的核武器数量,I表示为弥补被对手拦截掉而增加的核武器数量,M 为满足最低核威慑需要的报复核武器数量。

　　战略稳定性包括危机稳定性(crisis stability)和军备竞赛稳定性(arms race stability)。危机稳定性是指先发制人与后发制人所造成的后果之间的差别。如果两个国家的核武器数量满足最低威慑的标准，我们就称它们达到相互确保摧毁(Mutual assured destruction,MAD)的状态。在这样一种状态下，即使两个国家的关系因为冲突而陷入危机，它们也不大可能对对手发动先发制人的核打击，也不大担心对手会发动这种核打击。这样的状态被称作危机稳定性很高。军备竞赛稳定性的含义是指一种军备行为是否会引起对手的反应并导致军备竞赛。在某个军备格局下,如果一个国家发展军备的行为很容易引起对手扩充军备,那么就称军备竞赛稳定性很低;反之,如果一个国家发展军备的行为不容易引起对手扩充军备,那么这种情况就称军备竞赛稳定性很高。危机稳定性和军备竞赛稳定性合在一起称为战略稳定性。①战略稳定性是经典军备控制理论的核心内容，经典军备控制理论的核心是通过军备控制来调整相关各方的军备格局,影响发动战争的收益和成本的理性预期,由此影响相关各方的决策选择,降低发动战争的概率。

---

① 李彬:《军备控制理论与分析》,国防工业出版社,2006 年,第 83~84 页。

四、军备控制与全球治理

　　著名经济学家奥尔森指出："有时当每个个体只考虑自己的利益的时候,会自动出现一种集体的理性结果;有时第一条定律不起作用,不管每个个体多么明智地追寻自我利益,都不会自动出现一种社会的理性结果。"①国家行为体追求国家利益的个体理性与国际安全的集体理性, 存在着冲突和悖论。在自助的国际体系中,国家追求权力和安全的努力,往往会造成安全困境和国家间的军备竞赛。在一定条件下, 国家可以通过合作走出安全困境,例如通过多边军控、建立国际组织实现集体安全。这种多边军控合作和国际组织也构成全球治理的重要内容。全球治理是一个全球社会中相关利益方多边参与、协商互动的制度安排,是使相互冲突的或不同的利益得以调和,并且采取联合行动的持续的过程。全球治理可以解决个体理性与集体理性的矛盾。在国际关系领域,全球治理理论和实践源远流长,一战后根据威尔逊"十四点"原则为实现国际和平而建立的国联、二战后的联合国和国际货币基金组织(IMF)等国际组织都是全球治理的典范。军备控制与全球治理有着密切的联系,人们担心军备竞赛、杀伤性武器和大规模战争的危害,普遍希望通过全球治理来减少军备竞赛的烈度、使用大规模杀伤性武器和战争的危害。在军控实践中,全球治理取得了可喜的成果,出现了一些负责管理全球性军备控制事务的国际组织, 例如国际原子能机构和防止化学武器组织。随着人类对外空探索能力的增强和在外空领域竞争的加剧,大国之间在部分外空领域也在尝试进行军备控制的国际合作和全球治理。

　　国际原子能机构是军备控制领域全球治理的一个典型案例。国际原子能机构(International Atomic Energy Agency,简称IAEA),1957年7月29日根据联合国决议成立,总部设在奥地利维也纳。它是隶属联合国系统的一个独立的政府间组织。国际原子能机构的宗旨是加速扩大原子能对全世界和平、健康和繁荣的贡献,并确保由机构本身,或经机构请求、或在其监督管制下提供的援助不用于推进任何军事目的。它始建时有一个简单的信条——"让原子能为和平服务"。这意味着核技术应该安全地用于能源生产、健康、农业

---

　　① Mancur Olson, *"Forewood"in Todd Sandler*, *Collective Action:Theory and Applications*, The U-niversity of Michigan Press,1992.转引自苏长和:《全球公共问题与国际合作:一种制度的分析》,上海人民出版社,2000年,第2页。

和水资源保护等为人类服务的和平目的。国际原子能机构的组织机构包括大会、理事会和秘书处。大会由全体成员国代表组成，每年召开一次会议；秘书处是执行机构，由总干事领导，下设政策制定办公室、技术援助及合作司、核能和核安全司、行政管理司、研究和同位素司以及保障监督司；作为决策机构，理事会负责审查国际原子能机构预算、相关项目及成员国申请国，并向大会作出推荐。理事会的职责还包括批准相关安全协定、任命总干事等。理事会每年改选一次，由大会指定和选举产生。在每届固定的35名成员中，11个成员由国际原子能机构大会指定，任期一年。这11个成员按地区分配，由各地区核工业最发达的国家担任。其他24名成员由大会选出，任期两年。国际原子能机构自成立以来，在保障监督和和平利用核能方面做了大量的工作，并先后主持制定了《及早通报核事故公约》《核事故或辐射紧急情况援助公约》《核安全公约》《乏燃料管理安全和放射性废料管理安全联合公约》《修订〈关于核损害民事责任的维也纳公约〉议定书》和《补充基金来源公约》等一系列与核安全、辐射安全、废物管理安全标准有关的国际公约，包括参与制定《不扩散核武器条约》和监督条约的实施；参与伊朗核问题、朝鲜核问题和日本核电站事故等事件的核查和给予技术帮助。

五、军备控制与出口管制

出口管制是指一国政府通过建立一系列审查、限制和控制机制，以直接或间接的方式防止本国限定的商品或技术通过各种途径流通或扩散至目标国家，从而实现本国的安全、外交和经济利益的行为。出口管制的政治和军事意义在于，通过限制或禁止某些可能增强其他国家军事实力的物资，特别是战略物资的对外出口，来维护本国或国家集团的政治利益与安全。同时，也通过禁止向某国或某国家集团出售产品与技术，作为推行外交政策的一种手段。

本节主要分析对战略物资和先进技术资料的出口管制，如军事设备、武器、军舰、飞机、先进的电子计算机和通信设备、先进的机器设备及其技术资料等。对这类商品实行出口管制，主要是从国家安全和军事防务的需要，以及从保持科技领先地位和经济优势的需要出发。出口管制的核心在于平衡经济利益和安全利益，以及考察购买国的敌对情况，确定出口管制的限制范围。对核武器、生化武器等大规模杀伤性武器及其运载工具的出口管制，也被称为不扩散出口管制，对于防止大规模杀伤性武器扩散发挥着极其重要的作用。

　　出口管制主要有以下两种形式：①单边出口管制。它是指一国根据本国的出口管制法律，设立专门的执行机构，对本国某些商品的出口进行审批和发放许可证。单边出口管制完全由一国自主决定，不对他国承担义务与责任。②多边出口管制。它是指几个国家的政府，通过一定的方式建立国际性的多边出口管制机构，商讨和编制多边出口管制的清单，规定出口管制的办法，以协调彼此的出口管制政策与措施，达到共同的政治与经济目的。1949年11月成立的输出管制统筹委员会即巴黎统筹委员会，也叫巴统组织，就是一个典型的国际性的多边出口管制机构。[①]多边出口管制的国际组织，也属于军备控制全球治理的研究领域。

　　国际恐怖主义势力和活动，受到国际社会的普遍关注。防止大规模杀伤性武器向国际恐怖主义势力和基地扩散，是国际社会高度关注的问题，因为这关系到国家和社会的安全以及人类的共同安全。加强反恐合作，共同打击恐怖势力，已成为各国政府和国际关系研究的一项重要议题。有核国家加强对核材料、核设施和核技术的保护，各国加强对大规模杀伤性武器的出口管制，不仅是维护自身国家和社会安全利益的需要，而且也是全人类共同安全的保障。

六、本章小结

　　人类制造出具有巨大杀伤力的核武器，既赋予了人类有灭绝自身的能力，又改变了对发动大规模国际战争获益和取胜的理性预期。前者使人类对核武器的威力感到恐惧，后者使人类面对核时代的战争决策时，变得更加小心翼翼、忧心忡忡。军备控制作为遏制冲突升级和保障全球安全的一个重要手段，受到国际社会的普遍关注。军备控制是指对军备的控制和约束，具体是指对武器及其相关设备、相关活动或者相关人员进行约束，也是武器扩散受到约束的机制，对于国际安全有着重大意义。军备控制作为国际安全研究的重要领域，其内容十分丰富。核时代大国的崛起所面临的全球安全问题，是关系到整个人类和平的重大问题。我们相信，军备控制与新型大国关系的研究，也将成为国际关系学的重要议题。

---

　　①　参考出口管制的相关网络资料：http://baike.baidu.com/view/149045.htm，对军备控制和出口管制有兴趣的读者，可以参阅李彬等学者的相关著作和论文、国家工信部网站：核出口管制清单，http://www.miit.gov.cn/n11293472/n11294912/n11296542/11957924.html 等，以及军备控制相关领域的国内外研究文献。

附　录

习近平出席核安全峰会 阐述中国核安全政策

2014 年 3 月 24 日第三届核安全峰会在荷兰海牙开幕,中国国家主席习近平出席峰会,并发表了重要讲话。核安全峰会自 2010 年启动以来,已成为国际安全领域合作的重要平台。此次核安全峰会以"加强核安全、防范核恐怖主义"为主题,来自全球五十多个国家的领导人和有关国际组织负责人出席峰会。核安全问题关系到核能的科学利用和发展,关系到各国经济社会可持续发展和公众安全,关系到国际和平与安宁。在核能产业不断向前推进、全球反恐形势越来越复杂的大背景下,核安全问题是国际社会共同面对的挑战,需要加强国际合作。

习近平主席出席核安全峰会是新形势下中国在国际安全领域采取的重要外交行动。中方对此次峰会有两大期待,一是希望此次峰会能够承前启后,巩固前两届峰会成果,凝聚新共识;二是希望进一步推进各国合作,提高全球核材料和核设施安全水平,推动核能合理开发利用。习近平介绍中国核安全措施和成就,阐述中国关于发展和安全并重、权利和义务并重、自主和协作并重、治标和治本并重的核安全观,呼吁国际社会携手合作,实现核能持久安全和发展。

国家主席习近平 2014 年 3 月 24 日在荷兰海牙举行的第三届核安全峰会上发表讲话。讲话全文如下:

在荷兰海牙核安全峰会上的讲话

（2014 年 3 月 24 日下午,海牙）

中华人民共和国主席　习近平

尊敬的吕特首相,

各位同事:

今天,我们共聚海牙,探讨加强核安全对策,意义十分重大。首先,我谨对吕特首相和荷兰政府为本次峰会所作的积极努力和周到安排,表示衷心的感谢!

上个世纪,原子的发现和核能的开发利用给人类发展带来了新的动力,极大增强了我们认识世界和改造世界的能力。同时,核能发展也伴生着核安全风险和挑战。人类要更好利用核能、实现更大发展,就必须应对好各种核安全挑战,维护好核材料和核设施安全。

各位同事!

加强核安全是一个持续进程。核能事业发展不停步,加强核安全的努力就不能停止。从2010年的华盛顿,到2012年的首尔,再到今天的海牙,核安全峰会承载着凝聚各国共识、深化核安全努力的重要使命。我们要坚持理性、协调、并进的核安全观,把核安全进程纳入健康持续发展的轨道。

第一,发展和安全并重,以确保安全为前提发展核能事业。作为保障能源安全和应对气候变化的重要途径,和平利用核能事业,如同普罗米修斯带到人间的火种,为人类发展点燃了希望之火,拓展了美好前景。同时,如果不能有效保障核能安全,不能妥善应对核材料和核设施的潜在安全风险,就会给这一美好前景蒙上阴影,甚至带来灾难。要使核能事业发展的希望之火永不熄灭,就必须牢牢坚持安全第一原则。

我们要秉持为发展求安全、以安全促发展的理念,让发展和安全两个目标有机融合,使各国政府和核能企业认识到,任何以牺牲安全为代价的核能发展都难以持续,都不是真正的发展。只有采取切实举措,才能真正管控风险;只有实现安全保障,核能才能持续发展。

第二,权利和义务并重,以尊重各国权益为基础推进国际核安全进程。没有规矩,不成方圆。各国要切实履行核安全国际法律文书规定的义务,全面执行联合国安理会有关决议,巩固和发展现有核安全法律框架,为国际核安全努力提供制度保障和普遍遵循的指导原则。中国呼吁更多国家积极考虑批准核材料实物保护公约及其修订案、制止核恐怖主义行为国际公约。

各国国情不同,核能事业处于不同发展阶段,面临的核安全挑战也不尽相同。一把钥匙开一把锁。在强调各国履行有关国际义务的同时,也要尊重各国根据本国国情采取最适合自己的核安全政策和举措的权利,尊重各国保护核安全敏感信息的权利,坚持公平原则,本着务实精神,积极稳妥推进国际核安全进程。

第三,自主和协作并重,以互利共赢为途径寻求普遍核安全。核安全首先是国家课题,首要责任应该由各国政府承担。各国政府要知责任、负责任,强化核安全意识,培育核安全文化,加强机制建设,提升技术水平。这既是对自己负责,也是对世界负责。

第九章

核安全也是全球性课题。一个木桶的盛水量，是由最短的那块板决定的。一国核材料丢失，全世界都将面临威胁。实现普遍核安全，需要各国携手努力。我们要吸引更多国家加入国际核安全进程，使各国既从中受益，也为之作出贡献，争取实现核安全进程全球化。我们要加强交流、互鉴共享，有关多边机制和倡议要统筹协调、协同努力，争取做到即使不在同一起跑线上起跑，也不让一个伙伴掉队。

第四，治标和治本并重，以消除根源为目标全面推进核安全努力。核安全涉及不同层面，既包括实施科学有效管理，发展先进安全核能技术，也包括妥善应对核恐怖主义和核扩散。完善核安全政策举措，发展现代化和低风险的核能技术，坚持核材料供需平衡，加强防扩散出口控制，深化打击核恐怖主义的国际合作，是消除核安全隐患和核扩散风险的直接和有效途径。

治标还要治本。只有营造和平稳定的国际环境，发展和谐友善的国家关系，开展和睦开放的文明交流，才能从根源上解决核恐怖主义和核扩散问题，实现核能的持久安全和发展。

各位同事！

中国一向把核安全工作放在和平利用核能事业的首要位置，按照最严格标准对核材料和核设施实施管理。发展核能事业 50 多年来，中国保持了良好的核安全记录。

荷兰哲人伊拉斯谟说过，预防胜于治疗。近几年，国际上发生的重大核事故为各国敲响了警钟，我们必须尽一切可能防止历史悲剧重演。

为防患于未然，中国全面采取了核安全保障举措。我们着力提高核安全技术水平，提高核安全应急能力，对全国核设施开展了全面安全检查，确保所有核材料和核设施得到有效安全保障。我们制定和实施了核安全中长期规划，完善国家核安全法规体系，正在制定国家核安全条例，扎实推进核安全工作机制化、法制化。

中国积极推动核安全国际合作。中国同美国合建的核安全示范中心举行了奠基仪式，工程建设进展顺利。这个中心将为地区乃至国际核安全技术交流合作作出贡献。中国在打击核材料非法贩运领域同俄罗斯和哈萨克斯坦等国开展一系列合作项目。中国支持在经济和技术可行的情况下，尽可能减少高浓铀使用，正在国际原子能机构框架内帮助加纳把一个使用高浓铀的研究堆改造为使用低浓铀燃料。中国向国际原子能机构核安全基金捐款，通过举办培训班等方式，提升亚太地区国家核安全能力。

第九章

各位同事！

光明前进一分，黑暗便后退一分。我们在核安全领域多作一份努力，恐怖主义就少一次可乘之机。为实现持久核安全，中国愿意继续作出自己的努力和贡献。

第一，中国将坚定不移增强自身核安全能力，继续致力于加强核安全政府监管能力建设，加大核安全技术研发和人力资源投入力度，坚持培育和发展核安全文化。

第二，中国将坚定不移参与构建国际核安全体系，同各国一道推动建立公平、合作、共赢的国际核安全体系，促进各国共享和平利用核能事业的成果。

第三，中国将坚定不移支持核安全国际合作，愿意为此分享技术和经验，贡献资源和平台，促进地区和国际核安全合作。中国支持国际原子能机构发挥主导作用，鼓励其帮助发展中国家提高核安全能力。中国将继续积极参与核安全活动，邀请国际原子能机构开展实物保护咨询服务。

第四，中国将坚定不移维护地区和世界和平稳定，坚持和平发展、合作共赢，通过平等对话和友好协商妥善处理矛盾和争端，同各国一道致力于消除核恐怖主义和核扩散存在的根源。

各位同事！

加强核安全，既是我们的共同承诺，也是我们的共同责任。让我们携手合作，使各国人民对实现持久核安全更有信心、对核能事业造福人类更有信心！

谢谢大家。

（资料来源：新华网）

第九章

以世界贸易组织为核心的多边贸易体制是贸易自由化便利化的基础，是任何区域贸易安排都无法替代的。一个开放、公正、透明的多边贸易体制，符合世界各国共同利益。区域贸易安排也都应该秉持透明和包容原则，对多边贸易规则起到补充和促进作用。

——习近平

第十章
国际贸易理论与政策

　　本章重点对国际贸易理论、政策措施以及国际贸易体系三个部分进行论述。在国际贸易理论部分，对西方国际贸易理论两大流派——自由贸易理论和保护贸易理论进行系统分析。之后对国际贸易政策措施进行详细而深入的讨论，包括关税措施、非关税措施、出口鼓励和出口管制措施。在国际贸易体系部分，对贸易条约与协定的概念、种类及其所适用的法律原则进行了简要介绍，并着重对关税及贸易总协定这一多边国际协定进行了论述，包括关税及贸易总协定的宗旨、内容、基本原则以及历次多边贸易谈判，最后简单介绍世界贸易组织这一永久性的国际组织。

　　国际贸易理论与政策是国际经济学的一个重要组成部分，是开放条件下的微观经济学，主要研究商品和服务在各国之间交换的原因、发展、贸易利益及分配问题。美国"汽车之城"底特律，曾因三大汽车公司通用、福特、克莱斯勒的总部齐聚于此而盛极一时，一度成为美国第四大城市。然而随着日韩汽车企业大举进军美国市场，三大汽车公司的竞争力急剧下降。特别是在2008年金融危机冲击下，美国汽车产业遭受重创，"汽车大鳄"中有两家都进行了破产重组。据搜狐汽车频道 2014 年 4 月发布的"2014 年 3 月美国汽车市场销量分析"①显示,日系车型前 3 个月的市场份额为 37.8%,韩系车型前 3 个月的市场份额为 7.8%,日韩车型几乎占据了美国汽车市场的半壁江山。日本和韩国如何从汽车进口国变为出口国? 美国消费者为什么更青睐日韩车型? 谁是国际贸易的赢家? 这些问题都能从本章中获得答案。

一、国际贸易理论

重商主义作为资产阶级最早的经济学说,是对资本主义生产方式进行的最初的理论考察。此后,从重商主义分离出来了西方国际贸易理论的两大学派②——自由贸易理论和保护贸易理论。传统的自由贸易理论主要有亚当·斯密的绝对优势理论、大卫·李嘉图的比较优势理论、相互需求理论、生产要素禀赋理论和里昂惕夫之谜。自由贸易理论认为,国际贸易能给参与国带来利益,促进各国的经济发展,主张自由贸易政策,反对保护贸易政策。保护贸易理论主要包括汉密尔顿的关税保护理论、李斯特的幼稚产业保护理论、超保护贸易理论、中心—外围论和战略性贸易政策理论。保护贸易理论认为,国际贸易对经济发达国家有利,而对经济落后国家不利,甚至会阻碍其经济发展,因此主张保护贸易政策。第二次世界大战后,随着经济全球化和贸易自由化的发展,传统的国际贸易理论无法解释新的贸易实践,于是一些经济学家对国际贸易理论进行了新的发展,包括国际贸易新要素理论、产品生命周期理论、产业内贸易理论和国家竞争优势理论。

(一)重商主义

重商主义是西欧资本原始积累时期代表商业资产阶级利益的一种经济理论和政策体系。它产生于 15 世纪的意大利,之后流行到西班牙、葡萄牙、荷兰、英国和法国等国,16 世纪至 17 世纪上半叶在英国和法国得到了重大的发展,于 18 世纪下半叶资产阶级古典经济学兴盛时期瓦解,是最早运用政治经济学方法研究国际问题的理论学派。

---

① 资料来源:搜狐网,参见 http://auto.sohu.com/20140410/n398006782.shtml。

② 李小北、王珽玖、杨春河等主编:《国际贸易学》,经济管理出版社,2004 年,第 38 页。

1.重商主义产生的历史背景

15 世纪以后,文艺复兴运动兴起,西欧社会进入封建社会的瓦解时期,资本主义生产关系开始萌芽和发展;新航路的开辟扩大了世界市场,给商业、航海业、工业以极大刺激,从而为更多的商业资本积累提供了可能;商业资本的发展,引起社会分工的扩大,促进各国国内市场的统一和世界市场的形成,推动对外贸易的迅速发展;与此同时,西欧的经济形式和社会阶级关系发生变化,一些国家纷纷建立起封建专制的中央集权国家,运用国家力量支持商业资本的发展。随着商业资本的发展和国家干预经济政策的实施,产生了从理论上阐述这些经济政策的要求,重商主义开始登场。①

重商主义强调积累金银货币和对外贸易的重要性,认为贵金属(货币)是衡量财富的唯一标准,一切经济活动的目的就是为了获取金银。除了开采金银矿以外,对外贸易是货币财富的真正来源,因此主张在国家的支持下鼓励本国商品出口,不主张甚至限制外国商品(尤其是奢侈品)进口,以此保持出超,使更多的货币流回本国。

2.重商主义的发展阶段

重商主义的发展经历了早期重商主义和晚期重商主义两个阶段。②

15 世纪初到 16 世纪中叶,是早期重商主义活动的时期。早期重商主义者主张采取行政手段,禁止货币输出和积累货币财富,鼓励吸收外国货币。一些国家还规定外国商人来本国进行交易时,必须将其销售货物所得的全部款项用于购买本国货物或在本国花费掉,而本国商人输出到外国的一切商品,必须换回金银。可以看出,早期重商主义者试图在国内把货币以贮藏货币的形式积累起来,达到积累货币财富的目的,这种思想被称为货币差额论,马克思又称它为货币主义。该时期代表人物为英国的威廉·斯塔福。

16 世纪下半叶到 17 世纪是重商主义的第二阶段,即晚期重商主义。晚期重商主义者认为国家应该允许将货币输出国外,以便扩大对国外商品的购买。但购买外国商品的货币总额必须少于出售本国商品所取得的货币总额,以增加货币流入量。为此,晚期重商主义者主张发展对外贸易,扩大商品输出,限制商品的输入。为了发展对外贸易达到出超的目的,晚期重商主义者支持西欧一些主要国家实行保护关税的政策。晚期重商主义者的这种思

---

① 肖春蓉主编:《国际贸易》,电子工业出版社,2013 年,第 40~41 页。

② 李小北、王珽玖、杨春河等主编:《国际贸易学》,经济管理出版社,2004 年,第 38~39 页。

想被称为贸易差额论,代表人物为托马斯·孟。

3.对重商主义的评价

重商主义是最早运用政治经济学方法研究国际贸易问题的理论学派。它冲破了中世纪西欧封建社会经院哲学的教义和伦理规范,开始以"人"的观点观察和研究社会经济现象。同时,它认识到货币不仅是流通工具,还具有资本的职能。而且重商主义所采取的政策和措施,加速了西欧各国资本的原始积累,推动了资本主义生产方式的建立。

但是重商主义学说存在一些缺陷和不足。首先,重商主义把货币与真实财富等同起来是错误的。正是基于这样一个错误的认识,重商主义才轻率地把高水平的货币积累与供给等同于经济繁荣,并把贸易顺差与金银等贵金属的流入作为其唯一的政策目标。其次,重商主义者把财富和利润来源归结为流通过程也是肤浅的。重商主义者认为除了开采贵金属矿外,顺差贸易才是财富增长的唯一途径。只有在对外贸易中做到商品出口大于进口,才能有更多的金银流入国内,从而不断地增加一国的国民财富。这种关于财富和利润来源的探索,仅限于流通领域,没有深入到生产领域,无法揭示财富的真正来源。[①]

(二)自由贸易理论

1.绝对优势理论

亚当·斯密是英国古典经济学的主要奠基人之一,也是国际分工和国际贸易理论的创始者,是倡导自由贸易的先驱人。1776年,亚当·斯密出版了《国民财富的性质和原因的研究》(简称《国富论》),猛烈抨击了重商主义,主张自由放任,提出了国际分工与自由贸易的绝对优势理论。亚当·斯密认为,由于自然与社会因素的差异,各国在生产同种商品中会有不同的劳动生产率,因而形成各自绝对生产成本差异,也就是各自绝对优势的不同。如果一个国家在某种产品的生产成本上处于绝对优势,就应该专门生产并出口某种产品;反之,如果一个国家在另一种产品的生产成本上处于绝对劣势,就应该进口另一种产品而不去生产。这种分工生产和国际贸易的结果,会使相关国家从中受益。[②]

---

① 薛荣久:《国际贸易》,对外经济贸易大学出版社,2010年,第72页。
② 郭波:《国际贸易:理论与政策》,中国社会科学出版社,2009年,第15页。

　　绝对优势理论从劳动分工原理出发，克服了重商主义者认为国际贸易只是对单方面有利的片面看法，在人类认识史上第一次论证了贸易互利性原理。这种贸易分工互利的双赢思想，仍然是当今各国扩大对外开放，积极参与国际分工和国际贸易的指导思想。绝对优势理论为国际贸易理论体系的建立奠定了基石，并为推行自由贸易政策提供了理论依据。但是斯密认为交换引起分工，而交换又是人类本性所决定的观点是错误的。事实上，交换以分工为前提，在历史上分工早于交换。同时，交换也不是人类本性的产物，而是社会生产方式和分工发展的结果。此外，斯密没能提出和回答不具备绝对优势的国家如何参加贸易的问题，不能解释国际贸易的全部。

　　2.比较优势理论

　　大卫·李嘉图是英国著名的经济学家，是资产阶级古典经济学的完成者，他继承和发扬了亚当·斯密的理论，在其1817年发表的《政治经济学及赋税原理》中辟出专章，集中讨论了国际贸易问题，提出了著名的比较优势理论。李嘉图认为，一国在两种商品生产上比另一国均处于绝对劣势，但只要处于劣势的国家在两种商品生产上劣势的程度不同，处于优势的国家在两种商品生产上优势的程度不同，则处于劣势的国家在劣势较轻的商品生产方面具有比较优势，处于优势的国家则在优势较大的商品生产方面具有比较优势。两个国家分工，专业化生产和出口其具有比较优势的商品，进口其处于比较劣势的商品，则两国都能从贸易中得到利益。也就是说，两国按比较优势参与国际贸易，通过"两利取重，两害取轻"，两国都可以提升福利水平。

　　比较优势理论比绝对优势理论更具有普遍性，它的提出是西方传统国际贸易理论体系建立的标志，这一理论的问世，具有划时代的意义，至今仍是指导一般贸易实践的基本原则。此外，比较优势理论曾为英国工业资产阶级争取自由贸易提供了有力的理论武器，促进了英国生产力的迅速发展，使英国成为"日不落帝国"，一度居于世界经济首位。然而比较优势理论也存在着局限性。这是因为在李嘉图的理论分析中，比较优势能够成立的基础是两国间两种商品生产成本上的比较差异。一旦出现等优势或等劣势的情况，李嘉图的比较优势理论及其基本原则"两优择其甚，两劣权其轻"就不复存在了。[1]

　　3.相互需求理论

　　约翰·穆勒是李嘉图的学生，是19世纪英国最具有影响力的古典经济

---

　　[1]　李小北、王珽玖、杨春河等主编：《国际贸易学》，经济管理出版社，2004年，第48页。

学家,他秉承斯密以来的自由主义思想,主张实行自由贸易。在其1848年出版的《政治经济学原理》中,穆勒提出了相互需求理论,对比较优势理论作了重要的说明和补充。他在相互需求理论的基础上,用两国商品交换比例的上下限解释了互惠贸易的范围,用贸易条件说明贸易利得的分配,用相互需求程度解释贸易条件的变动。[①]根据相互需求方程式,贸易形成的条件决定于贸易双方的相互需求原理, 贸易双方的需求强度也决定了贸易利益在双方的分配状况,即哪国对进口商品的需求强度越大,则国际交换比价越不利于该国。反之,对进口商品的需求强度越小,国际交换比价越有利于该国。换一种说法就是,国际交换比价越接近于该国国内的交换比价,对该国越不利。

马歇尔是19世纪末20世纪初英国最著名的经济学家,新古典经济学的创始人。其主要著作是1879年出版的《国际贸易纯理论》和1890年出版的《经济学原理》。他的经济学理论核心是边际效用论和生产费用论相结合的均衡价格论。他用均衡价格论来解释贸易条件的提供曲线,是对约翰·穆勒的相互需求理论的进一步补充和说明。提供曲线是一个国家贸易条件的曲线, 它表示一国想交换的进口产品的数量与所愿出口的本国产品数量之间的函数关系。[②]马歇尔认为,两个参加国际贸易的国家所接受的贸易条件,必须是对双方都有利的贸易条件, 这种贸易条件必须被限定在一定的范围之内,这种范围在两国国内交换比例所规定的上下限之间。

相互需求理论是对比较优势理论的进一步补充和说明。穆勒补充了国际贸易为双方带来利益的范围问题, 以及双方在利益分配过程中各占多少的问题。但穆勒以两国贸易平衡作为贸易条件决定的前提和物物交换下供给等于需求的前提,是不切实际的。现实中,两国贸易平衡并不容易实现,出口和进口也不是与以物易物同时进行的。马歇尔的提供曲线理论与穆勒的相互需求原理是一致的, 但更为精确。马歇尔利用提供曲线来分析贸易条件,开创了把几何方法作为国际贸易理论分析工具的历史,为西方传统国际贸易理论增添了新的表达手段和研究手段。但是利用边际效用论和生产费用论来解释提供曲线是不合理的,并且也不具有普遍的现实意义。

4.生产要素禀赋理论

赫克歇尔和俄林都是当代著名的经济学家,赫克歇尔是俄林的老师。赫

---

① 肖春蓉主编:《国际贸易》,电子工业出版社,2013年,第23页。

② 李小北、王珽玖、杨春河等主编:《国际贸易学》,经济管理出版社,2004年,第59页。

克歇尔于 1919 年发表了《对外贸易对收入分配的影响》的著名论文,提出了要素禀赋论的基本论点。俄林继承了赫克歇尔的论点,于 1933 年出版了《域际贸易和国际贸易》一书,进一步论证了赫克歇尔的基本论点,创立了生产要素禀赋理论,简称 H-O 理论。生产要素禀赋理论认为,各国的要素丰裕度即要素禀赋是国际贸易产生的基本原因和各国比较优势的决定因素。因此,一国应出口密集使用本国丰裕要素生产的商品,进口密集使用本国稀缺要素生产的商品。[①]

在 20 世纪 40 年代,萨缪尔森发展了 H-O 理论,提出了要素价格均等化学说,又称赫-俄-萨(H-O-S)理论。该理论认为,由于每个国家出口的商品生产中,都密集使用了它所拥有的丰裕的生产要素,当生产要素在各国之间不能直接流动时,国际贸易将导致各国生产要素的相对价格和绝对价格的平均化。

生产要素禀赋理论对比较优势理论进行了修正和完善,从各国要素禀赋差异的角度来解释国际贸易的成因,奠定了现代国际贸易理论的基础。生产要素禀赋理论把李嘉图的个量分析扩大为总量分析,不仅比较了两国两种产品的劳动生产率的差异,而且利用资本、土地、劳动力等生产要素的总供给差异来解释国际分工和贸易格局。[②]但是赫克歇尔、俄林和萨缪尔森的理论有明显的缺陷。该理论采用静态分析方法,忽略了国际和国内经济因素的变化。另外,许多假设条件背离了国际贸易现实,只是为了简化理论分析而设。

5.里昂惕夫之谜

里昂惕夫是当代著名的经济学家,投入产出经济学的创始人,由于投入产出分析方法在经济领域产生的重大作用,1973 年被授予诺贝尔经济学奖。里昂惕夫在 1953 年和 1956 年的两次研究中发现了一个难以解释的现象:按照传统理论,美国这个世界上具有最昂贵劳动力和最密集资本的国家,应主要出口资本密集型产品,进口劳动密集型产品。但事实恰好相反,美国出口量最大的却是农产品等劳动密集型产品,进口量最大的却是汽车、钢铁等资本密集型产品。这被称为"里昂惕夫之谜"[③]。

---

①　郭波:《国际贸易:理论与政策》,中国社会科学出版社,2009 年,第 35 页。

②　同上,第 38 页。

③　肖春蓉主编:《国际贸易》,电子工业出版社,2013 年,第 34 页。

第十章

里昂惕夫之谜是西方国际贸易理论发展史上的一个重要转折点。对里昂惕夫之谜的解释,实际上是从不同侧面对要素禀赋理论假定前提的修正。对"谜"的产生主要有以下六种具有代表性的解释。①

(1)劳动熟练说

劳动熟练说又称人类技能说、劳动技能说和劳动效率说,最先是里昂惕夫自己提出,后来由美国经济学家基辛(D. B. Keesing)加以发展,用劳动效率和劳动熟练程度或技能的差异来解释里昂惕夫之谜和影响进出口商品结构的理论。

里昂惕夫认为,"谜"的产生可能是由于美国工人的劳动效率比其他国家工人高所造成的。他认为美国工人的劳动生产率大约是其他国家工人的三倍。因此,在劳动以效率单位衡量的条件下,美国就成为劳动要素相对丰富、资本要素相对稀缺的国家。一些人士认为里昂惕夫的解释过于武断,通常不为人们所接受。后来,美国经济学家基辛加以发展,认为每一个就业者接受的教育和所具备的专业技术特长不同,因而在他们之间客观上存在着劳动技能的高低差异。通过研究,发现美国出口的是"高技能劳动密集型商品",进口的是"低技能劳动密集型商品"。

(2)需求偏好说

需求相似理论又称偏好相似理论或重叠需求理论,是瑞典经济学家斯戴芬·伯伦斯坦·林德于1961年在其论文《论贸易和转变》提出的。林德认为国际贸易是国内贸易的延伸,产品的出口结构、流向及贸易量的大小决定于本国的需求偏好,而一国的需求偏好又决定于该国的平均收入水平。平均收入水平越高,对消费需求的质和量都会提高。因此两国人均收入相同,需求偏好相似,两国间贸易范围可能最大。但如果人均收入水平相差较大,需求偏好相异,两国贸易则会存在障碍。

(3)要素价格扭曲说

要素价格是指生产要素的使用费用或要素的报酬。一国的经济政治体制、政策等影响因素都会使要素价格偏离均衡价格,发生扭曲。要素价格扭曲是市场经济中的普遍现象。最著名的就是西方国际经济学中的"工会权利之谜"。在欧美国家,工会势力非常强大,工人因为有了工会力量的支持和保护,工资、福利和劳动环境才一直迅速而又稳定地提升着,人力成本成为制

约企业竞争力的最主要因素。不堪重负的欧美企业便纷纷出走,争相将工厂迁移到中国、菲律宾等劳动力成本较低的国家,工厂搬迁严重影响到欧美工人的就业。

(4)要素密集型逆转说

以明哈斯为代表的一批经济学家注意到在不同的国家之间,某种特定商品的要素密集性质并不一定具备趋同性。通过研究各国间生产过程中的要素投入比例与要素价格的相互关系,明哈斯提出了"商品的要素密集性质逆转说"[1],并用以解释里昂惕夫之谜。

世界大米的生产与贸易就是一个较有说服力的佐证。作为资本要素相对丰裕的国家,美国在大米生产过程中使用了大量的重型农用机械、化肥、农药和其他设备、技术。东南亚的泰国、越南、缅甸等国作为传统的优质大米生产国,从它们自身的要素禀赋状况出发,则基本上是采用密集使用廉价劳动要素的方法从事大米的生产。这样,同样是生产大米这种特定的商品,在美国同东南亚国家的相互比较中,要素密集性质的"逆转"是不言而喻的。在世界大米市场上,美国生产的"资本密集型"大米遇到了东南亚国家生产的"劳动密集型"大米的激烈竞争。

(5)贸易壁垒说

贸易壁垒又称贸易障碍,是对国外商品劳务交换所设置的人为限制,主要是指一国对外国商品劳务进口所实行的各种限制措施。虽然世贸组织成员的不断增多以及各地区组织的不断建立,如北美自由贸易区、东盟自由贸易区等,但对这些组织的非成员国关税壁垒还在起着作用。值得注意的是,国际上非关税壁垒的作用正在上升,或有上升的趋势。一些发达国家利用其自身的技术优势对来自其他国家产品的认证要求,极大地阻碍了欠发达和发展中国家制成品的出口,而只能出口一些资源性的初级产品,这加剧了南北间的经济及贸易发展差距。

(6)自然资源说

自然资源说的主要代表人物有凡涅克和波斯特纳等。[2]他们认为里昂惕夫在对美国的对外贸易进行经验验证研究时,仅拘泥于要素禀赋理论。关于贸易模型,只包含资本和劳动两种要素的假定,忽略了自然资源这样一种非

---

① 李小北、王珽玖、杨春河等主编:《国际贸易学》,经济管理出版社,2004年,第73~74页。

② 肖春蓉主编:《国际贸易》,电子工业出版社,2013年,第38页。

常重要的要素。在美国,有些自然资源的确是相对稀缺的,或者美国为了对本国的自然资源加以"战略性保护",显得相对稀缺。因此,美国每年都从国外大量进口自然资源密集型商品。在凡涅克看来,里昂惕夫恰恰是没有充分注意到这个因素,才导致了"谜"的出现。

里昂惕夫之谜首次引进了实证的数量分析方法,检验和论证了要素禀赋理论的正确性,推动了国际贸易理论的新发展,被誉为国际贸易理论发展史上的里程碑。对里昂惕夫之谜的解释,实际上是从不同侧面对要素禀赋理论假定前提的修正,并为以后一系列国际贸易新理论的产生奠定了基础。

(三)保护贸易理论

1.关税保护理论

亚历山大·汉密尔顿是美国独立运动时期的政治家、经济学家,也是美国独立后第一届财政部长,保护幼稚工业理论的最早提出者,他代表工业资产阶级的利益,极力主张实行保护贸易政策。1791年,汉密尔顿代表工业资产阶级的利益,向国会提交了《关于制造业的报告》,在报告中明确表达了他的保护贸易的理论观点。该报告被视为保护贸易理论的第一份重要的经典文献。汉密尔顿认为,为使美国经济独立,要重视发展制造业。因此,他极力主张实行保护关税政策来鼓励幼稚工业发展,阐述了保护和发展制造业的必要性和有利条件,但他并不主张对一切进口商品征收高关税或禁止进口,而只是对本国能生产的但竞争力弱的进口商品实施严厉的限制进口政策。他还提出了以加强国家干预为主要内容的一系列措施,指出保护和发展制造业对维护美国的经济和政治独立具有重要意义。

保护关税理论的提出,对于落后国家寻求经济发展和维护经济独立具有普遍的借鉴意义。虽然汉密尔顿的主张仅被美国国会采纳一部分,但对美国工业制造业的发展以及美国资本主义的发展产生了重大和深远的影响。这一学说的提出,标志着从重商主义分离出来的资产阶级国际贸易学说的两大体系已经基本形成。[1]然而受历史局限性的影响,该理论在当时没能进一步分析其保护措施的经济效应和经济后果,没有注意到保护措施的消极一面。

---

① 李小北、王珽玖、杨春河等主编:《国际贸易学》,经济管理出版社,2004年,第93页。

2.幼稚产业保护理论

德里希·李斯特是德国著名的经济学家,历史学派的先驱者,德国保护关税政策的倡导人。19 世纪初期,为了发展德国经济,国内围绕对外贸易政策的选择展开了激烈的论战。一派主张实行自由贸易政策,另一派主张实行关税保护政策。在这样的时代背景下,李斯特猛烈抨击了古典学派的自由贸易学说,建立了一套以关税保护制度为核心,以幼稚产业为保护对象,为经济落后服务的幼稚产业保护理论。该理论集中反映在 1841 年出版的《政治经济学的国民体系》一书中。

李斯特认为,由于英国已进入农工商业时期,它实行自由贸易政策是正确的,但绝不能否认保护贸易政策在英国经济发展史上所起的重要作用。至于德国,由于它还处在农工业时期,所以必须采取保护贸易政策。此外,他认为生产力是创造财富的能力,要想发展生产力,必须借助国家力量,实行在国家干预下的保护贸易政策,而不能听任经济自发地实现其转变和增长。因此,他主张通过保护关税政策发展生产力,特别是工业生产力。

幼稚产业保护理论具有重要的理论意义和现实意义。该理论的提出,确立了保护贸易理论在国际贸易体系中的地位,标志着从重商主义理论分离出来的西方国际贸易理论两大学派的完全形成。[1]此外,幼稚产业保护理论为德国和其他经济落后国家实行保护贸易政策提供了理论依据,对落后国家制定对外贸易政策具有重要的借鉴和指导意义。19 世纪的德国采用了李斯特的主张,对抗英国工业品的进入和冲击,从而建立起自己完整的工业体系,并且后来居上,超过了英国。现实中也不乏成功案例。众所周知,世界上三个最发达的国家美国、德国和日本都是通过贸易壁垒保护走上工业化道路的。此外,韩国、印度等国家在其汽车、电子等产业发展的初期,都曾采取了种种保护措施,使新兴产业顺利度过幼稚期,其中韩国后来居上,成为东亚新兴经济的突出代表。

但是在如今贸易自由化趋势下,李斯特的幼稚产业保护理论面临着越来越多的挑战。首先,李斯特的研究是以大量的历史判断为基础的,而不是经济分析,他用以往的历史经验来阐释未来的贸易政策,缺乏科学可信的理论依据。其次,他对经济发展阶段的划分和幼稚产业的界定也是不合理的。从李斯特提出幼稚产业保护理论至今,经济学家们一直在怀疑保护能否使

---

[1]　肖春蓉主编:《国际贸易》,电子工业出版社,2013 年,第 46 页。

第十章

幼稚产业成长起来。因为缺乏竞争压力最直接的后果是使企业产生依赖思想,缺乏创新意识,最终可能保护了落后企业及落后技术。再次,根据经济学的思想,最稀缺的资源应该由那些最有效率的部门来组织生产,而保护政策会人为地将稀缺资源转移到获取支持的部门,从而导致资源和效率的双重浪费。①

3.超保护贸易理论

凯恩斯是英国著名的经济学家,凯恩斯主义经济学的创始人。在其 1936 年出版的《就业、利息和货币通论》一书中,凯恩斯对传统自由贸易理论提出批评,强调国家干预经济的重要性。他用乘数原理来分析投资对国民收入的作用,提出了投资乘数理论。凯恩斯认为,投资的增加对国民收入的影响有乘数作用,即增加投资所引起的国民收入的增加是投资增加的若干倍。之后,凯恩斯的追随者美国经济学家马克卢普和英国经济学家哈罗德等人在凯恩斯的投资乘数原理基础上加以发展,提出了对外贸易乘数理论。该理论将对外贸易与就业理论联系起来,从增加就业、提高国民收入的角度说明保护贸易的重要性。认为一国的出口与国内投资一样,有增加国民收入的作用,一国的进口与国内储蓄一样,有减少国民收入的作用。贸易顺差的增加或减少会引起国民收入成倍地增加或减少。由于凯恩斯的对外贸易政策与重商主义政策相似,因而被称为新重商主义。②又由于这种外贸政策代表了垄断资产阶级的利益,在保护的内容、范围、采用的保护手段等方面大大超过了传统保护贸易政策,因此又将它称作超保护贸易理论。

凯恩斯主义的保护贸易理论为发达国家如何通过实施保护贸易政策,实现国内充分就业,提高国民收入水平提供了理论依据,它客观上对发达资本主义国家的对外贸易和经济发展起到了十分重要的促进作用。对外贸易乘数理论揭示了一个国家对外贸易与宏观经济之间的相互依存关系,在一定程度上指出了对外贸易与国民经济发展之间的规律性,具有重要的现实意义。③20 世纪 60 年代以后,亚洲一些国家和地区通过导向型出口而成为新兴工业化国家,证实了对外贸易的高速发展会极大带动一国经济的增长。然而该理论没能揭示出经济危机产生的根本原因,力图通过扩大贸易顺差来

---

① 徐常萍:《从李斯特到 WTO 自由贸易的趋势与幼稚产业的保护》,《现代商业》2007 年第 3 期。

② 胡昭玲主编:《国际贸易:理论与政策》,清华大学出版社,2010 年,第 219 页。

③ 李小北、王珽玖、杨春河等主编:《国际贸易学》,经济管理出版社,2004 年,第 99 页。

解决经济危机是不可能的。此外,该理论没有考虑到国家之间贸易政策的连锁反应,一个国家的"奖出限入"势必会招致其他贸易伙伴国的报复,从长期来看,会对每个国家都有害无利。而且该理论没有认识到贸易顺差与国内投资的不同,贸易顺差和增加投资对国民收入增加的乘数并不等同。

4.中心—外围论

劳尔·普雷维什是阿根廷著名的经济学家,是 20 世纪拉美历史上"最有影响的经济学家",被公认为是"发展中国家的理论代表",代表作是 1950 年出版的《拉丁美洲的经济发展及其主要问题》。根据工作实践和对发展中国家问题的深入研究,普雷维什站在发展中国家的立场上,提出了中心—外围论。他认为,国际经济体系分为两部分:一部分是由发达工业国构成的中心,另一部分是由广大发展中国家组成的外围。中心国家主要享有国际贸易的利益,外围国家则享受不到这种利益,造成了中心国与外围国经济发展水平的差距不断拉大。同时,他还提出"普雷维什命题",认为外围国家的贸易条件出现了长期恶化的趋势。因此,他主张外围国家必须实行工业化,走独立自主的发展道路。为了保证发展中国家工业化的顺利实施,就必须实行保护贸易政策。此外,发展中外围国家还应建立区域性共同市场,开展区域性经济合作,以便相互提供市场促进发展中国家间的经济发展。①

中心—外围论以发展中国家作为研究对象,揭示了发达国家与发展中国家之间贸易关系不平等的本质,丰富了国际贸易的理论体系,为发展中国家争取建立新的国际经济秩序提供了思想武器。②它主张的进口替代和出口导向发展战略,对拉美和其他发展中国家早期的工业化具有直接的指导和借鉴意义。然而中心—外围论并没有对发达国家与发展中国家贸易利益分配不均的原因作出根本性的揭示,认为两类国家处于激烈对抗与持续冲突之中。在这种思想的影响下,亚洲、非洲和拉美的许多发展中国家实行进口替代战略,其结果并不理想,实践失败说明普雷维什的中心—外围论存在着很大的局限性。③

5.战略性贸易政策理论

战略性贸易政策是 20 世纪 80 年代出现的一种关于产业政策的新理

---

① 肖春蓉主编:《国际贸易》,电子工业出版社,2013 年,第 51~52 页。

② 郭波:《国际贸易:理论与政策》,中国社会科学出版社,2009 年,第 111 页。

③ 肖春蓉主编:《国际贸易》,电子工业出版社,2013 年,第 53 页。

论,其代表人物有美国经济学家克鲁格曼和赫尔普曼。该理论以不完全竞争和规模经济理论为前提,以产业组织中的市场结构理论和企业竞争理论为分析框架,突破了以比较优势为基础的自由贸易学说,强调了政府适度干预贸易对于本国企业和产业发展的作用。该理论认为,工业品的国际市场竞争是不完全的,工业品的生产存在规模经济,故一国政府可通过贸易保护和补贴、信贷优惠、国内税收优惠等国内政策进行保护,以及扶持那些承担巨大风险、需大规模生产以获取规模经济,并能产生外部经济效益的高新技术产业和对本国未来发展至关重要的行业,以创造本国在这些产业上的比较优势,获取大量的外部经济利益,为本国未来发展增强后劲。①

战略性贸易理论放宽了完全竞争这一假设条件,更具有现实意义,为各国发展本国经济和对外贸易提供理论指导。该理论的实际影响力更为深远,韩国的实践被看作推行战略性贸易政策最典型的例证,而且成效十分显著。2013 年年末,一部《来自星星的你》登陆中国,新一波韩流再次来袭,吸引着众人的眼球,在中国市场赚足了钱。早在亚洲金融危机后,韩国金大中总统提出了"文化立国"方针,将文化产业列为 21 世纪国家经济战略性支柱产业,提出了"韩国文化世界化"的口号。2008 年至 2011 年间,韩国文化产业出口规模以每年 22.5% 的速度飞速增长,2012 年出口规模达 43.2 亿美元,同比增长 34.9%。在国家的大力扶持下,韩国文化产业迅速崛起,成为继汽车后为韩国赚取外汇最多的产业,跻身世界文化产业强国之列。②

但是我们应该看到理论的成功实施都是在那些具有成熟市场经济体制、干预有效的政府、国内产品市场需求旺盛的发达国家。发展中国家政府财政实力较弱,很难给予目标产业大量的补贴,而实施战略性贸易政策的产业易受他国报复,导致此种政策的效果更加难以实现。此外,该理论往往成为贸易保护主义者加以曲解和滥用的口实,恶化全球贸易环境。

(四)新贸易理论

1.国际贸易新要素理论

针对里昂惕夫之谜,西方经济学界的一些经济学家提出了许多解释,但

---

① 李小北、王珽玖、杨春河等主编:《国际贸易学》,经济管理出版社,2004 年,第 107 页。
② 资料来源:中国经济网,参见 http://www.ce.cn/culture/gd/201403/15/t20140315_2486773.shtml。

另一些学者针对战后国际贸易的新情况、新特点，又提出不少比较新颖的理论，直接修正和发展了 H-O 学说。其中一部分人仍用生产要素差异来论述国际贸易，但同时扩大了要素的范围，赋予要素新的含义，由此产生了新要素理论。

国际贸易新要素理论认为，应赋予生产要素新的含义，扩展生产要素的范围。生产要素不仅仅是生产要素禀赋理论所说的劳动、资本和土地，技术、人力资本、研究与开发、信息以及管理等都是生产要素。国际贸易新要素理论主要包括：人力资本理论、研究与开发学说和信息与管理要素理论。①

（1）人力资本理论。人力资本理论由美国经济学家舒尔茨创立，该理论用人力资本的差异来解释国际贸易产生的原因和流向。人力资本理论认为，资本包含两部分：一部分是物质资本，指厂房、机器设备、原材料等有形资本；另一部分是人力资本，指寓于人体中的人的智能，表现为人的文化水平、生产技巧、熟练程度、管理才能及健康状况等，它是对人力投资的结果。②一国通过对劳动力进行投资，如正规的学校教育、卫生保健、在职培训等，可以使劳动力原有的素质得到极大改善，大大提高劳动生产率，从而对该国的对外贸易格局产生重要影响。一般来说，资本充裕的国家往往也是人力资本充裕的国家，其比较优势实际上是人力资本的充裕，这是它参与国际分工和贸易的基础。在贸易结构和流向上，这些国家往往出口人力资本密集型产品。③

二战后日本崛起，就得益于重视教育和重视人才的培养。早在 1872 年明治政府颁布教育改革法令——《学制》时就规定："学制为八年，六至十四的儿童接受近代化的义务教育，将全国分为八大学区，设立二百五十六所中学。五万三千七百六十所小学。平均六百名人口即设立一所小学。同年设立师范学校，以培养师资。以期'自今以后，期望于一般人民者，使邑无不学之户，家无不学之人'。"经过大约三十五年的努力，终于在全国范围内普及了八年义务教育，其速度之快在世界教育史上首屈一指。相比较而言，资本主义建立时间较早、物质财富比日本雄厚的英国、美国和德国，它们免费普及小学教育的时间都比日本用的时间长。

（2）研究与开发学说。面对传统贸易理论以技术不变为假设前提，格鲁

---

① 肖春蓉主编：《国际贸易》，电子工业出版社，2013 年，第 60 页。
② 李小北、王珽玖、杨春河等主编：《国际贸易学》，经济管理出版社，2004 年，第 78 页。
③ 肖春蓉主编：《国际贸易》，电子工业出版社，2013 年，第 61 页。

伯、梅达和弗农等西方经济学家看到技术进步对国际贸易的影响,试图从产品的研究、开发方面找到国际贸易产生的原因。1967年发表的《美国工业中的国际贸易研究开发要素与国际投资》一文,提出了研究与开发学说。该理论强调了研究与开发作为一种新的生产要素对于国际贸易比较利益的重要作用。研究与开发要素是指用于研究和开发各种新项目、新技术、新产品的投资,它是规模报酬递增的主要源泉。[1]研究与开发的多少,可以改变一个国家在国际分工中的比较优势。一个国家投入到研究、开发活动中的资金越多,其产品中知识与技术的密集度越高,因而在国际贸易中获得的比较利益越多。在实际衡量中多用开发经费占销售额的比重来计算。

(3)信息与管理要素理论。西方经济学家认为,现代经济生活除了需要土地、资本和劳动这样的传统生产要素,信息和管理也成为重要的生产要素。信息是能够创造价值并进行交换的一种无形资源,是现代生产要素的组成部分。[2]信息同时又是可以交换的商品,是一种软件要素,而且是一种无限的资源,占据信息意味着比较优势的改变,可以促进一国贸易格局的变化。在现代国际贸易中,竞争越来越表现为商情战、信息战,每个企业获取信息的快慢、拥有信息的多寡,往往会左右其生产经营和决策,甚至决定着企业的命运,而一个国家利用信息的状况则将影响到它的比较优势,改变它在国际贸易分工中的地位。

管理是指在一定条件下对各种生产要素间的比例进行组织、配置和调节。与其他生产要素不同的是,它是生产要素的补充。管理要素的重要性随着生产经营规模的扩大而增强,并通过相应管理人员的工作而体现。因此,管理水平的高低直接反映了劳动生产效率的差异。一般而言,经济水平落后的国家管理要素也相对稀缺,表现在管理人员比重小且管理水平低下。[3]

2.产品生命周期理论

产品生命周期理论,是由美国哈佛大学教授雷蒙德·弗农于1966年在其《产品周期中的国际投资与国际贸易》一文中首次提出的。后来,威尔斯、赫希哲等人进一步充实和发展了该理论,使其成为解释二战后工业制成品贸易流向最有说服力的理论。[4]该理论认为,由于各国技术水平和消费水平

---

① 郭波:《国际贸易:理论与政策》,中国社会科学出版社,2009年,第64页。

② 肖春蓉主编:《国际贸易》,电子工业出版社,2013年,第63页。

③ 郭波:《国际贸易:理论与政策》,中国社会科学出版社,2009年,第66页。

④ 李小北、王珽玖、杨春河等主编:《国际贸易学》,经济管理出版社,2004年,第82页。

的效益、要素比例的配置随产品发展阶段的变化而变化,进而导致比较利益的动态转移。弗农根据美国的情况,提出了产品生命周期的四阶段模型,如图 10-1 所示。

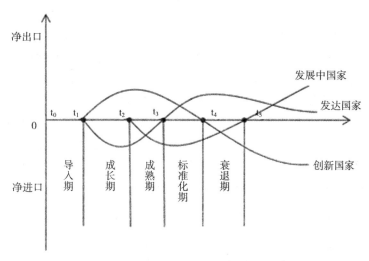

图 10-1　产品生命周期理论四阶段模型

第一阶段是导入期。此时新产品刚刚问世,垄断技术由少数厂商控制。生产过程中主要投入了先进技术和大量的研发费用,因此产品属于技术密集型。这一阶段产品主要供应生产国市场,满足本国高收入阶层的消费需求。第二阶段是成长、成熟期。该阶段产品进入批量生产,生产技术开始扩散并出现竞争厂商。生产规模增加,成本降低,不但拥有本国市场,而且打开并垄断国际市场。第三阶段是标准化期。此时产品采用大规模专业化设备流水线生产,同行业竞争对手日益增多。产品价格大幅下降,更多国家产生消费需求,开始模仿生产。第四阶段是衰退期。该阶段原来的技术创新国已经失去优势,逐渐由出口国变为进口国,而生产成本较低的国家占据了比较优势,由进口国转为出口国。通过以上四个产品生命阶段的描述,可以看到要素比例的配置随着产品不同阶段的变化而变化,从而引起国际贸易格局的变化和比较优势的转移。[①]

产品生命周期理论将技术因素引入国际贸易理论中,使比较优势理论由静态发展为动态,发展和丰富了国际贸易理论。新技术和新产品的转移和

---

①　肖春蓉主编:《国际贸易》,电子工业出版社,2013 年,第 65 页。

扩散像波浪一样，一浪接着一浪向前传递和推进。正如本章开篇讲到的，美国三大汽车巨头，在长期占据技术创新和比较利益之后，逐渐被后起国家日本和韩国模仿并超越。我们不禁要问，下一个接手"汽车"这一接力棒的将会是谁？

3.产业内贸易理论

产业内贸易理论又称差异产品理论，它是解释同一产业内差异产品在不同国家和地区间双向流动的理论。[①]产业内贸易理论的发展经历了20世纪70年代中期以前的经验性研究和70年代中期以后的理论性研究两个阶段。20世纪70年代中期以前，西方经济学家佛丹恩、迈凯利、巴拉萨和考基玛对产业内贸易作了大量的经验性研究。70年代中期，西方经济学家格鲁贝尔、劳尔德对产业内贸易现象作了开创性、系统性的研究，使产业内贸易理论进入到理论性研究阶段。之后，格雷、戴维斯、克鲁格曼、兰卡斯特等经济学家对产业内贸易进行了大量的理论性研究，使该理论日趋丰富、成熟。[②]

与传统的产业间贸易相比，产业内贸易的贸易基础是同类产品的差异性，贸易动因是利用规模经济，贸易利益是满足消费需求的多样性。该理论认为，贸易不一定是比较优势的结果，可能是规模经济或收益递增的结果，在不完全竞争市场上，国家之间即使不存在资源禀赋、技术水平的差异或者差异很小，也完全可以因为需求偏好或者规模经济，以及产品差异促使各国追求生产的专业化和从事国际贸易。

产业内贸易理论突破了传统国际贸易理论的一些不切实际的假定（如完全竞争的市场结构、规模收益不变等），从规模经济、产品差异性、国际投资等方面考察贸易形成机制，从而解释了传统贸易理论所不能解释的贸易现象，是国际贸易理论的新发展。同其他理论一样，产业内贸易理论也有不足之处。虽然在政策建议上，该理论赞同动态化，但它使用的仍然是静态分析的方法，这一点与传统贸易理论是一样的。

4.国家竞争优势理论

迈克尔·波特是哈佛大学商学院的大学教授，是竞争战略和国家竞争力领域的国际权威之一，被誉为"竞争战略之父"。在其1990年出版的《国家竞争优势》一书中，波特对比较优势理论、规模经济理论、技术差距论以及产品

---

① 郭波：《国际贸易：理论与政策》，中国社会科学出版社，2009年，第57页。

② 李小北、王珽玖、杨春河等主编：《国际贸易学》，经济管理出版社，2004年，第86页。

生命周期理论等国际贸易理论进行了批判,提出了国家竞争优势理论。该理论的核心是"创新是竞争力的源泉"。波特认为,一个国家的竞争优势,就是企业、行业的竞争优势,也就是生产力发展水平上的优势。一国竞争力的高低取决于其产业发展和创新能力的高低。一个国家的兴衰其根本原因在于能否在国际市场中取得竞争优势,竞争优势形成的关键在于能否使主导产业具有优势,优势产业的建立有赖于生产率的提高,提高生产率的源泉在于企业是否具有创新机制。

　　从宏观角度来看,一个国家的竞争优势来源于四个基本因素和两个辅助因素。波特运用钻石模型解读了产业竞争优势的来源,并探讨了国家在创造竞争优势过程中的作用。由于此模型看起来像一个菱形,所以把它称为"菱形图形"或"钻石图形",①如图 10-2 所示。

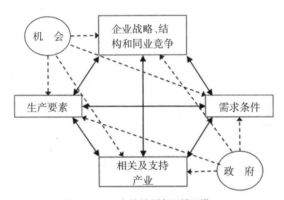

图 10-2　波特的"钻石模型"

　　此外,波特还将一国竞争优势的发展分为四个阶段:第一阶段,要素推动阶段。该阶段的竞争优势主要取决于一国的要素禀赋优势,即拥有廉价的劳动力和丰富的资源;第二阶段,投资推动阶段。该阶段的竞争优势主要取决于资本优势。大量的投资可更新设备、扩大规模、增强产品的竞争力;第三阶段,创新推动阶段。该阶段的竞争优势主要来源于研究与开发;第四阶段,财富推动阶段。在此阶段,创新的竞争意识明显下降,经济发展缺乏强有力的推动力。②

---

① 肖春蓉主编:《国际贸易》,电子工业出版社,2013 年,第 72 页。

② 李小北、王珽玖、杨春河等主编:《国际贸易学》,经济管理出版社,2004 年,第 91 页。

波特的国家竞争优势理论弥补了其他国际贸易理论的不足，较圆满地回答了理论界长期未能解答的一些问题，为国际经济理论发展作出了贡献。然而波特的理论也存在一定的局限性，它过度强调企业和市场的作用，忽视了政治体制、宏观经济环境、社会文化等外部因素对企业竞争环境的影响。波特的国家竞争优势理论对于解释诸如美国、日本、德国和英国等发达国家的国际竞争力来源有很强的说服力，这些国家自身具有良好的国内经济环境，具备波特模型中的各种因素。但是对于小国经济，对于欠发达国家和发展中国家而言，它们没有与波特"钻石模型"相称的国内经济环境，它们有的缺乏足够大的市场容量，有的缺乏资本、技术要素等，这些国家如何创造竞争优势呢？显然波特的"钻石模型"没有给出很好的回答。

二、国际贸易政策措施

2009 年年初，随着经济衰退期失业的增加以及收入的减少，美国国会和奥巴马政府通过了一项经济刺激法案以增加政府支出，支出的一部分将用于公路桥和其他基础设施。该法案的早期版本中，要求所有用刺激资金购买的产品必须符合"购买美国货"的规定，其目的在于通过阻止外国公司参与这些桥梁建设及其他支出计划来增加该法案所创造的就业量。几个国家，特别是加拿大，对此表示反对，因为美国签订的国际协议承诺不向其外国进口商增加新的障碍。但反对"购买美国货"规定的并不只是这几个国家。在其他国家出售产品的美国厂商也同样非常担心。他们认为如果美国限制外国公司的出口，那么其他国家也可能通过限制美国企业的出口来进行报复。"购买美国货"的规定及其他意在保护美国企业免受国外竞争的措施真的很好吗？我们将在本节中看到这些政策既会使一些人成为受益者，也会使一些人成为受害者。①

（一）国际贸易政策

国际贸易政策是世界各国和各地区所采取的对外贸易政策的总和，是

---

① 资料来源：Mark Drajem，"GE，Caterpillar Fight 'Buy American'Rule in Stimulus"，Bloomberg. com，January 22，2009. 转引自张贵洪编著：《经济学（微观）》，机械工业出版社，2012 年，第 188 页。

第十章

各国在一定时期内对进口贸易和出口贸易所实行的政策。从国际贸易产生与发展来看,国际贸易政策主要分为两类,即自由贸易政策和保护贸易政策。①

自由贸易政策是指减少乃至取消对进口的各种限制和障碍,以实现商品自由进出口并在国内外市场上自由竞争。②自由贸易政策分单边、双边、诸边和多边,表现为关税的降低和应税商品的减少、非关税壁垒等的减少与取消。保护贸易政策是指国家采取各种限制进口的措施,以保护本国商品在本国市场上免受国外商品竞争,并对本国出口商品给予优惠和补贴,以鼓励商品出口,即奖出限入。③

在资本主义发展历程中,自由贸易政策与保护贸易政策交替更迭。从世界范围来看,1860—1880 年,英国积极推行自由贸易政策,是自由贸易的黄金时代。随着资本主义自由竞争向垄断竞争过渡,自由贸易逐渐被保护贸易所代替。从 19 世纪 80 年代到第二次世界大战前的 60 年间,是自由贸易衰亡时期。尤其是 20 世纪 30 年代资本主义经济大危机时期,出现了超保护贸易政策。第二次世界大战后,经济实力大为增强的美国竭力鼓吹贸易自由化,主张降低关税,取消数量限制,实行无差别待遇的互惠原则,在世界范围内出现了贸易自由化。20 世纪 70 年代后,资本主义进入"滞涨阶段",导致主要资本主义国家的对外贸易政策转向贸易保护主义。经过四十余年的矛盾与冲突,从世界范围来看,关税壁垒大为削弱,贸易限制有所放宽,贸易自由化取得进展。但非关税壁垒却大为加强,新贸易保护主义势力有增无减,贸易自由化成为经济大国进行贸易扩张的工具。

(二)关 税

关税(Customs)是一国海关在进出口商品经过关境时,向本国的进出口商所征收的一种税。《英国百科全书》对 Customs 一词的来源注解为,古时欧洲在商人进入市场交易时向当地领主交纳的一种例行的入市税。④因此,关税是最古老也是最有代表性的限制进口的措施。同时,关税是国家税收的一

---

① ③ 肖春蓉主编:《国际贸易》,电子工业出版社,2013 年,第 77 页。

② 郭波:《国际贸易:理论与政策》,中国社会科学出版社,2009 年,第 145 页。

④ 肖春蓉主编:《国际贸易》,电子工业出版社,2013 年,第 88 页。

种,具有强制性、无偿性和预定性的特点。

关税种类繁多,按照差别待遇和特定的实施情况,关税可分为:

1.进口附加税

进口附加税(Import Surtax)又称特别关税,是进口国家海关对进口商品征收正常进口税后,出于某种目的而额外加征的关税。进口附加税不同于进口税,不体现在海关税则①中,并且是为特殊目的而设置的,其税率的高低往往视征收的具体目的而定,一般是临时性的或一次性的。进口附加税主要有反补贴税、反倾销税、紧急关税、惩罚关税和报复关税五种。②

(1)反补贴税。反补贴税(Counter-Vailling Duty)又称抵消税或补偿税,是对于直接或间接地接受任何奖金或补贴的外国商品进口所征收的一种进口附加税。③进口商品在生产、制造、加工、买卖、输出过程中接受了直接或间接的奖金或补贴,并使进口国生产的同类产品遭受重大损害是构成征收反补贴税的重要条件。反补贴税是按补贴数额进行征收的,其目的在于使得到补贴的商品失去人为因素的竞争效力。进口商品被征收反补贴税后其价格就会提高,这样就抵消了它所享受的补贴金额,从而削弱它的竞争能力,使它不能在进口国市场上进行低价竞争或倾销。

(2)反倾销税。反倾销税(Anti-Dumping Duty),是指对实行倾销④的进口货物所征收的一种临时性进口附加税。征收反倾销税的目的在于抵制外国商品的倾销,保护本国产业和国内市场;或借"反倾销"调查的名义,故意拖延时间,阻止国外进口商的合理贸易。⑤

为了规范反倾销活动,征收合理的反倾销税,在关税与贸易总协定乌拉圭回合谈判中,达成了《反倾销协议》⑥。其中对实施倾销的条件、反倾销措施、反倾销税的征收等问题都作了具体的规定。然而这些规定在实践中并没

---

① 海关税则是海关对进出口商品征收关税的准则和依据,主要由税目、税率和实施细则构成。

② 胡昭玲主编:《国际贸易:理论与政策》,清华大学出版社,2010年,第164页。

③ 李小北、王珽玖、杨春河等主编:《国际贸易学》,经济管理出版社,2004年,第191页。

④ 倾销是指一个国家或地区的出口经营者以低于国内市场正常或平均价格,甚至低于成本价格向另一国市场销售其产品的行为。反倾销是指一国(进口国)针对他国对本国的倾销行为所采取的对抗措施。

⑤ 肖春蓉主编:《国际贸易》,电子工业出版社,2013年,第94页。

⑥ 反倾销协议,即《关于执行1994年关贸总协定第六条的协议》,是世界贸易组织管辖的一项多边贸易协议,是在关贸总协定东京回合《反倾销守则》的基础上修改和补充的,由3个部分、18个条文及2个附件组成。

有得到很好的执行。事实上,反倾销已成为西方发达国家推行贸易保护主义和实行歧视的工具,在全球爆发性地泛滥。据世界贸易组织公布的数据①显示,自 1995 年到 2013 年为止,世界范围内共发起 4519 起反倾销立案调查。其中中国是世界上遭遇反倾销立案调查最多的国家,数量达 989 起,远远高于排在第二位的韩国的 331 起,已经连续 18 年成为全球遭遇反倾销立案调查最多的国家。

2.差价税

差价税(Variable Levy)又叫差额税,是对高于本国产品价格的进口商品所征收的关税。对于征收差价税的商品,有的规定按价格差额征收,有的规定在征收一般关税以外另行征收。由于差价税是随着国内外价格差额的变动而变动的,因此它是一种滑动关税。差价税也是欧盟对从非成员国进口的农产品征收的一种进口关税。②

3.特惠税

特惠税(Preferential Duty),全称为特定优惠关税,是指对从特定国家或地区进口的全部商品或部分商品,给予特别优惠的低关税或零关税待遇的一种关税制度。特惠税有的是互惠的,有的是非互惠的。③

特惠税最早始于宗主国和殖民地附属国之间的贸易往来,最典型的是英联邦特惠税。目前,在国际上影响最大的特惠税是《洛美协定》④。它是欧洲共同市场(现为欧盟)向参加洛美协定的非洲、加勒比和太平洋地区的发展中国家单方面提供的特惠税。根据《洛美协定》,欧洲共同市场国家将在免税、不限量的条件下,接受这些发展中国家全部工业品和 96%农产品进入欧洲共同市场,而不要求这些发展中国家给予"反向优惠"。又如中国为扩大从非洲国家的进口,促进中非双边贸易的进一步发展,自 2005 年 1 月 1 日起,对贝宁、布隆迪、赞比亚等非洲 25 个最不发达国家的部分输华产品给予特惠关税待遇,对涉及水产品、农产品、药材、石材石料、矿产品、皮革、钻石等

---

① 资料来源:世界贸易组织官网,参见 http://www.wto.org/english/tratop_e/adp_e/adp_e.htm。

② 郭波:《国际贸易:理论与政策》,中国社会科学出版社,2009 年,第 152 页。

③ 肖春蓉主编:《国际贸易》,电子工业出版社,2013 年,第 95 页。

④ 《洛美协定》或称《洛美公约》,全称是《欧洲经济共同体——非洲、加勒比和太平洋(国家)洛美协定》。1975 年 2 月 28 日,非洲、加勒比海和太平洋地区 46 个发展中国家(简称非加太地区国家)和欧洲经济共同体 9 国在多哥首都洛美开会,签订贸易和经济协定。它在当前的南北关系中,是最大的经济贸易集团,缔约成员国达 86 个。

十多个大类的 190 种商品免征关税，其中宝石或半宝石制品的关税由 35% 降至零。①

4.普遍优惠制

普遍优惠制（Generalized System of Preferences）简称普惠制（GSP），是指发达国家对从发展中国家或地区输入的工业制成品、半制成品和某些初级产品给予普遍的、非歧视的和非互惠的关税优惠待遇。普惠制是发展中国家经过长期斗争后获得的胜利成果。1968 年联合国贸易与发展会议第二届会议通过普惠制决议，1970 年被第二十五届联合国大会所采纳。1971 年 7 月，欧洲共同市场首先制定了普惠制方案，开始实施。目前，世界上有 40 个给惠国、一百九十多个受惠国和地区。中国是受惠国之一，至今已有 39 个国家给予我国普惠制待遇。②

除上述四种关税外，按照征收对象或商品流向分类，关税可分为进口关税、出口关税和过境税。进口税是进口国海关在外国商品输入时，对本国进口商征收的关税，是关税中最主要的一种。出口税是指出口国海关在本国商品输出时，对本国出口商所征收的关税。目前大多数国家对出口商品都不征收出口税，因为征收出口税会提高本国出口商品的成本和国外销售价格，不利于出口。过境税又称通过关税，是一国对于通过其关境的外国货物所征收的关税。此外，按照关税的征收方法和征收标准不同，关税可分为从量税③、从价税④、复合税⑤和选择税⑥等。

---

① 资料来源：中华人民共和国商务部官网，参见 http://www.mofcom.gov.cn/article/bb/200501/20050100335965.shtml。

② 资料来源：中国质量新闻网，参见 http://www.cqn.com.cn/news/zjpd/zjbk/zjyw/mcsy/417107.html。

③ 从量税（Specific Tariff）是以商品的重量、数量、容量、长度和面积等计量单位为标准计征的关税。计算公式为：从量税额 = 从量税率×进口商品数量。

④ 从价税（Ad valorem Tariff）是按商品的价格为标准计征的关税。计算公式为：从价税额 = 从价税率×商品总值。

⑤ 复合税（Compound Tariff）是对商品同时计征从量税和从价税。计算公式为：复合税额 = 从量税额＋从价税额。

⑥ 选择税（Alternative Tariff）是对商品同时制定从量税和从价税，但根据特定目的只选择其中一种计税方法来征收。

（三）非关税措施

非关税措施又称非关税壁垒（Non-Tariff Barriers, NTB），是指除关税以外用于限制进口的措施。随着关税的下降，非关税措施在限制进口、保护本国市场方面的作用不断加强，成为多边贸易体制关注的焦点之一。非关税措施种类繁多，主要有以下九种。

1. 进口配额制

进口配额制（Import Quotas System）又称进口限额制，是指一国政府在一定时期（如一季度、半年或一年）内，对某些商品的进口数量或金额加以直接限制。①在规定的期限内，配额以内的货物可以进口，超过配额不准进口或者征收较高的关税或惩罚后才能进口。进口配额是许多国家实行进口数量限制的重要手段之一，主要有三种类型。

（1）绝对配额。绝对配额（Absolute Quotas）是在一定时期内，对某种商品的进口数量或金额规定一个最高数额，达到这个数额后，便不准进口。这种进口配额在实施中，又分为全球配额（Global Quotas）和国别配额（Country Quotas）。全球配额属于世界范围的绝对配额，对来自任何国家或地区的商品一律适用，按进口商品申请的先后批给一定的额度，至总配额发放完为止，超过总配额就不准进口。全球配额并不限定进口的国别或地区，故配额公布后，进口商往往相互争夺配额。邻近的国家或地区依其优越地理因素，在竞争中居于有利地位。为了减少这种情况所带来的不足，一些国家采用了国别配额。国别配额是指在总配额内按国别和地区分配固定的配额，超过规定的配额便不准进口。为了区分来自不同国家或地区的商品，在进口商品时进口商必须提交原产地证明书。实行国别配额可使进口国家根据它与有关国家或地区的政治经济关系分配不同的配额。②

（2）关税配额。关税配额（Tariff Quotas）是指对商品进口的绝对数额不加限制，而对在一定时期内，在规定的关税配额以内的进口商品，给予低税、减税或免税待遇，对超过配额的进口商品征收高关税、附加税或罚款。这种方式在实施中也有两种形式：优惠性关税配额和非优惠性关税配额。优惠性关

---

① 薛荣久：《国际贸易》，对外经济贸易大学出版社，2010 年，第 150 页。

② 胡昭玲主编：《国际贸易：理论与政策》，清华大学出版社，2010 年，第 183~184 页。

税配额是对关税配额内进口的商品给予较大幅度的关税减让,甚至免税;超过配额的进口商品征收原来的最惠国税。欧盟在实施普惠制实施中所采用的关税配额就属此类。非优惠性关税配额是对关税配额内进口的商品征收原来正常的进口税,一般按最惠国税率征收;对超过关税配额的部分征收较高的进口附加税或罚款。①

例如 2011 年,中国食糖进口配额为 194.5 万吨,配额内关税 15%,配额外进口关税则分为享受最惠国待遇的税率 50% 和非最惠国待遇的税率 125%。②如此高额的进口附加税,其目的就是禁止进口超过配额的商品。

(3)自动出口配额制。自动出口配额制(Voluntary Export Quotas),是出口国家或地区在进口国的要求或压力下,"自动"规定在某一时期内,该国对某些商品的出口限制,在限定的配额内自行控制出口,超过配额即禁止出口。③

2.进口许可证制

进口许可证制(Import Licence System)是指进口国规定,某些商品必须事先领取许可证才能进口,否则一律不准进口。进口许可证作为一种行政手段,具有简便易行、见效快、比关税更有力等特点,因而成为各国监督和管理进口贸易的有效手段。例如中国曾经对汽车进口实施的是进口配额管理,进口商必须申请并取得与配额相关的进口许可证才能进口。按照中国加入世界贸易组织的承诺,2005 年 1 月 1 日起取消汽车进口的配额许可证管理,施行自动进口许可管理。④

3.外汇管制

外汇管制(Foreign Exchange Control)是指一国政府通过法令对国际结算和外汇买卖实行限制来平衡国际收支和维持本国货币汇价的一种制度。⑤负责外汇管理的机构一般都是政府授权的中央银行,如英国的英格兰银行,中国的中国人民银行等。也有一些国家另设机构,如法国设立外汇管理局担负此任。

---

① 肖春蓉主编:《国际贸易》,电子工业出版社,2013 年,第 110 页。

② 资料来源:中商情报网,参见 http://www.askci.com/news/201204/18/174056_16.shtml。

③ 肖春蓉主编:《国际贸易》,电子工业出版社,2013 年,第 111 页。

④ 资料来源:中华人民共和国商务部官网,参见 http://www.mofcom.gov.cn/article/wtojiben/u/2004 02/20040200182894.shtml。

⑤ 薛荣久:《国际贸易》,对外经济贸易大学出版社,2010 年,第 154 页。

在外汇管制下，出口商必须把他们出口所得到的外汇收入按官定汇价卖给外汇管理机关，进口商也必须向外汇管制机关按官定汇价申请购买外汇，本国货币的携带出入国境也受到严格的限制。这样，政府有关部门可以通过确定官定汇价、集中外汇收入和批汇等办法控制外汇供应数量，达到限制进口商品品种、数量和国别的目的。[①]

4.进口押金制

进口押金制（Advanced Deposit）又称进口存款制，是指进口商在进口商品时，必须预先按进口金额的一定比率和规定的时间，在指定的银行无息存放一笔现金的制度。这种制度无疑增加了进口商的资金负担，影响了资金的正常周转，同时由于是无息存款，利息的损失等于征收了附加税。所以进口押金制度能够起到限制进口的作用。有些国家还规定进口方必须获得出口方所提供的一定数量的出口信贷或提高开出信用证押金等方式限制进口。

然而进口押金制对进口的作用有限。如果进口商以押款收据作担保，在货币市场上可以获得优惠利率贷款，或者国外出口商为了保证销路而愿意为进口商分担押金金额，从而使得这种制度起不到限制进口的作用。[②]

5.最低限价

最低限价（Minimum Price）是指一国政府规定某种进口商品的最低价格，即当进口货物的价格低于规定的最低价格时，则对其征收进口附加税或禁止进口。其目的是为了限制低价商品的进口。

6.歧视性政府采购政策

歧视性政府采购政策（Discriminatory Government Procurement Policy）又称购买国货政策（buy-national policies），是指一国政府通过制定法令，规定政府机构在采购商品时必须优先购买本国产品，从而导致对国外产品的歧视与限制。有些国家虽未明文规定，但优先采购本国产品已成惯例。[③]

正如本章开篇给大家介绍的案例，随着次贷危机引发的全球经济危机不断扩大，美国经济不断衰退，失业人口不断增加。2009年2月12日，美国参议院通过了7870亿美元的新经济刺激计划，其中最引人注目的便是"购买美国货"的条款，即在遵守世界贸易组织政府采购协定和其他贸易协定的

---

① 胡昭玲主编：《国际贸易：理论与政策》，清华大学出版社，2010年，第188页。

② 李小北、王珽玖、杨春河等主编：《国际贸易学》，经济管理出版社，2004年，第213页。

③ 肖春蓉主编：《国际贸易》，电子工业出版社，2013年，第113页。

情况下,所有联邦政府采购部门应采购美国本土生产的铁、钢和制成品,但并不限于这些产品。美国经济刺激计划中有关"购买美国货"的条款,是彻头彻尾的贸易保护主义。在经济振兴计划中嵌入购买国货的条款纯属权宜之计,是典型的"损人不利己"。因为"购买美国货"条款在保护国内企业和就业的同时势必会抑制国内产业的创新和长远竞争力,伤害国内普通消费者和进口商的利益。[①]

7.海关估价

海关估价(Customs Valuation)是指海关对申报进口的商品价格进行审核,以确定或估定其完税价格。[②]国际贸易中的货物价格形式多种多样,海关估价以何种价格为依据,各国都有不同的规定。最通常使用的进口货物估价采用的是到岸价格。有些国家则使用离岸价格、产地价格或出口价格,也有些国家使用进口地市场价格、进口国官定价格,或同时使用几种价格。由于各国对海关估价的规定不同,有些国家利用估价提高进口关税,成为一种限制进口的非关税措施。

为了消除各国海关估价制度的差异,在东京回合[③]谈判中,关税与贸易总协定缔约方通过谈判,达成《关于实施关税与贸易总协定第七条的协议》(亦称《海关估价协定》)。该协定设定了严格、细密的海关估价的方法、顺序、特殊关系界定、复议诉讼、争端解决等一系列程序,规定了海关与进口商双方在确定进口货物完税价格过程中的权利义务,强调了对进口商权益的关注和保护,以及对海关估价权力的约束和限制。

8.技术性贸易壁垒

技术性贸易壁垒(Technical Barriers to Trade,简称 TBT)是指各国为保证其进口商品的质量,或保护人类、动物或植物的生命或健康及保护环境,或防止欺诈行为而设立的技术法规、技术标准、合格评定程序等。[④]由于这类壁垒经常以技术面目出现,因此常常会披上合法外衣,成为当前国际贸易中最为隐蔽、最难对付的非关税壁垒。这不仅损害了本国消费者和企业的利益,也极大地损害了全球贸易体系,对发展中国家的对外贸易造成了很大的障碍。

---

① 资料来源:新华网,参见 http://news.xinhuanet.com/world/2009-02/16/content_10828845.htm。

② 胡昭玲主编:《国际贸易:理论与政策》,清华大学出版社,2010 年,第 190 页。。

③ 东京回合是指关贸总协定第七轮多边贸易谈判,1973 年 9 月始于日本东京,后改在瑞士日内瓦举行,1979 年 4 月结束,99 国(含 29 个非缔约国)参加。

④ 薛荣久:《国际贸易》,对外经济贸易大学出版社,2010 年,第 157 页。

《技术性贸易壁垒协议》[①]（Agreement on Technical Barriers to Trade）将技术性贸易壁垒分为技术法规、技术标准和合格评定程序三类。

（1）技术法规。技术法规是强制性执行有关产品特性或相关工艺和生产方法的规定。主要包括国家政府部门或经授权的非政府机构制定的技术法规，如有关产品、工艺或生产方法的专门术语、符号、包装、标志或标签要求。[②]

美国是世界上食品标签法规最为完备、严谨的国家，对新法规的研究、制定处于领先地位。美国食品和药物管理局要求大部分的食品必须标明至少 14 种营养成分的含量，仅仅是在这一领域处领先地位的美国制造商为此每年要多支出 10.5 亿美元，由此可以想象其他落后国家的出口商的成本压力了，尤其是对没条件进行食品成分分析的国家而言，这无疑就是一项禁止进口措施。[③]

（2）技术标准。技术标准是指公认机构批准供通用或重复使用的、非强制性执行的关于产品特性或相关工艺和生产方法的规则、指南或特性的文件。[④]在国际贸易中，发达国家常常是国际标准的制定者。它们凭借在世界贸易中的主导地位和技术优势，率先制定游戏规则，强制推行根据其技术水平制定的技术标准，使广大发展中国家的出口商望尘莫及。而且这些技术标准、技术法规常常变化，有的地方政府还有自己的特殊规定，使发展中国家的厂商要么无从知晓、无所适从，要么为了迎合其标准付出较高的代价，削弱了产品的竞争力。

（3）合格评定程序。合格评定程序是指按照国际标准化组织（International Organization for Standardization，ISO）[⑤]的规定，根据技术规则和标准，对生产、产品、质量、安全、环境等环节以及整个保障体系进行全面监督、审查和检验，合格后由国家或国外权威机构授予合格证书或合格标志，以证明某

---

① 《技术性贸易壁垒协议》（Agreement on Technical Barriers to Trade），简称 TBT 协议，是世界贸易组织管辖的一项多边贸易协议，是在关贸总协定东京回合同名协议的基础上修改和补充的。它由前言和 15 条及 3 个附件组成。主要条款有：总则、技术法规和标准、符合技术法规和标准、信息和援助、机构、磋商和争端解决、最后条款。

②④ 胡昭玲主编：《国际贸易：理论与政策》，清华大学出版社，2010 年，第 191 页。

③ 资料来源：新浪网站，参见 http://finance.sina.com.cn/x/20040828/1043982912.shtml。

⑤ 国际标准化组织成立于 1947 年 2 月 23 日，是世界上最大、最权威的综合性国际标准化组织，总部设于瑞士日内瓦，成员包括 162 个会员国。该组织自我定义为非政府组织，官方语言是英语、法语和俄语。参加者包括各会员国的国家标准机构和主要公司。

产品或服务符合规定的标准和技术规范。①合格评定程序包括产品认证和体系认证两个方面:产品认证是指确认产品是否符合技术规定或标准的规定;体系认证是指确认生产或管理体系是否符合相应规定。当代最流行的国际体系认证有 ISO9000 质量管理体系认证和 ISO14000 环境管理体系认证。

美国目前有 55 种认证体系,如产品安全认证体系 UL、军用 MIL、电磁兼容 FCC 等具有较大影响的认证体系。尽管美国质量认证的管理体制是自由分散的体制,没有统一的国家质量认证管理机构,但政府部门、地方政府机构、民间组织都可开展质量认证工作。对于进口商品,美国利用安全、卫生检疫及各种包装、标签规定进行严格的检查。美国为了对商品的安全性能进行认证,设立了代号为 UL 的"保险商实验室",外国商品必须通过 UL 认证后才能顺利地进入美国市场,事实上很多发展中国家的商品很难达到 UL 标准。②

9.绿色壁垒

绿色壁垒(Green Barriers,简称 GBs)是指各国为了保护本国市场,借口为保护环境和国民健康,对进口商品提出带有歧视性、针对性的技术、安全和卫生标准,或不规范地使用国际公认的标准,如达不到这些标准,进口国有权采取扣留、退回、销毁进口产品或进行索赔等措施。③

目前国际上使用的绿色壁垒主要有以下形式:

(1)绿色环境标志。绿色环境标志也称绿色标志或生态标志,是由政府部门、公共或民间团体依照一定的环境保护标准,向申请者颁发并印在产品及包装上的特定标志,以向消费者表明该产品从研制、开发到生产、销售、使用,直到回收利用的整个过程都符合环保要求,对生态环境和人类健康均无害。④

绿色标志产生的时间不长,但发展十分迅速,发展中国家的产品只有得到绿色环境标志才能进入发达国家市场,因而绿色标志又有"绿色通行证"之称。自 1978 年德国率先推出"蓝天使"⑤环境标志制度以来,许多发达国家

---

① 胡昭玲主编:《国际贸易:理论与政策》,清华大学出版社,2010 年,第 191 页。

② 资料来源:天津市质量技术监督信息研究所,参见 http://www.tjtsi.ac.cn/wto/wto_info.asp?idx=42。

③ 胡昭玲主编:《国际贸易:理论与政策》,清华大学出版社,2010 年,第 193 页。

④ 薛荣久:《国际贸易》,对外经济贸易大学出版社,2010 年,第 162 页。

⑤ 德国的环境标志认证制度起源于 1978 年,由联邦政府内政部长和各州环境保护部部长共同建立,亦称"蓝天使"标志认证。作为世界上最古老的环境标志,目前已有 80 种产品类别的 10000 个产品和服务拥有了蓝天使标志,其中 17%的产品来自国际市场,在国际市场具有很高的市场认知度。

纷纷效仿,如 1989 年北欧四国的"白天鹅制度"①、1992 年欧洲联盟的"EU 制度"、1988 年加拿大的"环境选择制度"、1989 日本的"生态标志制度"等。环境标志制度对环境保护的独特作用是毋庸置疑的, 但其也为构成贸易壁垒提供了可能。

(2)绿色技术标准。发达国家的科技水平较高,处于技术垄断地位。它们在保护环境的名义下,通过立法手段,制定严格的强制性环保技术标准,限制国外商品进口。这些标准都是根据发达国家生产和技术水平制定的,对于发达国家来说,是可以达到的,但对于发展中国家来说,是很难达到的,因而势必导致发展中国家的产品被排斥在发达国家市场之外。欧盟启动的 ISO14000 环境管理系统, 要求进入欧盟国家的产品从生产准备到制造、销售、使用以及最后处理阶段都要达到规定的技术标准。ISO14000 系列标准提供了以预防为主,减少和消除环境污染的管理办法,是解决经济与环境协调发展的有效途径, 为世界各国在统一的环境管理标准下平等竞争提供了条件,但同时也为发达国家设置环境壁垒提供了依据。②

(3)环保包装制度。环保包装是节约资源,减少废弃物,使用后易于回收再用或再生,易于自然分解,又不污染环境的包装。它在发达国家广泛流行。目前,世界各国在环保包装方面采取的措施主要有:以立法形式规定啤酒、软性饮料和矿泉水一律使用可循环使用的容器; 制定强制包装再循环或利用的法律,如日本的"再利用法"、"新废弃物处理法"等;通过立法设置标签标志管理规定,如从 1994 年 5 月起,美国所有包装食品,包括全部进口食品都必须强制使用新的标签,但新鲜肉类、家禽、鱼类和果菜可不受其限制。食品中使用的食品添加剂(防腐剂、品质改良剂、合成色素等)必须在配料标示中如实标明经政府批准使用的专用名称。1995 年 9 月美国要求销售的强化食品应加附营养标签。营养标签上的信息应包括:①食品单位,使用与该食品形态相应的词语(如块、胶囊、包或勺);②每盒份数;③膳食成分信息,如日参考摄入量(RDI)或日参考消耗量(DRV)。同时对强化食品标签的格式、字体的大小、线条的粗细等都作了明确而具体的规定。③

---

① 北欧白天鹅环保标章于 1989 年由北欧部长会议决议发起,统合北欧国家,发展出一套独立公正的标章制度,为全球第一个跨国性的环保标章系统。

② 胡昭玲主编:《国际贸易:理论与政策》,清华大学出版社,2010 年,第 194 页。

③ 资料来源:新浪网站,参见 http://finance.sina.com.cn/x/20040828/1043982912.shtml。

（4）绿色卫生检验检疫制度。为了保护环境、生态资源以及国内消费者的利益，许多国家，特别是发达国家制定了严格的卫生检验检疫制度，特别是对农药残留、放射性残留、重金属含量和细菌含量等指标进行严格的检疫，防止超标商品进入本国市场。[1]1993年4月，第24届联合国农药残留法典委员会，讨论了176种农药在各种商品中的最高残留量、最高再残留量（系指现已禁用的但仍在食品中残留的农药含量）和指导性残留限量。欧共体（欧盟前身）对在食品中残留的22种主要农药制定了新的最高残留限量。由于生产条件和水平的限制，发展中国家很多产品达不到标准，其出口到发达国家市场的农产品和食品将受到很大影响。如中国是欧盟最大的绿茶供应国，欧盟宣布自2014年8月25日起正式提高中国茶叶农残标准，需要检测的农残项目包括异丙隆、啶氧菌酯、嘧霉胺等，其中啶虫脒[2]再次被限量加严1倍。在2013年啶虫脒的检测限量为0.1毫克／千克，而2014年该农药检测限量为0.05毫克／千克。[3]

（四）出口鼓励与出口管制措施

当今世界各国除了利用关税和非关税措施来限制外国商品的进口外，还会通过经济、行政和组织等方面的措施，促进本国商品的出口，开拓国外市场。此外，基于政治、经济或军事方面的考虑，一些国家对一些主要的自然资源和战略物资，实行出口管制或者禁止出口。

1.出口信贷

出口信贷（Export Credit）是一国政府为支持和扩大本国大型设备等产品的出口，增强国际竞争力，对出口产品给予利息补贴、提供出口信用保险及信贷担保，鼓励本国的银行或非银行金融机构对本国的出口商或外国的进口商（或其银行）提供利率较低的贷款，以解决本国出口商资金周转的困难，或满足国外进口商对本国出口商支付货款需要的一种国际信贷方式。[4]

出口信贷分为出口买方信贷和出口卖方信贷。前者是指出口商所在国

---

① 胡昭玲主编：《国际贸易：理论与政策》，清华大学出版社，2010年，第194页。

② 啶虫脒属硝基亚甲基杂环类化合物，是一种新型杀虫剂。

③ 资料来源：仪器信息站，参见 http://www.instrument.com.cn/news/20140718/136867.shtml。

④ 薛荣久：《国际贸易》，对外经济贸易大学出版社，2010年，第109页。

的银行对出口商提供的融资，使得进口商可以在贸易合同中采用延期付款的方式，达到支持出口的目的。后者是指一国银行为了鼓励本国商品的出口，而向进口商或进口商的银行提供货款，使得进口商可以用这笔贷款通过支付现汇的方式从贷款国进口商品。①

2.出口补贴

出口补贴(Export Subsidy)又称出口津贴，是一国政府为了降低出口商品的价格，增加其在国际市场的竞争力，在出口某商品时给予出口商的现金补贴或财政上的优惠待遇。②出口补贴分为直接补贴和间接补贴。

直接补贴是指政府在商品出口时，直接付给出口商的现金补贴，其目的是为了弥补出口商品的国际市场价格低于国内市场价格所带来的损失。有时候补贴金额还可能大大超过实际的差价。美国作为世界农业大国，长期以来一直实行农产品补贴政策。2005 年，美国的农业补贴金额高达 250 亿美元，比 2001 年增加了 68%。在美国，政府没有专门针对农民的税种，政府征收的农业税明显低于其他行业的征税。此外，政府还对农业进行补贴，90%以上的补贴集中在小麦、大豆、玉米、大麦和棉花 5 种农作物上。国内补贴是为了扶持本国的农民，出口补贴则是帮助农民出口农产品，使他们的价格通常都低于其他国家的相应产品。③

间接补贴是指政府对某些商品的出口给予财政上的优惠，如退还或减免出口商品所缴纳的销售税、消费税、增值税、所得税等国内税，对进口原料或半制成品加工再出口给予暂时免税或退还已缴纳的进口税、免征出口税，对出口商品实行延期付税、减低运费、提供低息贷款、实行优惠汇率以及对企业开拓出口市场提供补贴等。其目的仍然在于降低商品成本，提高国际竞争力。④

3.倾销

倾销(Dumping)是指垄断企业在控制国内市场的条件下，以低于国内市场的价格，甚至低于商品生产成本的价格，在国外市场抛售商品，打击竞争者以占领市场的行为。⑤在政府鼓励出口的政策下，生产者为获得政府的出

---

① 薛荣久：《国际贸易》，对外经济贸易大学出版社，2010 年，第 109~110 页。

② 胡昭玲主编：《国际贸易：理论与政策》，清华大学出版社，2010 年，第 195 页。

③ 资料来源：光明网，参见 http://www.gmw.cn/01gmrb/2007-08/31/content_663547.htm。

④ 肖春蓉主编：《国际贸易》，电子工业出版社，2013 年，第 131 页。

⑤ 胡昭玲主编：《国际贸易：理论与政策》，清华大学出版社，2010 年，第 200 页。

第十章

口补贴,往往以低廉价格销售产品;同时生产者将产品以倾销的价格在国外市场销售,从而获得在另一国市场的竞争优势进而消灭竞争对手,再提高价格以获取垄断高额利润。倾销扰乱了进口方的市场经济秩序,给进口方生产者的利益造成损害,给进口方经济带来毁灭性打击。

4.出口管制

出口管制(Export Control)是指出口国政府出于政治、经济、军事或外交上的需要,通过各种经济和行政的办法和措施,控制本国某些种类商品出口和输往别国的制度。[①]一国控制出口的方式有很多种,例如可以采用出口商品的国家专营、征收高额的出口关税、实行出口配额等,但是出口管制最常见和最有效的手段是运用出口许可证制度, 出口许可证分为一般许可证和特殊许可证。

由于政治和经济发展的不平衡,社会制度、意识形态和价值观念的差异以及可持续发展的需要,世界各国,尤其是大国,都会基于安全、外交政策以及保障国内供给的考虑,对出口实行限制和管制。如美国在1979年的《出口管理条例》中,根据他国的国力和与其的关系将世界上的国家分为7个类别,即Z、S、Y、W、Q、T、V,并以此来决定具体的出口贸易政策,加以区别对待。

5.贸易制裁

贸易制裁(Trade Sanctions)是一个国家或国际组织,为了维护自身经济贸易利益和规则,对某一国家采取限制或剥夺其贸易权益的行为和措施。[②]贸易制裁方式种类繁多,包括冻结存款和资产、冻结援助款项、取消已经达成的贸易合同、进行报复、限制或禁止贸易往来等形式。[③]

2014年7月,美国就乌克兰危机[④]对俄罗斯施加最为严厉的经济制裁,制裁对象涵盖俄国的金融、国防及能源领域。被制裁的俄罗斯两大金融机构天然气工业银行和对外经济银行, 以及两大能源公司俄罗斯国家石油公司和天然气生产商诺瓦泰克公司,将不准进入美国资本市场。并且冻结8家俄罗斯军工企业在美资产,其中包括轻武器生产集团"卡拉什尼科夫"等超大

---

① 胡昭玲主编:《国际贸易:理论与政策》,清华大学出版社,2010年,第205页。

② 薛荣久:《国际贸易》,对外经济贸易大学出版社,2010年,第227页。

③ 同上,第229页。

④ 乌克兰危机是由2013年底乌克兰亲俄派总统亚努科维奇中止和欧洲联盟签署政治和自由贸易协议,欲强化和俄罗斯的关系导致。

型国企。此外,欧盟的欧洲投资银行和欧洲复兴开发银行将停止资助俄罗斯的发展项目。①

三、国际贸易体系

中国是 1948 年成立的关税及贸易总协定创始国之一。1950 年,台湾国民党当局为防止新中国利用关税及贸易总协定发展对外经济、贸易关系,宣布退出关税及贸易总协定。1986 年,中国政府正式申请恢复关税及贸易总协定缔约方的地位。1987 年,关税及贸易总协定成立中国工作组,处理中国复关事宜。1994 年 4 月,中国签署了乌拉圭回合最后文件和世界贸易组织协定。签署这两个文件是中国复关的必备条件之一。1994 年 9 月,中国提出一揽子谈判方案,并以此为基础与各方进行了全面谈判,但未能实现复关的目标。

1995 年 1 月 1 日,世界贸易组织成立。中国于同年 7 月 11 日正式成为世贸组织观察员,中国复关谈判工作组也于同年 12 月改为加入世贸组织工作组,并于 1996 年至 2001 年共举行了 18 次工作组会议。2001 年 9 月 17 日,中国工作组第 18 次会议通过了中国加入世界贸易组织的法律文件,这标志着中国加入世界贸易组织的谈判全部结束。2001 年 11 月 9 日至 14 日在卡塔尔首都多哈举行了世界贸易组织第四届部长级会议。11 月 10 日,会议通过了批准中国加入世界贸易组织的决定。11 日,中国签署了加入议定书。根据世界贸易组织有关规定,中国于 2001 年 12 月 11 日正式成为世界贸易组织成员。②"入世"谈判 15 年的漫漫征程中,关税及贸易总协定被世界贸易组织替代,它们之间有什么联系吗? 中国为何要申请加入世界贸易组织? 世界贸易组织对世界经济与贸易有哪些影响呢? 这些问题都能从本节中找到答案。

二战以后,西欧国家普遍衰落,美国经济实力膨胀,以美国为主导的西方国家希望重建国际贸易秩序,以便能在自由宽松的环境下开展国际贸易。在签订多边贸易条约与协定的基础上,以美国为中心的关税与贸易总协定长期发挥着调整国际贸易关系的作用。1995 年 1 月 1 日,世界贸易组织(World Trade Organization,简称 WTO)正式取代关税与贸易总协定,发挥其作

---

① 资料来源:搜狐网,参见 http://business.sohu.com/20140718/n402423493.shtml。

② 资料来源:新浪网,参见 http://news.sina.com.cn/c/2003-09-11/14151721977.shtml。

为国际贸易组织的作用，使世界真正拥有一个组织形式和运行机制合为一体的国际贸易体系。

（一）贸易条约与协定

1.贸易条约与协定的概念

贸易条约与协定（Commercial Treaties and Agreements）是两个或两个以上的主权国家为确定彼此的经济关系，特别是贸易关系方面的权利和义务而缔结的书面协定。[①]其目的在于协调各自的对外经济贸易政策与措施、协调各国之间的经济利益。

贸易条约与协定按照缔约国的多少，可分为双边贸易条约与协定和多边贸易条约与协定。[②]双边贸易条约与协定是两个主权国家之间所缔结的贸易条约与协定；多边贸易条约与协定是两个以上主权国家共同缔结的贸易条约与协定。

2.贸易条约与协定的内容结构

贸易条约与协定一般由序言、正文和结尾三个部分组成。[③]

序言通常载明缔约双方发展经济贸易关系的愿望及缔结条约或协定时所遵循的原则、缔约国的名称、全权代表的姓名和权限等。

正文是贸易条约与协定的主要组成部分，它是对有关缔约各方权利、义务的具体规定，是实质性条款的部分。各种贸易条约与协定的主要内容都是在正文中予以规定的。

结尾包括贸易条约与协定的生效期、有效期、延长或废止的程序、份数、条约使用的文字等内容，还有签订条约的地点和各方代表的签名。其中缔结条约的地点对于需经批准的条约有特别的意义。以双边条约为例，如果条约是在一方首都签订的，按照惯例，批准书就应在对方国家的首都交换。贸易条约与协定所使用的文字就双边贸易条约而言，一般用缔约国双方的文字写成，并且规定两种文字具有同等的效力。如系多边贸易条约，应使用国际通用的文字，如英文、法文、拉丁文等。

---

① 李小北、王珽玖、杨春河等主编：《国际贸易学》，经济管理出版社，2004年，第230页。

② 肖春蓉主编：《国际贸易》，电子工业出版社，2013年，第164页。

③ 薛荣久：《国际贸易》，对外经济贸易大学出版社，2010年，第91~92页。

3.贸易条约与协定所适用的主要法律待遇条款的种类

(1)通商航海条约。通商航海条约(Treaty Commerce and Navigation)又称通商条约、友好通商条约,是全面规定两国间经济和贸易关系的条约。其内容比较广泛,常涉及缔约国之间经济和贸易关系的各方面问题。[①]

通商航海条约的主要内容包括:缔约国双方进出口商品的关税和通关的待遇问题、缔约国双方公民和企业在对方国家所享有的经济权利问题、船舶航行和港口使用问题、铁路运输和过境问题、知识产权保护问题、商品进口的国内捐税问题、进出口数量限制问题、仲裁裁决的执行问题等。通商航海条约以国家元首的名义签订,签订条约的全权代表由国家元首特命派遣。这类条约的有效期较长,一般为 3—5 年。[②]

(2)贸易协定。贸易协定(Trade Agreement)是指缔约国之间调整彼此贸易关系而缔结的一种书面协议。[③]内容主要包括:最惠国待遇条款的规定、出口商品货单和进口贸易额、作价原则和使用货币的规定、支付和清算办法的规定、优惠关税的规定等。贸易协定只需经签字国的行政首脑或其代表签署即可生效,有效期比较短,签订程序比较简单。

(3)贸易议定书。贸易议定书(Trade Protocol)是指缔约国就发展贸易关系中某项具体问题所达成的书面协议。贸易议定书一般是对已签订的贸易协定进行补充、解释或修改。有时贸易议定书可作为贸易协定的附件。贸易议定书的内容和签订程序比贸易协定更为简单,一般由签字国有关行政部门的代表签署后即可生效。[④]

(4)支付协定。支付协定(Payment Agreement)又称清算协定,是指两国间关于贸易和其他方面债券、债务结算方法的书面协议。主要包括:清算机构的确定、清算账户的设立、清算项目与范围、清算货币、清算方法、差额结算办法的规定等。[⑤]

4.贸易条约与协定所适用的主要法律待遇条款

(1)最惠国待遇条款。最惠国待遇条款(Most Favored Nation Treatment)是

---

① 李小北、王珽玖、杨春河等主编:《国际贸易学》,经济管理出版社,2004 年,第 233 页。

② 肖春蓉主编:《国际贸易》,电子工业出版社,2013 年,第 164 页。

③ 李小北、王珽玖、杨春河等主编:《国际贸易学》,经济管理出版社,2004 年,第 234 页。

④ 薛荣久:《国际贸易》,对外经济贸易大学出版社,2010 年,第 91 页。

⑤ 肖春蓉主编:《国际贸易》,电子工业出版社,2013 年,第 165 页。

缔约国一方现在和将来给予任何第三国的一切特权、优惠及豁免,也同样给予缔约对方。[1]最惠国待遇包括无条件的最惠国待遇、有条件的最惠国待遇两种。前者是指凡缔约国一方现在或将来给予任何第三国的任何特权、优惠和豁免,缔约国对方无须提出任何补偿作为交换而立即无条件地享受同样的特权、优待和豁免;后者是指如果缔约国一方现在或将来给予第三国的优惠是有条件的,那么缔约国另一方必须提供同样的补偿才能享受这种优惠。[2]

最惠国待遇条款是贸易条约与协定中的基本原则之一。其目的是使该国出口的商品在外国市场上获得与任何第三国同等的竞争条件,使其企业或船舶在外国享有不受歧视的地位。

(2)国民待遇条款。国民待遇条款(National Treatment)是指缔约国一方保证缔约国另一方的公民、企业和船舶在本国境内享受与本国公民、企业和船舶同等的待遇。[3]国民待遇条款是世界贸易组织的基本法律原则之一,是最惠国待遇原则的重要补充。

国民待遇条款一般适用于外国公民或企业经济权利,其范围包括外国公民的私人经济权利(私人财产、所得、房产、股票)、外国产品应交的国内税、利用铁路运输和转口过境的条件、船舶在港口的待遇、商标注册、版权、专利权等。但是国民待遇条款的适用是有一定的范围的,并不是将本国公民或企业所享有的一切权利都包括在内,如沿海航行权、领海捕鱼权、购买土地权等。[4]

(二)关税及贸易总协定

关税及贸易总协定(General Agreement on Tariff and Trade)简称关贸总协定(GATT),是调整各缔约方关税与贸易关系的多边国际协定,于 1947 年 10 月 30 日在日内瓦签订,1948 年 1 月 1 日正式生效,1995 年 1 月 1 日被世界贸易组织取代。在关税及贸易总协定生效以来的 47 年里,成员国由最初的 23 个发展到 128 个,缔约国之间的贸易额占世界贸易总额的 90%,在国际贸易中的影响不断增强。

---

① 薛荣久:《国际贸易》,对外经济贸易大学出版社,2010 年,第 92 页。

② 李小北、王珽玖、杨春河等主编:《国际贸易学》,经济管理出版社,2004 年,第 231 页。

③ 同上,第 233 页。

④ 肖春蓉主编:《国际贸易》,电子工业出版社,2013 年,第 167 页。

1.关税及贸易总协定的产生

第二次世界大战结束后,西欧资本主义国家普遍受到重创,美国经济迅速崛起。面对战后混乱的世界格局,美国为了称霸全球,积极策划构建世界经济新格局,从金融、投资和贸易等方面进行扩张。国际货币基金组织[①]和世界银行[②]的成立,使得金融和投资方面的问题得到了解决。

美国为推动国际贸易自由化,向联合国经社理事会提出召开世界贸易和就业会议,成立国际贸易组织。1946 年 2 月,由美、英等 19 个国家组成的联合国贸易与就业会议筹备委员会,起草了《联合国国际贸易组织宪章》。1946 年 10 月,筹备委员会召开第一次会议,审查美国倡导的《联合国国际贸易组织宪章》。与会各国同意在"国际贸易组织"成立之前,先就削减关税和其他贸易限制等问题进行谈判,并起草《国际贸易组织宪章》。1947 年 4 月至7 月,筹备委员会在日内瓦召开第二次全体大会,通过了《国际贸易组织宪章》草案,并达成了 123 项双边关税减让协议。之后,与会国将这些协议和草案中有关贸易政策的部分合并,经修改后称为《关税及贸易总协定》,将其作为一项过渡性的临时协议,待《国际贸易组织宪章》生效后将大部分条款纳入其中。同年 10 月 30 日,23 个与会国签署了《关税及贸易总协定临时适用协定书》,于 1948 年 1 月 1 日起生效。

1947 年 11 月, 在古巴哈瓦那举行的联合国贸易和就业会议上审议了《国际贸易组织宪章》,通称《哈瓦那宪章》。由于美国国会认为这个宪章中一些规定不符合美国的利益,因此没有批准,受其影响,许多国家也没有批准这个宪章。缘于各国对外经济政策方面的分歧以及多数国家政府基于国家利益考虑,《国际贸易组织宪章》这样一个范围广泛、具有严密组织性的国际条约未被通过,因而成立国际贸易组织的计划未能完成。关税及贸易总协定便成为确立各国共同遵守的贸易准则,协调国际贸易与各国经济政策的唯一的多边国际协定,直到世界贸易组织正式成立,才结束其临时性地位。关

---

① 国际货币基金组织(International Monetary Fund,IMF)于 1945 年 12 月 27 日成立,是世界两大金融机构之一,职责是监察货币汇率和各国贸易情况,提供技术和资金协助,确保全球金融制度运作正常,其总部设在华盛顿。

② 世界银行(World Bank)又称世界银行集团,成立于 1945 年 12 月 27 日,1946 年 6 月开始营业,总部设在美国华盛顿,是由国际复兴开发银行(即世界银行)、国际开发协会、国际金融公司、多边投资担保机构和解决投资争端国际中心五个成员机构组成。1947 年 11 月 5 日起成为联合国专门机构之一,是世界上最大的政府间金融机构之一。

税及贸易总协定总部设在瑞士日内瓦,组织机构设有缔约国大会、代表理事会、委员会、工作组和专门小组、18 国咨询组、总干事和秘书处。①

2.关税及贸易总协定的宗旨

关税及贸易总协定的序言明确规定其宗旨是:通过多边贸易谈判,大幅度地削减关税和其他贸易障碍,取消国际贸易中的歧视待遇,从而实现提高生活水平,保证充分就业,保证实际收入和有效需求的持续增长,扩大世界资源的充分利用和扩大商品的生产和交换。②

3.关税及贸易总协定的基本原则

(1)非歧视原则。非歧视原则是关税及贸易总协定最为重要的原则,规定了缔约国之间贸易要平等互惠,避免歧视和差别待遇。③该原则主要体现在最惠国待遇和国民待遇两个方面。

(2)关税保护与关税减让原则。关税及贸易总协定规定缔约国只能通过关税来保护国内某些产业,要求缔约国之间通过关税减让谈判逐步降低关税。④

(3)一般取消或禁止数量限制原则。关税及贸易总协定原则上禁止进出口限制,但从实际出发,允许一些国家为了稳定农产品市场、平衡国际收支以及促进经济发展,可在非歧视原则基础上实施或者维持数量限制。⑤

(4)公平贸易原则。关税及贸易总协定提倡缔约国之间进行公平、平等的贸易,反对倾销和出口补贴等不公平贸易行为,并授权缔约方因倾销和出口补贴造成产业受到损害或产生损害威胁时,可以实施反倾销和反补贴措施予以抵制。⑥

4.关税及贸易总协定的历次多边贸易谈判

自 1947 年以来,在关税及贸易总协定的框架内共进行了 8 轮多边贸易谈判。这些多边贸易谈判对推动贸易自由化、促进国际贸易的发展起到非常重要的作用。历次多边贸易谈判如表 10-1 所示。

① 胡昭玲主编:《国际贸易:理论与政策》,清华大学出版社,2010 年,第 309~310 页。

②⑥ 李小北、王珽玖、杨春河等主编:《国际贸易学》,经济管理出版社,2004 年,第 242 页。

③④⑤ 胡昭玲主编:《国际贸易:理论与政策》,清华大学出版社,2010 年,第 311 页。

第十章

表 10-1　关税及贸易总协定历次多边贸易谈判简况表①

届　次	谈判时间	谈判地点与名称	参加方	谈判主要议题	谈判主要成果
1	1947 年 4 月—10 月	瑞士日内瓦	23	关税减让	就 45000 项商品达成关税减让协议，使占资本主义国家进口值 54% 的应税商品平均降低关税 35%，影响世界贸易额近 100 亿美元；关税总协定也随谈判和临时适用协定的签订而生效。
2	1949 年 4 月—10 月	法国安纳西	33	关税减让	谈判总计达成的双边关税减让协议 147 项，增加关税减让商品 5000 项，使占应税进口值 56% 的商品平均降低关税 35%。
3	1950 年 10 月—1951 年 4 月	英国托尔基	39	关税减让	达成关税减让协议 150 项，又增加关税减让商品 8700 项，使占应税进口值 11.7% 的商品平均降低关税 26%。
4	1956 年 1 月—5 月	瑞士日内瓦	28	关税减让	达成近 3000 项商品的关税减让，但仅涉及 25 亿美元的贸易额，占应税进口值 16% 的商品平均降低关税 15%。
5	1960 年 9 月—1961 年 7 月	瑞士日内瓦（狄龙回合）	45	关税减让	达成约 4400 项商品的关税减让，共涉及 49 亿美元的贸易额，占应税进口值 20% 的商品平均降低关税 20%。
6	1964 年 5 月—1967 年 6 月	瑞士日内瓦（肯尼迪回合）	54	关税减让反倾销问题	分别列入各国税则的关税减让商品合计达 60000 项，工业品进口关税税率下降了 35%，影响了 400 亿美元的商品贸易额；制定了第一个反倾销协议；为发展中国家新增了贸易与发展部分；开创了波兰作为"中央计划经济国家"参加关贸协定多边贸易谈判的先例。
7	1973 年 9 月—1979 年 4 月	瑞士日内瓦（东京回合、尼克松回合）	99	①关税减让；②减少、消除非关税壁垒；③框架协议	以一揽子关税减让的方式达成关税减让约束，涉及 3000 多亿美元贸易额，平均关税水平下降 35%，达成多项非关税协议和守则；通过了给予发展中国家优惠待遇的"授权条款"。
8	1986 年 9 月—1993 年 12 月	瑞士日内瓦（乌拉圭回合）	117	共 15 项议题，大致可分为 4 大类：市场准入、贸易竞争规则、"新领域"的议题和贸易体制程序的议题	达成涉及 21 个领域的 45 个协议，减税商品涉及的贸易额高达 1.2 万亿美元，减税幅度近 40%，近 20 个产品部类实行了零关税；农产品的非关税措施全部关税化，并进行约束和减让，纺织品的歧视性配额限制在 10 年内取消；非关税壁垒受到严格规范；涉及三个新领域即服务贸易、与贸易有关的知识产权和与贸易有关的投资措施的议题谈判成功；达成了关于建立世界贸易组织的协定。

① 李小北、王珽玖、杨春河等主编：《国际贸易学》，经济管理出版社，2004 年，第 243~244 页。

第十章

（三）世界贸易组织

世界贸易组织,于1995年1月1日成立,总部设在瑞士日内瓦莱蒙湖畔,目前拥有159个成员国,是一个独立于联合国的永久性国际组织,负责监督成员经济体之间各种贸易协议的执行,前身是1948年开始实施的关税及贸易总协定。

1.世界贸易组织的产生

世界贸易组织的建立是关税与贸易总协定乌拉圭回合谈判的重要成果之一。关税与贸易总协定乌拉圭回合谈判启动后,时任欧共体主席的意大利于1990年初首先提出建立一个多边贸易组织的倡议。这个倡议后来以12个成员国的名义正式提出,获得了美国、加拿大等主要发达国家的支持,于同年12月召开的布鲁塞尔部长会议上正式作出决定。之后,又经历一年的紧张谈判,于1991年12月形成了一份"关于建立多边贸易组织的协定草案",并成为同年底《邓克尔最后案文》的一部分。1993年12月15日"乌拉圭回合"结束时,根据美国的提议把"多边贸易组织"（MTO)改为"世界贸易组织"。1994年4月15日,在摩洛哥马拉喀什部长会议上通过了《建立世界贸易组织协议》,协议连同其四个附件,加上《部长会议宣言》及决定共同构成了"乌拉圭回合"多边贸易谈判的一揽子成果,并采取"一揽子"义务和无保留接受的形式,被104个参加方政府代表签署,其中包括中国政府的签署。至此,一个国际贸易领域的正式组织——世界贸易组织正式成立,于1995年1月1日开始运作,结束了关税及贸易总协定47年临时过渡的历史。[①]

2.世界贸易组织的宗旨与目标

《建立世界贸易组织协定》明确规定,世界贸易组织的宗旨为:以提高生活水平、保证充分就业、保证实际收入和有效需求的大幅度稳定增长以及扩大货物和服务的生产和贸易为目的,同时应依照可持续发展的目标,考虑对世界资源的最佳利用,并作出积极努力,以保证发展中国家,特别是其中的最不发达国家,在国际贸易增长中获得与其经济发展需要相当的份额。其目标是:产生一个完整的、更具有活力的和永久性的多边贸易体系,来巩固原来关税与贸易总协定以往为贸易自由化所作的努力和"乌拉圭回合"多边贸易谈判的所有成果。[②]

---

① 李小北、王珽玖、杨春河等主编:《国际贸易学》,经济管理出版社,2004年,第246页。

② 世界贸易组织宗旨,参见 http://www.wto.org/english/thewto_e/whatis_e/who_we_are_e.htm。

3.世界贸易组织的原则

世界贸易组织延续了关税与贸易总协定所倡导的原则和精神，主要包括非歧视原则、贸易自由化原则、可预见性原则、促进公平竞争原则、鼓励发展与改革原则以及保护环境原则六个基本原则。[①]

(1)非歧视原则。非歧视原则是世界贸易组织最重要的原则。重新明确这一原则的重要意义在于非歧视原则的适用范围更广。它不仅适用于成员国之间的商品贸易，还适用于服务贸易以及与贸易有关的知识产权问题。

(2)贸易自由化原则。贸易自由化原则是指限制和取消一切妨碍和阻止开展国际贸易的障碍，包括各种数量限制、限制进口政策及汇率政策等。世界贸易自由化的措施是削减关税、减少非关税壁垒以及放松市场准入范围等。

(3)可预见性原则。可预见性原则是指各成员国在其贸易政策或规定执行以前，要对其他成员方公开并通知世界贸易组织。世界贸易组织要求各成员国将它们即将执行的贸易政策和措施尽快公布，并上报世界贸易组织，以保证有关政策、法规符合规定。

(4)促进公平竞争原则。促进公平竞争原则是指世界贸易要在公开、公正和不受干扰的情况下开展。因而该组织反对倾销、补贴以及政府的歧视性采购等措施。此外，世界贸易组织的争端解决机制也体现了处理贸易争端的公正、平等原则。

(5)鼓励发展与改革原则。鼓励发展与改革原则是指对发展中成员国的经济发展和改革采取鼓励的原则。由于世界贸易组织 3/4 的成员是发展中国家和地区，因此对它们的经济发展和市场经济改革要给予特别的关注。世界贸易组织规定，发展中成员在执行协定内容的时间方面应该具有某种灵活性，允许它们经过较长的时间达到世界贸易组织的要求。此外，还给予发展中成员调整与世界贸易组织规定不相适应方面的过渡期。

(6)保护环境原则。保护环境原则是指世界贸易组织允许成员国采取措施来保护环境、公众健康以及动植物健康。但是这些措施要同样适用于国外。换句话来说，成员国不得使用环境贸易壁垒来推行贸易保护主义。

4.世界贸易组织的职能

根据世界贸易组织协议第三条的规定，世界贸易组织的职能包括：为该协议和各多边贸易协议的执行、管理、运作和目标的进一步实现提供方便并提供框架，为该协议及其附件有关各成员方的多边贸易关系谈判提供场所，

[①] 世界贸易组织原则，参见 http://www.wto.org/english/thewto_e/whatis_e/what_stand_for_e.htm。

为部长级会议所决定的谈判结果的执行提供框架，为该协议附件 2 有关争端处理规则和程序谅解书进行管理，以及对贸易政策评审机构进行管理。此外，为了在全球性的经济决策方面形成较大的协调，世界贸易组织还应和国际货币基金组织和世界银行及其附属机构进行适当的合作。①

5.世界贸易组织对世界经济贸易的影响

世界贸易组织使全世界的关税水平大幅度下降，极大地促进了世界范围的贸易自由化。此外，世界贸易组织还在农业、纺织品贸易、安全保障措施、反倾销与反补贴、投资、服务贸易、知识产权以及运作机制等方面都作出有利于贸易发展的规定，这些协定和协议都将改善世界贸易自由化和全球经济一体化，使世界性的分工向广化与深化发展，为国际贸易的发展奠定了稳定的基础，使对外贸易在各国经济发展中的作用更为重要。

然而世界贸易组织自运作以来，也暴露出很多问题。如世界贸易组织的现状同建立伊始的目标与规划渐行渐远；少数贸易大国操纵多边贸易体制决策过程的现象未得到根本改善，出现了人为扩大世贸组织协议与磋商范围，把一些与贸易无直接关系的问题纳入世贸组织和多边贸易体制的做法；实施某项规则时忽略成员国经济发展水平的差异等。

四、本章小结

本章主要介绍了国际贸易理论、国际贸易政策以及国际贸易体系三个部分。其中国际贸易理论与政策是国际经济学的一个重要组成部分，是开放条件下的微观经济学，主要研究商品和服务在各国之间交换的原因、发展、贸易利益及分配问题。在国际贸易理论部分，主要对西方国际贸易理论两大流派——自由贸易理论和保护贸易理论进行了系统分析。之后对国际贸易政策措施进行了详细而深入的论述，包括关税措施、非关税措施、出口鼓励和出口管制措施，并一一列举实例加以说明。在国际贸易体系部分，对贸易条约与协定的概念、种类及其所沿用的法律原则进行了简要介绍，并着重对关税及贸易总协定这一多边国际协定进行了论述，包括关税及贸易总协定的产生、宗旨、内容、基本原则以及历次多边贸易谈判，最后简单介绍了世界贸易组织这一永久性的国际组织。

第十章

---

① 世界贸易组织职能，参见 http://www.wto.org/english/thewto_e/whatis_e/what_we_do_e.htm。

　　应对国际金融危机，需世界共同努力，特别是金融领域的国际合作，各国应促进国际金融体制改革，提高共同抵御金融风险的能力，特别是提高广大发展中国家防范金融风险的能力。

——习近平

第十一章
国际金融组织

　　国际金融组织是指从事国际金融管理和国际金融活动的超国家性质的组织机构，可分为全球性的国际金融组织和区域性的国际金融组织。本章简要介绍一下国际清算银行、国际货币基金组织和世界银行三个主要的全球性国际金融组织，以及亚洲开发银行、正在筹建的亚洲基础设施投资银行和金砖开发银行三个区域性国际金融组织。

　　国际金融组织是指从事国际金融管理和国际金融活动的超国家性质的组织机构，按地区、规模和影响力可分为全球性的国际金融机构和区域性的国际金融机构。全球性国际金融组织相比较于区域性国际金融组织而言，成员国比较多，涵盖世界大部分国家，具有较强的国际影响力。全球性的国际金融组织主有国际清算银行、国际货币基金组织和世界银行。

　　区域性的国际金融组织主要有：亚洲开发银行、欧洲投资银行、非洲开发银行、泛美开发银行和阿拉伯货币基金组织等。本章主要介绍一下三个全球性国际金融组织以及亚洲开发银行、正在筹建的亚洲基础设施投资银行和金砖开发银行三个区域性国际金融组织。区域性国际金融组织和全球性国际金融组织,这只是简单地区分,随着区域性国际金融组织规模扩大、成员国增多,也可以演变为全球性国际金融组织,金砖开发银行有望成为全球性金融组织。

一、全球性国际金融组织

(一)国际清算银行

国际清算银行(Bank for International Settlement,简称 BIS)是英、法、德、意、比、日等国的中央银行与代表美国银行界利益的摩根银行、纽约和芝加哥的花旗银行组成的银团,根据海牙国际协定于 1930 年 5 月组建,总部设在瑞士巴塞尔。刚建立时只有 7 个成员国,现成员国已发展至 45 个。国际清算银行是世界上成立最早的国际性金融组织。

国际清算银行最初创办的目的是为了处理第一次世界大战后德国的赔偿支付及其有关的清算等业务问题。第二次世界大战后,它成为经济合作与发展组织成员国之间的结算机构,该行的宗旨也逐渐转变为促进各国中央银行之间的合作,为国际金融业务提供便利,并接受委托或作为代理人办理国际清算业务等。国际清算银行不是政府间的金融决策机构,亦非发展援助机构,实际上是西方中央银行的银行。

1.历史沿革

第一世界大战后, 凡尔赛协议中关于德国战争赔款事宜原来是由一个特殊的赔款委员会执行,按照当时的"道维斯计划",从 1924 年起,德国第一年赔付 10 亿金马克,以后逐年增加,一直赔付 58 年。至 1928 年,德国赔款增至 25 亿金马克,德国声称国内发生经济危机,无力照赔,并要求减少。美国同意了德国的要求,又由杨格策划、制定了"杨格计划"。协约国为执行"杨格计划"决定建立国际清算银行取代原来的赔款委员会,执行对德赔款的分配和监督德国财政。

1930 年 1 月 20 日,以摩根银行为首的一些美国银行,还有纽约花旗银行、芝加哥花旗银行和英国、法国、意大利、德国、比利时、日本等国的中央银行在荷兰海牙会议上签订国际协议,成立国际清算银行。英、法、比、德、意、日六国政府与瑞士政府达成协议, 由瑞士承诺向国际清算银行颁发建行特许证,特许证规定:国际清算银行具有国际法人资格,免税,瑞士政府不征用、扣押和没收该行财产,准许该行进出口黄金和外汇,享有外交特权和豁免权。第二次世界大战后,国际清算银行先后成为欧洲经济合作组织(即现在的经济合作与发展组织)各成员国中央银行汇兑担保的代理人、欧洲支付同盟和欧洲煤钢共同体的受托人、欧洲共同体成员国建立的欧洲货币合作基金的代理。

国际清算银行成立的实质就是美国要利用这个机构作为掌握德国财政的手段,并将欧洲债务国清偿美国债务问题置于自己的监督之下。1944年,根据布雷顿森林会议的决议,国际清算银行的使命已经完成,应当解散,但美国仍把它保留下来,作为国际货币基金组织和世界银行的附属机构。

国际清算银行开创资本为5亿金法郎,分为20万股,每股2500金法郎,由六国中央银行和美国银行集团七方平均认购。1969年12月,国际清算银行修改了个别章程,其宗旨改为促进各国中央银行在国际清算之间的合作,并向之提供更多的国际金融业务的便利,在国际清算业务方面充当受托人或代理人。银行资本也相应地增至15亿金法郎,分为60万股,每股2500金法郎。国际清算银行4/5的股份掌握在各成员国中央银行手中,1/5的股份已经由各成员国的中央银行转让给了私人,由私人持有,但私人股股东无权参加股东大会。1996年9月,国际清算银行决定接受中国、印度、韩国、新加坡、巴西、墨西哥、俄罗斯、沙特阿拉伯和中国香港9个国家和地区的中央银行或行使中央银行职能的机构为机关成员。这是国际清算银行25年来首次接纳新成员。原有的32名成员中有26个欧洲国家的中央银行,其余6家为加拿大、澳大利亚、日本、土耳其和南非的中央银行与代表美国利益的摩根银行。

2.业务和会员

国际清算银行的业务包括:

(1)处理国际清算事务。二战后,国际清算银行先后成为欧洲经济合作组织、欧洲支付同盟、欧洲煤钢联营、黄金总库、欧洲货币合作基金等国际机构的金融业务代理人,承担着大量的国际结算业务。

(2)办理或代理有关银行业务。二战后,国际清算银行业务不断拓展:接受成员国中央银行的黄金或货币存款,买卖黄金和货币,买卖可供上市的证券,向成员国中央银行提供贷款或存款,也可与商业银行和国际机构进行类似业务,但不得向政府提供贷款或以其名义开设往来账户。世界上很多中央银行在国际清算银行存有黄金和硬通货,并获取相应的利息。

(3)定期举办中央银行行长会议。国际清算银行于每月的第一个周末在巴塞尔举行西方主要国家中央银行的行长会议,商讨有关国际金融问题,协调有关国家的金融政策,促进各国中央银行的合作。

国际清算银行会员中央银行或货币当局有:阿尔及利亚、阿根廷、澳大利亚、奥地利、比利时、波斯尼亚和黑塞哥维那、巴西、保加利亚、加拿大、智利、中国、克罗地亚、捷克共和国、丹麦、爱沙尼亚、芬兰、法国、德国、希腊、匈牙利、冰岛、印度、印度尼西亚、爱尔兰、以色列、意大利、日本、韩国、拉脱维亚、立陶宛、马其顿共和国、马来西亚、墨西哥、荷兰、新西兰、挪威、菲律宾、波兰、葡萄牙、罗马尼亚、俄罗斯、沙特阿拉伯、新加坡、斯洛伐克、斯洛文尼亚、南非、西班牙、瑞典、瑞士、泰国、土耳其、英国、美国,另外还有欧洲中央银行。

3.我国与国际清算银行的关系

我国于 1984 年与国际清算银行建立了业务联系,中国人民银行自 1986 年起与国际清算银行建立了业务方面的关系,办理外汇与黄金业务。此后,每年都派代表团以客户身份参加该行年会。国际清算银行召开股东大会,中国人民银行被邀请列席,并以观察员身份多次参加该行年会,这为中国广泛获取国际经济和金融状况、发展与各国中央银行之间的关系提供了一个新的场所。中国的外汇储备有一部分是存放于国际清算银行的,这对中国人民银行灵活、迅速、安全地调拨外汇、黄金储备非常有利。自 1985 年起,国际清算银行已开始向中国提供贷款。1996 年 9 月 9 日,国际清算银行通过一项协议,接纳中国、巴西、印度、韩国、墨西哥、俄罗斯、沙特阿拉伯、新加坡和中国香港地区的中央银行或货币当局为该行的新成员。香港回归之后,其在国际清算银行的地位保持不变,继续享有独立的股份与投票权。香港金融管理局与中国人民银行同时加入国际清算银行。我国中央银行加入国际清算银行,标志着我国的经济实力和金融成就得到了国际社会的认可,同时也有助于我国中央银行与国际清算银行及其他国家和地区的中央银行进一步增进了解,扩大合作,提高管理与监督水平。

中国的参与情况:中国人民银行于 1996 年 11 月正式加入国际清算银行,中国人民银行是该行亚洲顾问委员会的成员,周小川行长担任该委员会主席。中国认缴了 3000 股的股本,实缴金额为 3879 万美元。2005 年 6 月 1 日,经追加购买,中国共有该行 4285 股的股本。2006 年 7 月,中国人民银行周小川行长出任国际清算银行董事。

4.宗旨任务

国际清算银行的宗旨是促进各国中央银行之间的合作，为国际金融运作提供额外负担外的便利，并作为国际清算的受让人或代理人。扩大各国中央银行之间的合作始终是促进国际金融稳定的重要因素之一，因此国际清算银行便成了各国中央银行家的会晤场所，接受各中央银行的委托开展各种业务。根据国际清算银行章程的规定，其有权进行下列业务活动：

(1)既可为自己，又可为中央银行购买、出售、交换和储存黄金；

(2)为各成员国中央银行提供贷款和接受它们的贷款；

(3)为各成员国中央银行办理和重办期票，收买或出售期票以及其他优等短期债券；

(4)既可靠自己，也可以靠各成员国中央银行收受展品出售外汇和有价证券(股票除外)；

(5)接受各成员国中央银行往来资金和存款；

(6) 作为被委托人接受政府的存款或根据董事会的决议，接受其他资金。不得发行提示付款银行券、承兑汇票、为各国政府提供贷款(购买国家公债例外)；

(7)对任何一个企业有监督权；

(8)对由于抵偿还银行的债务而归于银行的不动产，在没有更合适的价格被变卖之前，掌管这些不动产。

5.服务对象资金来源

国际清算银行以各国中央银行、国际组织(如国际海事组织、国际电信联盟、世界气象组织、世界卫生组织)为服务对象，不办理私人业务。这对联合国体系内的国际货币金融机构起着有益的补充作用。外汇储备、货币种类可以转换，并可以随时提取而无需声明理由。这对一些国家改变其外汇储备的结构，实现多样化提供了一个很好的途径。在国际清算银行存放黄金储备是免费的，而且可以用作抵押，从国际清算银行取得黄金价值85%的现汇贷款。同时，国际清算银行还代理各国中央银行办理黄金购销业务，并负责保密。因此它在各成员国中央银行备受欢迎。除了银行活动外，国际清算银行还作为中央银行的俱乐部，是各国中央银行之间进行合作的理事场所，其董事会和其他会议提供了关于国际货币局势的信息交流的良好机会。

国际清算银行的资金主要来源于三个方面：①成员国缴纳的股金。该行建立时,法定资本为5亿金法郎,1969年增至15亿金法郎(gold francs),以后几度增资。该行股份的80%为各国中央银行持有,其余20%为私人持有。②借款。向各成员国中央银行借款,补充该行自有资金的不足。③吸收存款。接受各国中央银行的黄金存款和商业银行的存款。

(二)国际货币基金组织

图11-1 国际货币基金组织图徽

国际货币基金组织(IMF)于1944年成立于美国新罕布什尔州布雷顿森林会议上,是二战后布雷顿森林体系中的一部分,至今已经存在半个多世纪。国际货币基金组织作为世界上最重要的国际经济组织之一,在过去的70年,对国际货币体系的稳定、全球国际贸易及世界经济的发展作出了巨大贡献。现从四个方面简要分析一下国际货币基金组织的作用:

1.在应对国际金融危机中发挥的作用

金融危机对于我们来说已经不是一个陌生的词汇了,随着全球化的不断发展,国际金融危机的影响范围和危害程度逐渐增强,一旦爆发对每个国家都有一定影响。国际货币基金组织作为重要的国际经济组织,在各种金融危机中发挥着重要的作用。

1997年7月,泰国爆发金融危机,进而波及菲律宾、新加坡、马来西亚和印度尼西亚。东南亚各国中央银行虽然通力合作,但由于存在深层次的结构性问题,终究难以抵挡国际投机资本的攻击而不得不放弃联系汇率,陷入了货币严重贬值的恶性循环。随后危机又向东北亚蔓延,投机资本冲击香港失败,但抢滩韩国成功,致使韩国经济几乎整体破产。各国纷纷请求国际货币基金组织的救援。

亚洲金融危机的发生在不同国家有不同原因。既有各国不同的社会政治问题,也有由来已久的经济政策问题。这些国家在经历了 20 世纪 70 年代和 80 年代的经济快速发展后,由于没有建立透明的金融和市场机制,在经济全球化的过程中采取了过快的资金市场自由化战略,并缺乏有效的监管措施,国际投机资本可随意出入,金融市场潜伏着巨大的危机。同时,由于 20 世纪 90 年代过热的经济发展战略,产业结构没有进行及时的调整,房地产业过度膨胀形成虚假繁荣并造成大量的银行坏账,出现了泡沫经济,金融业也大量面临破产。结构性的经济问题,使这些国家在金融风暴来临之时,缺乏有效的外汇政策和货币政策,回天乏术,终于走向危机。

1997 年 7 月,泰国宣布将与国际货币基金组织合作,8 月泰国同意国际货币基金组织的援助计划,9 月国际货币基金组织宣布向泰国提供 172 亿美元的援助。随后,印尼和韩国都相继向国际货币基金组织申请援助。11 月,国际货币基金组织宣布向印尼提供 230 亿美元的援助。12 月国际货币基金组织宣布向韩国提供 550 亿美元的援助。国际货币基金组织在提供援助的同时附带了许多严格的条件,主要是紧缩政府开支,消除赤字,削减公共项目,进一步开放金融市场和增加市场透明度等。以国际货币基金组织援助为基础,加上一系列双边和多边援助的安排,最终这次影响极大的经济危机趋向缓和。国际货币基金组织积极参与,带头遏制金融危机的蔓延,扮演了引人注目的角色。

国际货币基金组织在应对国际金融危机中的作用还体现在更多方面,例如在 20 世纪六七十年代爆发的多次美元危机中,国际货币基金组织从部分国家借入资金,对缓和美元危机起到了一定的作用。

2.在债务国问题上发挥的作用

国际货币基金组织在债务国救济问题上发挥着极为重要的作用。在 1982 年墨西哥危机之前,国际货币基金组织在个别国家发生短期资金周转不灵时,曾以执行其所制定的调整政策为交换条件对个别国家实行了短期贷款。而在这次危机之后,债务国问题不再是单纯的暂时流动性问题,而涉及赔付能力问题,这不能不给整个国际金融体系带来消极影响。尤其是美国,20 世纪 70 年代以后,美国银行贷给这些债务国的款项增加,债务国不履行债务的话,很容易使银行系统崩溃,而实际上陷入债务危机的国家又都是地缘政治上很重要的国家,国际货币基金组织就扮演了施加高压的角色。

在背负巨额财政赤字情况下,已失去单独的救济资金能力的美国,承认国际货币基金组织是中立机构, 这是考虑到从政治上容易得到各发达国家的资金合作。对此,国际货币基金组织也只限于发放应急短期贷款,密切与其他债权者的联系,此外,还对短期调整后实现经济增长的国家给予中期贷款援助,对以非洲为主的低收入国家采取低息贷款制度,提供削弱债务计划的贷款等,对采取种种新的贷款制度给予积极的响应。

进入 20 世纪 90 年代后,冷战结束,苏联开始转向市场经济,更扩大了国际货币基金组织的影响范围。苏联各共和国加入国际货币基金组织,国际货币基金组织从面向西方变成真正意义上的全球机构。由于国际货币基金组织在这一领域的积极干预,西方发达国家,特别是想一鼓作气消灭苏联军事威胁的美国,以及在控制难民流入的同时准备在最近的将来开辟邻国市场的欧洲各国,都在政治上给予了积极的支持。

3.在国际收支方面的调节作用

国际货币基金组织自成立之日起,一直把调节国际收支不平衡作为稳定国际货币体系的重要一环。为此,基金组织设立了多种贷款来满足会员国平衡其国际收支。会员国如出现一般的、暂时性的国际收支不平衡,可申请普通贷款。除普通贷款之外,如果会员国发生持续的国际收支困难,所需贷款需比普通贷款量大,且时间要长,可申请中期贷款,但申请需提供较详细的宏观经济政策计划。为帮助会员国解决庞大的、持续的国际收支逆差,基金组织又设立了补充贷款和扩大资金贷款,与普通贷款和中期贷款结合使用。除此之外,基金组织还设立了一些专项贷款,如①补充贷款,用于弥补暂时性的、会员国无法控制的原因引起的出口收入下降而导致的国际收支困难。②缓冲库存贷款,用于帮助初级产品出口国建立缓冲库存,稳定价格。③石油贷款,用于解决因石油价格上涨而引起的国际收支不平衡。④信托基金贷款,用于向低收入的发展中国家提供优惠贷款。

在 20 世纪 70 年代中期以前,基金组织的多数贷款贷给了发达国家。而从 70 年代中期开始,特别是 80 年代以来,贷款几乎全部提供给了发展中国家,这对发展中国家缓和国际收支危机起了重要作用。但由于发展中国家对基金组织贷款的需求量相当大,因此在扩大对发展中国家的资金融通时,基金组织有时显得力不从心。为此,基金组织采取了各种措施,不断扩大资金来源,如扩大基金组织的份额,通过与一些工业化国家和石油输出国进行的借款总安排来筹措资金等。

国际货币基金组织的贷款是按会员国缴纳份额的一定比例提供的,但在向基金组织缴纳的份额中,发达国家占有较大比重,而最需要资金的却是发展中国家，因而发展中国家一直呼吁改变这种不利于发展中国家的贷款方式。但由于美国及其他发达国家所拥有的股票权之大，要想改变目前这种贷款与份额相挂钩的方式还是有困难的。此外，国际货币基金组织的很多贷款都附有贷款限制性条件，即会员国在使用贷款时必须采取一定的经济调整政策，以便在基金组织贷款结束后能够恢复国际收支平衡。这些调整政策一般包括压缩财政开支、减少货币供应量及其他紧缩措施。基金组织的方法旨在解决发展中国家内部产生的不平衡问题，并将内部调整作为平衡的手段。实际上，各国出现国际收支不平衡的原因是多方面的，有的是国内经济政策失误造成的；有的是国内产业结构落后、出口产品单一或出口价格下降引起的；而有的是发达国家经济衰退或实行贸易保护主义，使得发展中国家出口收入减少而致。如果是第一种原因导致了发展中国家的国际收支不平衡，国际货币基金组织在提供贷款时要求该国采取紧缩性的措施是有道理的；但如果是后两种原因造成国际收支不平衡，实行紧缩性政策毫无意义。因此多数发展中国家反对基金组织在向发展中国家提供贷款时提出的贷款限制条件。考虑到发展中国家的呼声，近年来基金组织在贷款条件的指导原则上作了一些修改，如适当考虑实行调整国家的国内社会和政治目标及会员国的特殊情况等，这些都有利于改善基金组织同发展中国家的关系。自1982年债务危机爆发后，发展中国家从国际商业银行获得的贷款大大减少，因此目前国际货币基金组织在帮助发展中国家解决国际收支困难上发挥着重要的作用。

4. 在汇率安排和监督方面的作用

建立一个稳定的汇率制度是二战后国际货币体系的目标之一。作为国际金融协调机构的国际货币基金组织在汇率安排和监督方面起着重要的作用。

二战后初期建立的布雷顿森林体系通过实行货币平价、使各国中央银行承担外汇市场稳定的义务及建立汇率变更的严格程序等措施，使各国货币汇率在战后较长时间内比较稳定。1973年布雷顿森林体系崩溃后，世界步入浮动汇率制。由市场供求决定的汇率虽然能在一定程度上客观地反映各种货币的价值，但不可否认，浮动汇率制下的汇率波动频繁，给进出口商品的报价、计价货币的选择、成本的核算带来了困难。此外，由于汇率经常变动且变动幅度较大，为投机者进行外汇投机提供了温床。尽管在一个较长时期内，货币汇率会因市场机制而重新趋于均衡，但汇率在短期内暴涨暴跌给国际贸易活动带来不利影响。由于浮动汇率制事实上扩大了各国政府对货币和外汇管理的自由度,这就为有的国家,尤其是主要储备货币的发行国实行贸易保护主义、在国际金融领域内采取不合作态度提供了借口。这不但有损于国际贸易的正常发展,而且加剧了国际政治经济矛盾,从而为国际货币体系的改革制造了新的障碍。为此,国际货币基金组织要对各国的汇率政策进行监督,以保持汇率的稳定。国际货币基金组织实施汇率监督的原则是:①避免操纵汇率或国际货币制度来妨碍国际收支的有效调整或取得对其他会员国不公平的竞争优势。②会员国在必要时应干预外汇市场,以应付混乱局面。会员国在采取干预政策时应考虑其他会员国的利益。③由于财政政策和货币政策直接影响汇率的变动,因此基金组织在实施汇率监督的同时,对各国的财政、货币政策实施协调与监督。

国际货币基金组织通过在多边基础上和在个别基础上对会员国汇率政策实行监督。多边监督以执行董事会和理事会临时委员会公布的《世界经济展望》为依据,强调对国际货币制度有重大影响的国家进行政策协调和发展。对个别国家的协调与监督主要是检查会员国的汇率政策是否与国际货币基金协定第四条所规定的义务相一致。基金组织要求各会员国提供经济运行和经济政策的有关资料,包括一国持有的黄金外汇储备、国际收支、国民收入、物价指数、汇率等,所有会员国要将其汇率安排方面的变化通知基金组织,从而使基金组织能够及时进行监督和协调。除此之外,基金组织与会员国举行定期或不定期磋商,以使基金组织能够了解会员国的经济发展状况和采取的政策措施,从而有助于基金组织履行汇率监督的责任。

随着国际货币基金组织的发展,其发挥的作用越来越容易受到各发达国家对其政策的干预,因而不可否认有使国际货币基金组织的政策水平不断降低的危险。国际货币基金组织的政策建议本来主要是针对遇到经济停滞的国际收支不均衡国家提出的宏观调整政策,即使会带来短期紧缩财政的效果,如失业等,但这确实是恢复该国经济并使外资自动流入的捷径。在强调消除贫困和重视增长政策的重要性的同时,为了尽可能减轻调整的痛苦,需要扩大国际货币基金组织和其他官方机构的贷款。对以往国际货币基金组织计划的批评,有的是切中要害,例如认识到从一开始在政治上就难以维持的调整政策是浪费资金,为使调整政策能够推行下去,在紧缩财政的框架下,在一定限度内追加失业保险一类的财政支出是有意义的。但从某些国家的事例来看,不但没有执行调整政策,反而以国际货币基金组织计划改头换面的形式敷衍塞责,这样就会损害主权国家对国际货币基金组织计划的信任,降低支援政策的有效性。从这种意义上看,国际货币基金组织必须通过不懈的努力保持计划的极度自由,不被政治压力所左右。

(三)世界银行

1.机构简介

世界银行（World Bank）是根据 1944 年美国布雷顿森林会议上通过的《国际复兴开发银行协定》成立的。世界银行的宗旨是:对用于生产的投资提供便利, 以协助会员国的复兴与开发,鼓励较不发达国家生产与资源的开发;利用担保或参与私人贷款和投资的方式,促进会员国的对外投资;通过鼓励国际投资,开发会员国的生产资源,促进国际贸易的发展,维持国际收支水平;在提供贷款保证时,应同其他方面的国际贷款配合。

2.业务活动

根据世界银行的宗旨,其主要业务活动是,对发展中成员国提供长期贷款,对成员国政府或经政府担保的私人企业提供贷款和技术援助,资助它们兴建某些建设周期长,利润率偏低,但又为该国经济和社会发展所必需的建设项目。

世界银行与国际开发协会(International Development Association,简称 IDA)、国际金融公司(Intenational Finance Corporation,简称 IFC)、多边投资担保机构(Multilateral Investment Guarantee Agency,简称 MIGA)、国际投资争端解决中心(Interational Centre for Settlement of Investment Disputes,简称 ICSID)五部分共同组成了世界银行集团(World bank Group)。

在人口不断增长(估计在未来的 50 年里,人口还会增加 30 亿)的同时,要降低贫困水平是一项巨大的挑战。世界银行在努力缩小发达国家与发展中国家之间的贫富差距,把富国的资源转化成穷国的经济增长。作为世界上提供发展援助最多的机构之一, 世界银行支持发展中国家政府建造学校和医院、供水供电、防病治病和保护环境的各项努力。

世界银行不是一般意义上的“银行”,它是联合国的专门机构之一,拥有 185 个成员国。这些国家对世界银行资金的筹措和使用共同负责。世界银行正在与整个社会一道,将其工作的重点放在实现联合国成员国于 2000 年达成的新千年发展目标和可持续的减贫工作上。

二、区域性国际金融组织

(一)亚洲开发银行

图 11-2 亚洲开发银行图徽

亚洲开发银行(Asian Development Bank,简称亚行)是亚洲和太平洋地区的区域性金融组织。虽然它不是联合国下属机构,但它是在联合国亚洲及太平洋经济社会委员会(联合国亚太经社会)赞助下建立的,同联合国及其区域和专门机构有密切的联系。根据 1963 年 12 月在菲律宾首都马尼拉由联合国亚太经社会主持召开的第一届亚洲经济合作部长级会议的决议,1965 年 11 月至 12 月在马尼拉召开的第二届会议通过了亚洲开发银行章程。章程于 1966 年 8 月 22 日生效,11 月在东京召开首届理事会,宣告该行正式成立,同年 12 月 19 日正式营业,总部设在马尼拉。除总部外,亚行还有 24 个国家和地区代表处(包括驻中国代表处)以及 3 个地区办事处(东京、法兰克福、华盛顿)。

1.宗旨与机构

亚行的宗旨是帮助发展中成员减少贫困,提高人民生活水平,以实现"没有贫困的亚太地区"这一终极目标。

亚行的组织机构主要有理事会和董事会。由所有成员代表组成的理事会是亚行最高权力和决策机构,负责接纳新成员、变动股本、选举董事和行长、修改章程等,通常每年举行一次会议,由亚行各成员派一名理事参加。行长是该行的合法代表,由理事会选举产生,任期5年,可连任。

截至2009年5月,日本和美国同为亚行最大股东,各持有15.571%的股份和拥有12.756%的投票权。1986年2月17日,亚行理事会通过决议,接纳中国为亚行成员国。同年3月10日中国正式成为亚行成员,台湾以"中国台北"名义继续保留席位。中国是亚行第三大股东国,持股6.429%,拥有5.442%的投票权。在1987年4月举行的理事会第20届年会董事会改选中,中国当选为董事国并获得在董事会中单独的董事席位。同年7月1日,亚行中国董事办公室正式成立。1986年,中国政府指定中国人民银行为中国对亚行的官方联系机构和亚行在中国的保管银行,负责中国与亚行的联系及保管亚行所持有的人民币和在中国的其他资产。1998年亚行对华业务的管理窗口由人民银行改为财政部。2000年6月16日,亚行驻中国代表处在北京成立。

2.活动与项目

亚行每年4月至5月在总部或成员国轮流举行年会。主要议题是探讨亚太地区的经济金融形势、发展趋势和面临的挑战,推动亚行作为地区性开发机构在促进本地区社会经济发展方面发挥作用。同时会议还将对亚行年度业务进行审议,并通过亚行年度报告、财务报告、外部审计报告、净收入分配报告、预算报告等。

亚行主要通过开展政策对话,提供贷款、担保和股权投资,联合融资,技术援助和赠款等方式支持其成员在基础设施、能源、环保、教育和卫生等领域的发展。

2009年,亚行共批准贷款和赠款总额为159.98亿美元,包括103笔主权贷款(总金额127.9亿美元)、7笔非主权贷款(总金额4.4亿美元)、64笔赠款(总金额11.1亿美元)。另外,亚行还批准了总额达2.668亿美元的313个技术援助赠款项目。

亚行的具体任务是:

(1)为亚太地区发展中会员国或地区成员的经济发展筹集与提供资金;

(2)促进公、私资本对亚太地区各会员国成员投资;

(3)帮助亚太地区各会员国或地区成员协调经济发展政策,以便更好地利用自己的资源在经济上取长补短,并促进其对外贸易的发展;

(4)对会员国或地区成员拟定和执行的发展项目与规划提供技术援助;

(5)以亚洲开发银行认为合适的方式,同联合国及其附属机构、向亚太地区发展基金投资的国际公益组织，以及其他国际机构、各国公营和私营实体进行合作，并向它们展示投资与援助的机会；

(6)发展符合亚洲开发银行宗旨的其他活动与服务。

3.组成成员

亚行有来自亚洲和太平洋地区的区域成员和来自欧洲和北美洲的非区域成员。亚行现有67个成员，其中48个来自亚太地区，其余来自其他地区。

本地区成员：阿富汗、亚美尼亚、澳大利亚、阿塞拜疆、孟加拉国、不丹、文莱、柬埔寨、中华人民共和国、库克群岛、斐济群岛、中国香港、印度、印度尼西亚、日本、哈萨克斯坦、基里巴斯、韩国、吉尔吉斯共和国、老挝民主主义共和国、马来西亚、马尔代夫、马绍尔群岛、密克罗尼西亚联邦、蒙古、缅甸、瑙鲁、尼泊尔、新西兰、巴基斯坦、帕劳群岛、巴布亚新几内亚、菲律宾、萨摩亚群岛、新加坡、所罗门群岛、斯里兰卡、中国台北、塔吉克斯坦、泰国、东帝汶、汤加、土库曼斯坦、图瓦卢、乌兹别克斯坦、瓦努阿图、越南等国家和地区。

非本地区成员：奥地利、比利时、加拿大、丹麦、芬兰、法国、德国、爱尔兰、意大利、卢森堡、荷兰、挪威、葡萄牙、西班牙、瑞典、瑞士、土耳其、英国、美国。

中国于1986年加入亚洲开发银行以来，双方在发展经济、消除贫困、保护环境等方面开展了广泛的合作，合作项目从最开始的几个已发展到2013年的九十多个。到2013年中国已是亚行世界范围内第二大借款国、技术援赠款的第一大使用国以及第三大股东。

(二)亚洲基础设施投资银行

中国筹建亚洲基础设施投资银行(简称亚投行)成为国际社会的热议话题。建立亚投行的倡议是中国国家主席习近平于2013年10月访问东南亚时提出的，旨在推进"一带一路"战略的落实，促进周边区域互联互通和一体化进程。该倡议当即得到有关国家的积极响应，南亚、中亚和海湾中东的一些国家也纷纷表达了积极参与筹建进程的意愿，目前已有22个亚洲国家对这一项目表现出兴趣。同时，亚投行也欢迎区域外国家加入，将在世行、亚行模式上有所创新，并为发展中国家，特别是低收入发展中国家在亚太的发展提供融资渠道。

在主要发达国家实行量化宽松、利率超低的情况下，亚洲和全球并不缺乏资金,缺乏的是动员这些资金投资于基础设施的能力和机制。在这样的背景下,筹建亚投行具有特别重要的现实意义。中国财政部部长楼继伟表示:"设立亚投行是一项多赢之举。"目前全球经济缺乏投资,投资于亚洲地区基础设施建设,有利于扩大全球总需求,支持全球经济复苏。据亚洲开发银行测算,未来10年亚洲地区基础设施的融资缺口巨大,需要至少8万亿美元基础设施资金,才能支撑目前经济增长的水平。楼继伟表示,亚洲基础设施相对比较薄弱,需要进行大量投资,中国具备促进亚洲地区基础设施互联互通的有利条件。加强与周边国家互联互通,有利于中国西北、东北、西南等欠发达地区的经济发展。

2014年初,中国已经成立了亚投行筹建工作组,上半年已与域内有兴趣的亚洲国家举行了三次多边磋商会议。楼继伟表示,中方将本着开放的区域主义,按照先域内后域外的原则推进亚投行筹建。在与一些亚洲国家进行了多次多双边磋商的同时,中方还与日本、美国和有关欧洲国家保持沟通,并欢迎它们参与亚投行筹建。财政部长楼继伟指出:"根据目前工作计划,今年秋季将首先由亚洲域内国家就筹建亚投行的政府间框架备忘录达成一致,之后逐步向域外国家扩展。"目前中国正会同有关国家积极磋商,确定创始成员国,下一步将建立亚投行基本框架、订立章程等,使亚投行尽快投入运作。亚投行具体资金规模和各方出资比例将由亚投行创始成员国磋商后最终确定。楼继伟表示:"中方提出中国对亚投行出资比例可以达到50%,这是表示中国推动亚投行的决心和承诺。中国最终出资比例不一定非要达到50%。""如果参与的国家较多,中国的出资比例可以相应降低,但按照经济权重计算,中国仍将持有最大股份。"楼继伟表示,亚投行业务定位为准商业性。初期亚投行将主要向主权国家的基础设施项目提供主权贷款。今后亚投行也将考虑设立信托基金,针对不能提供主权信用担保的项目,引入公私合作伙伴关系模式(PPP),通过亚投行和所在国政府出资,与私营部门合理分担风险和回报,动员主权财富基金、养老金以及私营部门等更多社会资本投入亚洲发展中国家的基础设施建设。

中国学者田帆认为,中国筹建亚投行,主要是因为中国外汇储备较多,因此希望把部分资金用于推动亚洲地区周边国家的基础设施建设,"这既是中国希望亚洲邻国共享中国经济增长的福利,也希望带动亚洲区域经济合作,这是符合中国的经济战略和中国与邻国互利共赢原则的"。"当然,中国也有另一层考虑,"田帆说,"由于历史的原因,中国在世行和亚行没有获得应有的地位,而现在中国已经成为世界第二大经济体,但在世行和亚行的地位和话语权却没有显著提高,中国肯定也会有不满意的地方"。

不过中国的亚投行计划遭到美日的搅局。美国要求韩国不参与亚投行筹建事宜。日本也以亚投行与亚行之间职责分工不明确为由拒绝出资并加入筹建计划,并暗地与美国合作,拟要求东南亚各国和澳大利亚等也不向亚投行出资。美日反对中国筹建亚投行基于自身的利益考虑。尽管我国一再强调,亚投行与世行、亚行等现有多边开发银行是互补和合作的关系,世行和亚行在公开表态中也对中国筹建亚投行表示欢迎;但在美日看来,亚投行显然是对手而非伙伴。"世行是美国主导的,亚行也是美日主导的,它们自然不希望中国建立一个能与它们竞争的机构,影响它们在国际金融体系中的话语权和影响力。"田帆认为:"美日也担心中国通过亚投行的金融援助,进一步提高地区和全球影响力。"正因为如此,美日两国竭尽全力搅局,希望破坏中方计划。

中国外交部亚洲司檀勋生处长指出,关于中国和东盟的金融合作,当前中国的工作重点是推动建立亚洲基础设施投资银行。亚洲银行数据显示,2010 年至 2020 年,亚洲各国国内基础设施投资约需 8 亿美元,另需近 3000 亿美元用于区域性基础设施建设,而且基础设施建设投入大、周期长,回报率相对较低,这么巨大的需求光靠各国财政或援助远远不够。亚投行的目的就是解决融资瓶颈问题。目前,中国已与有关国家举行多次筹建亚投行的多边磋商,取得了积极进展。亚投行是中国发起成立的首个区域性金融机构,从战略上讲,也是中国参与地区金融体系和规则建设,扩大在地区金融体系的影响力和发言权的重要举措,对于推动人民币"走出去"也具有重要意义。

(三)金砖开发银行

2014 年 7 月 15 日在金砖国家领导人第六次会晤期间,金砖国家财长在五国领导人见证下签署了成立金砖开发银行的协议。财政部部长楼继伟代表中国政府签署了协议。此前,楼继伟还于 7 月 14 日出席了金砖国家财长和央行行长会议,会议核准了成立金砖开发银行的协议。

成立金砖开发银行是 2013 年金砖国家领导人第五次会晤达成的重要共识。根据金砖国家领导人的指示,金砖国家财政部门自 2013 年 8 月正式启动成立金砖开发银行的谈判,共举行了 7 轮谈判。金砖国家本着团结合作、互谅互让的精神,最终就成立金砖开发银行的协议达成共识。主要包括:银行的宗旨是支持金砖国家及其他新兴市场和发展中国家的基础设施建设和可持续发展;银行的核定资本为 1000 亿美元,初始认缴资本为 500 亿美元并在金砖国家之间平均分配;银行创始成员为 5 个金砖国家,银行成立后将吸收新成员加入;银行总部落户上海,这也是国际金融组织首次将总部落户中国;首个区域办公室设在南非约翰内斯堡;行长在金砖国家中轮流产生,首任行长将由印度提名;首任理事会主席由俄罗斯提名,首任董事会主席由巴西提名。

成立金砖开发银行是金砖国家财金合作进程中具有里程碑意义的一件大事。在当前全球化经济形势下,这不仅有利于促进全球经济复苏,为长期经济增长提供动力,也将有利于与现有多边和区域开发银行在促进基础设施建设和可持续发展方面相互补充,并为金砖国家建设性参与全球经济治理提供合作平台,提高金砖国家和其他新兴市场国家在国际经济事务中的影响力和话语权,推动全球经济治理体系朝着公正、合理的方向发展。

中国学者沈骥如指出,金砖国家开发银行是一个金融机构,其职能涵盖共同的外汇储备和应急基金,要规定银行未来的投资方向,包括对发展中国家的基础设施和工业等中长期投资的贷放款和投资措施等制定规则。它是世界银行和国际货币基金组织之外成立的具有全球影响的金融机构。金砖国家开发银行的成立,使得发展中国家在面临经济困难和财政困难时,除了向世界银行和国际货币基金组织求援外,也可以向金砖国家开发银行求助。这会对国际金融体系改革、减少过度依赖西方国家主导的金融机构的现状起积极作用。

金砖国家开发银行主要资助金砖国家以及其他发展中国家的基础设施建设,对金砖国家具有非常重要的战略意义。金砖国家开发银行不仅为中国带来经济利益,同时也带来一种长远的战略利益。从短期来看,中国已成为世界第二大经济体,到底如何在国际舞台上展现一个新兴大国的形象,关系到中国自身发展,也关系到国际社会共同的利益。中国推动设立金砖国家开发银行,作出实实在在的贡献,是彰显中国大国责任的好机会。

另外,在基础设施建设方面,中国积累了大量经验和优势。设立金砖国家开发银行,可推动其他国家的基础设施建设,也是分享中国经验的好机会,与中国"走出去"战略相符合。中国输出的既是经验和技术,也是一种标准。

金融危机以来,美国金融政策变动导致国际金融市场资金的波动,对新兴市场国家的币值稳定造成很大影响。中国货币波动较小,但是印度、俄罗斯、巴西等国都经历了货币巨幅贬值,导致通货膨胀。这一轮危机以来,靠国际货币基金组织救助存在不及时和力度不够的问题,金砖国家为避免在下一轮金融危机中受到货币不稳定的影响,计划构筑一个共同的金融安全网。

三、本章小结

金融是现代经济的核心。在国际关系学中,国际金融是国际经济研究和全球治理领域的主要内容。在国际关系中,国际金融组织也是大国构建全球战略、维护国际经济秩序和实现国家利益的重要工具。现行的国际金融组织主要是二战后以美国为首的西方大国所主导、组建起来的,其实质是实现西方大国利益的工具。从某种意义上讲,国际经济组织也是美国为首的西方大国将国家之间的经济竞争和权力博弈,关进一个稳定的制度性架构之内,从而实现其制度性霸权。

国际关系遵循实力不平衡发展规律,新兴大国的崛起,对现存的全球治理以及国际经济与金融秩序来说是崭新的压力和挑战。2007 年以来的全球金融危机导致对整个西方大国主导的全球经济治理机制的迫切关注,出现对现行国际金融组织改革的呼声。对原有的国际金融组织按照责权力相适应的原则进行改革,并构建新的国际金融组织,将是新兴大国的主要利益诉求。而维护原来的国际金融组织内部的游戏规则和制度安排,是守成大国的利益所在。所以在国际经济和金融领域中,围绕着游戏规则主导权和制定权的争夺将是今后国际经济领域权力博弈的核心。新兴大国与守成大国之间在经济领域的权力博弈,也主要将在全球性国际金融组织和区域性国际金融组织两个层面展开。

附　录

2014 年 7 月 15 日,中国国家主席习近平在巴西福塔莱萨举行的金砖国家领导人第六次会晤上发表了题为"新起点 新愿景 新动力"的讲话。讲话全文如下:

新起点　新愿景　新动力
——在金砖国家领导人第六次会晤上的讲话
（2014 年 7 月 15 日福塔莱萨）
中华人民共和国主席　习近平

尊敬的罗塞夫总统,普京总统,莫迪总理,祖马总统,

女士们,先生们,朋友们:

很高兴在美丽的海港城市福塔莱萨同大家会晤。感谢罗塞夫总统和巴西政府为今天会晤所作的周到安排。欢迎莫迪总理出席金砖国家领导人会晤。祝贺巴西举办了一届成功精彩的世界杯足球赛。

金砖国家领导人首次举行会晤 5 年来,金砖国家在许多重大国际和地区问题上共同发声、贡献力量,致力于推动世界经济增长、完善全球经济治理、推动国际关系民主化,成为国际关系中的重要力量和国际体系的积极建设者。

5 年来,金砖国家各领域合作全面展开,涵盖经济、金融、贸易、社会、人文、科技等诸多领域,给各国人民带来实实在在的好处,合作基础更加坚实。

5 年的实践证明,我们五国虽相距遥远,但同声相应、同气相求,志之所趋,穷山距海不能限。

各位同事!

金砖国家合作是不断前进的历史进程。我们要在总结经验的基础上,规划新的合作蓝图。我认为,这个蓝图就是发展金砖国家更紧密、更全面、更牢固的伙伴关系。

这要求我们发扬金砖国家独特的合作伙伴精神。我们应该坚持开放精神,发挥各自比较优势,加强相互经济合作,培育全球大市场,完善全球价值链,做开放型世界经济的建设者。我们应该坚持包容精神,推动不同社会制度互容、不同文化文明互鉴、不同发展模式互惠,做国际关系民主化的实践者。我们应该坚持合作精神,继续加强团结,照顾彼此关切,深化务实合作,

携手为各国经济谋求增长,为完善全球治理提供动力。我们应该坚持共赢精神,在追求本国利益的同时兼顾别国利益,做到惠本国、利天下,推动走出一条大国合作共赢、良性互动的路子。

具体说来,我们应该在以下几个方面作出努力。

第一,坚定不移推动经济可持续增长。金砖国家经济增长近来有所放缓,这既同外部因素有关,也是各国调整经济结构的客观结果。下一步,我们应该通过必要的经济改革,增强内生动力,保持经济稳定增长。我们应该坚持包容性增长理念,用社会政策托底宏观经济政策,织牢社会安全网,推动经济从量的增长转向质的提升。我们应该协调经济发展、社会发展、环境保护,拓展更大经济发展空间。

第二,坚定不移开展全方位经济合作。金砖国家资源禀赋、产业结构具有多样性和互补性,合作潜力巨大。我们应该建立更紧密经济伙伴关系,在贸易和投资领域探索建立一体化大市场,在货币金融方面构建多层次大流通,在基础设施建设领域形成陆海空大联通,在人文领域推动各国人民大交流。我们应该扎实推动务实合作,推动应急储备安排尽早投入运作,更多发挥工商理事会、智库理事会作用,争取各领域合作取得更多早期收获成果,给各国人民带来实实在在的好处。

在各方共同努力下,我们今天就建立金砖国家开发银行达成共识。这是金砖国家合作进程中具有重要和深远意义的成果,体现了金砖国家团结合作、共同发展的政治意愿,不但有助于提高金砖国家在国际金融事务中的话语权,而且更重要的是能够造福我们和发展中国家人民。感谢大家支持金砖国家开发银行落户中国上海。我们愿同各方密切合作,做好充分准备,确保银行尽快启动。

第三,坚定不移塑造有利外部发展环境。世界经济逐步走出低谷,为金砖国家发展提供了更好外部条件。同时,世界经济仍未完全摆脱国际金融危机影响,国际社会期待金砖国家继续保持发展势头。我们应该推动金砖国家在经济总量、对外贸易、国际投资等方面占全球比重继续上升,带动全球范围内的强劲、可持续、平衡增长。我们应该推动完善全球经济治理,把增加发展中国家代表性和发言权的有关共识和决定落到实处,确保各国在国际经济合作中机会平等、规则平等、权利平等。我们应该推动加强全球宏观经济政策协调,防范主要经济体经济政策变动给金砖国家带来负面外溢效应。

第四,坚定不移提高道义感召力。金砖国家主持公道、弘扬正义,致力于建设公平公正的美好世界,是国际关系中的正能量。我们应该放大这种正能量,在国际事务中共同提出方案,伸张正义,践行平等。我们应该积极参与世界反法西斯战争胜利 70 周年纪念活动,共同维护国际公理,决不允许任何势力为侵略历史翻案。我们应该推动建立全球发展伙伴关系,让世界上的贫困人口改变生活面貌。只要金砖国家人民同世界各国人民携手同心,金砖合作、南南合作和人类发展之路就会越走越宽广。

巴西朋友告诉我,有一本畅销书叫做《巴西:未来之国》,书中寄托了对人类文明的美好希望。我期待着金砖国家能够像书中憧憬的那样,共同成为繁荣、富强、民主、文明的未来之国,开创世界经济增长更加多元、国际关系更加民主的美好未来。

各位同事!

中国正在全面深化改革,发挥市场在资源配置中的决定性作用,更好发挥政府作用,努力建设开放型经济新体制。2013 年,中国成为全球 128 个国家的最大贸易伙伴,年货物进口额接近 2 万亿美元,对外非金融类投资超过 900 亿美元,出境旅游近 1 亿人次。这些数字还在扩大,将为世界经济增长创造更多需求和机会。

中国外交有原则、重情谊、讲道义、谋公正。对大国关系,中国主张不冲突不对抗、相互尊重、合作共赢,共同走和平发展之路。对金砖国家合作,我们尤为珍视,列为外交优先领域,坚持同金砖国家做好朋友、好兄弟、好伙伴。

我相信,一个发展质量更好、更具包容性、更可持续的中国,一个在国际关系中倡导和平、发展、合作、共赢的中国,一个积极参与金砖国家合作的中国,必将继续为维护世界和平、促进共同发展作出更大贡献。

谢谢大家。

(资料来源:新华社)

第十一章

当前世界上主要有两个问题，一个是和平问题，一个是发展问题。世界上现在有两件事情要同时做，一个是建立国际政治新秩序，一个是建立国际经济新秩序。

世界和平与发展这两大问题，至今一个也没有解决。

——邓小平

政治和经济问题历来相互交织。金砖国家要实现国泰民安，必须两条腿走路，既要重视经济领域合作，也要加强政治领域协调，既做世界经济稳定之锚，又做国际和平之盾。

——习近平

第十二章
国际政治经济学

国际政治经济学（简称 IPE）是国际关系学中一个十分重要的组成部分。伴随着世界体系的历史进程，民族国家体系和世界经济体系的交织联系加强。对国际关系中政治与经济互动的研究，推进了国际政治经济学的兴起和发展。国际政治经济学有深厚的理论渊源，而它的理论演进也表现为硕果累累。围绕着国家和市场之间的关系，国际关系学者在继承古典政治经济学的基础上，对国际关系理论进行理论建构，形成了如下理论成果：沿袭古典重商主义学术传统的霸权稳定论、沿袭古典自由主义的相互依存论，以及沿袭马克思主义学术传统的依附理论和世界体系论。

主权和产权制度是人类的两项伟大创造，深远地推进了人类文明的历史进程。主权界定了国家，产权界定了市场。主权与民族国家之间是相互建构、相互依存的关系。以《威斯特伐利亚和约》为始建立的现代民族国家和主权原则，构成现代国际关系中的民族国家体系。产权制度对于市场的形成起着决定性的作用，随着经济要素（资本、劳动、技术和信息等）在世界范围内的流通，形成了经济要素交织共存的世界网络体系——全球经济体系。民族国家体系和全球经济体系之间是相互影响的、相互关联的,二者之间的关系也构成国际关系中政治与经济的关联与互动。对这种关系的研究,在 20 世纪 70 年代形成了一门新兴学科——国际政治经济学,最典型的代表人物是英国的苏珊·斯特兰奇和美国的罗伯特·吉尔平。国际关系学主要研究国际体系中的经济要素(包括资本、技术、劳动力以及信息)的跨国流动对国际体系、国家与国家之间的关系,以及国家内部政治结构和过程的影响,反之亦然。①国际政治经济学丰富了国际关系研究的议题和领域,把经济因素作为内生变量引入到国际政治研究之中,成为国际关系理论的一个重要内容。

　　纵观过去 500 年的世界历史,起源于一千五百年左右的欧洲世界经济,伴随着地理大发现和殖民主义,不断向世界其他地区(美洲、非洲、大洋洲和亚洲)拓展,到了 19 世纪末,实现了向全球扩张的进程。民族国家为了追逐财富和权力而彼此相互竞争,甚至发生冲突和战争。资本主义世界经济作为一种历史体系, 经历了三个主要历史阶段:1500—1750/1800 年的古典重商主义、1800/1850—1914/1945 年的古典自由主义和古典马克思主义, 以及 1945 年以来的“混合主义”。资本主义世界经济作为一个历史体系(世界体系)得以延续 500 年的主要动力有四个,即地理大发现、金融和贸易、科学与技术、制度和战争。世界体系的历史遗产主要表现为政治、经济和文化三个方面,即出现了政治层面的民族国家和国际体系、经济层面全球性的世界经济以及文化价值层面的学术意识形态和政治意识形态。②

　　政治和经济、主权与产权、国家和市场、民族国家体系与全球经济体系的互动关系,是国际政治经济学研究的对象和领域。围绕着国家和市场之间的关系,国际关系学者在继承古典政治经济学的基础上,对国际关系理论进行理论建构,形成了如下理论成果:沿袭古典重商主义学术传统的霸权稳定论、沿袭古典自由主义的相互依存论,以及沿袭马克思主义学术传统的依附理论和世界体系论。

---

① 王正毅:《国际政治经济学通论》,北京大学出版社,2012 年,第 4 页。

② 同上,第 31~45 页。

一、国际政治经济学的理论渊源

(一)重商主义

研究经济史的学者一般把 1500 年至 1750 年称为"重商的时代",重商主义时期的主要标志是对工商业和商人的重视,具体表现为:为追求财富而进行的地理扩张、贸易的拓展、商业资本的兴起和国家机器的加强。[①]

经济学家雅各布·瓦伊纳认为作为一种有关国家和经济活动之间关系的思想,重商主义主要包括四个基本假设,它们强调政治与经济的密切关系:"(1)财富是获得权力绝对不可或缺的手段……(2)权力是获得和保有财富的根本的或有效的手段;(3)财富和权力都是国家政策正当的和最终的目的;(4)从长远来看,这两个目标是和谐一致的,尽管在一些特定情况下,不得不牺牲经济利益,以换取军事安全和长期繁荣。"[②]

重商主义的政策主张主要表现为:

(1)货币即财富,早期的重商主义者相信,货币是财富的唯一形态,一个国家财富的大小就在于拥有金或银等贵重金属的绝对数量。所以早期一个国家的财富主要有两个来源:一个是金银矿的开采,以便获取更多的金银等贵重金属;另一个就是发展商业,特别是对外贸易,从而促使大量贵重金属流入而不是流出。获取贵重金属成为早期重商主义的一个理论出发点,也是当时欧洲许多国家制定经济政策的出发点。

(2)国家干预经济。为了增加国家财富,各国推行了一系列经济政策,表现为:保护本国工业和商业的进口禁令和关税保护;国家通过颁发特许证,允许某些资本家成立公司和拥有出口某些商品的特别权力 (特许证和垄断权);政府之间制定相互通商条约,以保证各自对某种商品的垄断权;推行殖

---

①   王正毅:《国际政治经济学通论》,北京大学出版社,2012 年,第 51 页。

②   Jacob Viner, "Power Versus Plenty as Objectives of Foreign Policy in the Seventeenth and Eighteenth Centuries", *World Politics*, 1, October 1948. Reprinted in Jeffrey A. Frieden and David A. Lake, eds., *International Political Economy: Perspectives on Global Power and Wealth*, New York: St.Martin's Press, 1987, pp.71–84, quoted at p.72.

民政策等。

早期重商主义政策的目的不是为了让普通百姓过上富裕生活，而是为王室积累金钱，增强国家的武装力量，使国家维持强大的陆军和海军，以便在海外建立专门为国家的工业生产供应原材料的殖民地，让王宫变得更加富丽堂皇，使贵族能过上奢侈的生活。[①]

与早期及晚期的重商主义政策建议不同，古典重商主义理论的集大成者弗里德里希·李斯特于1841年出版了《政治经济学的国民体系》，对重商主义进行了比较系统的理论总结，提出了著名的国家经济学说。他的国家经济学的主要内容有：

（1）生产力是国家经济的基础。在李斯特看来，生产力既包括创造物质价值的人类劳动，也包括维持法律与秩序、培养和促进教育、宗教、科学、艺术的人的精神劳动的生产性，也就是说，不仅体力劳动、物质资本创造是生产力，而且脑力劳动、组织和管理等精神劳动也是生产力。一个国家的进步和财富，在很大程度上取决于这个国家的精神财富。现在人类生活变得比古代好，主要是由于人类近千年在科学与艺术、国家与社会制度、智力培养以及生产效能等方面的进步，这就是现代人类的精神资本。

（2）工业是国家经济的支柱。在李斯特看来，工业对于一个国家的个人、社会以及生产力的进步具有决定性的作用，工业是一个国家所有事业的基础，是一个国家的经济支柱。

（3）关税是建立和保护国内工业的主要手段。[②]

（二）自由主义

到了18世纪晚期，随着西欧国家资本主义的发展，古典重商主义无论是政策主张还是理论观点都不断地面临着有限政府和自由贸易的挑战，以亚当·斯密和大卫·李嘉图为代表的古典自由主义在对重商主义学说和政策进行批判的过程中，登上了历史舞台。

"重商主义所要奖励的产业，都是有钱有势的人所经营的产业。至于为

---

① ［英］詹姆斯·多尔蒂、小罗伯特·普法尔茨格拉芙：《争论中的国际关系理论》，阎学通、陈寒溪译，世界知识出版社，2013年，第443页。

② 王正毅：《国际政治经济学通论》，北京大学出版社，2012年，第64~66页。参考［德］弗里德里希·李斯特：《政治经济学的国民体系》，第17章至26章内容。

贫困人民的利益而经营的产业，却往往被忽视、被压抑。"①"谁是这重商学说体系的设计者，不难于确定。我相信，那绝不是消费者，因为消费者的利益全被忽视了。那一定是生产者，因为生产者的利益受到那么周到的注意。消费者或不如说其他生产者的利益，就为着制造业者的利益而被牺牲了。"②亚当·斯密在《国民财富的性质和原因的研究》(《国富论》)中对重商主义进行了批判，提出了自由主义思想。亚当·斯密指出："劳动生产力上最大的增进，以及运用劳动时所表现的更大的熟练、技巧和判断力，似乎都是分工的结果。"③国民财富的增加起因于劳动分工，得益于交换。在分工的缘由中，亚当·斯密指出，人类所特有的"互通有无，物物交换，互相交易"倾向，源于人的自利心。"我们每天所需要的食料和饮料，不是出自屠户、酿酒家或烙面师的恩惠，而是出于他们自利的打算。""由于我们所需要的相互帮忙，大部分是通过契约、交换和买卖取得的，所以当初产生分工的也正是人类要求互相交换这个倾向。"④亚当·斯密从人的自然本性出发，提出了与重商主义完全不一样的观点。在亚当·斯密看来，每个人都可以按照自己的方式寻求自己的利益，在这种源于人性的自然法则支配下，人类的经济活动出现生产自由和消费自由，而这最终成为广泛劳动分工和市场交换的社会秩序的基础，从而自发地形成一个广泛而复杂的为商品交换而合作的体系。这种体系就是"看不见的手"市场机制作用下的市场体系。

亚当·斯密指出，一切重商主义的特惠或限制的制度，一旦完全废除，最明白、最单纯的自然自由制度就会树立起来。每一个人，在他不违反正义的法律时，都应听其完全自由，让他采用自己的方法，追求自己的利益，以其劳动及资本和任何其他人或其他阶级相竞争。⑤按照自然自由的制度，政府有三种义务：第一，保护社会，使之不受其他独立社会的侵犯，即国防。第二，尽可能保护社会上各个人，使之不受社会上任何其他人的侵害或压迫，这就是说，要设立严正的司法机关。第三，建设并维护某些公共事业及某些公共设

---

① ［英］亚当·斯密：《国民财富的性质和原因的研究》，郭大力、王亚南译，商务印书馆，2010 年，第 212 页。

②③ 同上，第 229 页。

④ 同上，第 14 页。

⑤ 同上，第 253 页。

施。^①在政府与市场关系的基础上,他提出了著名的赋税四原则,分别是:①一国国民,都须在可能范围内,按照各自能力的比例,即按照各自在国家保护下享得的收入的比例,缴纳国赋,维持政府。②各国民应当完纳的赋税,必须是确定的,不得随意变更。③各种赋税完纳的日期及完纳的方法,须予纳税者以更大便利。④一切赋税的征收,须设法使人民所付出的,尽可能等于国家所收入的。^②

大卫·李嘉图的《政治经济学及其赋税原理》将斯密开创的自由主义政治经济学推向一个新的高度,他修改完善了劳动价值论,并提出了著名的比较优势学说,奠定了国际贸易理论的基础。在商业完全自由的制度下,各国都必然把它的资本和劳动用在最有利于本国的用途上。这种个体利益的追求很好地和整体的普遍幸福结合在一起。由于鼓励勤勉、奖励智巧、并最有效地利用自然所赋予的各种特殊力量,它使劳动得到最有效和最经济的分配;同时由于增加生产总额,它使人们都得到好处,并以利害关系和相互交往的共同纽带把文明世界各民族结合成一个统一的社会。^③

(三)马克思主义

马克思主义是关于全世界无产阶级和全人类彻底解放的学说。它由马克思主义哲学、马克思主义政治经济学和科学社会主义三大部分组成,是马克思、恩格斯在批判地继承和吸收人类关于自然科学、思维科学、社会科学优秀成果的基础上于19世纪40年代创立的,并在实践中不断地丰富、发展和完善的无产阶级思想的科学体系。

马克思指出,政治是经济的集中表现,社会是由生产关系的总和构成的。他认为,法的关系正像国家的形式一样,既不能从它们本身来解释,也不能从所谓人类精神的一般发展来解释,相反,它们根源于物质的生活关系,这种物质的生活关系的总和,黑格尔按照18世纪的英国人和法国人的先

---

① ［英］亚当·斯密:《国民财富的性质和原因的研究》,郭大力、王亚南译,商务印书馆,2010年,第253页。

② 同上,第385页。

③ ［英］彼罗·斯拉法:《李嘉图著作和通信集(第一卷):政治经济学及赋税原理》,郭大力、王亚南译,商务印书馆,1981年,第113页。

例,称之为"市民社会",而对市民社会的解剖应该到政治经济学中去寻找。①
在经济基础和政治上层建筑的关系中,历史唯物主义确定前者对后者有决
定性的作用,同时也确定后者对前者有能动的反作用,两者之间存在着决定
与被决定、作用与反作用的互动的辩证的关系。②马克思指出,人们在自己生
活的社会生产中发生一定的、必然的、不以他们的意志为转移的关系,即同
他们的物质生产力的一定发展阶段相适应的生产关系。这种生产关系的总
和构成社会的经济结构,即有法律的和政治的上层建筑竖立其上并有一定
的社会意识形式为之相适应的现实基础。物质生活的生产方式制约着整个
社会生活、政治生活和精神生活的过程。③

"至今一切社会的历史都是阶级斗争的历史。"④阶级斗争的中心是政
治权力。阶级分析和阶级理论是马克思主义的重要组成部分,阶级论在马
克思主义政治学中的地位相当于劳动价值论在政治经济学中的地位。列宁
指出,所谓阶级,就是这样一些大的集团,这些集团在历史上一定社会生产
体系中所处的地位不同,对生产资料的关系(这种关系大部分是在法律上
明文规定了的)不同,在社会劳动组织中所起的作用不同,因而领取自己所
支配的那份社会财富的方式和多寡不同。其中一个集团能够占有另一个集
团的劳动。⑤无产阶级是能实现人类彻底解放这种社会变革的社会力量,无
产阶级把自己从压迫下解放出来,也就必然推翻剥削制度的一切基础,从
而解放全人类。

社会存在和社会意识、生产力和生产关系、经济基础和上层建筑,这些
基本范畴及其关系是马克思主义的重点内容和重大发现。社会存在决定社
会意识,生产力决定生产关系,经济基础决定上层建筑。"不是人们的意识决
定人们的存在,相反,是人们的社会存在决定人们的意识。社会的物质生产
力发展到一定阶段,便同它们一直在其中运动的现存生产关系或财产关系
(这只是生产关系的法律用语)发生矛盾。于是这些关系便由生产力的发展
形态变成生产力的桎梏。那时社会革命的时代就到来了。随着经济基础的变

---

① 《马克思恩格斯选集》(第二卷),人民出版社,1995 年,第 31~32 页。

② 王沪宁:《政治的逻辑:马克思主义政治学原理》,上海人民出版社,2012 年,第 53 页。

③ 《马克思恩格斯选集》(第二卷),人民出版社,1995 年,第 32 页。

④ 《马克思恩格斯选集》(第一卷),人民出版社,1995 年,第 272 页。

⑤ 《列宁选集》(第 4 卷),人民出版社 1972 年,第 10 页。

更,全部庞大的上层建筑也或慢或快地发生变革。"①只有把生产力和生产关系的矛盾运动同经济基础和上层建筑的矛盾运动结合起来观察,把社会基本矛盾作为一个整体来观察,才能全面把握整个社会的基本面貌和发展方向。物质生产是社会生活的基础,生产力是推动社会进步的最活跃、最革命的要素。社会主义的根本任务是解放和发展社会生产力。物质生产是社会历史发展的决定性因素,但上层建筑也可以反作用于经济基础,生产力和生产关系、经济基础和上层建筑之间有着作用和反作用的现实过程,并不是单线式的简单决定和被决定逻辑。

《资本论》是马克思政治经济学的精华,揭示了资本积累理论。资本积累理论以及与此相关联的剩余价值理论和剥削理论是马克思论述资本主义经济的精髓。革命是历史的火车头,革命的最终目的是打碎旧的生产关系的枷锁,解放生产力。政权是革命的根本问题。推翻旧的阶级统治,夺取政权的政治革命是社会革命的前提,政治革命归根结底都是旨在确立新的生产关系的社会革命。②

马克思主义是一个开放的科学理论体系,随着历史实践的推进,不断得以完善和发展。列宁的帝国主义理论、毛泽东的新民主主义理论和邓小平的科学社会主义理论,以及现在中国实践中的中国特色社会主义理论体系都是马克思主义结合本国国情和时代特征在新时代的创新、发展与完善。

二、国际政治经济学的理论演进

(一)霸权稳定论

霸权稳定论是由经济学家查尔斯·金德尔伯格首创的,他的理论是为了说明 20 世纪 30 年代经济危机产生的原因,他把这场危机归因于英国由于霸权地位的下降,因而虽有意愿却没有能力管理国际体系。20 世纪 70 年代初期霸权稳定论只限于经济领域,后来被斯蒂芬·克拉斯纳、罗伯特·吉尔平和罗伯特·基欧汉等学者加以系统完善,拓展到军事和安全领域。霸权稳定

---

① 《马克思恩格斯选集》(第二卷),人民出版社,1995 年,第 2~3 页。

② 王沪宁:《政治的逻辑:马克思主义政治学原理》,上海人民出版社,2012 年,第 414 页。

论的代表作主要有:查尔斯·金德尔伯格的《1929—1939 世界经济萧条》、斯蒂芬·克拉斯纳的《国家权力和国际贸易的结构》、罗伯特·吉尔平的《世界政治中的战争与变革》和罗伯特·基欧汉的《霸权之后:世界政治经济中的合作与冲突》。

金德尔伯格将霸权国家的领导权和世界经济体系的稳定联系起来,认为一个开放和自由的世界经济需要有一个居霸主或主宰地位的强国。金德尔伯格认为,世界经济要想保持稳定,必须拥有一个"稳定者",即某个国家要能负责为亏本商品提供市场,让资本稳定地流动,而且当货币制度呆滞不灵陷入困境时,它能为提供清偿能力建立某种再贴现的机制。国际体系需要一个霸权国,它的作用就是制定有效的国际机制,保证国际经济的持续健康发展,防止出现全球性的经济混乱。吉尔平认为,自由市场体系的出现和发展必须有三个前提:霸权、自由意识形态和共同利益。只有在霸权统治下的国际体系才是稳定的,否则就会出现战争或混乱。霸权国为国际社会提供秩序和公共物品,有利于霸权国本身,也有利于国际体系的发展。自由国际经济需要一个能致力于自由经济原则的霸权国,就像 19 世纪的英国和 20 世纪的美国那样。①根据霸权稳定论的解释,霸权国之所以愿意来建立和维持国际体系,主要是出于霸权国自身的国家利益。霸权国的国家利益是其建立和维护国际体系的的动机和动力。霸权稳定论认为,相互受益既是霸权国合法性的基础,也是国际体系稳定的基础。国际体系中的其他国家之所以愿意接受霸权国的领导,主要是因为霸权国能够为国际体系提供公共物品。

霸权稳定论突出强调了政治结构的变动对国际经济秩序的影响,它集中关注民族国家体系的作用,以及国际政治关系在组织和管理世界经济中的作用。霸权稳定论指出,政治环境是国际自由经济秩序存在的条件,并指出霸权的兴衰是结构变革的重要决定因素。霸权的兴衰与国际体系的变革之间有什么样的关联?罗伯特·吉尔平在《世界政治中的战争与变革》中对这个问题作了专题的研究。吉尔平认为,国际体系中的国家行为体实力发展是不平衡的,即国际体系中存在着实力不平衡发展规律。当一个社会达到它扩张的极限时,它就很难维持自身地位和遏制最终的衰落。而此时,新兴国家

---

① [美]罗伯特·吉尔平:《全球政治经济学:解读国际经济秩序》,杨宇光、杨炯译,上海人民出版社,2006 年,第 82 页。

享受着较低的成本、不断上升的资源优势，以及"后发优势"。这样，体系中衰落国家和新兴国家的不同增长率导致了决定性的权力再分配以及体系的不平衡。国际体系的失衡，归因于该体系的现存统治方式与权力的重新分配之间的断裂。随着相对权力的增加，新兴国家会企图改变调整国际体系的规则，改变势力范围的划分，更重要的是，改变领土的国际分配。作为对此的反映，支配国通过改变其政策以努力恢复体系的平衡来对付这种挑战。历史告诉我们，如果这种努力失败，这种失衡就只能通过战争来解决。[①]当衰落国家还拥有军事优势的时候，它常常依靠发动预防性战争来消灭或削弱新兴的挑战者，当然，历史上出现很多崛起国首先发动的挑战霸权国地位的争霸战争。前者以斯巴达对新兴挑战者雅典的伯罗奔尼撒战争为例，后者以二战时期的德国和日本新兴大国的争霸战争为例证。中国历史上有名的汉匈百年战争，也是汉帝国作为新兴大国首先发动对霸权国匈奴的战争。霸权战争在历史上一直是世界政治体系变革的基本机制。霸权争斗，是由于维持一个帝国或霸权地位的包袱与支配国为执行这一使命所需获得的资源之间越来越严重的不平衡引起的，从而导致一个新的国际体系的建立。

吉尔平认为，一场霸权战争的结束是另一次成长、扩张，直至最终衰落周期的开端。不平衡发展规律继续重新分配权力，从而破坏着上一次霸权争斗建立起来的现状。不平衡代替平衡，世界走向新一轮霸权冲突，这种周期已经开始并且还将继续下去，直至人类或者毁灭自己，或者学会开辟一种有效的和平变革的机制。[②]中国领导人提出的新型国际关系和构建新型大国关系，对这个问题作出了很好的注脚，即人类能够开辟一种有效的和平变革的机制，来应对国际体系的变革，处理新兴大国与霸权国之间因结构性矛盾导致体系战争这样古老的困境和难题。

(二)相互依存论

我们生活在一个相互依存的时代。相互依存理论形成于 20 世纪 60 年代末期，整个 70 年代是其发展的兴盛期。理论源于历史实践，相互依存理论

---

① [美]罗伯特·吉尔平：《世界政治中的战争与变革》，宋新宁、杜建平译，上海人民出版社，2007 年，第 188~194 页。

② 同上，第 213 页。

形成的背景：当时美苏两大阵营之间的交流不断增加，西欧和日本经济的崛起对美国的经济霸权形成挑战，全球范围内各国的经济联系不断加强，新技术革命推进了相互依存趋势的发展，跨国公司、国际组织和国际制度发展迅速，非国家行为体以积极姿态登上国际舞台。以理查德·库珀为首的学者对这些国际变革敏锐地关注与思考，开创了国际关系学的相互依存理论。代表人物和著作有：理查德·库珀，《相互依存的经济学：大西洋共同体的经政策》；多伊奇，《国际关系分析》；爱德华·莫尔斯，《现代化与国际关系的转化》；罗伯特·基欧汉和约瑟夫·奈，《权力与相互依存》。《权力和相互依存》是最具代表的著作，罗伯特·基欧汉和约瑟夫·奈是相互依存理论的集大成者。作者从理论上及时总结了相互依存的两个明显发展趋势：一是从单一型到复合型，即从研究经济上的单一相互依存到研究包括政治、经济、军事和外交在内的复合相互依存；二是从区域型到全球型，即从研究仅限于发达资本主义国家范围内的相互依存到研究包括发展中国家在内的全球范围的相互依存。进入 20 世纪 80 年代以后，相互依存论的研究在国际政治与经济的结合上、在国际安全与国际制度关系上又有了新的发展。[①]20 世纪 90 年代以来，在全球化的背景下，国际关系学者围绕着国家与市场的关系，吸收新古典经济理论和分析方法，通过对"国内政治和国际政治经济的相互作用"和"国际体系"的深入研究，形成了著名的"2×2"模式，即"利益与制度"的关联性以及"国内与国际"的关联性。[②]

何谓相互依存呢？简而言之，相互依存就是彼此相依赖。世界政治中的相互依赖，指的是以国家之间或不同国家的行为体之间相互影响为特征的情形。这些影响往往源自国际交往——跨越国界的货币、商品、人员和信息流动。[③]在对权力与相互依存的关系研究中，相互依存理论发明了两个概念：敏感性和脆弱性。所谓敏感性，是指在某种政策框架内各国之间的相互反应程度，也就是说，某国发生的变化导致另一国有代价的变化的速度有多快，所付代价有多大。脆弱性则是指在相互依存被切断时所蒙受的损失程度。正如《权力与相互依存》书中所言："就依赖的代价而言，敏感性指的是在试图

①　倪世雄：《当代西方国际关系理论》，复旦大学出版社，2001 年，第 336 页。

②　王正毅：《国际政治经济学通论》，北京大学出版社，2012 年，第 107 页。

③　[美]罗伯特·基欧汉、约瑟夫·奈：《权力与相互依存》，门洪华译，北京大学出版社，2002 年，第 9 页。

改变局面而做出变化之前受外部强加代价影响的程度。脆弱性可以定义为行为体因外部事件(甚至是在政策发生变化之后)强加的代价而遭受损失的程度。由于政策往往难以迅速变更,外部变化的直接影响往往表现为敏感性相互依赖。脆弱性相互依赖的衡量标准只能是,在一段时间内,行为体为有效适应变化了的环境做出调整的代价。"①相互依存的敏感性程度取决于各行为体获得可替代选择的相对能力以及为此所付出的代价,非对称性相互依存也是一种权力之源。

　　罗伯特·基欧汉和约瑟夫·奈不仅分析了权力与相互依存的关系,而且提出了"复合相互依存"(complex interdependence)的分析模式。斯坦利·霍夫曼对此给予高度评价,认为权力和相互依存的结合,复合相互依存的提出,是西方国际关系理论在 20 世纪 70 年代末的最突出的新发展。②相互依存论认为,以摩根索为代表的现实主义理论基于三个基本假设:①国家是国际关系中最重要的行为体,是国际政治中的决定性因素。②军事力量是最有效的手段,武力是一种可以使用的、有效的政策工具。③世界政治中的问题有等级之分,其中军事安全是首要问题,军事安全这种"高级政治"支配经济和社会事务等"低级政治"。相互依存论者对上述假设作出反驳,提出了著名的复合相互依存,基本假设如下:①多渠道的社会联系日益发展。②军事安全不再始终居于国际关系议事日程的首位,问题间等级之分得以消失。③军事力量的作用大为减弱。罗伯特·基欧汉和约瑟夫·奈在《权力与相互依存》中写道,现实主义的三个假设都是可以辩驳的。同时反驳这些假设,我们可以设想出一个这样的世界:非国家的行为体直接参与世界政治,各问题之间不存在明确的等级区分,而武力并非有效的政策工具。在这些条件下——我们称之为复合相互依赖的特征,我们可以看到与现实主义的假设截然不同的世界政治图景。③

---

　　①　[美]罗伯特·基欧汉、约瑟夫·奈:《权力与相互依存》,门洪华译,北京大学出版社,2002 年,第 14 页。

　　②　倪世雄:《当代西方国际关系理论》,复旦大学出版社,2001 年,第 342 页。

　　③　[美]罗伯特·基欧汉、约瑟夫·奈:《权力与相互依存》,门洪华译,北京大学出版社,2002 年,第 25 页。

第十二章

现实主义和复合相互依存条件下的政治进程比较如下表 12-1 所示：

表 12-1　现实主义和复合相互依赖条件下的政治进程

	现实主义条件之下	复合相互依赖条件之下
行为体的目标	军事安全将是首要的国家目标。	国家的目标因问题领域而异,跨政府政治的存在,导致目标难以确定,跨国行为体将追求自身的目标。
政府的政策工具	军事力量是最为有效的政策工具,尽管也采用经济手段及其他政策工具。	适用于具体问题领域的权力资源最为相关,相关依赖、国际组织和跨国行为体的管理将是主要的手段。
议程形成	势力均衡的潜在转变和安全威胁将确定高度政治领域的议程,并将对其他议程产生重大影响。	议程受到如下因素的影响：各问题领域内权力资源分配的变化,国际机制地位的变化,跨国行为体重要性的变化,与其他问题的联系以及敏感性相互依赖增强而导致的政治化等。
问题的联系	联系将降低问题领域间后果的差别,增加国际等级区分。	由于武力的效用难以发挥,强国实行联系战略愈加困难,弱国通过国际组织推行联系战略将衰落而非增强国际等级区分。
国际组织的作用	受制于国家权力和军事力量的重要性,国际组织的作用有限。	国际组织将设置议程,促进联盟的建立,并为弱国的政治活动提供场所,选择处理某问题的组织论坛并争取支持票的能力将是重要的政治资源。

资料来源：[美]罗伯特·基欧汉、约瑟夫·奈：《权力与相互依存》,北京大学出版社,2002 年,第 38 页。

　　国际机制是相互依存论者关注的一个主题。国际社会中一些相互依存关系的主导性安排,诸如规则、制度、规范和决策程序,就是国际机制。国际机制与相互依存是紧密相联的, 由于国际机制有助于提供一种政治框架,所以它是理解相互依存政治的关键。相互依存论者从国际体系的结构和过程入手研究国际机制的变化,把国际机制视为在国际体系的权力结构中进行讨价还价的中介因素,提出四种模式解释国际机制的变化,即经济过程解释模式、世界总体权力结构解释模式、问题领域结构解释模式和国际组织解释模式。

　　对国际机制变化作经济过程的解释一般基于三个前提：技术变革和经济相互依存的加强,将使现存的各种国际制度过时；政府将对提高生活水准的国内政治要求作出极为迅速的反应；资本、技术、商品和劳务等生产要素的国家流动所带来的巨大经济利益, 成为促使政府改变或重建国际制度以恢复其效用的有利条件。相互依存论者对现实主义过分强调军事力量的总体权力结构进行了修改,认为一种充分的总体权力结构解释方法还必须增加其他三种主要因素,使其更符合二战后国际经济制度变化的现实。这三个因素分别是：对军事侵略威胁认知的变化、美国与其贸易和投资伙伴的相对经济实力的变化,以及欧洲与第三世界关系的变化。相互依存论者认为,在国际关系中,不同的问题领域往往有不同的政治结构,而这些政治结构可能在不同程度上独立于经济、军事力量总体分布状况,某一问题领域的权力资源在用于其他问题领域时,就会失去部分或全部的效力。国际组织解释模式的基本假设是:一系列网络、规则和机构等国际机制一旦建立,就难以清除或者进行大规模调整。与总体权力结构解释模式和问题领域结构解释模式相比,国际组织解释模式主要强调政府间或跨政府关系的多层次性。同时,相互依存论者指出,没有一种模式能够完美无瑕地解释世界政治,分析世界政治时,可以使用一种综合解释方法,即最好先寻求最简单的模式,必要时再增加其复杂性。①

(三)依附理论与世界体系论

在自由主义者关心国际体系的相互依存以及国际机制的构建、现实主义者关心国际体系维持与管理中的权力因素和国际利益的实现时,有一些学者关注发展中国家在国际体系中的发展问题以及资本主义体系的命运,由此出现了依附理论和世界体系论。依附理论和世界体系论继承了马克思主义的批判传统,被认为是马克思主义在国际政治经济学中的具体体现,是马克思主义在当代的翻版。②

1.依附理论

第二次世界大战之后,广大发展中国家掀起了民族解放运动的高潮,16世纪以来的欧洲殖民体系彻底解体。发展问题成为获得独立主权的广大亚非拉发展中国家的首要问题。发展中国家的发展和现代化问题,成为学术界和政府决策者关注的焦点,经济发展、政治发展和社会发展等,在经济学、政治学和社会学研究中异军突起,出现了一些杰出的现代化和发展理论成果。20世纪60年代中期以后,随着世界范围内民族主义运动的兴起,反对霸权、反对帝国主义和新殖民主义成为时代主题,以及冷战格局的强化、南北差距的扩大和欧洲一体化等因素的影响,现代化和发展理论面临巨大的挑战。此时,以拉美学者劳尔·普雷维什为代表的依附理论诞生了。核心与边缘、中心与外围是依附理论的关键词。

---

① 王正毅:《国际政治经济学通论》,北京大学出版社,2012年,第124~127页。
② 同上,第195页。

所谓依附，反映的是当代发达资本主义国家和广大发展中国家之间的相互关系，特别是经济上的相互关系，这种关系是一种双重关系：一方面，发达国家对政治、经济、金融和技术的垄断，进而对发展中国家形成经济和社会上的扩张和渗透，促使发展中国家在经济和社会上依附于发达资本主义国家；另一方面，发展中国家发展道路的选择，或依附于发达资本主义国家发展本国经济，或由于依附而变得落后、贫穷。依附表现为殖民性依附、金融—工业依附和新依附等多种形式。依附论认为国际体系中存在一个"中心—外围"的依附结构，随着发达国家跨国公司、国际商品和资本市场等因素的影响，这种不平等关系的依附结构会不断加深。依附论者认为国际体系中存在一个资本主义世界市场，追逐利润是资本主义的本质，不等价交换是这个体系最为显著的特征。这种不等价交换关系也被称为剥削与被剥削关系，这种关系是发达国家之所以发达的根源，也是发展中国家不发达的根源，所以探索这种不平等的性质、原因、动态和表现被称为依附论者的核心任务。"分析发达国家和不发达国家之间的交换，使我们观察到：只要生产率相同的劳动在外围国家得到较低的报酬，那么交换就是不平等的。"①随着中心地区的资本输出，在外围地区形成对中心地区的依附，也造成了外围地区群众的"贫困化"。外围地区被中心地区输出的资本所统治是造成外围地区无产阶级化的主要原因。

发达和不发达、中心和外围、核心与边缘，这种二元经济社会结构不仅存在于国际体系之中，而且也存在于不发达国家内部。"我们设想发达与不发达是同一普遍进程的两面……它在地理上表现为两大阶级分化：一方面是世界上工业化的、先进的、发达的、宗主的国家与不发达的、落后的、贫苦的、外围的、依附的国家之间的两极分化；另一方面是国内根据地域、落后的、原始的、贫困的、依附的集团和活动的两极分化。"②

依附理论在学术上的最大贡献就是继承和发展了马克思主义政治经济学的传统和方法，并将其创造性地应用于国际经济秩序的分析中，否定了西方主流学术界关于"存在一个普遍的现代化模式"的论断，为20世纪70年代以后兴起的世界体系论提供了思想渊源。

---

① ［埃及］萨米尔·阿明：《不平等的交换：论外围资本主义的社会形态》，商务印书馆，1990年，第122页。

② ［美］罗纳德·H.奇尔科特：《比较政治学理论：新范式的探索》，高铦、潘世强译，社会科学文献出版社，1998年，第325页。

2.世界体系论

和依附理论一样,世界体系论起源于对 20 世纪五六十年代兴起的现代化理论的批判,作为一种理论和分析方法兴起于 20 世纪 70 年代,主要标志是伊曼纽尔·沃勒斯坦的《现代世界体系:16 世纪资本主义农业和欧洲世界经济的起源》一书于 1974 年出版。沃勒斯坦认为,世界体系起源于 16 世纪前后的欧洲,是一个具有单一的劳动分工和多元文化的实体。即世界体系是一个由经济作为各部门之间基本联系,由文化联系、政治安排甚至联盟结构而加强的体系。世界体系论的研究问题十分广泛,沃勒斯坦将其归纳为十个论题:周期和趋势、商品链、霸权和竞争、地区性和半边缘性、融入和边缘化、反体系运动、家庭、种族主义和性别歧视、科学和知识、地缘文化和文明。概括起来,表现为政治、经济和文化三个层面:一是世界经济,二是国家体系,三是世界文明。

在世界经济体系层面,研究三个问题:世界体系的起源和形成、世界体系的运行和机制(其中不等价交换和资本积累是这个体系运行的动力)、世界体系的周期和趋势。在世界政治体系层面,研究四个问题:国家和资本主义世界体系的关系、国家与国家体系的关系、霸权与国家体系和资本主义世界经济的关系、反体系运动。在世界文化体系层面,研究三个问题:文明和资本主义世界体系的关系、资本主义文明和发展中国家发展的关系、未来文明的走向。

世界体系论的影响集中表现为三个方面:①对国际关系的政治和经济相结合的研究;②对世界政治的长周期研究;③对国际体系(资本主义体系)的研究。

罗伯特·吉尔平对国际政治经济学的三大理论体系有精辟的阐述。他认为,近年来,阐述国际政治经济学的兴起、发展和功能的当代三大理论已经产生影响。第一种理论主要源于经济自由主义,不妨称之为"二元"经济论,它认为,市场的逐步演进,是人们为实现提高效率和最大限度地增加财富的普遍愿望而作出的反应。第二种理论受到马克思主义的强烈影响,冠以"现代世界体系论"的名称也许更为恰当,它认为世界市场实际上是发达的资本主义国家在经济上剥削不发达国家的一种机制而已。第三种理论同政治现实主义有着密切的,但并非完全的联系,已经以"霸权稳定论"闻名,这种理论从先后几个自由强国如何主宰世界的角度,阐明现代国际经济的崛起和运转。尽管这三大理论对某些具体细节问题的见解是南辕北辙,但它们在其他方面是互为补充的，一起为解释清楚国际政治经济的动力和功能而提出了重要、精辟的论证。①

三、本章小结

国际政治经济学作为国际关系学中的重要研究领域，在过去的四十多年来，在理论研究和实证方法上都取得了长足的发展。同时国际政治经济学也推进了国际关系理论的创新和突破，从某种意义上讲，未来国际关系理论创新将很大程序上取决于国际政治经济学研究的进展状况。而其中国际政治经济学与中国崛起实践的关联和结合，将是国际政治经济学和国际关系理论创新的重要突破点。本章不对国际政治经济学作深入的探讨，只简要介绍了国际政治经济学的三个主要的理论渊源：重商主义、自由主义和马克思主义，并对国际政治经济学的理论演进和理论成果作了大概的评介，分别是沿袭古典重商主义学术传统的霸权稳定论、沿袭古典自由主义的相互依存论，以及沿袭马克思主义学术传统的依附理论和世界体系论。

---

① ［美］罗伯特·吉尔平：《国际关系政治经济学》，上海人民出版社，2006年，第81页。

> 经济全球化和区域经济一体化乃大势所趋,中国顺应了这样一个时代潮流,坚定不移对外开放为中国经济发展提供了重要的推动力。
>
> ——习近平

第十三章
全球化、区域化与全球治理

全球化、区域化和全球治理是现在国际社会的热点问题,本章首先阐释了全球化的定义和特征,并从政治全球化、经济全球化、观念全球化等方面进行论述,提出了中国参与全球化进程的对策与建议。区域化和全球化有着不可割离的联系,本章对区域化的概念和进程进行介绍,并对全球化和区域化之间的关系作了简单的比较和评价。全球治理是在全球化进程中全球问题突出的基础上形成的治理模式,第三节简要介绍了全球治理的定义、主体和模式等内容。

一、全球化

丝绸之路是中国古代联系西方世界的重要贸易通道, 也是中西文化交流、互动的桥梁和纽带。玄奘西行到中亚地区和印度走的就是这条丝路古道。据史料考证,早在春秋战国时期,就有连通古印度、缅甸与中国的楚印商道和茶马古道。尽管如此,由于科技不发达、交通工具的落后造成的交易成本过高,使得分布于不同区域的人类社会之间还是处于相对隔绝的状态。

著名史学家斯塔夫里阿诺斯指出,人类史 1500 年以后的时代是一个意义重大的时代,因为它标志着地区自治和全球统一之间冲突的开端。在这一年以前,没有冲突,因为全球的联系很少,更不用说全球的统一。成千上万年以来,人类一直生活在地区隔绝的状态中。大约 1500 年,当西方开始海外扩张时,这种传统的地区自治和隔离状态便开始让位于全球的统一。①西方资本主义的发展、新兴资产阶级的崛起和伟大的地理大发现,促成了影响深远的全球化浪潮,推进了整个世界的统一。美洲的发现、绕过非洲的航行,给新兴的资产阶级开辟了新天地。大工业的兴起、全球市场的形成和海外殖民扩张,使得"过去那种地方的和民族的自给自足和闭关自守状态,被各民族的各方面的互相往来和各方面的相互依赖所代替了。物质的生产是如此,精神的生产也是如此。各民族的精神产品成了公共的财产"②。

随着科学技术的突飞猛进,先进的交通工具和信息传播技术等人类的伟大发明,使得交易成本大大降低。民族国家和跨国公司等更有效率的组织的出现,以及它们之间的互动,使得全球化的程度大大提高。"当今的世界是平的",人类生活在一个相互依赖的"地球村"。

(一)什么是全球化

全球化是当今世界使用频率最高的词语之一,不管是知识精英,还是普通大众,对于全球化都有一定的切身体验和认识。全球化体现在我们生产与生活的各个领域,全球化浪潮从经济领域席卷到政治、科技、文化、环境等各个方面。T.莱维特(Theodre levitt)于 1985 年在其《市场的全球化》一文中最早提出"全球化"一词。③但也有学者认为全球化的概念始于"全球主义",早在20 世纪 40 年代就已经问世了。④全球化的概念具有很大的模糊性,哈佛大学著名学者乔治·洛奇(George C. Lodge)曾经说过,全球化的概念是如此模糊、广泛、深奥而神秘,我们只能从不同的范畴去理解它。

---

① ［美］斯塔夫里阿诺斯:《全球通史:从史前史到 21 世纪》,北京大学出版社,2012 年,第 397 页。

② 《马克思恩格斯选集》(第一卷),人民出版社,1995 年,第 276 页。

③ ［美］A.M.坎特罗主编:《日出日落:向工业废弃的神话发起挑战》,纽约:约翰威立出版公司,1985 年,第 53~68 页。

④ 马俊如等:《全球化概念探源》,《中国软科学》1999 年第 8 期。

　　什么是全球化？这是目前学界争议较多、分歧较大的一个问题。德国前总理赫尔穆特·施密特（Helmut Schmidt）在其著作《全球化、政治、经济与文化的挑战》中阐述道，全球化是一个实践政治命题，也是一个社会经济命题，还是一个思想文化命题。把全球化笼统地界定为世界五大洲之间、各国之间的联系与接触在数量与质量方面的巨大飞跃，界定为世界经济的新发展。[①]英国社会学家安东尼·吉登斯（Anthony Giddens）认为全球化是世界范围内的社会关系的强化，这种关系以这样一种方式将彼此相距遥远的地域连接起来，即此地所发生的事件可能是由许多英里以外的异地事件而引起，反之亦然。[②]中国学者蔡拓认为全球化是指当代人类社会生活跨越国家和地区界限，在全球范围内展现的全方位的沟通、联系、相互影响的客观进程与趋势。[③]俞可平提到人类正在进入一个全球化时代，全球化是一个人类历史的转变过程，其基本特征是在经济一体化的基础上，世界范围内产生一种内在的、不可分离的和日益加强的相互联系。[④]虽然各国学者解释全球化定义的角度不同，但是其中都包含着相同的内涵。广义的全球化指资本主义生产关系产生以来，世界各国之间的相互联系和相互影响都日益拓展和加深的过程。狭义的全球化指第三次科技产业革命以来，特别是 20 世纪 80 年代新自由主义盛行以来，世界经济、政治关系向着一体化方向发展的趋势。借用系统论的观点，全球化是一个多领域、多要素、多维的系统，其中包括了静态、动态过程，也包括了时间、空间变化，是各要素之间相互发展的一个过程。全球化所涉及的领域十分广阔，所包含的内容也十分丰富。本节主要从经济全球化、政治全球化和观念全球化三个方面简要论述。

（二）经济全球化

　　经济全球化是当代世界发展的重要趋势，是当代世界经济的重要特征之一。对于经济全球化，各国学者也有着不同的认识。国际货币基金组织认为经济全球化是指国际商品与服务贸易及国际资本流动规模和形式的增

---

①　[德]赫尔穆特·施密特：《全球化、政治、经济与文化的挑战》，德国斯图加特出版社，1998 年，第 12~14 页。

②　[英]安东尼·吉登斯：《现代性的后果》，田禾译，译林出版社，2000 年。

③　俞可平：《全球化悖论》，中央编译出版社，1998 年，第 75 页。

④　俞可平：《全球化与中国学术》，http://book.ifeng.com/shuping/detail_2008_08/21/304102_0.shtml。

加,以及技术的广泛传播,使世界各国经济的相互依赖性增强。德国社会学家哈贝马斯(Habermas)认为,经济全球化是经济体系的结构转变,导致一种"跨国性的"、打破国内贸易与对外贸易界限的世界经济体系观念。中国学者李慎明指出,一般意义上的经济全球化,应该是指由于高新科技,特别是信息技术及其产业的迅猛发展,导致运输和通信成本的大幅度降低,从而直接推动国际贸易、跨国投资和国际金融的迅速发展,以及高新科技的广泛扩散与辐射,使整个世界经济空前紧密地联系在一起。①

从上述定义中不难发现,经济全球化主要有以下五个特征:

第一,高新科技的发展成为了经济全球化的重要原因。20世纪的三次科技革命浪潮,极大地解放了人类的生产力,使全球市场空前繁荣。尤其是交通运输业和互联网技术的发展,缩短了时空距离,全球市场变得更加紧密。科学技术的进步成为社会生产的第一推动力,成为各国经济增产、全球劳动分工的重要因素,使世界真正变成地球村。

第二,全球贸易使市场联系更加紧密。科技的进步促进了贸易的发展,资本主义社会化对原材料的需求日益增加,人类的贸易活动范围扩大,从而使各国都直接或间接地参与世界贸易,推动着贸易自由化。

第三,全球市场的形成。经济全球化的一个重要后果就是促进了利益的重新分配,国家间的经济依赖逐渐加深,形成了一荣俱荣、一损俱损的局面。这促使各国之间不得不重新思考如何处理国际关系,全球的经济链条愈拧愈紧,不论是国家对全球还是全球对国家的经济发展影响都愈加密切。全球市场促进了劳动分工,因此有了"世界加工厂"之称的中国、"世界办公室"之称的印度等。全球分工促进经济效益的提高,促进了经济结构的合理化,在一定程度上促进了各国的发展。

第四,跨国公司的出现。跨国公司是国际社会最主要的行为体之一,也是当今世界最活跃的行为体,是世界经济的主要组织者和承载者。生产和资本的全球化产生了跨国公司和跨国集团,特别是20世纪后半叶,跨国公司的迅猛发展使其在世界经济中的地位不断加强,同时反过来也促进了资本和生产的国际化,使国际分工不断深化,促进了技术、贸易、投资、金融等领域不断发展,从而推动了经济全球化和世界经济的发展。

---

① 《与学者的对话:全球化不是笼统的口号》,载于《经济日报》和《新浪财经》,http://finance.sina.com.cn/d/41517.html。

　　第五,经济金融类的国际组织作用愈加显现。经济全球化导致了国际社会联系日益复杂,矛盾和争端也不断增多,发展中国家和发达国家之间的差距不断加大。这时,国际组织的作用就更加明显。如世界贸易组织与世界银行、国际货币基金组织作为世界三大经济组织,在世界经济运行过程中发挥着巨大作用。仅以世界贸易组织为例,其成员之间的贸易往来总量占到了世界贸易总量的90%以上。

　　经济全球化成为世界的主流趋势, 在未来很长一段时间内是不会改变的。经济全球化深刻地影响和改变着人们的生产和生活,影响着国家的经济政策和对外行为。但是经济全球化又是一把双刃剑,对国际社会同样也造成了很大的负面影响。例如南北国家科技、经济的发展差距进一步拉大,造成了富者愈富、穷者愈穷的局面;经济全球化使各国的经济主权,特别是财政和货币政策的独立性面临日益严峻的挑战; 经济全球化将各国紧密地联系在一起,引起金融危机和金融动荡等。

(三)政治全球化

　　政治全球化的发展推动了世界的民主革命, 促进了国际社会的深刻变革。作为全球化的重要组成部分,政治全球化也成为各国尤为重视的社会进程。德国社会学家乌尔里希·贝克认为, 伴随全球资本主义发展的是一种文化与政治的全球化过程, 它导致人们熟悉的自我形象和世界图景所依据的领土社会化,以及文化知识的制度原则瓦解。①中国学者王逸舟强调,全球化进程不仅限于经济、技术或器物层面,它更是一种深刻的政治、社会和文化现象。政治全球化是伴随着经济全球化同时展开的一种社会进程,指的是跨越国界的政治活动和政治权利,一方面国际政治国内化,另一方面国内政治国际化。而且因为国际事务的全球性和复杂性,国家间需要在很多领域进行合作,因而政治全球化是全球问题在政治上的集中体现。

　　(1)国内政治国际化。国内政治国际化是指在全球化过程中,国内政治受到国际其他因素的影响和其他国际政治行为体的左右, 国内决策受到国际力量的干扰。在这个政治全球化的过程中,有一个明显的特征就是国际关系的主体日益多元化,非国家行为体的作用增强。而非国家行为体的活跃恰

──────────

① ［德］乌尔里希·贝克、哈贝马斯等:《全球化与政治》,中央编译出版社,2000 年。

恰助推了国内政治国际化。国家主权分为对外平等权和对内最高统治权，而全球化的进程使得国家把主权进行了部分让渡，这样就导致了国家的政治制度、社会规范、社会组织机构等受到外界力量的干预，从而形成妥协或者达成次优。

（2）国际政治国内化。国际政治与国内政治有着千丝万缕的联系，国际政治同样也受到国内政治的影响。国际力量以前所未有的势头介入并影响着国内政治、经济社会的变迁。国际政治进入国内体制，左右国内政府的特定议题，从而影响了目标决策。国际政治不单纯是国家层面的问题，更与每个个体息息相关。华尔兹的层次分析法也进一步说明了国际政治和个人层次之间的相互影响。国际形势的变迁影响到个人层次，个人层次左右政府作出决策行为，两党制的美国就是最好的例子。

（3）国际政治复杂化。随着全球化的深入，恐怖主义，全球环境问题、生态问题、疾病问题等愈加凸显，而这些问题远不是一国政府可以解决的，这就需要各国政府以及国际组织联合起来共同解决。无论是联合打击索马里海盗，还是共商全球范围内的减排，或者是保护极地环境，国际事务的复杂性、艰巨性和紧迫性促使政治全球化的深化。

诚然，政治全球化一方面对于国际问题的解决起到了良好的作用，促进国际社会的进步和向良好秩序的发展，促进集权国家政治民主化、权力社会化、行为规范化；另一方面政治全球化会导致"主权困境"。同时由于国际体系正在转型之中，政治全球化难免会发生强国对弱国的欺凌，这就需要国家在参与政治全球化进程中把握一个适度原则。主权是否可以让渡，利益是否可以放弃，需要国家行为体作出正确的判断。国际组织也应该尽可能地发挥其公正、合理的作用，尽量避免成为大国压迫小国的工具。

（四）观念全球化

随着全球性交往的增多，观念的民族界限已经被打破，成为民众首要面对的问题。观念衍生出来的"文化"、"文明"等概念也成为全球化进程中学界讨论良多的热门话题。观念全球化是指在资本与技术的全球流动过程中不同人类文明之间世界观、价值观的同质化和异质化趋向。[①]从全球化器物层

---

① 魏子扬、杨林：《观念全球化与执政党的信息战略》，《中共中央党校学报》2013 年第 5 期。

面深入到观念层面之后，人类的观念就处于冲击和重构的状态。网络信息的发展、电子媒介的传播、国内外交往范围的扩大，都导致了观念层面的变化。观念全球化有两个突出的表现：同质化和异质化。而且在观念全球化过程中，民族主义和宗教对其起到了重要的推动作用。但是观念全球化纷繁复杂，充满重叠又有断层。

观念的同质化指在全球化进程中，人们的共有观念有趋同的趋向。这一点集中表现在全球意识已经逐渐地影响到世界上大部分群体和个人。西方世界拥有强大的科技、人才、信息等优势，很容易将自己的价值观念显性或隐性地输出到其他各国，引导其他国家的观念。例如以好莱坞电影、可乐汉堡等快餐食品为产品进行输出的同时，必不可少地输出了文化观念。当明显具有工具理性倾向的观念由个体观念上升为全体观念，观念便走向趋同。当然同质化观念也有进步的一面，自由、平等的观念成为主流价值，对推动非民主国家转型也起到了一定的作用。

观念的异质化体现在一种价值观在进入另一个群体的过程中，经过异化、冲击，表现出矛盾的一方面。这集中体现在文化、文明之间的排斥性和互异性。著名学者萨缪尔·亨廷顿指出，未来世界的国际冲突的根源将主要是文化的而不是意识形态的和经济的，全球政治的主要冲突将在不同文明的国家和集团之间进行，文明的冲突将主宰全球政治，文明间的（在地缘上的）断裂带将成为未来的战线；国际政治的核心部分将是西方文明和非西方文明及非西方文明之间的相互作用。①文化、文明作为观念层次的一部分，冲突的表现已经在国际社会显现出来，尤其是宗教、民族之间的冲突有愈演愈烈的趋势。

在观念全球化进程中，宗教成为世界民众交往的重要载体。宗教具有教义、教仪和教团，使民众很容易因其而联结起来，形成共有观念。宗教既可以正面促进全球化的发展，也可能阻碍全球化的进程。如20世纪70年代以后伊斯兰原教旨主义的复兴，标志着对西方现代化和世俗观念的拒绝；80年代儒学的复兴等，都是对全球化作出的重要反应。此外，民族主义也不容小觑，作为政治共同体的共有意识，18世纪末兴起于欧洲，历经三次大的发展，促进了民族国家的认同，在全球化的进程中也起到了一定的积极作用。但是民族主义的发展也出现了不同的方向，一种导致种族之间的斗争，出现了战

① Samuel P.Huntington, "If not Civilizations, What?—Samuel Huntington Responds to His Critics", *Foreign Affairs*, November/December, 1993, pp.186–194.

争、暴动等现象;另一种导致泛宗教化运动,如恐怖主义等。民族主义在观念全球化过程中既有促进的一面,也有消极的一面,民族主义推动了全球化进程,同时民族主义,特别是经济民族主义也成为反全球化的重要组成部分。

所以我们应该清楚地看到,当宗教和民族主义成为跨越国界的普遍力量时,就成为不可回避的热点问题。宗教和民族主义既可以正面促进全球化进程的深化,同时又是重要的阻碍力量。各类宗教和民族主义之间必然存在着差异,这也是观念全球化异质化趋向的表现,因此求同存异、和而不同则是处理观念全球化的重要法宝。

(五)全球化与中国

作为最大的发展中国家,中国在全球化的过程中应该最大限度地维护主权,维护国家利益,制定国家战略,在国际事务中发挥出更大的作用。改革开放以来,中国不断地参与到国际社会中去,涉及政治、经济、文化、安全等各个方面。

第一,正确认识到全球化进程中国家主权的界限。在全球化过程中,国家主权不可避免地会受到侵蚀和挑战。这是由全球化时代潮流所导致的。一个对外开放的主权国家,主权的要素和性质、主权的实现方式都在不断变化之中,我们能做到的不是逃避,而是要顺应时代变化。同时,我们也要清楚地看到,当前国际社会的秩序仍然是西方发达国家操纵和主导的,发展中国家处于被动地位,国家主权易遭受挑战。因此,我们要明确自己的核心利益,界定自己的主权范围,因势利导地迎接挑战,而不是消极对抗。

第二,增强综合国力和国际竞争力。综合国力的竞争,是国际竞争的根本。国家经济的发展、军事力量的强大、人民生活水平的提高、软实力的增强都是综合国力强大的体现。综合国力的增强让我们在参与到国际事务中掌握更大的话语权,从国际秩序的参与者转变为秩序的制定者和执行者,这样在全球化的过程中才能更好地维护自己的国家利益。

第三,提高国家的认同感。在全球化过程中,我们需要提高民族自信心和自豪感,增强国民对国家的认同。传统的民族观念和国家观念不断地遭受全球化的冲击,这对国家的发展会产生不利影响。因此我们要培养与全球化相适应的政治认同。充分吸收人类优秀的文化,取其精华,去其糟粕,使其融入本国文化中来。

第四，立足全球建立国家战略。当代中国和世界一样共同经历了深刻的变革，中国的命运和世界的命运深刻地联系在一起。随着国际体系与主权国家互动的增强，主权国家的对外战略则显得极为重要。在全球化进程中，中国的国家战略应立足全球，着眼世界，主动参与到全球化进程中去。

二、区域化

北美自由贸易区，英文缩写NAFTA，是区域一体化成功的典范。1992年由加拿大、美国、墨西哥达成一致，签署了《北美自由贸易协定》。1994年1月1日，协定正式生效，北美自由贸易区宣布成立。北美自由贸易协定涉及汽车、能源等七个方面，通过自由的贸易和投资，推动区内产业结构的调整，促进区内发展中国家的经济发展，从而减少与发达国家的差距。北美自由贸易区是南北区域合作的范例，对北美乃至世界的经济发展都产生重要影响。当然，自由贸易区仅仅是区域化中的一个重要过程，区域化还包括其他方面。

（一）什么是区域化

区域化，又称为区域一体化，突出表现为区域经济一体化。冷战结束以来，伴随着全球化发展的还有区域一体化进程的加深。从世界历史的角度看，区域化是全球化的一部分，是全球化的基本途径，区域化深度和广度都远远超于全球化，全球化和区域化是相互依赖、互相促进的两方面。换言之，区域化是一体化的前提和必要准备，而一体化是区域化的结果和最终方向。

区域是人类活动必不可少的地域空间，任何行为都是在区域内实现和发展的。不同的区域由于区域的特征不同所塑造的区域发展模式也不尽相同。从区域经济学上讲，一般而言，区域指的是一定的地域空间。它具有一定的界线范围，区域内部表现出明显的相似性和连续性，区域之间则有明显的差异性，但又是相互联系的。美国区域经济学家胡佛（E.M.Hoover）认为："区域是基于描述分析、管理、计划或制定政策等目的而作为一个应用性整体加以考虑的一片地区。它可以按照内部的同质性或功能一体化原理划分。"①

区域一体化一词最早出现于20世纪40年代的欧洲，最初着眼于经济

----

① ［美］胡佛：《区域经济导论》，经济科学出版社，1991年。

一体化。厄恩斯特·哈斯（Ernst B. Haas）认为，一体化是这样一种过程，"不同国家的政治行为主体同意将其忠诚、期待与政治活动转向新的中心，该中心的机构拥有或要求对原先这些民族国家的管辖权"[1]。中国学者张晓静认为区域经济一体化是"一国内部、不同国家之间或不同经济体之间自下而上（企业、市场和消费驱动）或自上而下（政府等官方命令驱动）地采取各种措施实现成员间互惠互利的制度性安排，以增强区域凝聚力，达到区域内资源的最优配置"[2]。综合中外学者的观点，区域经济一体化的内涵完全超出了经济范畴，不仅是资源和商品自由流通配置，更是一种制度上的协调和沟通。

（二）区域化的进程

作为区域经济合作的先驱人物，美国经济学家巴拉萨（B.Balassa）提出了区域化是过程和状态的统一。他提出了区域经济一体化的五个阶段，即将区域经济一体化进程划分为自由贸易区、关税同盟、共同市场、经济联盟、完全经济一体化五个阶段。

自由贸易区形成之前，需要经历优惠贸易安排（Preferential Trade Arrangements）的环节。优惠贸易安排是经济一体化较低级和松散的一种形式，指成员国之间通过协定或者其他形式，对全部或者部分商品规定特别的关税优惠。在此基础上，形成了自由贸易区的雏形。

自贸区（Free Trade Zone）指的是各国取消了商品贸易的关税壁垒，使商品在区域内完全自由流通，但成员国之间仍然保持着自己的关税结构，按照各自的标准向非成员国征收关税。这个阶段形式松散，用关税措施凸显成员国与非成员国之间的待遇差别。自由贸易区必须设立原产地规则来规避贸易偏转，但同时又增加了商品流通的障碍。代表性的例子如前面提到的北美自由贸易区和中国—东盟自贸区。

关税同盟（Customs Union）是指各成员国之间完全取消关税和贸易壁垒，实现内部的自由贸易，对非成员国的商品进口建立统一的关税制度。关税同盟的目的在于使成员国的商品在统一的关境以内的市场上处于有利地位，填补了自贸区的缺陷，排除了非成员国的商品竞争，带有超国家的性质。代

---

[1]　Ernst B. Haas, *The Uniting of Europe*, Standford University Press, 1958.

[2]　张晓静：《欧盟东扩：区域差距与经济凝聚》，经济科学出版社，2008 年，第 26 页。

表性的例子是1834年的德意志关税同盟,1948年比利时、荷兰、卢森堡建立的关税同盟等。

共同市场(Common Market)指的是除了在成员国内完全废除关税与数量限制,并建立对非成员国的共同关税之外,还取消了对生产要素流动的各自限制,允许劳动、资本等在成员国之间自由流通,甚至企业主可以享受投资办厂的自由。此时,成员国对自身的经济控制权开始减弱,一体化程度更加深化。1992年,欧洲共同体实现了统一大市场的目标,实现了商品的自由流通。

经济联盟(Economic Union)指成员国之间不但商品与生产要素自由流通,建立对外的统一关税,而且要求成员国制定、执行某些共同经济、社会政策,逐步消除各国在政策方面的差异,使一体化程度从商品交换扩展到生产、分配乃至整个国家,形成一个庞大的经济实体。一般来说,在经济联盟的内部都会有超国家机构来管理国家事务,它们的决策拥有普遍约束力,事实上也相当于拥有了各成员国的部分经济主权。例如欧盟于1998年成立了欧洲中央银行,2002年,欧盟成员实行了统一的货币——欧元。

完全的经济一体化(Perfectly Economic Integration)指的是在实现了经济联盟目标的基础上,进一步实现经济制度、政治制度、法律制度等方面的协调乃至统一的经济一体化形式,逐步实现经济及其他方面制度的一体化,是经济一体化的最终阶段。在这个阶段,不仅仅是经济的一体化,更重要的是由经济一体化带动的政治、法律等其他形式的一体化。

这五个过程是处于不同阶段层次的一体化形式,是从低级松散向高级紧密升级的过程,也是主权让渡的过程。除此之外,迪特尔和海冈特修正了巴拉萨的五阶段分法,成为四阶段划分法,包括地区流动性基金、地区性货币体系、经济与货币联盟和政治联盟。不论是哪种划分方法,其中都包含着这样的推论:区域一体化进程并非纯粹的经济考虑,往往还具有明显的政治含义。

(三)全球化和区域化的关系

全球化和区域化之间的关系,在学术界一直存在着争论。一种观点认为,区域化是全球化的基础。区域化打破了单个国家的主权界限,实现了资本、商品的自由流通,深化了区域的分工,实现了区域范围内的资源优化配置,有利于区域内的成员国经济规模的扩大,促进区域经济发展。另一种观点认为区域化是全球化的阻力。区域化是碎片的全球化,区域内的资源流通又会形成内部的合作,增加对外部的对抗,造成各个区域外部的分化。

　　从宏观意义上来讲,全球化和区域化并没有本质的矛盾之处,都是生产要素、资本和商品的流通和获得最佳配置。从第一种观点分析,区域化本来就是全球化的产物,任何区域的发展都是全球化发展的一部分。虽然区域化过程中会有区域主义抬头,具有排他性的特点,但是区域与区域之间也有相互流通的过程,这种区域之间的流通会形成大的区域,逐渐扩大便起到了全球化的作用。从整体来看,区域化的发展最终还是促进了全球化的发展。从第二种观点分析,区域化具有排他性,成员国与非成员国之间存在着巨大的贸易、政策差异,这样造成的结果是在区域化过程中的成员国和该区域的非成员国之间的差距越来越大。加上全球地区保护主义、贸易保护主义严重,使得日益联系密切的世界被人为地割裂,在全球化过程中形成了鸿沟。同时,区域化强化了国际政治的对抗,区域化需要各国、各区域之间在经济政策、对外政策等方面的协调,这必然会促进新的国际政治的斗争。

　　总而言之,区域化的核心强调了区域利益,全球化的核心在于全球利益最大化,二者相辅相成,区域集团的发展促进经济全球化,同样经济全球化也带动了区域集团化。因此,经济全球化和区域化两者是互动的关系。不论人们愿意与否,这两大趋势是客观存在的。各个国家和集团必须要审时度势,寻找最优的战略参与到这一进程中来,寻求自身的发展和国际社会的进步和繁荣。

三、全球治理

　　党的十八大以来,随着反腐力度的加大,一些腐败分子携款外逃受到普遍关注。追逃追赃工作是党风廉政建设和反腐败斗争的重要内容,是遏制腐败蔓延的重要一环。中央成立反腐败协调小组负责统筹、协调国际追逃追赃工作,统一研究反腐败追逃追赃政策措施和工作计划;综合分析外逃案件信息,组织开展重点个案追逃追赃;推动建立追逃追赃国际合作网络;协调和督促做好追逃追赃的有关基础工作;研究解决追逃追赃工作中的重大问题。加强反腐国际合作,将追逃追赃工作提升至构建国家间政治与外交关系的战略高度,推动有关国家拒绝为腐败分子提供"避风港"。加快引渡条约、刑事司法协助条约、资产分享协定等的谈判、缔约、履约进程,建立与有关国家的反腐败执法合作机制。公安部开展了"猎狐2014"专项行动,截至10月10日,已抓获在逃境外犯罪嫌疑人128人。

这是中国借助国际合作机制有效打击腐败犯罪的一个典型案例,这也可以视为中国反腐败"全球治理"的一个典型案例。我国已经加入了《联合国反腐败条约》和《联合国打击跨国有组织犯罪公约》,与38个国家签署了引渡条约,与51个国家签订了刑事司法协助类条约,与93个国家签署了检务合作协议或谅解备忘录,与189个国家建立了警务合作关系,向27个国家的30个驻外使领馆派驻了49名警务联络官,并与美国、加拿大等建立了司法与执法合作机制,初步构建了追逃追赃的国际合作网络。

人类已经进入全球化时代,全球问题凸显,全球治理的问题正日益引起人们的关注。在本节中,将从全球问题,全球治理的定义、主体和模式四个方面展开论述。

(一)全球问题

"全球问题"这个概念,是由欧美学术界、企业界、政界人士组成的一个未来学研究机构——罗马俱乐部于20世纪60年代末首先提出的。①罗马俱乐部把全球问题研究作为"人类困境"研究,主要指当代国际社会所面临的超越国家和地区界限,关系到整个人类生存与发展的严峻问题。

关于全球问题的分类有不同的分法。按照时间长短划分,可以分为短期问题、中期问题、长期问题;按照涉及领域划分,分为政治问题、经济问题、环境问题、安全问题、文化问题等;按照紧迫度分为重大问题、重要问题、一般问题和次要问题等。笔者赞同按照全球问题的层次划分,大致可以划分为三个层次:第一层次主要指全球生态问题,即人类在改造自然、利用自然的过程中所面对的问题,例如人口问题、环境问题、资源问题等。第二层次主要指全球层次的经济、社会问题,如南北问题、金融危机、跨国金融犯罪等。第三层次主要指全球范围内的政治问题。如恐怖主义、宗教冲突等。但是不论哪种划分方法,它们之间都没有绝对明确的界限,往往每个问题之间都处于相互交织的状态,具有超越意识形态、不可预测、复杂交互等特征,而且各种问题之间还可以相互转化,并不是一成不变的。下面在每个层次中选取一个方

---

① 许涛:《全球治理与中国战略的路径选择》,《同济大学学报》(社会科学版)2013年第2期。

第十二章

面进行叙述。

（1）全球生态问题。在全球问题之中，生态问题处于关键位置，因为它是人类自身能否生存和发展的保障。生态环境指的是生物及其生存繁衍所需的各种因素的总和，是由生态系统和环境系统构成，是人类获取物质和能量的基本空间和条件。在人类社会的生产生活中，生态环境一直是人类自由取用的物品，但随着人类社会生产力的不断发展、产业革命的进步和人口的不断增长，激化了人类经济社会发展和生态环境之间的矛盾。一方面，生态环境的恶化导致为人类提供的公共产品的减少，并且需要大量的资源、财力来弥补对生态环境造成的破坏；另一方面，生态环境的恶化表现为大量的自然灾害和次生灾害，如水土流失、温室效应等。21世纪初，联合国发布的《千年生态环境评估报告》声称过去50年中，由于人口急剧增长，人类过度开发和使用地球资源，一些生态系统所遭受的破坏已经无法得到逆转，全球生态问题可能危及人类健康和持久发展。①例如工业化的进程和人口的增多造成的温室效应，导致南北极臭氧层空洞，海平面升高，淹没大量的沿海低地和低洼地带；水质的下降和水资源短缺，也成为国际冲突的一个重要原因，目前世界上有80个国家约十五亿人口面临淡水不足的情况，其中29个国家的4.5亿多人口生活在缺水状态中；还有植被的破坏，造成了严重的水土流失，现在世界的森林覆盖率比300年前少了1/4，特别是热带雨林每年都要消失千万英亩。

（2）南北问题。南北问题又称发展问题，指的是发达国家和发展中国家在发展过程中的不平衡问题。南是指位于地球南半球或者北半球南面的亚非拉国家，北是指北半球的发达国家。随着二战后殖民体系的瓦解，广大亚非拉国家要求民族独立和民族解放，掀起了民族解放运动的浪潮，纷纷建立了民族国家。但是二战后建立的国家往往在经济上还需要依赖原殖民国家建立起来的经济秩序，而且工业基础薄弱、发展落后，成为发达国家发展工业的原材料、劳动力供给国，商品市场和投资地。这样导致的结果就是发达国家和发展中国家之间的差距越来越大，造成了富者越富、穷者越穷的局面。20世纪60年代开始，发展中国家谋求与发达国家对话，或者联合发展中国家，要求改变旧的国际经济秩序，从此拉开了南北对话的序幕，如不结盟

---

① 联合国《千年生态环境评估报告》，http://www.un.org/chinese/aboutun/prinorgs/ga/millennium/sg/report/ch5.htm。

运动、七十七国集团、石油输出国组织等。70 年代,石油输出国组织在提升油价的运动中取得胜利,鼓励了南方国家的信心。1974 年联大特别会议通过了《建立新的国际经济秩序的宣言》和《行动纲领》,标志着南北关系问题被正式提上国际议事日程。南北关系虽然日渐受到重视,在对话平台、范围、领域都提升了一个台阶,但我们仍然可以看到,不合理的国际政治经济秩序并未改变,南北关系仍然停留在旧的国际经济秩序下,并未走得太远。

(3)恐怖主义的威胁。随着全球化的深入,恐怖主义成为全球化过程中各国所担心的头号问题,在全球问题中处于突出地位。恐怖主义概念最初出现于 18 世纪末雅各宾派的"红色恐怖"时期,热月政变之后,"白色恐怖"笼罩着法兰西,恐怖主义贬义化。20 世纪以来,恐怖主义愈演愈烈。在第一次世界大战前后的第一次民族主义浪潮之中,恐怖主义成为弱国争取民族独立、对抗大国沙文主义的工具。在第二次世界大战之后的民族主义浪潮中,民族解放者以恐怖主义的形式打击侵略者,加速殖民统治的瓦解。冷战结束后,恐怖主义犹如井喷之势,度过了低潮期,迅猛发展,并且表现出了活动范围广,手段多样,隐蔽性、危害性增强等特点。恐怖主义在学术界一直没有一个准确的定义,但是基本可以认为恐怖主义是指一种有目的的、突发的暴力行为,通过突发事件来造成社会影响,通过暴力行为实现政治主张,是一种与人类社会道德和法律秩序相违背的犯罪行为。[①]

当代恐怖主义虽然形式多样、诉求不尽相同,但是可以分为以下四类:第一,民族主义型恐怖主义,例如爱尔兰的共和军。第二,宗教型恐怖主义,如伊斯兰的原教旨主义的一些组织。第三,极左型恐怖主义,如德国的"红军派"。第四,极右翼恐怖主义,如欧洲的右翼恐怖组织。目前,全世界存有的恐怖组织有上千个,它们采取劫机、爆炸、袭击、暗杀和绑架人质等方式,危害着全球人类的共同安全。然而消灭恐怖主义是一个极为困难且复杂的过程,需要国际社会通力合作,共同应对。

(二)全球治理的定义

面对突出的全球问题,全球治理应运而生。20 世纪 90 年代以来,"治理"一词活跃于人们的视线之中。1989 年世界银行在概括当时非洲的情形时,首次使用了"治理危机"（crisis in governance），此后"治理"一词便广泛地被用于政治发展研究中，成为 90 年代政治学的最新发展。①"治理"一词最初原意为各层次社会组织都应该承担起政府未能承担的职能，应用到全球层次，就成为全球治理。

全球治理的定义没有形成统一的概念。联合国全球治理委员会在《天涯成比邻——全球治理委员会的报告》中提出，治理是各种公共的或私人的个人和机构管理其共同事务的诸多方式的总和。它使相互冲突的或者不同的利益得以调和并且采取联合行动的持续过程。②文中强调，治理是一种过程，是各部门的协调，涉及公共领域和私人部门，是一种持续的互动。詹姆斯·罗西瑙采用系统论的观点进行阐述，他认为，全球治理可设想为包括通过控制、追求目标以产生跨国影响的各级人类活动——从家庭到国际组织——的规则系统，甚至包括被卷入更加相互依赖的、急剧增加的世界网络中的大量规则系统。③中国学者蔡拓认为所谓全球治理，是以人类整体论和共同利益论为价值导向的，多元行为体平等对话、协商合作，共同应对全球变革和全球问题挑战的一种新的管理人类公共事务的规则、机制、方法和活动。④俞可平则强调，全球治理是通过具有约束力的国际规制解决全球性的冲突、生态、人权、移民、毒品、走私、传染病等问题，以维持正常的国际政治经济秩序。⑤

不论中外学者从哪个侧面去定义，全球治理都包含着四点要素：第一，治理的主体不仅仅局限于政治，还包括社会组织和个人等。第二，治理的向度不再是以往统治自上而下的单向度，而是自下而上和自上而下的双向度发展。第三，治理的范围跨越国界、民族和地区，是真正的全球领域。第四，治理的内容涉及方方面面，既包括低级政治，也包括高级政治。所以说全球治理是一种平行的治理机制，是全球化的逻辑结果，是在管理层面上对全球化作出的回应。

---

① 《正在兴起的公民社会与治理的变迁》，http://www.cctb.net/zjxz/expertarticle/200502/t20050224_4818.htm。

② ［瑞典］英瓦尔·卡尔松、［圭］什里达特·兰法尔：《天涯成比邻——全球治理委员会的报告》，中国对外翻译出版公司，1995 年，第 2 页。

③ 俞可平：《治理与善治》，社会科学文献出版社，2000 年，第 265 页。

④ 蔡拓：《全球治理的中国视角与实践》，中国社会科学，2004 年，第 94~106 页。

⑤ 俞可平：《全球化：全球治理》，社会科学文献出版社，2003 年，第 13 页。

（三）全球治理的主体

全球治理作为一种新的治理理论，区别于以往传统的"统治"、"治理"观念，首先表现在治理主体上。全球治理的治理主体主要包括三部分：主权国家、国际组织和非正式的全球公民社会组织。

现实社会中，主权国家仍然是国际社会的主要行为体，在参与全球治理的过程中发挥着巨大的作用。国家是正式规则的制定者和落实者，只有主权国家真正地制定和落实规则时，全球治理才会发挥出真正的作用。从现实收益来看，国家使全球治理发挥着最大效用，有效的管理必须建立在国家和市场之上。从自由主义来看，国家在国际社会中占有支配地位，国家之间相互依存，需要合作来解决冲突和争端，国家面临的问题越多，就越需要联合起来共同面对和解决。主权国家拥有强大的军事力量、动员能力和社会制度与法制法规，这为全球治理提供了基本的支撑。同时，主权国家是全球治理的战略领域，将各种治理单元联结起来，为全球治理提供合理化和合法化的支持。

国际组织是活跃在国际社会的重要力量，也是全球治理的核心主体。国际组织在条约和宗旨规定范围内，享有参与国际事务活动的独立地位，具有直接承受国际法权利和义务的能力，而不受国家权力的管辖。在全球化的过程中，面临的问题越来越多，这就需要国家之间为了共同的目的建立国际组织，充当国际事务的共同管理者。国际组织不仅拥有自己的职能作用，还可以充当不同集团之间的对话平台，分配不同成果和利益，实现国际社会的和平和稳定。以国际组织的代表联合国为例，联合国是推动处理全球重大问题、动员和保持国际合作的最佳机制。[①]自 20 世纪 90 年代以来，联合国预防性外交和其他预防性行动，避免了许多将发生的战争，全球性冲突减少了40%，并且还在保护人权、经济和教育发展方面都取得了突出的效果，为八十多个国家成为独立主权国家发挥了作用，对东非、拉美等不发达地区进行经济、教育发展援助等。

非正式的全球公民社会组织是全球治理过程中的另一大重要力量。这些公民社会组织可以直接参与到全球治理之中，解决各种问题。公民社会组织拥有不受国家行为体影响，单独采取必要自主行为的能力，这是前两者无

---

① 参见联合国网站，http://www.un.org/zh/documents/charter/。

法比拟的。作为全球市民社会的重要一员,介于国家和个人之间的跨国活动领域,独立于国际社会之外,形成独立力量。其基本要素是国际非政府组织,如世界自然基金会、大自然保护协会等。

(四)全球治理的模式

全球治理主体是多元的,其治理模式也是多样的,大致分为国家中心治理模式、有限领域治理模式、网络治理模式、国内—国外边疆治理模式,以及欧盟的"合作性世界秩序"治理模式。①

国家中心治理模式是以主权国家为主要治理主体的模式,具体来讲,就是主权国家在治理过程中发挥着决定性作用,主导议程,相互合作,制定规则。在全球公共事务管理过程中,主权国家因为拥有传统意义上的主权,因此拥有内在权威的合法性和资源的独占性,往往在国际谈判、协调中可以切实地达成协议、条约,促成合作的进行。但是这种模式也有其弊端,往往在涉及国家利益等高级政治领域时不能发挥其作用,难以实现合作,只能在低级政治领域实现其功能。

有限治理模式是指以国际组织为治理主体,针对特定领域而展开对话与合作的模式。有限治理模式与国际组织的发展水平和发展现状有关。现今社会并没有出现一个世界性政府,国际组织发挥作用也是在其专属领域内。因此,国际组织在特定领域中发挥的作用是其他治理主体无法比拟的。但是国际组织往往受到大国权力的操控,而且国际组织因为没有强制执行力,只能起到磋商、建议的作用,这在一定程度上也削弱了其效率。

网络治理模式是以非政府组织为代表的治理模式。冷战结束后,非政府组织介入国际事务发挥着巨大的作用,所涉及的领域基本上包括了国际社会的方方面面。网络治理模式是全球治理模式的一种创新和发展,由传统的政府治理转变为政府和社会共同治理,是政府和社会的重要补充。这种网络化模式的特点在于灵活多样,但是由于分散化、依赖性强也凸显了其弊端。

国内—国外边疆治理模式是罗斯诺基于他的"分合论"提出来的。他认为,世界政治的分合(区域化和一体化)导致权威迁移,国内、国外之间的传统边界日益模糊和易渗,取而代之的概念是"边疆"。他主张用以威权为基础

① 李芳田、杨娜:《全球治理论析》,《南开学报》(哲学社会科学版)2009年第6期。

的治理代替传统的主权统治。这种治理模式又被称为"无政府治理"。但是他的理论对民族国家作用的评介既肯定又否定，也是其理论的矛盾之处。

"合作性世界秩序"治理模式是以欧洲联盟为蓝本的一种治理模式，因为欧盟的成功也促使人们探索其内在的原因，人们根据欧盟发展的进程提出此模式。欧盟在不断深化的过程中，首先追求相通的利益和目的，在治理的过程中，在某一领域内受挫时转向其他领域，或者双方作出妥协和让步。这其中包括多边主义、相互尊重、共同心理等因素，这种灵活多变的治理模式有利于在拥有共同价值观念的国家之间推广。

除此之外还有世界政府模式、多层全球治理模式和国际机制主义。这些模式都是在全球问题突出的社会中，各方学者提出的解决全球问题的途径，虽然各有优点和弊端，但毋庸置疑的是这些模式都是人类追求国际社会发展的设想和实践。由于各区域、各国家情况不同，因此这些模式也不能生搬硬套，需要结合自身实际去实践。

四、本章小结

全球化、区域化和全球治理是现在国际社会的热点问题。全球化是国际社会的趋势，我们当前正处于空前全球化的进程之中，能否把握机遇、实现共赢是我们急需面对的重要问题。本章讨论了经济全球化、政治全球化、观念全球化三个方面，为中国参与全球化进程提供了建议。区域化和全球化有着不可割离的联系。本章研究了区域化的进程，并且梳理了全球化和区域化的关系。全球治理是在全球化进程中全球问题突出的基础上形成的治理模式，主体和模式的不同，所侧重的方面和治理的结果也不尽相同。虽然全球治理仍然任重道远，但是我们有理由期待全球治理将在未来国际社会中发挥越来越大的作用。

随着中国崛起步伐加快，中国在全球治理领域将发挥更大的作用，担当更重要的角色。面对国际安全、军事、经济和环境等领域的全球性问题，中国将与国际社会一道，共同努力，携手前行，构建一个"天下有治"的国际秩序和一个良性、善治、可持续的国际社会。

第十三章

> 一国之法律,意在谋一国之利益,故国际之间,亦必有其法律;其所谋者,非任何国家之利益,乃各国共同之利益也。是法也。吾名之曰国际法,以示别于自然法。
>
> ——格劳秀斯

第十四章
国际组织与国际法

　　本章主要对国际组织和国际法两个部分进行研究。在国际组织部分,对国际组织的概念、特征和分类进行了简要介绍。之后重点对联合国这一重要的国际组织进行了详细而深入的探讨,包括联合国的宗旨与原则、机构与组织,以及联合国在和平安排和发展等方面对国际关系的影响。在国际法部分,对国际法作为法律的主体、渊源和效力进行了简要分析,并重点研究了国际争端的法律解决方法,包括仲裁和司法解决两个方面,最后对国际法与国际关系作了总结性说明。

一、国际组织

　　为什么要在国际关系学的著作中研究国际组织? 对这个问题的回答是本章写作的前提。现代主权国家的解放和随着各国主权和领土的独立而不断发展的国际秩序,提出了国际合作的要求。①国际组织正是在这种情况下发展起来的,与国际合作密不可分,是国际关系研究中不可缺少的一部分。国际组织诞生于各主权国家进行政治、经济和文化交流等活动中。自诞生以来,国际组织广泛活跃于国际社会的各个领域中。"从环境控制到人权保护,从救济难民到防治艾滋病,上至外层空间,下及海床洋底"②,都可以看到形形色色的国际组织的身影。在全球化、国际化的今天,我们无法想象,如果没有国际组织的参与,整个国际社会将会如何运作。

资料显示,截至 2014 年 6 月,已有超过 67000 个国际组织。③随着国际组织数量的日趋庞大,体系的逐渐完备,其对国际关系的影响愈发不容忽视。正如国内学者指出:"衡量一个国家的对外交往能力是否充实,一个政府的对外政策是否成熟,非常重要的一个标志就是视其对国际组织的理解和参与程度。"④随着国际组织的日渐增多,其对国际关系产生了重大而深远的影响,因此有必要在国际关系学的著作中研究国际组织。国际组织对国际关系的影响主要体现在以下两个方面:

第一,国际组织为主权国家提供沟通交流的平台。传统上,各主权国家之间的对话和交流主要是通过外交途径进行,但随着国际交往的频繁和深入,双边外交甚至多边外交已经不能满足国家间交流的需求。相对于外交途径的临时性,国际组织能够提供更稳定、持续的沟通平台,并建立制度化的程序和规范,促进各国政治、经济、文化等各方面的沟通和合作。从这个意义上讲,国际组织可以作为主权国家的"助手或合作手段"⑤,在国际关系的发展和演变上起到辅助性作用。

第二,国际组织是参与国际事务的新兴主体。国际组织对国际关系的影响不仅仅局限于提供主权国家交流的平台,更重要的是国际组织能够作为独立的主体,在某些国际活动中发挥作用,影响主权国家的决策和行为。虽然国际组织诞生的初衷是促进各国的交流,但随着国际组织的发展,相当数

---

① Malcolm N. Shaw QC, *International Law*, Cambridge University Press, 2008, p.1282.

② 张贵洪编著:《国际组织与国际关系》,浙江大学出版社,2004 年,第 2 页。

③ Union of International Associations, *Yearbook of International Organizations*, 2013–2014, 50ᵗʰ Print Edition Available at http://www.uia.org/ybio/. Date of access: June 10, 2014.

④ 饶戈平主编:《国际组织法》,北京大学出版社,1996 年。转引自张贵洪编著:《国际组织与国际关系》,浙江大学出版社,2004 年,第 26 页。

⑤ 张贵洪编著:《国际组织与国际关系》,浙江大学出版社,2004 年,第 3 页。

量的国际组织已经拥有一定的自主权。①各国通过国际组织进行沟通交流，国际组织通过自身的程序作出决议，又反过来影响到主权国家的行为。尽管主权国家仍然是国际关系中毋庸置疑的主体，但国际组织作为国际社会中的新兴角色，其作用也是不容忽视的。

因此，国际组织对于国际关系的发展不仅仅起到提供平台的辅助作用，更是作为独立的新兴主体，广泛地参与到国际事务中。②以下将对国际组织进行简单介绍。

（一）国际组织的概念

长期以来，中外学者对国际组织的界定形形色色，有学者将其归纳为两个流派，即现象主义和本质主义。③现象主义着眼于从国际组织的外在结构、组织实体与过程模式等方面进行描述，而本质主义则注重描述国际组织的本质。

从现象主义的角度对国际组织进行定义的主要观点有：《国际政治大辞典》将国际组织分为政府间国际组织和非政府间国际组织两种，认为"政府间国际组织是若干国家为了特定目的以条约为依据而建立起来的一种常设组织，非政府间国际组织是不同国家间的个人或团体结成的组织"④。《中华法学大辞典》将国际组织定义为"若干国家依据条约而组成的组织"⑤。《国际

---

① 比如联合国的安全理事会具有维护国际和平与安全、调查可能引起国际摩擦的争端等职能和权力，安全理事会的每一个理事国均有投票权。经过投票作出的决定会对每个会员国的决策和行为产生影响。此时，联合国这个国际组织不仅仅是主权国家交流的平台，而是成为国际活动中一个独立的主体，对国际关系产生影响。

② 有学者认为，国际组织对国际关系的这两种影响是分别从国际关系学和国际法学这两个学科的角度理解的。从国际关系学的角度讲，国际组织是国际合作的有效途径，是国家对外关系和对外政策的延伸和拓展，是国家实现其利益的手段，是国际交往的工具。而从国际法的角度讲，国际组织是若干国家或其代表政府为特定目的通过条约建立的一种常设机构，因此是国际法的主体，具有承担国际权力与义务的能力。见张贵洪编著：《国际组织与国际关系》，浙江大学出版社，2004年，第8页。

③ 于永达编著：《国际组织》，清华大学出版社，2011年，第4页。

④ 刘金质、梁守德、杨淮生等主编：《国际政治大辞典》，中国社会科学出版社。参见 http://xuewen.cnki.net/R2006061390000047.html。

⑤ 李浩培、王贵国、周仁等主编：《中华法学大辞典 国际法学卷》，中国检察出版社。参见 http://xuewen.cnki.net/R2006061390000047.html。

政治大辞典》认为国际组织是"超越国家边界的正式安排,通过这种安排建立起制度化的机构,促进了成员间在安全、经济、社会或相关领域的合作"①。国内学者也给出了国际组织的定义:"凡是两个以上国家或其政府、人民、民间团体基于特定目的,以一定协议形式而建立的各种机构,都可以称为国际组织。"②这四种定义都是从现象主义的角度出发,突出国际组织的组织性和结构性,即国际组织的外在表象。

而本质主义主要关注国际组织的内在特征,即满足什么特性就可以定义为"国际组织"。较典型的代表是西方理想主义学派的定义:"国际组织是一种超国家的机构和组织,它以'理性'和'道德'为基石,目的在于加强国际合作、巩固国际秩序和保障世界永久和平。"③早期的国内学者认为:"国际组织是国家之间为实现特定目的和任务,根据共同认可的国际条约而成立的常设性组织。国际组织是国际合作的重要形式,同时也是国际斗争的重要场所。"④可以看出,这两种定义更加侧重国际组织的本质,即从国际组织的目的、任务、作用等对其进行界定。

笔者认为,从现象主义进行定义更容易把握国际组织的外在特征,而本质主义的阐释也能为国际组织这一概念提供更深层次的理解,这两个角度都不能偏废,较可取的态度是将二者进行结合,更全面地对国际组织这一概念进行解释。因此可以将国际组织定义为两个或两个以上国家或其政府、人民、民间团体,以加强国际合作、巩固国际秩序和保障世界和平为目的,通过一定协议形式建立的各种机构。

---

① Lawrence Ziring, Jack C. Plano, and Roy Olton, *International Relations: A Political Dictionary*, 5th edition, Santa Barbara: ABC Clio, 1995, P.327. 转引自张贵洪编著:《国际组织与国际关系》,浙江大学出版社,2004 年,第 8 页。

② 梁西:《梁著国际组织法》,武汉大学出版社,2011 年,第 5 页。

③ Steve Smith, Paradigm Dominance in International Relations: The Development of International Relations as a Social Science, *Millennium-Journal of International Studies*, 1987(16), P.189. Avalable at: http://mil.sagepub.com/content/16/2/189.full.pdf. 转引自于永达编著:《国际组织》,清华大学出版社,2011 年,第 4 页。

④ 蓝良明:《国际组织概论》,法律出版社,1982 年。转引自于永达编著:《国际组织》,清华大学出版社,2011 年,第 5 页。

(二)国际组织的特征

国际组织种类繁多、数目庞大,但都具有以下共同特征:

1.国际性

国际组织的参加者需为两个或两个以上国家或其政府、人民、民间团体等。①这也是国际组织区别于国内组织的原因。来自不同国家的成员在满足国际组织要求的资格后,可自愿选择加入国际组织。

2.独立性

国际组织是基于其成员的意志、依据一定的基本文件而设立的②,但设立之后就成为具有独立地位的主体。虽然这种独立地位并不能使国际组织拥有与主权国家同等的国际地位,但在某些情况下,国际组织对国际社会的影响却可能比某一个或某几个主权国家更深刻。因此,国际组织在国际社会中具有一定的独立性。

3.组织性

国际组织一般具有较系统的组织机构和完善的工作机制,以确保整个组织的正常运行。这也是国际组织区别于国际会议的主要标志。国际会议一般是针对某个问题而临时进行合作研究,具有暂时性;而国际组织具有常设性和稳定性,能够持续地发挥职能。

4.目的性

国际组织是基于某种目的而成立的。某些国际组织的目的较为全面和综合,比如联合国调整的范围包括军事、经济、社会、文化等涉及人类福利的各个方面③;而某些国际组织的目的相对比较具体和特定,比如国际卫生组

---

① 对政府间国际组织,成员应是两个或两个以上国家或其政府;对非政府间国际组织,成员为来自两个或两个以上国家的人民或民间团体。详见下文关于国际组织的分类。

② 设立时的基本文件有多种表现形式,如联合国称为"宪章"(The Charter of the United Nations)、世界贸易组织称为"协定"(Agreement Establishing the WTO),欧盟称为"条约"(The Treaty on European Union and the Treaty on the Functioning of the European Union)等。

③ 联合国的四个主要宗旨:维持世界各地和平;发展国家之间的友好关系;帮助各国共同努力,改善贫困人民的生活,战胜饥饿、疾病和扫除文盲,并鼓励尊重彼此的权利和自由;成为协调各国行动,实现上述目标的中心。参见 http://www.un.org/zh/aboutun/。

织,仅仅着眼于全球的卫生事务①。但总体上,国际组织都是为了促进某种国际合作和交流,致力于建立更稳定的国际秩序,造福人类。

(三)国际组织的分类

上文已提到,国际组织数目庞大、种类繁多、形式多样,有必要对国际组织进行分类研究。国际组织不仅仅是静态的组织机构,也随着其成员组成、活动范围等的发展、变化而处于动态的变化过程中,因此对国际组织进行非常明确而具体的分类比较困难。但总体来说,根据不同的标准可以对国际组织进行如下分类:

1.政府间国际组织和非政府间国际组织

根据成员组成的不同, 国际组织可以分为政府间国际组织和非政府间国际组织。

政府间国际组织(Inter-governmental Organizations,简称 IGO)的成员是各主权国家。国内学者将政府间国际组织定义为:"由两个以上的国家组成的一种国家联盟(union of states)或国家联合体(association of states),该联盟或联合体由其成员国政府通过签订符合国际法的协议而成立, 并且具有常设体系或一套机构, 其宗旨是依靠成员间的合作来谋求符合共同利益的目标。"②这个定义不仅突出了政府间国际组织的成员特性,也结合了国际组织的其他共有特征,可以作为对政府间国际组织较为完整的定义。政府间国际组织的基础是各国的协议,因此对国际关系的影响较大,也是本章关注的主要对象。联合国(The United Nations,简称 UN)③、欧洲联盟(The European Union,简称 EU)④、非洲联盟(The African Union,简称 AU)⑤等都属于政府间国际组织。

非政府间国际组织(Non-governmental Organizations,简称 NGO)的通俗

---

① 　根据世界卫生组织的官方网站介绍,世界卫生组织负责对全球卫生事务提供领导,拟定卫生研究议程,制定规范和标准,阐明以证据为基础的政策方案,向各国提供技术支持,以及监测和评估卫生趋势。参见 http://www.who.int/about/zh/。

② 　张贵洪编著:《国际组织与国际关系》,浙江大学出版社,2004 年,第 14 页。转引自饶戈平主编:《国际组织法》,北京大学出版社,1996 年,第 14 页。

③ 　联合国官方网站,http://www.un.org/zh/。

④ 　欧盟官方网站,http://europa.eu/index_en.htm。

⑤ 　非洲联盟官方网站,http://www.au.int/en/。

理解是非官方的、民间的国际组织,其成员不是主权国家,而是个人、社会团体或民间机构。①在众多定义中,较为权威的是联合国对非政府国际组织的界定。联合国经济及社会理事会(United Nations Economic and Social Council,简称 ECOSOC)②于 1950 年曾对非政府间国际组织作出界定:"凡非经各国政府相互同意建立之国际组织,均应视为非政府组织。"③1968 年联合国经济及社会理事会又指出非政府间国际组织"包括由政府指派成员的组织,只要这些成员不影响组织意见的自由表达"④。因此,根据联合国的理解,非政府间国际组织的主要特征是其成立的基础不是各国政府的协议, 即使其成员中有政府指派的人员,也不影响该组织的非政府性质。尽管非政府间国际组织对国际关系的影响不如政府间国际组织,尤其是在政治领域,但近年来非政府间国际组织发展愈加繁荣,在公益事业、环境保护等领域发挥着不可磨灭的作用,补充甚至替代了传统政府的职能。常见的非政府间国际组织有红十字国际委员会(International Committee of the Red Cross,简称 ICRC)⑤、国际奥林匹克委员会(International Olympic Committee,简称 IOC)⑥等。

2.一般性国际组织和专门性国际组织

根据国际组织的性质和职能范围的不同, 可以将国际组织分为一般性国际组织和专门性国际组织。

一般性国际组织的宗旨、职能范围及活动领域等比较广泛,涉及政治、经济、文化、社会等各个方面,也称为综合性国际组织。这类国际组织对国际关系的影响和作用较大。应当指出, 一般性国际组织虽然职能范围比较广

---

① 于永达编著:《国际组织》,清华大学出版社,2011 年,第 7 页。

② 联合国经济及社会理事会中文官方网站:http://www.un.org/zh/ecosoc/index.shtml。

③ 联合国经济及社会理事会 1950 年第 10 届会议决议,决议编号:E/RES/288(X),中文(繁体)作准文本参见 http://daccess-dds-ny.un.org/doc/RESOLUTION/GEN/NR0/138/99/IMG/NR013899.pdf?OpenElement。

④ 联合国经济及社会理事会 1968 年第 44 届会议决议,决议编号:E/RES/1296(XLIV)。原文为:Any international organization which is not established by inter-governmental agreement shall be considered as a non-governmental organization for the purpose of these arrangements,including organizations which accept members designated by governmental authorities,provided that such membership does not interfere with the free expression of views of the organization。参见 http://daccess-dds-ny.un.org/doc/RESOLUTION/GEN/NR0/007/91/IMG/NR000791.pdf?OpenElement。

⑤ 红十字国际委员会中文官方网站,http://www.icrc.org/chi/index.jsp。

⑥ 国际奥林匹克委员会官方网站,http://www.olympic.org/。

泛,但并不意味着无所不包,而是将某些确定由专门机构负责的事务分配出去。常见的一般性国际组织如联合国及欧盟等地区性国家联盟。

专门性国际组织的职能范围和活动领域相对集中, 一般针对经济、科技、文化、教育、卫生等某个专项领域,因此对国际政治关系等影响相对较单一。例如上文提到的红十字国际委员会就属于从事人道主义社会救助的专门性国际组织, 国际奥林匹克委员会属于从事国际体育事业的专门性国际组织。在专门性国际组织中,对国际关系影响相对较大的是国际经济组织。随着国际经济联系的日趋紧密, 经济关系对国家关系的影响占据着相当重要的地位。许多国际经济组织,如世界贸易组织[①]、世界银行[②]、国际货币基金组织[③]等,都在国际经济关系中扮演着重要的角色。

3.全球性国际组织和区域性国际组织

根据国际组织成员来源的地域范围不同, 国际组织可以分为全球性国际组织和区域性国际组织。

全球性国际组织的成员来源地广泛,并不局限于某一地区,而且活动范围也面向全球所有国家。全球性国际组织的成员数量有多有寡,不一定也不可能涵盖世界上所有国家。这里的"全球性"是一个相对的概念,有学者指出:"只要地理区域、社会制度、发展水平等不构成一个组织的基本特征,就大致可以归为全球性国际组织"[④]。的确,一般来说全球性国际组织对世界各地的适格成员都开放,而不因为地理、社会、经济等因素对成员范围进行限制。上文提到的联合国就是全球性国际组织的显著代表。曾经在一战和二战间存在的国际联盟(League of Nations)[⑤]也属于全球性国际组织。

区域性国际组织的成员来自某一地区,各成员往往地理位置接近、文化传统相似、发展水平较为一致,或者具有某种共同的文化、宗教、民族背景,这些成员为了某一共同的宗旨和目标, 建立的国际组织即为区域性国际组

[①]　世界贸易组织官方网站,http://www.wto.org/。

[②]　世界银行中文官方网站,http://www.worldbank.org.cn/。

[③]　国际货币基金组织中文官方网站,https://www.imf.org/external/chinese/。

[④]　张贵洪编著:《国际组织与国际关系》,浙江大学出版社,2004年,第16页。

[⑤]　国际联盟是在第一次世界大战结束后成立的一个国际组织,宗旨是减少武器数量、平息国际纠纷及维持民众的生活水平。1920年1月10日,国际联盟宣告成立,总部设在日内瓦,先后加入的国家有63个。第二次世界大战爆发后,国际联盟名存实亡,于1946年4月18日宣告解散,其所有财产和档案移交给联合国。

织。可见区域性国际组织往往因为地理、社会、经济等因素对成员资格进行限制，区域外的主体不能加入。因为区域性国际组织的成员往往共享某种相似性，因此更易于达成共识并且采取行动，也更能够在国际社会加强自身力量、提高国际地位。目前影响力最大的区域性国际组织是欧洲联盟。此外，东南亚国家联盟（Association of Southeast Asian Nations）①、非洲联盟、上海合作组织（Shanghai Cooperation Organization）②也都属于区域性国际组织。

4.其他分类

除了上文所述的三种国际组织的主要分类方法，还有以下对国际组织进行分类的标准和方法：

根据国际组织是否向其他国家开放进行划分，国际组织可以分为开放式国际组织和封闭式国际组织。开放式国际组织在成立后，还可以接纳符合条件的其他成员。封闭式国际组织的成员则仅限于成立时加入的成员，不再接受其他成员，如比荷卢经济联盟（Benelux Economic Union）③。

目前国际上还有将国际组织分为国家间国际组织和超国家国际组织的划分方法。传统的国际组织多属于国家间国际组织，此类组织"由成员国代表组成，成员国不同意的决定对成员国无拘束力，不能直接对成员国国民行使职权"④。超国家国际组织有权作出拘束成员国及其国民的决定。当决定作出后，即使成员国不配合执行，超国家国际组织也有权执行其决定。由于国家主权的不可侵犯性，各国一般不会允许有超越国家主权的国际组织来约束本国主权，因此完全意义上的超国家国际组织并不存在。⑤即使是欧盟这样可以作出约束成员国的决议的国际组织，其权力也是来自于成员国的授权。因此这种分类并未被普遍接受和使用。

---

① 东南亚国家联盟，简称东盟，官方网站，http://www.asean.org/。

② 上海合作组织官方网站，http://www.sectsco.org/。

③ 比荷卢经济组织是比利时、荷兰和卢森堡三国组成的经济合作组织，官方网站，http://www.benelux-parlement.eu/。

④ 周忠海主编：《国际法》，中国政法大学出版社，2008年，第442页。

⑤ 有国外学者指出，真正的超国家组织应该具备六项条件：组织决议对成员国政府有约束力；组织的决策机构不完全依赖于政府间的合作，具有某种程度的独立性；组织有权制定直接约束成员国居民的各种规则，能够行使政府职能而无须政府合作；组织有权强制执行它的决议；没有超国家机构的合作，成员国无权集体解散组织或修改它的权力。引自于永达编著：《国际组织》，清华大学出版社，2011年，第7页。转引自Henry Schermers, *International Institutional Law: Unity within Diversity*, Leiden, Netherland: Hotei Publishing, 2004。

　　以上介绍的这些分类都从某一个角度揭示了国际组织的特点，但没有一种分类能完整地说明国际组织的特征。国际关系在不断地发展、变化，国际组织也随之不断变化，不仅在成员组成上，在活动范围、政策取向乃至宗旨、目标上都会发生变化。因此应该用动态的、发展的眼光来研究国际组织，结合国际组织的分类更好地研究国际组织的特点，并根据国际关系的现实发展提出新的分类标准，以加深对国际组织的认识。

二、联合国体系

　　上文从理论的角度对国际组织的概念、特征和分类作了介绍。为了对国际组织有更深刻而具体的理解，下面将以联合国为例，从实践的角度对国际组织的宗旨、组织结构、运作机制等方面进行分析。

（一）联合国概况

　　第二次世界大战后，世界各国人民反对战争、争取和平的心愿尤其迫切，期望建立一个"广泛而永久的普遍安全制度"[①]，集体安全的思想又一次兴起。集体安全是指"国际社会设想的以集体力量威慑或制止其内部可能出现的侵略者和侵略行为的办法，来保护每一个国家的国家安全的一种安全保障体系"[②]。集体安全组织需要具备三大要素：第一，成员来源及其责任、义务有普遍性，无论该组织是地区性还是全球性的；第二，建立一套合法有效地防止侵略的安全机制；第三，目的是为了防止国际组织内部会员国发生侵略行为，即内向型组织。[③]

　　集体安全思想的第一次实践是二战之前的国际联盟，因为国际联盟缺乏合法有效地防止侵略的安全机制，最终没有防止世界大战的爆发。但人们仍然相信建立某种形式的国际组织能够有效避免或约束战争。第二次世界大战使国际联盟宣告失败，但却促使了另一个集体安全组织——联合国的建立。

---

①　周忠海主编：《国际法》，中国政法大学出版社，2008 年，第 451 页。

②③　张贵洪编著：《国际组织与国际关系》，浙江大学出版社，2004 年，第 101 页。

1945年6月26日,联合国国际组织会议在旧金山结束,并签署了《联合国宪章》。《联合国宪章》被认为是联合国的基本大法。1945年10月24日,《联合国宪章》生效,标志着联合国的诞生。创始会员国承诺通过国际合作和集体安全来维护和平、发展国家间友好关系、促进社会进步、提高生活水平和保护人权。①吸取国际联盟的经验,联合国的创立者格外强调集体安全组织的有效性,联合国工作最著名的就是维持和平、建设和平,预防冲突和人道主义援助。

自1945年成立以来,联合国会员国不断增长,最初有51个创始会员国②,截至2014年6月,已经有193个会员国③加入,涵盖了世界上大部分国家和地区。目前,联合国总部设立在美国纽约,在日内瓦、维也纳和内罗毕等地设有联合国办事处。

联合国的徽章是一个从北极看上去的世界地图,周围由橄榄枝圆环围绕着的图案。联合国大会于1946年通过这一设计时,还建议各会员国必须采取法律或其他适当措施,以防止未经秘书长审订而使用徽章的情况。大会特别要求禁止以商业目的而使用这个世界组织的公章、徽章、名称或简称。④联合国大会于1947年通过了联合国的旗帜。它的图案是一个白色的正式徽章置于浅蓝色底旗的正中。按照大会的指示,秘书长制定了关于旗帜大小尺寸的修改,准许那些愿意表示支持联合国的组织和人民悬挂联合国的旗帜。⑤联合国徽章和旗帜分别如图14-1、14-2所示:

---

① 联合国一览,参见 http://www.un.org/zh/aboutun/。

② 创立时的51个国家分别为:阿根廷、埃及、埃塞俄比亚、澳大利亚、巴拉圭、巴拿马、巴西、白俄罗斯苏维埃社会主义共和国、比利时、秘鲁、波兰、玻利维亚、大不列颠及北爱尔兰联合王国、丹麦、多米尼加共和国、厄瓜多尔、法国、菲律宾共和国、哥伦比亚、哥斯达黎加、古巴、海地、荷兰、洪都拉斯、加拿大、捷克斯洛伐克、黎巴嫩、利比里亚、联盟的南非、卢森堡、美利坚合众国、墨西哥、南斯拉夫、尼加拉瓜、挪威、萨尔瓦多、沙特阿拉伯、苏维埃社会主义共和国联盟、土耳其、危地马拉、委内瑞拉、乌克兰苏维埃社会主义共和国、乌拉圭、希腊、新西兰、叙利亚、伊拉克、伊朗、印度、智利、中国。参见联合国会员国,http://www.un.org/zh/members/growth.shtml。

③ 2011年,南苏丹共和国加入联合国,成为联合国第193个会员国。参见联合国会员国,http://www.un.org/zh/members/growth.shtml。

④⑤ 联合国徽章和旗帜,参见 http://www.un.org/zh/aboutun/flag.shtml。

图 14-1　联合国徽章①

图 14-2　联合国旗帜②

(二)联合国的宗旨及原则

　　根据《联合国宪章》,联合国的宗旨为:

　　一、维持国际和平及安全;并为此目的:采取有效集体办法,以防止且消除对于和平之威胁,制止侵略行为或其他和平之破坏;并以和平方法且依正义及国际法之原则,调整或解决足以破坏和平之国际争端或情势。

　　二、发展国际间以尊重人民平等权利及自决原则为根据之友好关系,并采取其他适当办法,以增强普遍和平。

　　三、促成国际合作,以解决国际间属于经济、社会、文化及人类福利性质之国际问题,且不分种族、性别、语言或宗教,增进并激励对于全体人类之人

①②　资料来源:联合国官网,参见 http://www.un.org/zh/aboutun/flag.shtml。

权及基本自由之尊重。

四、构成一协调各国行动之中心,以达成上述共同目的。[①]

为了实现上述宗旨,联合国及会员国应遵循以下原则:

一、本组织系基于各会员国主权平等之原则。

二、各会员国应一秉善意,履行其依本宪章所担负之义务,以保证全体会员国由加入本组织而发生之权益。

三、各会员国应以和平方法解决其国际争端,避免危及国际和平、安全及正义。

四、各会员国在其国际关系上不得使用威胁或武力,或以与联合国宗旨不符之任何其他方法,侵害任何会员国或国家之领土完整或政治独立。

五、各会员国对于联合国依本宪章规定而采取之行动,应尽力予以协助,联合国对于任何国家正在采取防止或执行行动时,各会员国对该国不得给予协助。

六、本组织在维持国际和平及安全之必要范围内,应保证非联合国会员国遵行上述原则。

七、本宪章不得认为授权联合国干涉在本质上属于任何国家国内管辖之事件,且并不要求会员国将该项事件依本宪章提请解决;但此项原则不妨碍第七章内执行办法之适用。[②]

联合国的宗旨和原则从各方面确立了联合国的目的、任务、行为方式等,是联合国行动的终极指南。为了贯彻落实宗旨和原则,联合国设立了一系列机构和组织,保障联合国的有效运转。

(三)联合国的机构与组织

联合国是一个庞大的组织和系统,其组织结构图如图 14-3 所示:

---

①② 联合国宪章第一章:宗旨及原则,参见 http://www.un.org/zh/documents/charter/chapter1.shtml。

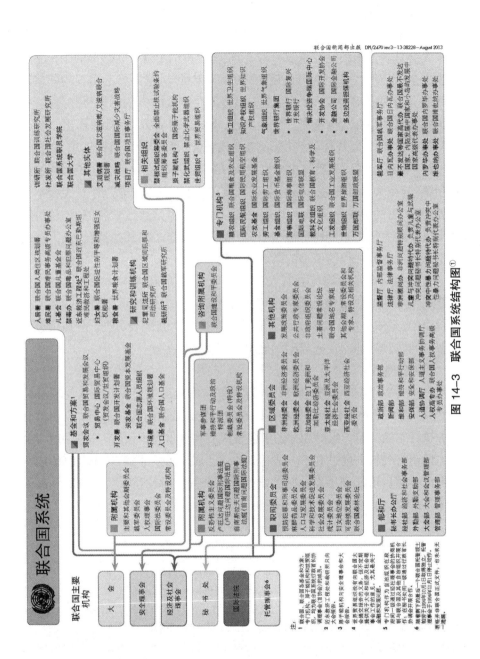

图 14-3　联合国系统结构图①

① 资料来源:联合国官网,参见 http://www.un.org/zh/aboutun/structure/chart.shtml。

限于篇幅和相关性，以下只对联合国的六个主要机构，即大会、安全理事会、经济及社会理事会、秘书处、国际法院及托管理事会进行介绍。

1.联合国大会

大会是联合国的主要审议机构，由全体会员国组成。联合国的工作主要来自大会赋予的任务。它可以依照《联合国宪章》讨论世界上出现的任何问题并向会员国提出建议（除了安全理事会正在审议的争端或局势之外）。每个国家无论大小在大会都有一票表决权，重要决定由 2/3 多数票作出。[①]大会从每年 9 月至12 月开会。经安全理事会或联合国过半数会员国请求，大会也可以召开特别会议。大会是中央机关。193 个会员国在此聚会讨论当代的紧迫问题，其中大多数问题涉及许多国家或洲，因此需要国际合作。大会不是世界政府，它的决议对会员国没有法律约束力。但是通过大会的建议，可以使全世界集中注意重要的问题，从而促成国际合作。在某些情况下，大会的决定可以导致有法律约束力的条约和公约。[②]

大会的六个主要委员会[③]、人权理事会、其他附属机构和联合国秘书处也开展大会的工作。每个会员国可派遣代表一人出席各主要委员会和大会所设立的、全体会员国都有权派遣代表出席的任何其他委员会。会员国也可委派顾问、技术顾问、专家或同等地位人员出席这些委员会。[④]

2.安全理事会

《宪章》赋予安全理事会维持国际和平与安全的主要责任。作为联合国的"急诊室"，安全理事会必须准备好在和平受到威胁时随时开会。会员国有义务执行它的决定。当对和平的威胁被提交到理事会审议时，理事会通常会首先促请有关各方通过和平方式达到协议。如果爆发战事，理事会将争取实现停火，然后可能向事发地区派遣维持和平特派团或呼吁实施经济制裁和禁运，以恢复和平。

---

①　大会的议事规则，参见 http://www.un.org/zh/ga/about/ropga/。

②④　联合国大会，参见 http://www.un.org/zh/aboutun/thisistheun/ga.shtml。

③　大会的六个主要委员会为：裁军与国际安全(第一委员会)，处理裁军和有关的国际安全问题；经济和金融(第二委员会)，处理经济问题；社会、人道主义和文化(第三委员会)，处理社会和人道主义问题；特别政治和非殖民化(第四委员会)，处理第一委员会不处理的各种政治问题以及非殖民化问题；行政和预算(第五委员会)，处理联合国的行政工作和预算；法律(第六委员会)，处理国际法律事务。参见联合国大会，http://www.un.org/zh/ga/maincommittees/index.shtml。

理事会有 15 个成员,包括 5 个常任理事国:中国、法国、俄罗斯联邦、联合王国和美利坚合众国。其他 10 个成员由大会根据地区代表性原则选举产生,任期两年。理事会作出决定需要 9 票。除程序性问题外,如果一个常任理事国投反对票(称为"否决"),理事会就不能作出决定。

3.经济及社会理事会

联合国的创始人认识到,为了世界和平,必须促进经济、社会发展和国际合作。经济及社会理事会(经社理事会)是协调联合国及联合国大家庭中各组织的经济和社会工作的主要机构。《宪章》赋予经济及社会理事会推动经济和社会进步、促进普遍尊重人权的任务。经社理事会由从各区域选出的54个理事国组成。联合国系统多达 70% 的工作都是为了促进较高的生活标准、充分就业以及经济和社会的进步。为推动发展中国家的经济增长、支持人权和开展国际合作以战胜贫穷和落后,理事会建议并指导开展各种活动。①

4.秘书处

秘书处由在纽约联合国总部和位于日内瓦、维也纳、内罗毕和其他地方的联合国办事处的全体国际工作人员组成。它包括若干个部和厅,共有来自175 个国家的约一万六千名工作人员,他们根据大会、安全理事会和其他机关的指示开展工作。秘书处由秘书长领导。秘书长由大会根据安全理事会的推荐任命,任期 5 年。作为本组织的行政首长,秘书长指导着秘书处的工作,并负责执行联合国各机关作出的决定。秘书长可以提请安全理事会注意他认为可能会威胁到国际和平与安全的任何事项。他可以采用"斡旋"的方法预防冲突或推动国家间和平解决争端。秘书长还可以采取主动行动处理人道主义问题或其他特别重要的问题。②

5.国际法院

国际法院是联合国的主要司法机关,位于荷兰海牙的和平宫内。国际法院只根据国际法处理国与国之间的法律争端,不受理个人之间的法律纠纷。一个国家如果不愿意就可以不参加诉讼,除非有特别的条约规定要求它参

① 为满足一些特别需要,大会设立了一些专门机构,如联合国粮食及农业组织(粮农组织)、世界卫生组织(世卫组织)和联合国教育、科学及文化组织(教科文组织),并设立了一些方案机构,例如联合国开发计划署(开发署)、联合国儿童基金会(儿童基金会)和联合国难民事务高级专员办事处(难民署)。这些专门机构和方案机构的工作都由经社理事会协调。参见经济及社会理事会,http://www.un.org/zh/aboutun/thisistheun/ecosoc.shtml。

② 秘书处,参见 http://www.un.org/zh/aboutun/thisistheun/secretariat.shtml。

加。一个国家一旦接受该法院的管辖权,就必须服从其裁判。这个"世界法院"由 15 位法官主持,他们全都来自不同的国家,由大会和安全理事会选举产生,任期 9 年,各自独立行使职权。这些法官每三年改选 1/3,将退休的法官可以再次当选。国际法院法官不代表他们各自的政府,是独立法官。①

6.托管理事会

《联合国宪章》规定托管理事会的任务是监督对置于国际托管制度之下的托管领土——前殖民地或附属领土——的管理。第二次世界大战结束后建立这一制度的目的是促进这些附属领土上居民的进步并使这些附属领土朝着自治或独立的方向逐渐发展。《宪章》规定,托管理事会有权审查并讨论管理当局就托管领土人民的政治、经济、社会和教育方面的进展提出的报告,会同管理当局审查托管领土的请愿书,并对托管领土进行定期的和其他特别的视察。自托管理事会成立以来,已有七十多个殖民地在联合国的帮助下获得了独立,其中包括最初的 11 个托管领土。因此,托管理事会在 1994 年正式决定中止运作,只在情况需要时才开会。②

(四)联合国与国际关系

联合国是职能非常广泛的全球性、综合性、非营利性的政府间国际组织,是目前世界上影响最大的国际组织,是"全球治理的领导力量"③。联合国在许多方面都对国际关系产生着或多或少的影响。联合国的安全理事会主要针对国际社会和平与安全问题进行工作,经济及社会理事会主要面向发展问题,而国际法院是处理国际法律问题的主要机构。以下从和平与安全、发展两个角度说明联合国对国际关系的影响,法律问题将在国际法的部分讲述。

1.和平与安全

《联合国宪章》在其序言中写道:"我联合国人民同兹决心,欲免后世再遭今代人类两度身历惨不堪言之战祸⋯⋯"④可见,避免战争、维护和平与安全是联合国的主要目的之一。"自成立之日起,联合国就经常被要求防止争

①　国际法院,参见 http://www.un.org/zh/aboutun/thisistheun/icj.shtml。

②　托管理事会,参见 http://www.un.org/zh/aboutun/thisistheun/trusteeship.shtml。

③　于永达编著:《国际组织》,清华大学出版社,2011 年,第 163 页。

④　《联合国宪章》序言,参见 http://www.un.org/zh/documents/charter/preamble.shtml。

端升级为战争,说服对立双方通过谈判解决争端而不付诸武力,或在冲突爆发后帮助恢复和平。"①联合国安全理事会是联合国内专门处理国际和平与安全事务的主要机构,安理会在过去几十年对于解决某些国际冲突、维护和平与安全的确起到了重要作用,在反恐、制裁和维和等方面的影响尤为突出。

2001 年 9 月 11 日针对美国发动的恐怖袭击事件,体现了国际恐怖主义对国际社会的挑战,使国际社会和各国人民愈发担忧和平与安全问题。联合国系统的各个机构和组织迅速行动起来,开展打击恐怖主义的行动。2001 年 9 月 28 日,安理会全体一致通过了第 1373(2001)号决议②,该决议呼吁会员国采取一系列措施,其目的是为了加强会员国打击恐怖主义活动的法律和机构能力,包括制止为恐怖组织提供资金、将资助恐怖主义行为定罪并立即冻结恐怖分子的金融资产等行动。安理会还专门设立一个反恐怖主义委员会负责监督该决议的实施情况。联合国安全理事会在"9·11"事件发生后的迅速行动表明,联合国对国际恐怖主义坚决打击的态度,呼吁各国尽快缔结国际反恐怖主义法律文书,为各国指引了反对国际恐怖主义的道路和途径,对国际反恐怖主义事业的发展作出了贡献。

此外,安理会还可以实施强制性制裁方式,以维护或恢复国际和平与安全。这些措施形式不一,可以是不涉及使用武力的经济和(或)其他制裁,也可以是国际军事行动。"实行强制性制裁是为了对某一国家或实体施加压力,在不诉诸武力的情况下迫使该国或该实体遵守安全理事会规定的目标。"③因此,制裁是安全理事会强制执行其决定的一种重要手段。通过强制性制裁,能够使安理会的决议得到执行,从而维护国际社会和平与安全。在和平受到威胁、外交努力失败的情况下,安理会实行强制性制裁,作为强制执行规定的工具。制裁的范围包括全面经济和贸易制裁和(或)一些更为具体的定向措施,如军火禁运、旅行禁令,以及金融或外交方面的限制等。④例如安理会关于也门问题的第 2140(2014)号决议⑤设立了也门制裁委员会,并对制裁委员会认定的威胁也门和平、安全或稳定的个人或团体及其支持者

---

① 联合国和平与安全简介,参见 http://www.un.org/chinese/peace/issue/。

② 2001 年 9 月 28 日安全理事会第 4385 次会议通过。决议中文原文参见 http://www.un.org/zh/sc/documents/resolutions/01/s1373.htm。

③④ 安全理事会制裁委员会概述,参见 http://www.un.org/chinese/sc/committees/。

⑤ 决议中文原文参见 http://www.un.org/zh/documents/view_doc.asp?symbol=S/RES/2140(2014)。

实施资产冻结和旅行禁令。目前有效的措施参见表 14-1：

表 14-1 也门制裁委员会主要制裁措施①

措 施	措施说明	失效日期	来 源
资产冻结	所有会员国均应毫不拖延地冻结其境内指认的个人或实体,代表或按其指示行事的个人或实体,由其所拥有或控制的实体直接或间接拥有或控制的资金、其他金融资产和经济资源。所有会员国均应确保本国国民或本国境内任何个人或实体不向指认的个人或实体,或以这些个人或实体为受益方,提供任何资金、金融资产或经济资源	2015 年 2 月 26 日	第 2140(2014)号决议第 11 段规定
旅行禁令	所有会员国均应采取必要措施,防止指认的个人在本国入境或过境	2015 年 2 月 26 日	第 2140(2014)号决议第 15 段规定

联合国维持和平行动是联合国维护国际和平与安全的活动之一。维持和平诞生于冷战敌对方令安全理事会频繁陷于瘫痪境地的时期。维持和平行动遵循着三个基本原则:各方同意、公正,以及除非出于自卫和履行职责,不得使用武力。②联合国最早的维持和平行动始于 1948 年,当时安理会授权在中东部署联合国军事观察员。之后,联合国已经部署了 69 个维持和平行动③,通过在数十个国家,其中包括柬埔寨、萨尔瓦多、危地马拉、莫桑比克、纳米比亚、塔吉克斯坦和东帝汶等都成功地开展维持和平行动,帮助终止冲突和促进和解④。在维持和平方面,联合国具有无可取代的多边经验、能力、协调能力及公正性,能够为加强和巩固和平的组织机构提供支持,帮助有关

---

① 资料来源：联合国安全理事会官方网站，参见 http://www.un.org/chinese/sc/committees/2140/index.shtml。

② 各方同意是指联合国维持和平行动需经主要冲突当事方同意才可部署,它们接受维持和平行动就为联合国开展授权任务提供了必要的行动自由,若未获得此类同意,维持和平行动就有可能成为冲突一方,并被引向执行行动,从而偏离了其维持和平的基本作用;公正对于维持主要当事方的同意与合作至关重要,但不应与中立或不作为相混淆,联合国维持和平人员在对待冲突各方时应保持公正,但在执行任务时不应中立;联合国维持和平行动除非万不得已,不得使用武力,使用时,须以精准、相称和适当的方式为之,且遵守使用所需的最小武力达到预期效果之原则,并维持对特派团及其任务的认可,联合国维持和平使用武力总会产生政治后果,通常还会导致不可预见的情况。参见维持和平的基本原则,http://www.un.org/zh/peacekeeping/operations/principles.shtml。

③ 1948 年至今的全部维持和平行动清单,参见 http://www.un.org/zh/peacekeeping/resources/operationslist.shtml。

④ 维持和平的成功,参见 http://www.un.org/zh/peacekeeping/operations/success.shtml。

国家推动经济发展、维护社会正义、加快民主进程等。联合国还因为在维持和平方面成绩斐然而获得了诺贝尔和平奖。联合国通过一系列维和行动,在一定程度上阻止了战争的爆发,促进了国际和平与安全事业的发展,对各国或者国内的军事关系产生了积极的影响。

联合国的作用在冷战后得以上升,在应对战争和冲突方面对国际社会作出了许多贡献,这得益于大国持续稳定的合作意愿,但同时大国的强权政治和霸权主义的威胁仍然存在。作为冷战后唯一的超级大国,美国在联合国占有举足轻重的地位,仅会费就占到了会员国分摊比额的22%,远远超出第二名日本10.8%的分摊比额,而多数国家会费分摊比额还不到1%。[1]会费缴纳比额最大,意味着美国在联合国的发言权也最大,再加上美国作为超级大国对政治、经济等的影响,联合国在某种程度上成为美国推行单边主义政策的工具。[2]21世纪,美国能在一年半的时间内争取到联合国对阿富汗动武和对伊拉克实施强制性核查的支持,就是联合国对一国独霸表现出的无奈。[3]基于集体安全思想建立的联合国,要求决策和行动基于各国的共同意愿,但这要在各国权势相当时才能发挥最大的作用。如今美国采取的霸权主义,无疑是对国际社会的稳定和安全的威胁。如何更好地发挥联合国集体安全的作用,最大程度地减轻霸权主义的威胁,是21世纪国际关系学研究的重要课题。

2.发展

联合国所采取的反恐、制裁和维和等行动对国际社会的和平与安全有积极的影响,但维护和平并非强制性的政治或军事手段能够解决的,而是需要世界各国共同促进经济繁荣和社会进步。[4]联合国作为整个人类的大家庭,其影响已经渗透到了全球经济和社会生活的许多方面,如经济和社会事务、贸易和发展、环境保护、毒品和犯罪等,在促进发展方面的作用尤其突出,在建设和平与冲突后恢复方面也有着显著的效果。

在促进发展方面,联合国自成立之日起就致力于缩小贫富国家之间的差距,促进世界各国的共同发展。自20世纪60年代起,联合国经历了四个

---

① 2014年会员国应缴纳的会费,参见 http://www.un.org/zh/members/contribution.shtml#note。

② 张贵洪编著:《国际组织与国际关系》,浙江大学出版社,2004年,第168页。

③ 同上,第169页。

④ 同上,第170页。

"发展十年"①,主要任务是促进发展中国家的经济增长,缩小与发达国家的差距。虽然每一个十年计划的目标都基于各种原因没有完全达成,但联合国对发展中国家经济的增长仍起到了推动作用。2000 年 9 月,全球各国首脑在纽约联合国总部通过了《联合国千年宣言》②,各国承诺将建立新的全球合作伙伴关系以降低极端贫穷人口比重,并设立了一系列以 2015 年为最后期限的目标,即"千年发展目标",包括消除贫穷和饥饿、普及初等教育、促进男女平等并赋予妇女权力、降低儿童死亡率、改善产妇保健、与艾滋病毒/艾滋病等疾病作斗争、环境的可持续能力及全球合作促进发展,所有目标完成时间是 2015 年。这是一幅由全世界所有国家和主要发展机构共同展现的蓝图。这些国家和机构已全力以赴来满足全世界最穷人的需求。③联合国还通过召开首脑会议、提供咨询意见、监控和统计、目标监察等措施来促进目标的达成。

在建设和平与冲突后恢复方面,经济及社会理事会也建立了有关机制,以应对刚刚摆脱冲突的国家所面临的问题。例如 2002 年,理事会成立了经社理事会特设咨询小组,以帮助确定对刚刚摆脱冲突的国家的长期支助方案,并分别成立了关于几内亚比绍问题(成立于 2002 年 10 月)和布隆迪问题(成立于 2003 年 7 月)的两个小组。虽然这两个国家对建设和平的任务目前正在由建设和平委员会处理,这两个小组的任务已经终止,但是理事会通过海地问题特设咨询小组,保留了它就促进社会经济复苏及稳定的长期发展战略问题向海地提供建议的职能。第一个海地问题特设咨询小组是应安全理事会的要求成立的。安全理事会根据《联合国宪章》第六十五条,请经社理事会提供咨询意见。此外,理事会还讨论了联合国和国际社会在支助南苏

---

① 联合国第一个"发展十年"自 1961 年起至 1970 年止,目标是每个发展中国家的国民总收入的最低年平均增长率为 5%,实际上,虽然发展中国家的经济有所发展,但并没有真正改变发展中国家的经济形势和地位。联合国第二个"发展十年"自 1971 年起至 1980 年止,目的是缩小发达国家与发展中国家的差距,建立世界经济社会新秩序,但 70 年代初的中东战争打乱了联合国的发展计划,使得第二个十年计划一开始就严重受挫。1981 年至 1990 年为联合国第三个"发展十年",要求改革国际经济关系,强调发展中国家通过集体自力更生发展经济,拉近与发达国家的距离。但 1985 年的评估显示大多数发展中国家没有达到预期的经济增长率。1991 年至 2000 年为联合国第四个"发展十年",目的是促进 90 年代发展中国家的经济发展,进一步缩小与发达国家的差距,重点在改善发展中国家的人权状况、保护环境和发展科技等。参见张贵洪编著:《国际组织与国际关系》,浙江大学出版社,2004 年,第 170~172 页。

② 《联合国千年宣言》中文原文,参见 http://www.un.org/chinese/ga/55/res/a55r2.htm。

③ 千年发展目标及 2015 年后的进程,参见 http://www.un.org/zh/millenniumgoals/bkgd.shtml。

丹的能力方面的作用。①可见,经社理事会在维持战后稳定、促进经济复苏方面起到了一定的推动作用,进而防止冲突再次爆发、维持国际社会的和平。

三、国际法

国际法与国际关系二者密不可分, 甚至可以说二者是同时产生和发展起来的。著名国际法学者王铁崖认为:"近代国际关系的发展深刻地影响着近代国际法的发展。因此,作为学科,国际法不仅是法学的一个部门,而且更重要的是国际关系学的一个部门。"②可见,国际法对研究国际关系意义重大,国际关系的发展促进了国际法的进步,国际法的成熟反过来影响到国际关系的发展。值得一提的是,和平解决国际争端已经成为近代以来解决国际争端的主要手段,尤其是国际争端的法律解决方法,因此也成为国际法学和国际关系学研究的重点。以下将对国际法作简要概括的介绍,并对和平解决国际争端作适当的研究,最后探讨国际法对国际关系的意义。

(一)国际法概述

从字面意义上来看,国际法是指调整国家之间权利义务关系的法律。但如果要深究国际法的定义,各种学说、著作可谓汗牛充栋。众多的国际法定义从不同角度揭示了国际法的外延和内涵,且与当时的历史背景息息相关。总体说来,国际法可以被认为是国家之间的法律,或者说主要是国家之间的法律,是主权国家通过协议、条约或习惯共同认定并主要用来调整国家间相互关系、规定其权利义务的具有约束力的规则、原则和制度的总称。③这个概念指明了国际法的主体是主权国家,或者主要是主权国家,渊源是协议、条约或习惯等、效力是具有约束力的。以下将对这三个方面进行介绍。

1.国际法的主体

国际法主体(Subject of International Law),即国际人格者(International

---

① 建设和平与冲突后恢复,参见 http://www.un.org/zh/ecosoc/about/peacebuilding.shtml。

② 王铁崖:《国际法当今的动向》,载邓正来编:《王铁崖文选》,中国政法大学出版社,1993 年,第 176~177 页。转引自梁云祥:《国际关系与国际法》,北京大学出版社,2012 年,第 6 页。

③ 参见梁云祥:《国际关系与国际法》,北京大学出版社,2012 年,第 5 页;周忠海主编:《国际法》,中国政法大学出版社,2008 年,第 1 页。

Person），是指"国际法上的法律关系的当事者，即直接拥有国际法上的权利和义务的法律人格者"①。因此国际法的主体需要拥有权利能力，即直接参与国际关系的能力，也需要同时具备行为能力，即承担国际法的权利和义务的能力。主权国家毫无疑问是国际法的当然主体，但随着国际法学和国际关系的发展，越来越多的学者开始认为，主权国家并不是唯一的国际法主体，国际组织、争取独立的民族，甚至个人在一定程度上都能成为国际法的主体。

国家是国际法最主要、最基本的主体，享有完全的权利能力和行为能力，国际法主要调整的也是国家间的关系。

国际组织，主要是政府间国际组织，也可以作为国际法的主体。尤其是像联合国这样的国际组织，在政治、军事、经济、文化等各方面广泛发挥着作用，其工作人员也享有如一国国民的特权及豁免。②但国际组织是由主权国家通过协议为了一定目的而建立的，其权利义务的范围也是主权国家所赋予的，只能在协议或章程规定的范围内工作和活动，因此只具有部分权利能力和行为能力。

争取独立的民族取得国际法主体资格的法律基础是民族自决权。根据民族自决原则，处于外国奴役和殖民统治下的民族有权争取建立民族独立国家，自由决定自己的政治、经济、社会、文化等。③争取独立的民族在建立了政治实体后，虽然未能有效对国家实行统治，但已经在一定程度上具备了参与国际关系的能力，因此也属于国际法的主体。但随着非殖民化运动的不断发展，争取独立的民族越来越少，在 21 世纪意义已经不大。

个人作为国际法的主体一直饱受争议。传统国际法学者认为个人处于国家的管辖之下，不能独立参与国际关系，因此不能作为国际法的主体。但随着研究的深入，有国际刑法学者指出，"个人也可以直接享受国际法上的权利和负担国际法上的义务"④。客观来讲，个人在国际法上的地位的确比上述三类主体要弱化很多，但至少在国际人权法、国际刑法，甚至国际经济法等领域，个人能够在一定程度上获得国际法的主体资格。

尽管上述国家、国际组织、争取独立的民族、个人都能成为国际法的主体，

---

① 周忠海主编：《国际法》，中国政法大学出版社，2008 年，第 105 页。

② 《联合国宪章》第一百零五条第一项：本组织于每一会员国之领土内，应享受于达成其宗旨所必需之特权及豁免。参见 http://www.un.org/zh/documents/charter/chapter16.shtml。

③ 周忠海主编：《国际法》，中国政法大学出版社，2008 年，第 107 页。

④ 同上，第 109 页。

但国家仍然是国际法最重要的主体,绝大多数对国际法的研究也都是以国家作为主体进行的。本节在未特别说明的情况下,均以国家作为国际法主体来讨论。

2.国际法的渊源

国际法的渊源是指国际法律原则、规则和制度产生、出现或确立的地方或事实,即国际法作为法律是从哪里产生和确立的。①换句话说,国际法的渊源是国际法律原则产生的出处,也是国际法律问题裁判的准则。一般认为,《国际法院规约》第三十八条是确立国际法渊源的权威宣示。②根据该条款,国际法院在裁判国际案件时,主要依据四类渊源:国际条约、国际习惯、一般法律原则、确定法律原则的辅助方法。③这个条款不仅说明了国际法院裁判时适用的法律,也说明了国际法的渊源,在国际社会得到广泛的认可。以下将对四类渊源作简要分析。

国际条约是最主要的国际法渊源,"条约需遵守"这一国际法原则是其法律基础,即条约对其缔约国具有法律拘束力。《维也纳条约法公约》对"条约"给出了较为权威的概念:"条约是指国家间所缔结而以国际法为准之国际书面协定,不论其载于一项单独文书或两项以上相互有关之文书内,亦不论其特定名称如何。"④因此国家之间以国际法为前提订立的书面协定都可以归为国际条约。国际条约大体上可以分为多边条约和双边条约。多边条约是由多个国家参与缔结的,一般规定国际法主体的基本行为准则,具有规范性质,是"一般国际法"。双边条约是两个国家缔结的同盟或友好条约,类似于国家间的

①　参见梁云祥:《国际关系与国际法》,北京大学出版社,2012年,第16页;周忠海主编:《国际法》,中国政法大学出版社,2008年,第56页。

②　Brownlie,*Principles of Public International Law*,4th edition,1990,p3.转引自周忠海主编:《国际法》,中国政法大学出版社,2008年,第56页。

③　《国际法院规约》第三十八条第一款:法院对于陈诉各项争端,应依国际法裁判之,裁判时应适用:

(子)不论普通或特别国际协约,确立诉讼当事国明白承认之规条者。

(丑)国际习惯,作为通例之证明而经接受为法律者。

(寅)一般法律原则为文明各国所承认者。

(卯)在第五十九条规定之下,司法判例及各国权威最高之公法学家学说,作为确定法律原则之补助资料者。参见 http://www.un.org/zh/documents/statute/chapter2.shtml。

④　Article 2.1(a),Vienna Convention on the Law of Treaties,23 May 1969,原文为:"Treaty"means an international agreement concluded between States in written form and governed by international law,whether embodied in a single instrument or in two or more related instruments and whatever its particular designation. 参见 http://www.admiraltylawguide.com/conven/lawoftreaties1969.html。

"契约"，是"特殊国际法"，一般来说只对缔约国有效。①应该说，不论是哪一种国际条约，都构成国际法的渊源，只是条约的管辖范围不同，在进行具体的国际裁判时，要将当事国参与或缔结的国际条约作为法律渊源。国际关系的许多方面都通过签订条约来解决，对国际关系的研究也离不开对国际条约的研究。

国际习惯，或称国际习惯法，是国际法的另一个主要渊源。"国际条约是国家之间的明示协议，国际习惯是默示协议。"②因为国际法不同于国内法，没有一个统一的权力机构制定具有普遍约束力的规范，国际习惯就在很大程度上为国际法制度的形成及补充发挥了作用。根据《国际法院规约》，国际习惯想成为法律渊源，需满足"作为通例之证明而经接受为法律"的条件，即第一，物质要素——已形成通例，各国反复实践；第二，心理要素——一经接受为法律，即各国的法律确信。国际习惯不如国际条约那样明确、具体，因此若一国想要援引国际习惯，需参考各种文件证明满足上述两个要素，才能将某行为作为习惯国际法使用。较经典的国际习惯法案例如"哈瓦那号"案（The Havana）③、北海大陆架案④等。

一般法律原则作为国际法的渊源之一，是为了弥补国际条约和国际习

---

① 但若许多这类条约作出相同或类似规定，这些规则就可能成为国际法原则或习惯，从而具有一般国际法的效力。

② 周忠海主编：《国际法》，中国政法大学出版社，2008年，第62页。

③ 哈瓦那号案，是一起关于沿海渔船免于拿捕的案例。1898年美西战争中，西班牙船籍的哈瓦那号和罗拉号渔船在古巴沿岸作业时，被美国军舰拿捕并带到基韦斯特，决定予以没收并拍卖。原告向美国联邦最高法院起诉。法院于1900年作出判决称：根据几世纪以来的惯例，从事鲜鱼捕捞和运输的沿岸渔船、货物和船员都免于海上拿捕。而且美国政府在美国独立战争期间曾经接受过这一国际习惯规则。这是基于人道的考虑和交战国的相互便利，成为国际法的一项习惯规则。根据上述理由，最高法院撤销原判决，命令将船舶和货物退还原告，并赔偿损失。参见"哈瓦那号案"确立的原则，http://haishang-law.com/Article/haishanghaishi/huodaijiufen/201101/3795.html；梁云祥：《国际关系与国际法》，北京大学出版社，2012年，第19页。

④ 1966年，德国与荷兰和德国与丹麦在如何划定北海大陆架界线上发生争议；荷、丹主张依等距离规则划定全部界线；德国认为这种划法不公平。1967年2月，德国与丹麦和德国与荷兰分别达成协议，将争议提交国际法院。国际法院指出，其不否认等距离划界方法是一种非常便利的方法，并在很多情况下被采用。但这些因素本身还不足以使该方法成为一项法律规则，从而把接受使用该方法的结果看作在所有情况下必须履行的义务。许多国际行为的动机只是考虑到礼让、方便或传统，而不含有任何法律义务的意思。因此认为等距离方法不是习惯法的强制性规则。参见北海大陆架案——大陆架划界原则，http://jpkc.rucil.com.cn/article/default.asp?id=74；[英]詹宁斯、瓦茨修订，王铁崖等译：《奥本海国际法》（第1卷第1分册），中国大百科全书出版社，1995年，第17页，转引自周忠海主编：《国际法》，中国政法大学出版社，2008年，第63页。

惯的空白，在条约和习惯没有规定时，也可以根据一般法律原则来进行裁判。一般法律原则"既包括从现行国际法规则派生、演绎或推论出的一般国际法原则，也包括共存于各国国内法律制度中而又适用于国际关系的一般国内法原则"①。一般法律原则的意义不仅仅在于对国际法的缺陷加以补充，而往往是把它作为一个原理，使不明确的国际法更加明确和取得发展。但一般法律原则的适用绝不意味着对国际条约和国际习惯适用的减损，而是说在没有国际条约和国际习惯的场合，一般法律原则是具有决定意义的。一般法律原则的主要内容包括国际条约优先于国内法、用尽国内救济方法、善意原则、契约必须履行、禁止不当得利、尊重既得权、禁止反言、禁止权力滥用等。虽然国际关系中适用一般法律原则的情形不多，但在国际法的新领域，如外层空间法、国际海洋法、国际环境法等，因为国际条约和国际习惯尚未完善，一般法律原则就起到了重要的补充作用。

确定法律原则的辅助方法主要有司法判例、公法学家学说、公允和善良原则、国际组织决议等。司法判例包括国际司法判例和国内司法判例。国际司法判例主要指国际法院的判例和咨询意见，也包括国际仲裁法庭的判例；国内司法判例指各国国内法院涉及国内法问题的判决。公法学家学说指学者、法律专家及国际法庭对国际法问题的观点和意见。这两类渊源在具体案件裁判时并不具有直接的法律效力，但可以作为重要的参考资料来援引。公允和善良原则也是《国际法院规约》规定的渊源之一，且规定国际条约、国际习惯和一般法律原则这三类渊源不能妨碍法院经当事国同意根据"公允及善良原则"裁判案件的权利。②国际组织的决议在《国际法院规约》第三十八条并没有直接规定为渊源，但多数国际法学者认为国际组织的决议，尤其是联合国大会的决议，对国际法，尤其是国际习惯法的产生和发展有重大影响，成为缔结条约的基础。总体来说，确定法律原则的辅助方法主要是起到参考、补充作用，主要的国际法渊源仍然是国际条约、国际习惯和一般法律原则。

3.国际法的效力

由于国际法与传统法律（主要指国内法）不同，对国际法的性质和效力等问题的研究经久不衰，时至今日仍然没有结束。一般意义上的法律，如国内法，是由某个权力机关制定，对某种社会关系进行调整和约束。但国际社

① 周忠海主编：《国际法》，中国政法大学出版社，2008年，第72页。

② 《国际法院规约》第三十八条第二款：前项规定不妨碍法院经当事国同意本着"公允及善良"原则裁判案件之权。参见 http://www.un.org/zh/documents/statute/chapter2.shtml。

会并不存在统一的权力机关，而是由主权国家制定规则，并反过来接受规则的约束。国际法的这个性质决定了国际法的强制力"只能主要依靠各个国家本身单独的和集体的行动"[①]。因此有人主张国际法并非真正的"法律"，而是"国际实在道德"，如英国法学家奥斯汀。他认为国际法是依靠"一般舆论"或"道德制裁"来实施的，因而不是法律。[②]这种观点称为"国际法虚无主义"，认为根本不存在所谓的"国际法"，而只不过是国家之间基于道德的规则而已。笔者认为这样的观点已经不被大多数学者所接受，尤其是国际法学者。国际法作为法律的一个重要分支，已经有了相对成熟的体系和完善的内容。国际法对国家具有法律上的约束力，也是世界各国政府早已公认的。否认国际法作为法律的存在是不符合现实的。

国际法是法律，而法律意味着行为准则。社会的存在就需要有行为准则，在国内，行为准则表现为国内法的形式，而国际社会的行为准则就是国际法。国家之间的关系需要由行为准则来加以规范，国家在国际社会的活动也需要遵循一定的行为准则，这些行为准则就构成国际法。

不同于国内法，国际法似乎并没有强制执行力，这也是质疑国际法不是法律的重要观点之一。国际法既没有具有一般权力的国际立法机构，也没有能够执行法律的国际行政机关，国际法院也没有全面的、强制性的管辖权。但是这并不意味着国际法就不是法律。如前所述，国际法是"主权国家通过协议、条约或习惯共同认定并主要用来调整国家间相互关系、规定其权利义务的具有约束力的规则、原则和制度的总称"，因此国际法是主权国家共同认定的规则、原则，由主权国家通过协议达成合意，并且对自身有约束力。而且国家主权是神圣的，不可能也不应该存在能够对国家进行强制执行、损害国家主权的国际力量。虽然联合国存在强制执行的情况，但也是建立在主权国家事先同意的基础上的。因此虽然国际法的强制执行力不如国内法，但国际法是法律，能够得到遵守是不容置疑的。

国际法之所以能够得到遵守，是有多方面原因的。从主观方面来说，各国认为有遵守的必要。国家受到国际法的约束，同时也是国际法的制定者，因此国际法反映的是国家的共同意志，这种共同意志就表现为基于各国意愿达成的各种国际条约或协定。国际条约的达成本身就意味着国家根据自

---

① 周忠海主编：《国际法》，中国政法大学出版社，2008年，第5页。

② ［英］奥斯汀：《法理学范围之限定》，中国政法大学出版社，2003年，第123、127页。转引自周忠海主编：《国际法》，中国政法大学出版社，2008年，第5页。

身的利益作出了选择,因此会对国际条约加以遵守。^①从客观方面来说,国家如果违反国际法,需要承担一定的后果。这个后果可能是违反国际法的受害国的反应,如自助、反报甚至报复,也可能是来自国际社会的压力,如联合国的强制执行行动。因此,为了自身的长远利益,国家会选择遵守国际法。

(二)国际争端的法律解决方法

国际争端是两个主体间关于法律上或事实上的论点的分歧,法律上的见解或利益的矛盾对立。^②国际争端一般分为政治性质的争端和法律性质的争端。前者起源于国家政治利益的冲突,后者关系到国家的权利问题。传统上解决国际争端的方法有强制性的和非强制性的。强制性的方法,如反报^③、报复^④、平时封锁^⑤和干涉^⑥,非强制的方法主要包括政治方法和法律方法。国际争端的政治解决方法有谈判和协商^⑦、斡旋与调停^⑧、调查^⑨与和解^⑩等,而

---

① 梁云祥:《国际关系与国际法》,北京大学出版社,2012 年,第 24 页。

② 周忠海主编:《国际法》,中国政法大学出版社,2008 年,第 515 页。

③ 反报指一国以相同或类似行为对另一国采取的不礼貌、不友好或不公平的行为作出的反应。在国际实践中,引起反报的行为通常包括禁止或限制商品进口或对进口商品征收高关税、歧视外国侨民、禁止移民、拒绝给予外国政府通常应给予的协助等。

④ 报复指一国针对另一国的国际不当行为而采取的措施,以迫使对方停止其不当行为或赔偿不当行为造成的损害。报复措施通常包括停止执行某些措施,还包括使用武力,如炮轰或军事占领对方部分领土等。报复需在谈判破裂后方可进行,且不能损害第三国利益。目的达到后,报复即行停止。

⑤ 平时封锁指国家在和平时期以武力封锁他国港口或海岸,以迫使他国接受其所提出的要求或停止某种行为。平时封锁是对被封锁国的主权的侵犯,且是单方的武力行为,被现代国际法所否定。

⑥ 干涉是争端当事国以外的国家对争端的干预,目的是迫使当事国按照干涉国提出的方式解决争端。这种由第三国干涉当事国解决争端的行为,违反《联合国宪章》确立的国家主权平等和不干涉原则,是现代国际法不允许的。

⑦ 谈判与协商是两个或两个以上国家为使有关问题得到解决或获致谅解而进行国际交涉的一种方法,是和平解决国际争端的基本方法。

⑧ 斡旋与调停是在争端当事国不愿意谈判或虽经谈判但未能解决争端时,由第三方协助当事国解决国际争端的方法。

⑨ 调查指根据争端当事国的协议组成国际调查委员会,协助当事国解决因事实问题引起的争端的方法。

⑩ 和解又称调解,是比调查更进一步的争端解决方法。当事国将争端提交一个由若干成员组成的委员会,委员会在调查的基础上提出报告,阐明事实并提出解决争端的建议,以设法使争端当事国达成协议。

法律解决方法主要指仲裁和司法解决。下面重点对国际争端的法律解决方法进行介绍。

1.仲裁

仲裁,指由存在争端的各方共同选定相对中立和公正的第三方,并由其依据有关法律对该争端进行裁判。当事国自愿将争端提交仲裁时,就约定服从仲裁裁决,因而仲裁裁决对当事国具有拘束力,当事国有义务履行仲裁裁决。因此仲裁被归为国际争端的法律解决方法。仲裁有三个主要特点:第一,自愿管辖,即争端当事国基于自愿将争端提交仲裁;第二,仲裁裁决对当事国具有拘束力,当事国需服从仲裁裁决;第三,作出仲裁裁决的依据是法律,而且当事国有权选择仲裁适用的准据法。

现代国际仲裁制度的内容主要规定在两次海牙会议制定的《和平解决国际争端公约》①、1928 年的《日内瓦和平解决国际争端总议定书》②和 1958 年联合国国际法委员会制定的《仲裁程序示范规则》③中。示范规则只具有参考作用,在当事国援引时才具有法律效力。根据这三个制度,仲裁方法的具体程序可总结如下:

(1)争端当事国需签订仲裁条约、仲裁协定或仲裁条款,表明愿意接受仲裁的管辖。这类仲裁条约、协定或条款可以在争端发生前就已经订立,也可以在争端发生后再签订。有关仲裁的条款需写明交付仲裁的问题范围、仲裁庭的组成方式、仲裁适用的法律、仲裁的程序规则、仲裁地点、费用分担等事项。

(2)根据当事国签订的仲裁条约、协定或仲裁条款组成仲裁庭。仲裁庭一般由当事国各方分别推举一名或两名仲裁员,然后由选举出的仲裁员共同推选出首席仲裁员,组成总人数为单数的仲裁庭。仲裁庭组成后,对争端进行事实调查和法律研究。仲裁庭一经组成,其成员一般保持不变。

(3)仲裁法庭开庭一般以书面程序和口头辩论的方式进行。书面程序指争端各方将案件有关的诉状或答辩状送交仲裁庭和争端其他方, 由法庭进

---

① 《和平解决国际争端公约》于 1899 年 7 月 29 日订于海牙,中文版本参见 http://www.hflib.gov.cn/law/law/falvfagui/GJTY/ZC/ZC1005.htm。1907 年的《和平解决国际争端公约》中文版本参见 www.pca-cpa.org/showfile.asp?fil_id=1118。

② 《日内瓦和平解决国际争端总议定书》于 1928 年订于日内瓦,中文原文参见 www.jpkc.whu.edu.cn/jpkc2010/gjgf/course/data/.../20100319161631365.doc。

③ 《仲裁程序示范规则》于 1958 年 11 月 14 日在联合国大会通过,中文版本参见 www.jpkc.whu.edu.cn/jpkc2010/gjgf/course/data/.../20100319161659316.doc。

行书面审理。口头辩论是指当事国在仲裁庭以口头方式阐明事实和意见。仲裁庭的审理一般秘密进行，经仲裁员投票后以简单多数的方式作出仲裁裁决。

（4）仲裁庭根据仲裁适用的准据法作出裁决后，即构成对争端的确定性解决，各当事国应当本着善意的原则执行，且不得上诉。但如果仲裁过程存在仲裁庭逾越权限、某一仲裁员有欺诈行为、仲裁理由不足或程序违法时，当事国可以拒绝仲裁裁决的效力。此时当事国可以将争端提交新的仲裁庭或采取司法解决的方式。

国际仲裁制度自建立以来，对国际争端的和平解决发挥了一定作用。尤其是根据1899年的《和平解决国际争端公约》所建立的常设仲裁法院（Permanent Court of Arbitration），使国际仲裁制度的发展和实践迈出了巨大的一步。但是该法院并不是真正的常设法院或仲裁机构。常设仲裁法院由一个名册上的法学家（每个缔约国最多四人，这些人共同组成该国的"国家团体"）组成，争端的当事方可以从中挑选仲裁庭成员。[1]据不完全统计，自成立以来，常设仲裁法院已经审结超过49个案例。[2]与中国有关的未决案件，如菲律宾诉中国案，但中国递交给常设仲裁法院的照会表示"不接受菲律宾提起的仲裁"的立场。[3]仲裁制度为国际争端的和平解决提供了更多样化的选择，为建立更加和谐的国际秩序作出了一定的贡献。

2.司法解决

司法解决是指"争端当事方把争端提交给事先成立的、由独立法官组成的国际法院或国际法庭，根据国际法对争端当事国做出具有法律拘束力的判决"[4]。目前世界上存在的国际司法机关有联合国的国际法院和国际海洋法法庭。

（1）国际法院

国际法院为联合国主要司法机关，根据1945年6月26日在旧金山签

---

① 参见国际法院官网，http://www.un.org/chinese/law/icj/ch1.htm。

② 常设仲裁法院审结案例清单，参见 http://pca-cpa.org/showpage.asp?pag_id=1029。

③ 2013年1月22日，菲律宾根据《联合国海洋法公约》附件七对中国将"与中国就菲律宾在西菲律宾海的海洋管辖权引起的争端"提起仲裁程序。2013年2月19日，中国向菲律宾提交照会，阐述了"中方在南海问题上的立场和主张"，拒绝接受菲律宾的书面通知并将其退还给菲律宾。参见 http://pca-cpa.org/showpage.asp?pag_id=1532。

④ 周忠海主编：《国际法》，中国政法大学出版社，2008年，第525页。

署的《联合国宪章》设立的,以实现联合国的一项主要宗旨:"以和平方法且依正义及国际法之原则,调整或解决足以破坏和平之国际争端或情势"①。国际法院依照《国际法院规约》②和《法院规则》进行运作。《国际法院规约》是《联合国宪章》的一部分。国际法院于 1946 年开始工作,取代 1920 年在国际联盟主持下设立的常设国际法院。常设仲裁法院和国际法院的区别如表 14-2 所示:

表 14-2 常设仲裁法院和国际法院的区别③

常设仲裁法院(仲裁)	国际法院(司法解决)
当事方指定仲裁员	法院是常设的
当事方商定程序	程序已事先由《国际法院规约》和《法院规则》确立
当事方选择正式语言	正式语言为英文和法文
程序不公开	程序大部分公开
费用由当事方承担	费用由联合国承担

国际法院的职权包括依照国际法解决各国向其提交的法律争端,即诉讼管辖权,并就正式认可的联合国机关和专门机构提交的法律问题提供咨询意见,即咨询管辖权。

国际法院的诉讼管辖权是指国际法院审理争端当事国提交的诉讼案件的权利。国际法院的诉讼当事国仅限于国家。④国际法院受理的诉讼案件主要有三类:第一,各当事国提交的一切案件;第二,联合国宪章或现行条约及协约中所特定之一切事件;第三,根据《国际法院规约》第三十六条第二款规定提起的案件。根据《国际法院规约》第三十六条第二款的规定,如果当事国对条约之解释、国际法的任何问题、任何确定违反国际义务的事实及因违反国际义务而应予赔偿的性质和范围这四类法律争端曾经作出声明,则国际法院对承担同样义务的国家之间的管辖就是强制性的,但前提是当事国声明愿意接受管辖,因此也称为"任意强制管辖"或"任择性强制管辖"。

国际法院的咨询管辖权指国际法院有权对其职权范围内的法律问题发表咨询意见。根据《联合国宪章》第九十六条,"大会或安全理事会对于任何法律问题得请国际法院发表咨询意见。联合国其他机关及各种专门机关,对于其范围内之任何法律问题,得随时以大会之授权,请求国际法院发表咨询

---

① 《联合国宪章》第一条,参见 http://www.un.org/zh/documents/charter/chapter1.shtml。

② 《国际法院规约》,参见 http://www.un.org/chinese/law/icj/statute.htm。

③ 资料来源:国际法院官网,参见 http://www.un.org/chinese/law/icj/ch1.htm。

④ 《国际法院规约》第三十四条第一款,参见 http://www.un.org/chinese/law/icj/statute.htm。

意见"①。可见,联合国大会、安理会、其他机关和专门机关,有权请求国际法院发表咨询意见。国际法院的咨询管辖权的目的是提供法律方面的权威意见,使联合国各机构能更有效地遵照《联合国宪章》进行活动。虽然咨询意见没有法律效力,但往往被作为权威的解释而受到重视。

自1946年成立以来,国际法院已审理了一百多个案件。②其中80%是国家之间的诉讼案件,20%是联合国机关或专门机构要求发表咨询意见的案件。③诉讼案件半数以上涉及领土和边界纠纷,在该过程中,国际法院为领土获得和划界的法律原则的发展作出了贡献。④相当多的案件涉及海事争端和有关海洋法的问题。还有一类案件涉及国家管辖权问题以及外交和领事法律。在诉讼案件的执行上,各国一般都服从国际法院的判决,并忠实执行判决内容。

在维持和平方面,国际法院无法防止国家使用武力。然而作为联合国的主要司法机关,国际法院是促进国际和平和维持和平机制的重要组成部分。国际法院曾有几次化解了危险的局势,促进了国家间关系的正常化,并使陷入僵局的谈判得以恢复。

国际法院对国际法和国际关系的发展也作出了贡献。在履行职能过程中,国际法院加强了国际法在国际关系中的作用,而且促进了国际法的发展。国际法院不能像立法机关那样制定新法律,但是能够根据新情况澄清、完善和解释国际法规则。国际法院还可以提请注意国际法中的缺陷,并指出出现的新趋势。由于国际法院的裁判(判例)有法律效力(即便仅就特定争端的当事方而言),并且这些裁判是对国际法的权威解释,因此各国和国际组织必须加以考虑。这些裁判是国际行为的准则。此外,受托编纂和逐渐发展国际法的机关,例如联合国国际法委员会,在起草新条约时,常常援引国际法院的裁判。⑤

---

① 《联合国宪章》第九十六条,参见 http://www.un.org/zh/documents/charter/chapter1.shtml。

② 国际法院自1946年起的案件列表,参见 http://www.icj-cij.org/docket/index.php?p1=3&p2=2。

③⑤ 国际法院在行动,参见国际法院官网,http://www.un.org/chinese/law/icj/ch6.htm。

④ 例如,国际法院解决了利比亚和乍得关于所谓奥祖地带的领土争端。该地区地处撒哈拉沙漠,面积125 000平方千米,多年来,两国为这块土地多次发生武装冲突。1994年国际法院裁定乍得胜诉。几个月后,在联合国安全理事会派出的观察员的监督下,占领该领土的所有利比亚军队撤出。参见国际法院在行动,http://www.un.org/chinese/law/icj/ch6.htm。

历史表明,同国际局势高度紧张的时期相比,在缓和时期,诉诸法律更为经常。因此,有理由相信,越来越多的诉诸国际法院解决纠纷的趋势将会继续下去,尤其是各国也许正在养成"法律习惯"。诉诸国际法院解决纠纷的情况越多,将来它们就越愿意这样做。国际法院已经不是解决争端进程中万不得已的手段,各国可以求助于国际法院,同时也可以利用其他解决争端的方法,认识到这样做有助于安全理事会和大会的工作,也有助于双边谈判。

（2）国际海洋法法庭

根据 1982 年《联合国海洋法公约》①,国际海洋法法庭得以建立,旨在建立海洋法律秩序,促进海洋的和平利用和保护海洋环境。国际海洋法法庭位于德国汉堡自由汉萨城。《国际海洋法法庭规约》作为《联合国海洋法公约》的附件六,对法庭的组织、权限、程序及海底争端分庭的设立等作出了规定。

国际海洋法法庭对《联合国海洋法公约》的各缔约国开放。法庭的管辖权包括按照海洋法公约向其提交的一切争端和申请,和将管辖权授予法庭的任何其他国际协定中具体规定的一切申请。如果同海洋法公约所包括的主题事项有关的现行有效条约或公约的所有缔约国同意,则有关这种条约或公约的解释或适用的任何争端也可按照这种协定提交法庭。

国际海洋法法庭对于解决海洋问题的争端发挥了重要作用,促进了国际海洋法律秩序的良性发展。

（三）国际法与国际关系

国际法与国际关系二者密切相关,相辅成。国际法是在各国交往中产生和发展起来的,即国际法产生于国际关系,但国际法产生后又会成为国家进行国际活动的准则,并为解决国际争端提供有效途径。

国际法产生于国际关系,"近代国际关系的发展深刻地影响着近代国际法的发展"②。的确,国家间进行各种交往活动就需要有共同遵循的规则,随着时间的发展,这些规则形成了具有普遍约束力的国际法,并且随着国际关系的发展,国际法也在不断发展、变化。国际关系包括许多方面,政治、经济、

---

① 《联合国海洋法公约》,中文原文参见 http://www.un.org/zh/law/sea/los/index.shtml。

② 王铁崖:《国际法当今的动向》,载邓正来编:《王铁崖文选》,中国政法大学出版社,1993 年,第 176~177 页。转引自梁云祥:《国际关系与国际法》,北京大学出版社,2012 年,第 6 页。

社会、法律等,而国际法就体现了国际法律关系。

国际法产生后,又反过来对国际关系产生反作用。国际法意味着各国共同遵循的原则、规则和制度的总和,现代社会要求国家需要遵守国际法,才能在国际社会得到其他国家的尊重。国际法明确了国家交往的具体规则,使得无政府状态下的国际社会能够有章可循,加强了各国的交往及合作,促进了世界经济、政治甚至军事的交流和发展。如前述的国际法渊源中的国际条约,就是各国以灵活的方式制定规则并共同加以遵守,以促进共同福祉。

此外,国际法还对和平解决国际争端作出了贡献。国际争端的和平解决是现代社会的共识,尽量避免诉诸武力也是各国人民的共同心愿。国际争端和平解决的方法有许多,法律解决方法也是不容忽视的一项,尤其是联合国国际法院,在诉讼案件和咨询案件中,都对国际争端的解决和国际法的发展有重要意义。

虽然国际法对国际关系有重要影响,但毕竟不是国际关系的全部。国际关系受到多方面因素的影响,包括国家实力、对外政策和国际道德等。国际关系的许多问题也不能通过法律途径来解决。在复杂的国际背景下,要对国际法进行研究,同时也不能忽视其他因素在国际关系中的作用,最终促进国际合作、增加国际信任、稳定国际关系。

四、本章小结

本章介绍了国际组织和国际法两个部分。随着国际组织的发展愈加完善,其在国际关系中的参与度也逐渐增强。国际组织对国际关系的作用不仅表现在为各国提供国际交往的平台,更可以作为独立的主体参加国际活动。以联合国为代表的国际组织在和平与安全、发展等方面对国际社会产生了重要影响。国际组织还可以作为国际法的主体,在其职权范围内参与国际法律事务。国际法是调整国家间权利义务关系的行为准则,从国际关系中产生和发展,又反过来影响和制约国际关系,并对促进国际争端的和平解决、维持国际秩序作用显著。各主权国家、国际组织等国际法主体,在国际社会中依照共同的国际法规则活动,并不断促进国际法的发展,形成良性循环,这也是国际法的意义所在。

信息就是权力。

——弗朗西斯·培根

世界发展日新月异,中国公共外交正逢其时,大有可为,任重道远。

——杨洁篪

第十五章
媒体传播与公共外交

媒体与国际关系之间的关系是十分密切的。媒体传播也是一种权力,是国家软实力的体现。软实力的塑就依赖传播渠道,而新闻媒介就是一种可以施加影响的传播渠道。新闻媒介往往是公共舆论的引导者和代言人。同时,媒体作为舆论的工具,利用舆论的力量来影响国家公共政策。在国际关系中,媒体常影响国家对外政策。公共外交作为国家整体外交的组成部分,已成为国家外交政策的中心要素,得到世界各大国的广泛关注。通信技术的发展和互联网的兴起与普及,已成为当今全球传播的利器和政府与外国公众之间沟通的桥梁,成为展示本国文化与价值观的平台。新传媒技术也使公共外交在国家总体外交格局的地位和作用日益突出,以美国为首的世界大国把"网络外交"在内的公共外交提升到国家战略层面予以高度重视。

一、媒体与国际关系

人类主要通过两种方式感知世界——在现场身临其境的体验与借助媒

介间接的感受。对于广大民众而言,知晓国际时事的渠道主要是通过电视、报刊和网络等新闻媒介而获取的。当然,不排除职业外交官和国际记者直接接触与处理一些正在发生的国际事件。国家决策部门和领导人还可以通过情报系统及时掌握国际事实。对于一些从事国际关系专业研究的学者而言,可以通过参加一些国际会议,从事国际交流和国外访学等,甚至参与国家对外政策的决策咨询等渠道,更深层地探讨一些新近发生的国际关系现象。媒体作为传播信息的介质,随着数字电视、网络和微博平台等新媒体的出现,媒体一直占据着国际信息渠道的主要地位,在国际关系中发挥着重要作用。

人对世界的感知,除了直接经验以外,主要是依靠媒介获得的。现场感知的直接经验是"具身的"(embodied),而媒介感知是"离身的"(disembodied)。而这种通过媒介感知构建的世界是被新闻媒体选择和解释过的世界,因为媒介的报道是对现实世界片段的再现或者重构。随着传统媒介形式的演变,两种感知经验的差异一直是新闻学的基本研究问题。近二十年来,随着当代知觉现象学哲学的发展及其在认知科学中的引介,身体知觉在认知活动中的核心作用逐渐得到重视,认知科学的研究范式已从"离身"转向"具身"。从现象学身体理论的角度来看,身体是一切感知、认知活动的基础,人的理性能力是由身体塑造的,因此"具身"是知觉现象学的核心思想。[①]计算机信息技术的发展,借助人体视、听觉,从时间、空间等维度,尽力弥合媒介感知的"离身经验"和在现场与之接触的"具身经验"之间的对立,使人们有一种身临其境("具身")的感觉。

信息与媒体技术的进步,使国际社会与民众日常生活之间的时空距离无限拉近了。媒体与国际关系之间的关联越来越密切。当前,"媒体与国际关系"研究,作为国际关系学与新闻学跨学科交叉研究领域,也日益成为国际关系学研究的一个重要领域,吸引了一大批青年学者从事这方面的研究与探讨。

(一)媒体是一种权力

媒体与政治之间的关系是十分密切的。弗朗西斯·培根指出,信息就是权力。权力是影响他者从而获得期望结果的能力,可以通过胁迫、收买或吸

第
十
五
章

---

① 参见徐献军:《具身认知论——现象学在认知科学研究范式转型中的作用》,浙江大学出版社,2009年。

引来实现。1939年，著名的英国现实主义学者卡尔（E. H. Carr）把国际权力划分为三种类型：军事权、经济权和话语权（舆论控制权）。军事权体现胁迫力，经济权体现收买力，这两者都是硬实力，而话语权则体现一种吸引力。哈佛大学知名学者约瑟夫·奈教授把通过吸引和说服获得更优结果的能力概括为"软实力"，他认为一个国家的软实力有三个来源：文化（能够吸引他者）、政治价值（当国家内政外交都坚持的时候）以及对外政策（当他者认为其有合法性和道德权威的时候）。软实力的塑就依赖传播渠道，而新闻媒介就是一种可以施加影响的传播渠道。

在国际社会中，每个国家都会利用法律、政策和物质等手段，对新闻媒体进行硬性或软性的管理和约束。西方民主国家常利用事后追溯的方式实现对媒体的间接或隐性控制；而一些非西方民主国家常以意识形态为基础采用事先预防的方式实现对媒体的显性控制和直接控制。政府干预媒体的理由可以是国家安全、国际利益、国家秘密和社会利益等。斯诺登案件爆料出美国常以国际安全为借口，通过信息网络技术和情报系统监控世界，窃取各国主要领导人信息和重要商业情报。美国许多标榜为自由的舆论平台和媒介成为美国政府非法窃取他国信息的情报系统，受美国政府操控。

媒体作为一种权力，有影响和支配他者的意志和行为的能力。在国际关系中，国家对主要媒体的操控也是为了维护国家形象和国家利益，提升本国软实力。媒介通过对信息的占有、选择、解译，实现对大众的引导和劝服，从而影响公众议程乃至政治决策的能力。媒体在国家软实力建设中的作用，得到各国政府高度的重视。媒体在各国外交工作中的地位，越来越重要。随着通信技术的发展与互联网的兴起和普及，媒体传播的渠道大大拓展了。互联网已成为当今全球传播的利器，成为一国政府与外国公众之间沟通的桥梁，成为在国际社会上发声的管道，成为展示本国的文化与价值观的平台。作为互联网发源地的美国，高度重视网络媒介在国家软实力建设中的战略地位，并最先意识到、最先提出并最快实施了"网络外交"（Network Diplomacy），以此来实现美国的部分外交战略。美国国务卿希拉里·克林顿（Hillary Rodham Clinton）提出，美国21世纪的重要策略就是利用谷歌（Google）、推特（Twitter）和YouTube等技术力量来推动外交。[①]奥巴马和希拉里的创新技术高级顾问

---

① 闵大洪：《美国政府的公共外交与网络外交》，人民网，2011年7月12日，http://media.people.com.cn/GB/40606/15137831.html。

亚历克·罗斯（Alec Ross）一直积极倡导利用所有先进的技术手段开展对外交流，将其称为"21世纪的治国方略"。

国际传媒一直受到我国党和政府的高度重视，新华社和中央电视台等国家新闻传播的主要渠道和平台，在国家形象的塑造和国际利益的维护中发挥着重要的作用。国家主要媒体在宣传中国、报道世界的过程中，提升着我国的软实力，增进了国家的利益。在中国共产党十八大报告中，对中国新兴大国的身份有了更为完整的立体外交思路，明确提出要扎实推进公共和人文外交，这就要求我们在对外传播国家形象的过程中，更要注重传播的有效性问题，切实使传播能够起到增强中国软实力的作用。

(二)媒体与对外政策

媒体与公共舆论、公共政策之间的关系是十分密切的。新闻媒介往往是公共舆论的引导者和代言人。同时，媒体作为舆论的工具，利用舆论的力量来影响国家公共政策。在国际关系中，媒体常影响国家对外政策。

通过媒体的议程设置功能，使得某些国际问题的重要性更加突出，影响国家对外决策。从某种意义上讲，"国际事件"因媒介得以发生，媒介影响国际事件如何发生，并界定问题、对问题提供解译，从而塑造公众意见，影响公共政策的议程。例如1898年美西战争中，纽约《新闻报》对"缅因"号美国战舰爆炸沉没事件的极力宣传，煽动公共舆论和美国政府对西作战的情绪。科索沃危机中，美国媒体集中报道科索沃民族矛盾，负面报道南联盟政府，为北约的军事干预作舆论铺垫。美国发动伊拉克战争也是通过电视媒体，宣传、"制造"萨达姆政权的专制与独裁，从而影响美国民众对伊拉克政权合法性的质疑与不满，为国会通过对伊战争决策赢得了民意支持。2003年3月20日，美国以伊位克隐藏有大规模杀伤性武器并暗中支持恐怖主义为借口，绕开联合国安理会，公然单方面决定对伊拉克实施大规模军事打击。美国"杰出新闻组织"关于媒体报道内容的调查清楚地显示：在2008年的头10周，伊拉克战争占据美国电视、报纸和广播报道的3%，而2007年同一时期，这一比例为23%；在有线电视网的报道中，伊拉克战争在2007年占据了24%的时段，而在2008年只有可怜的1%。2008年报道减少的原因是美国决定逐步和部分地减少美军驻伊拉克兵力。由此可见，美国的媒体是为美国政治服务的，当政治需要的时候，媒体可以通过对信息有选择性地提取和解译，制造"事件",从而塑就舆论,使得美国政府所期望的公共政策顺利通过。同样,美国政府通过媒介(电视、网络和好莱坞美国大片)大力向全球推进美式自由民主的价值观。相反,美国对其国内种族歧视、社会不公平和暴力犯罪等丑恶现象,美国政府也会尽力将其"隔离"起来,不让其被全球视野所"聚焦"。美国常出台一些国家的人权报告,对包括中国在内的其他国家的人权问题评头论足,而对其国内的人权问题却视而不见。在既定的对外政策执行中,媒体还能利用舆论来促进或阻止对外政策执行,造成对外政策的修改。

媒体作为舆论的中坚力量一直在国际关系中发挥着十分重要的作用。在信息化进程全面、深入发展的时代,媒体及其承载的舆论对国际关系的影响变得更加突出,对国家对外关系和对外决策的影响越来越大。就连掌握国际话语权和主导国际舆论走向的西方国家也越来越感到驾驭媒体和利用其为对外关系服务的难度在增大。特别是网络等新兴媒体的异军突起和快速发展,进一步推升了媒体对舆论进而对国家间关系、国家对外政策的影响。

《2014 年全球社交、数字和移动》报告显示,中国有 13.5 亿人口,城市人口比例为 51%,其中互联网网民比例为 44%,达 5.9 亿人;QQ 空间活跃用户达 6.23 亿,中国手机设备持有量超 12 亿台。我们已经进入了公民记者时代、民意调查时代和外交决策复杂化时代,各类媒体及其承载的舆论对中国对外决策和中外关系的影响急剧攀升。网络时代信息传播速度加快,全球舆论同步,社会覆盖面广,这使得我国外交工作面临着意外事件发生后决策时间不到 24 小时的压力。由于决策时间短,无法作充分的调研、反复细致的专业评估,因此我国外交需对应急决策机制进行改革。在网络信息时代,第一线即时反应已经不可避免。即使快速反应有瑕疵,也无法拖延,因为反应迟滞损失更大。优化决策程序已经成为不可避免的趋势。①

同时,随着软实力建设日趋成为各国国家实力建设的重要组成部分,重构国际传媒新秩序亟待纳入全球治理的重要议题。我们应首先客观评估现有国际传媒秩序的利弊,认识到在现有的以西方发达国家一流媒体为核心的国际传媒秩序中,中国处于较明显的劣势地位。这与中国的国家实力严重不符,与中国应在国际社会中担当的角色严重不符,与中华民族复兴的目标严重不符,也与全世界人民的普适需求不符。鉴于中国正处于崛起过程之中,中国应积极而不失稳健,以建设性、合作、可预期的姿态推动国际传媒新秩

① 《改革创新:打造中国外交新机制》,清华大学当代国际关系研究院,2014 年 5 月 25 日。

序的重构,以新媒体为技术平台,以建立世界和谐传媒新秩序为最终目标。[①]

二、公共外交

信息革命、新传播技术和经济全球化,使传统的人类互动方式和互动渠道等方面都发生了革命性变化,全球社会成为一个相互依赖、交互作用的"地球村"。在国际社会中,国家之间,以及国家与民众之间沟通互动和信息传播更加频繁,在传统的政府外交之外,需要寻找更宽阔的外交渠道、更便捷的外交方式和更先进的外交理念,来实现民众与政府的互动、增进国家利益。非政府组织及其网络的兴起标志着"新公共外交"的崛起。公共外交作为国家整体外交的组成部分,已成为国家外交政策中的中心要素,得到世界各大国的广泛关注。2009 年 7 月,胡锦涛同志在第十一次驻外使节会议的讲话中,精辟论述了公共外交在我国外交工作中的重要地位和作用,指出公共外交作为总体外交的重要组成部分, 开展好公共外交直接关乎我国的国际形象,外交工作要努力使我国在政治上更有影响力、经济上更有竞争力、形象上更有亲和力、道义上更有感召力。[②]胡锦涛同志的讲话审时度势,高屋建瓴,第一次将公共外交提升到外交全局的战略高度,这标志着公共外交正式列入我国政府的议事日程。

(一)研究现状

公共外交(public diplomacy)作为一种外交实践古已有之,但理论层面上对公共外交的研究则是在二战之后,并且这一研究主要集中在国外,尤其是美国。冷战期间,美国政府实施的积极而广泛的公共外交为美国赢得冷战的胜利起到了极为重要的作用。冷战之后,公共外交在美国一度受到冷落。"9·11"事件之后,美国学界和政界反思美国的对外政策,公共外交研究重新受到重视。

20 世纪 60 年代美国开始对公共外交进行开创性研究, 标志是 1965 年

第十五章

---

① 王雪野:《新媒体发展与国际传媒秩序重构》,《今传媒》2011 年第 3 期。

② 《胡锦涛等中央领导出席第十一次驻外使节会议》,新华网,http://news.xinhuanet.com/politics/2009-07/20/content_11740850_1.htm,2009 年 7 月 20 日。

美国学者埃德蒙德·古利恩首次对公共外交作出界定。80 年代以来，学者们不断丰富公共外交的研究内容，特别是信息技术和全球化的发展，从全球化和信息社会的发展趋势出发，从外交公开化和国际互动的宽广视野审视公共外交的历史发展和理论逻辑；90 年代公共外交的研究更加细化，并将公共外交研究引入传播学的轨道，探索传播学与政治学的交叉领域。美国"9·11"事件，引起学界和政府对公共外交的高度关注，对公共外交的理论依据和问题对策等领域开展崭新的研究。通信技术的发展和互联网的兴起与普及，已成为当今全球传播的利器，成为一国政府与外国公众之间沟通的桥梁，成为在国际社会上发声的管道，成为展示本国的文化与价值观的平台。作为互联网发源地的美国，最先意识、最先提出并最快实施了"网络外交"（Network Diplomacy），以此来实现美国的部分外交战略。美国国务卿希拉里·克林顿（Hillary Rodham Clinton）于 2010 年 1 月 7 日晚小范围地宴请 10 名美国 IT 界高层时提出，美国 21 世纪的重要策略就是利用 Google、Twitter 和 YouTube 等技术力量来推动外交。①奥巴马和希拉里的创新技术高级顾问亚历克·罗斯（Alec Ross）一直积极倡导利用所有先进的技术手段开展对外交流，将其称为"21 世纪的治国方略"。他认为，21 世纪的外交已远远超出了政府与政府（Government-to-Government）之间的活动，而应成为政府与人民（Government-to-People）、人民与政府（People-to-Government）之间的活动，最终演变成为"人民与人民并与政府间的交流"（People-to-People-to-Government，P2P2G）这种模式。②"峰会外交"、"世博外交"、"网络外交"等新公共外交方式兴起，公共外交的研究领域扩宽，各国政府和学界对公共外交的关注与研究，空前高涨。

在我国，公共外交有着深刻的历史渊源。"国之交在于民相亲"、"亲仁善邻"、"和衷共济"等外交思想源远流长；在我国五千年悠久的中华文化之中，蕴含着深厚的公共外交智慧与理念。新中国成立后，具有公共外交性质的人民外交、民间外交十分活跃，有力地配合国家外交，为我国打破帝国主义封锁，开展对外交往发挥了不可替代的作用。改革开放以来，我们在继承传统

---

① 闵大洪：《美国政府的公共外交与网络外交》，人民网，2011 年 7 月 12 日，http://media.people.com.cn/GB/40606/15137831.html。

② 温宪：《美国网络外交解读：扩宽外交理念更具攻势特性》，新华网，2009 年 7 月 9 日，http://news.xinhuanet.com/world/2009-07/09/content_11676992.htm。

的基础上吸收、借鉴外国有益经验，根据我国的发展和国际形势的变化，努力探索和开拓公共外交。中国公共外交在创新实践的过程中不断发展，形成了鲜明的中国特色。我国学者对公共外交的关注和思考不断加深，出现了一些公共外交领域的研究成果。

（二）公共外交的概念与特征

"公共外交"作为一个术语，首次出现是在 1965 年，当时美国塔弗兹大学弗莱舍法学院系主任埃德蒙德·古利恩（Edmund Gullion）将其定义为："公共外交旨在处理公众态度对政府外交政策的形成和实施所产生的影响。它包含超越传统外交的国际关系领域：政府对其他国家舆论的开发，一国私人利益集团与另一国的互动，外交使者与国外记者的联络等。公共外交的中心是信息和观点的流通。"①在当时，公共外交主要指美国新闻署所从事的非传统性外交活动，包括国际广播在内的信息活动及教育文化交流活动等。1987年，美国国务院《国际关系术语词典》把公共外交定义为："由政府发起交流项目，利用电台等信息传播手段，了解、获悉和影响其他国家的舆论，减少其他国家政府和民众对美国产生错误观念，避免引起关系复杂化，提高美国在国外公众中的形象和影响力，进而增加美国国家利益的活动。"②1997 年美国政府将新闻署并入国务院时，其政策设计小组认为公共外交是通过理解、增进和影响外国公众的方式来促进美国国家利益的实现。美国学界对公共外交也有各种不同的界定，其中以汉斯·N.塔克（Hans·N·Tuch）的观点最为典型。他认为公共外交是"为了更好地推行美国的对外政策，减少美国同其他国家的误解和猜疑，由政府开展的塑造海外交流环境的努力"。2008 年，美国国务院负责公共外交和公共事务的副国务卿詹姆斯·格拉斯曼（James K. Glassman）则更详细地阐述了公共外交的内涵和美国公共外交工作的范畴。他指出："公共外交，简言之，就是以公众为对象而不是以官员为对象的外交。虽然有些人将公共外交与商业促销相提并论，即树立一个国家品牌，但事实上，公共外交同官方外交以及必要时采取的军事行动一样，都以实现国家利益为己任。公共外交以独特的方式完成这一使命：通过了解外国公众，告知外国

①②　唐小松、王义桅：《美国公共外交研究的兴起及其对美国对外政策的反思》，《世界经济与政治》2003 年第 4 期。

公众,接触和说服外国公众。"他进而说明美国的公共外交工作包括四个部分:①教育和文化事务;②国际信息项目;③美国的国际广播;④意识形态的较量。他对第四项的阐释是:"通过演讲、出版物和强大的互联网讲述美国的社会风貌。我们的目标不是说教,而是促进相互交流,有助于增进人们对美国原则和政策的了解;我们视自己为一场大规模对话的推动者,我们之所以这么做是因为我们深信,这将最终促使自由、包容和正义等普世价值观深入人心。"①

综合公共外交的各种界定,我们给予公共外交更宽泛的概念。公共外交(Public Diplomacy)是通常由一国政府主导,借助各种传播和交流手段,向国外公众介绍本国国情和政策理念, 向国内公众介绍本国外交方针政策及相关举措,旨在获取国内外公众的理解、认同和支持,争取民心民意,树立国家和政府的良好形象,营造有利的舆论环境,维护和促进国家根本利益的外交活动。②

公共外交和政府外交共同组成国家的整体外交。可以用图 15-1 表示公共外交的范畴及其与政府外交的关系。

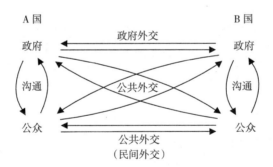

图 15-1 公共外交的范畴以及与政府外交的关系

"公共外交"(public diplomacy)有别于"政府外交"(official diplomacy)。政府外交是指一国政府与另一国政府的外交互动, 直接表现为通过国家使馆开展外交活动;而公共外交的对象除了一国政府外,更主要的是其他国家的民众和非政府组织。政府外交所关注的问题与国外政府的行为和政策有关,

---

① 詹姆斯·格拉斯曼:《公共外交的新时代》,《美国参考》网站,http://www.america.gov/st/peace-sec-chinese/2008/September/20080912112648eaifas0.8478968.htm.

② 杨洁篪:《努力开拓中国特色公共外交新局面》,《求是》2011 年 2 月 16 日。

而公共外交关注的是国外公众的态度和行为。国之交,在于民相亲。公共外交对政府外交和国家间关系的改善有促进作用。公共外交是政府主导的,政府在公共外交中起着主导、组织、规划和领导等作用。

公共外交具有以下基本特征:

(1)渐进性和长期性。公共外交是一项系统工程,需要循序渐进、持之以恒,需要公共外交发展战略支撑。国家形象的塑就,是一个与国内外公众双向互动的长期过程。公共外交作用的发挥,不仅取决于实施方采用什么样的策略和努力,而且与国内外民众的认知心理、文化制度和民族偏好等深层次因素有着密切的关系。

(2)广泛性和复杂性。公共外交的主体可以是政府部门和官员,以及在其主导下的地方政府或非政府组织,甚至个人。同时,公共外交面向社会各个阶层,包括官方与民间的双边、多边对话交流和信息传递,涵盖政治、经济、文化、传媒、教育、科技、体育、军事等多个领域。在网络时代,每一位上网的公民都有可能参与公共外交;博客、微博等新型传媒工具的兴起,使公共外交更具广泛性和复杂性。公共外交发展战略和国家形象的塑就,与民众的生活息息相关。

(3)间接性和互动性。区别于政府外交,在公共外交中,政府更多的是发挥组织和推进作用,由媒体、非政府组织、智库、学术机构、跨国公司、知名人士和普通民众活动为主体。而且注重双向互动,增进了解,达成共识。

公共外交具有以下运行机制(或称运作规律):在全球化时代,任何国家在实施公共外交时,都必须遵循一般的运作规律。从内涵上来说,公共外交是一种公众取向的双向交流过程;从目标上来说,公共外交具有知名度、美誉度和认同度不同层次的追求;从战略上来说,公共外交是一种目标细分、针对性极强的外交作业;从组织上来说,公共外交是一种具有协同性的政治支援体系。

任何一个国家在开展公共外交和制定公共外交发展战略的时候,都必须把握公共外交的内在规律,并与本国的外交实际结合起来,开创具有本国特点的公共外交,制定出符合本国发展需求的公共外交发展战略。

(三)区域发展与公共外交

随着我国区域经济的发展,区域国际竞争力不断得以提升,区域发展与公共外交之间的关系的研究,已经变得极为紧迫。通过研究区域发展与公共外交之间的关系,探索运用公共外交推进区域发展,设计区域和都市公共外交发展战略,是国际关系与区域经济的跨学科研究的一种创新,具有十分重要的理论价值和现实意义。

纽约、伦敦、巴黎和东京等都市以其独有的城市魅力,吸引着全球人类的目光,都市本身就是一张公共外交名片。都市想在全球民众心中塑就良好的城市形象,提高区域的知名度、美誉度和认可度,从而提高区域发展的吸引力、竞争力和领导力,就需要借助公共外交,向国内外民众扩大宣传、增进了解、共促合作,培育、吸纳和留住具有创造力的优秀人才,吸纳全球一流的人才、科研、资本、技术和产业汇聚于本区域,充分利用优良的国际资源和开阔的国际市场,助推区域科学发展。

欧美发达国家的世界都市区域,保持区域国际竞争力和领导力的秘诀是什么?得人心者、用人才者,成霸权、行王道。像美国纽约大都市之所以能永葆区域国际领导力,源于优良的体制机制、城市形象、城市文化、就业机会、收入水平和生活质量将全球优秀的人才招揽、吸引过去,从而保持该区域在教育科研、科技文化、知识创新和产业发展等领域的全球竞争力和领导力。纽约大都市区汇聚着联合国、世界银行和国际货币基金组织等全球机构和组织,有世界一流的哈佛、普林斯顿大学和耶鲁大学等常春藤大学区域,有来自世界各地的最大规模的迁移人口和最具多样性的区域。

区域发展不仅需要制定基础设施建设和区域发展战略,塑就具有全球竞争力的经济、生态宜居的环境与和谐公正的多样性社会,提升都市的生活质量;也需要公共外交发展战略,提升核心都市的国际形象和软实力建设。在纽约、伦敦、巴黎、东京和我国上海、北京等世界级都市,城市发展和公共外交是相得益彰、相互促进的关系。外交不仅是内政的延续,外交和国内发展具有同等重要的作用,二者共同提升国家和区域的国际竞争力。制定国家和区域发展战略,是国家和区域发展的需要;而制定公共外交战略,也是国家和区域发展的需要。

网络的兴起所伴随的全球网民数量的激增和新传播媒介的运用,使得公共外交的参与人数、互动方式、互动频率和规模都发生革命性变化。现在,许多国家对公共外交和公共外交发展战略给予高度重视,区域发展也需要有公共外交发展战略的支撑。

我国东部发展就是利用改革开放的机遇,扩大开放,加强国际合作,承接发达国家产业向发展中国家和地区转移,参与到全球经济分工体系,奠定了我国区域发展格局中东部地区率先发展的良好基础。许多战略性新兴产业在东部地区初显规模,形成产业集群,国家赋予东部地区的使命是要在更高层次参与国际合作和竞争,在改革开放中先行先试,在转变经济发展方式、调整经济结构和自主创新中走在全国前列,要着力提高科技创新能力,加快国家创新型城市和区域创新平台建设。东部区域发展与世界互动的程度加深,已经融入世界经济体系之中,在世界经济全球化和区域化进程中发挥着重要作用。公共外交和公共外交发展战略对区域发展具有十分重要的作用。区域发展需要公共外交,更需要公共外交发展战略支撑,同时我国东部地区像环渤海、长三角和珠三角等世界级城市已经具备制定公共外交发展战略的条件和平台。根据我国区域发展总体战略和全国主体功能区规划,东部地区要逐步打造成更具国际竞争力的城市群,中西部要加快对外开放,建设内陆开放高地,边疆地区要加强国际合作。①我国东部率先发展、东北振兴、中原经济区建设和西部城市发展,都需要公共外交。各区域和都市,应该根据自身区域发展的实际情况,开展符合本区域发展特点和需的公共外交。

(四)开创公共外交新局面

杨洁篪指出,公共外交是一项庞大的系统工程,需要各相关部门的通力协作,形成合力。②近年来,外交部紧密围绕党和国家中心任务和外交全局,努力创新公共外交的方式方法,推动中国公共外交事业的发展。

一是加强高层访问和重大外交活动的公共外交设计。围绕我国国家领导人出访和出席多边国际会议等契机,统筹安排各项公共外交活动,多角度阐释我国的原则立场和政策主张。二是加强对外舆论工作和公众交流活动。我们不断完善信息发布机制,一年召开近百场例行记者会,遇热点、敏感问题和突发事件第一时间发布权威信息。三是加强公共外交体制机制建设。外交部在新闻司成立"公共外交办公室",不断充实其架构和职能,着力推进部内部外的统筹协调工作,对驻外使领馆公共外交工作进行指导,加强与政府、人大、政协及商务、文化、教育、科技、媒体、智库等各部门、各领域间的沟

---

①　《国民经济与社会发展第十二个五规划纲要》,新华网,2011年3月16日。http://news.xinhuanet.com/politics/2011–03/16/c_121193916.htm。

②　杨洁篪:《努力开拓中国特色公共外交新局面》,《求是》2011年2月16日。

通、联系。成立公共外交咨询委员会，对外积极介绍我国国情理念，解读我国政策主张。四是加强公共外交干部队伍建设。我们努力打造一支具有较强公共外交意识和能力，既会写又能说，既能深入分析形势又擅长宣示政策的骨干队伍。

外交部将紧紧围绕首脑外交、国内大型活动和重要时间节点，广泛开展政策宣示，进一步提高中国国家形象；优化公共外交日常和应急管理机制，加强信息发布和舆论引导；为外国记者在华采访继续提供服务和便利，通过他们向世界全面、客观地传递中国的信息；鼓励更多外交人员走向社会、走进公众，介绍国际形势、我国国情和外交工作；支持和参与国内外举办以中国为主题的论坛、研讨会等，借助权威平台发出中国声音；利用国内各部门、各地方在海外开展的各领域人文交流活动，推动不同文明的对话和交流；加强与我国在海外企业、华人华侨、留学生的交流，发挥其参与我国公共外交活动的积极性；加强对新媒体的利用，借助网络、手机等新型载体与社会各界公众进行及时、有效的交流。

世界发展日新月异，中国公共外交正逢其时，大有可为，任重道远。[①]

三、本章小结

信息就是权力，媒介作为信息传播的渠道和平台在国际关系中发挥着十分主要的作用。媒体与公共舆论、对外政策的关系十分密切。媒体传播不仅是舆论的工具，而且直接影响到国家的对外决策和政策成效，关系国家形象的维护和国家利益的实现。随着科学技术的突飞猛进，媒体传播与国家安全之间的联系也变得更为重要。随着斯诺登事件和美国全球窃听丑闻的发酵，国家信息安全受到世界各国的高度重视。

随着信息革命、新传播技术的发展和全球化的推进，公共外交作为国家整体外交的组成部分，已经成为国家外交政策中的中心要素。我国区域经济的发展，需要借助公共外交，提升区域国际竞争力，增进国家利益。世界潮流，浩浩荡荡，中国公共外交正逢其时，应该把握好机遇，努力开创公共外交新局面。

---

① 杨洁篪：《努力开拓中国特色公共外交新局面》，《求是》2011 年 2 月 16 日。

参考文献

中文文献

中文书籍

1.《荀子》,中华书局,2011年。

2.《孙子兵法》,中华书局,2006年。

3.《战国策》,中华书局,2006年。

4.《老子》,中华书局,2012年。

5.《左传》,中华书局,2012年。

6.《韩非子》,中华书局,2010年。

7.《史记》,中华书局,2006年。

8.《汉书》,中华书局,2012年。

9.《后汉书》,中华书局,2012年。

10.《资治通鉴》(1—4册),岳麓书社,1990年。

11.《马克思恩格斯选集》(1—4卷),人民出版社,1995年。

12.《列宁选集》(1—4卷),人民出版社,2012年。

13.《毛泽东选集》(1—4卷),人民出版社,1991年。

14.《邓小平文选》(1—3卷),人民出版社,1993年。

15.马克思:《资本论》(1—3卷),人民出版社,2004年。

16.[古希腊]亚里士多德:《政治学》,商务印书馆,1965年。

17.[英]哈耶克:《通往奴役之路》,中国社会科学出版社,1997年。

18.[美]约·罗尔斯:《正义论》,中国社会科学出版社,1998年。

19.徐大同等:《当代西方政治思潮》,天津人民出版社,2001年。

20.王亚南:《中国官僚政治研究》,中国社会科学出版社,1981年。

21.[英]安德鲁·海伍德:《政治学核心概念》,吴勇译,天津人民出版社,2008年。

22.[英]安德鲁·海伍德:《全球政治学》,白云真、罗文静译,中国人民大学出版社,2014年。

23.[英]哈耶克:《自由秩序原理》,生活·读书·新知三联书店,1997年。

24.邢悦:《国际关系学入门》,北京大学出版社,2011年。

25.秦亚青:《国际关系理论:反思与重构》,北京大学出版社,2012年。

26.[美]汉斯·摩根索:《国家间政治:权力斗争与和平》,徐昕、郝望、李保平译,王缉思校,北京大学出版社,2006年。

27.[美]肯尼思·沃尔兹:《国际政治理论》,信强译,上海世纪出版集团,2008年。

28.[美]詹姆斯·多尔蒂、小罗伯特·普法尔茨格拉芙:《争论中的国际关系理论》,阎学通、陈寒溪译,世界知识出版社,2013年。

29.[英]克里斯·布朗、克尔斯滕·安利:《理解国际关系》,吴志成、刘丰、刘佳译,中央编译出版社,2010年。

30.徐献军:《具身认知论——现象学在认知科学研究范式转型中的作用》,浙江大学出版社,2009年。

31.倪世雄:《当代西方国际关系理论》,复旦大学出版社,2001年。

32.王正毅:《国际政治经济学通论》,北京大学出版社,2012年。

33.[挪威]拖布约尔·克努成:《国际关系理论史导论》,余万里、何宗强译,天津人民出版社,2005年。

34.姜明安:《行政诉讼法学》,北京大学出版社,1993年。

35.《牛津法律大辞典》(中译本),光明日报出版社,1988年。

36.[美]斯塔夫里阿诺斯:《全球通史:从史前史到21世纪》,吴象婴、梁赤民等译,北京大学出版社,2014年。

37.[美]罗伯特·吉尔平:《世界政治中的战争与变革》,上海人民出版社,2007年。

38.[美]曼瑟尔·奥尔森:《集体行动的逻辑》,陈郁等译,上海三联书店、上海人民出版社,1995年。

39.苏长和:《全球公共问题与国际合作:一种制度的分析》,上海人民出

参考文献

版社,2000 年。

40.方柏华:《国际关系格局》,中国社会科学出版社,2001 年。

41.沈亚平:《公共行政研究》,天津人民出版社,1999 年。

42.张世贤:《林布隆》,台湾:允晨文化公司,1982 年。

43.沈亚平、吴春华:《公共行政学》,天津大学出版社,2011 年。

44.徐辉:《从波斯湾到朝鲜半岛:后冷战时期美国危机管理比较研究》,中国社会科学院,2003 年。

45.陈先才:《当代国际危机管理模式研究》,吉林大学出版社 2007 年。

46.张相元、王勇等编:《海湾战争纵揽》,海潮出版社 1992 年。

47.[古希腊]修昔底德:《伯罗奔尼撒战争史》,商务印书馆,2007 年。

48.[德]克劳塞维茨的《战争论》,中国人民解放军军事科学院译,中国人民解放军出版社,2005 年。

49.[英]亚当·斯密:《国民财富的性质和原因的研究》,商务印书馆,1993年。

50.[英]亚当·斯密:《道德情操论》,商务印书馆,1998 年。

51.[英]彼罗·斯拉法:《李嘉图著作和通信集(第一卷):政治经济学及赋税原理》,郭大力、王亚南译,商务印书馆,1981 年。

52.[美]罗伯特·基欧汉:《霸权之后:世界政治经济中的合作与纷争》,苏长和、信强等译,上海人民出版社,2006 年。

53.[美]兹比格纽·布热津斯基:《大棋局:美国的首要地位及地缘战略》,上海世纪出版集团,2007 年。

54.袁明:《国际关系史》,北京大学出版社,2005 年。

55.李彬:《军备控制理论与分析》,国防工业出版社,2006 年。

56.李小北、王珽玖、杨春河等主编:《国际贸易学》,经济管理出版社,2004 年。

57.肖春蓉:《国际贸易》,电子工业出版社,2013 年。

58.薛荣久:《国际贸易》,对外经济贸易大学出版社,2010 年。

59.郭波:《国际贸易:理论与政策》,中国社会科学出版社,2009 年。

60.胡昭玲:《国际贸易:理论与政策》,清华大学出版社,2010 年。

61.王正毅:《国际政治经济学通论》,北京大学出版社,2012 年。

62.王沪宁:《政治的逻辑:马克思主义政治学原理》,上海人民出版社,2012 年。

63.[埃及]萨米尔·阿明:《不平等的交换:论外围资本主义的社会形态》,

商务印书馆,1990年。

64.[美]罗纳德·H.奇尔科特:《比较政治学理论:新范式的探索》,高铦、潘世强译,社会科学文献出版社,1998年。

65.[美]胡佛:《区域经济导论》,经济科学出版社,1991年。

66.[德]乌尔里希·贝克、哈贝马斯等:《全球化与政治》,中央编译出版社,2000年。

67.[德]赫尔穆特·施密特:《全球化、政治、经济与文化的挑战》,德国斯图加特出版社,1998年。

68.[英]安东尼·吉登斯:《现代性的后果》,田禾译,译林出版社,2000年。

69.[英]奥斯汀:《法理学范围之限定》,中国政法大学出版社,2003年。

70.俞可平:《全球化悖论》,中央编译出版社,1998年。

71.张晓静:《欧盟东扩:区域差距与经济凝聚》,经济科学出版社,2008年。

72.[瑞典]英瓦尔·卡尔松、[圭]什里达特·兰法尔:《天涯成比邻——全球治理委员会的报告》,中国对外翻译出版公司,1995年。

73.蔡拓:《全球治理的中国视角与实践》,中国社会科学,2004年。

74.俞可平:《全球化:全球治理》,社会科学文献出版社,2003年。

75.张贵洪:《国际组织与国际关系》,浙江大学出版社,2004年。

76.张海冰:《欧洲一体化制度研究》,上海社会科学院出版社,2005年。

77.饶戈平主编:《国际组织法》,北京大学出版社,1996年。

78.于永达:《国际组织》,清华大学出版社,2011年。

79.刘金质、梁守德、杨淮生等主编:《国际政治大辞典》,中国社会科学出版社,1994年。

80.李浩培、王贵国、周仁等主编:《中华法学大辞典 国际法学卷》,中国检察出版社,1996年。

81.梁西:《梁著国际组织法》,武汉大学出版社,2011年。

82.蓝良明:《国际组织概论》,法律出版社,1982年。

83.梁云祥:《国际关系与国际法》,北京大学出版社,2012年。

84.周鲠生:《国际法》,商务印书馆,1981年。

85.阎学通、阎梁:《国际关系分析》,北京大学出版社,2008年。

参考文献

中文期刊

1. 清华大学当代国际关系研究院:《改革创新：打造中国外交新机制》2014 年 5 月 25 日。

2.《胡锦涛等中央领导出席第十一次驻外使节会议》,载新华网。

3.韩洪文:《美国对古巴导弹危机的初步反应》,《军事历史》1997 年第 5 期。

4.李芳田、杨娜:《全球治理论析》,《南开学报》(哲学社会科学版)2009年第 6 期。

5.卢义民、倪世雄:《美国外交决策模式研究》,《复旦学报》(社会科学版)1988 年第 6 期。

6.马俊如等:《全球化概念探源》,《中国软科学》1999 年第 8 期。

7.闵大洪:《美国政府的公共外交与网络外交》,载人民网,2011 年 7 月 12 日。

8.唐士其:《主权原则的确立及其在当代世界的意义》,《国际政治研究》2002 年第二期。

9.唐小松、王义桅:《美国公共外交研究的兴起及其对美国对外政策的反思》,《世界经济与政治》2003 年 3 期。

10.王来法、黄俊尧:《论多极格局与世界和平:以个体理性的视角》,《国际观察》2003 年第 2 期

11.王首伟:《国际关系学中国家行为理论的建构》,《东北亚研究》2013年第 2 期。

12.王雪野:《新媒体发展与国际传媒秩序重构》,《今传媒》2011 年第 3 期。

13.魏炜:《均势论的思想溯源》,《历史教学问题》2006 年第 1 期。

14.魏子扬、杨林:《观念全球化与执政党的信息战略》,《中共中央党校学报》2013 年第 5 期。

15.温宪:《美国网络外交解读:扩宽外交理念更具攻势特性》,载新华网。

16.夏立平:《美国关于危机管理的理论与实践——以中美为例》,《美国研究》2003 年第 2 期。

17.徐常萍:《从李斯特到 WTO 自由贸易的趋势与幼稚产业的保护》,《现代商业》2007 年第 3 期。

18.许涛:《全球治理与中国战略的路径选择》,《同济大学学报》(社会科

学版），2013 年第 2 期。

　　19.阎学通：《权力中心转移与国际体系转变》，《当代亚太》2012 年第 6 期。

　　20.杨洁篪：《努力开拓中国特色公共外交新局面》，《求是》2011 年 2 月 16 日。

　　21.张骥：《中国外交决策的基本过程》，《东方早报》2013 年 3 月。

　　22.钟龙彪：《双层博弈理论：内政与外交的互动模式》，《外交评论》2007 年 2 期。

　　23.朱素梅：《当代恐怖主义的类型与反恐怖主义》，《国际关系学院学报》1996 年 4 期。

英文文献

　　1.Jean Bodin, *Les six Livres de la Republique*, *livre*, *premier*, Payare: Librairie artheme payard, 1986.

　　2.Mancur Olson: "*Forewood*" *in Todd Sandler*, *Collective Action*: *Theory and Applications*, The University of Michigan Press, 1992.

　　3.Garrett Hardin: "Tragedy of the Commons", *Science*, Dec., 1968, Vol.168.

　　4.Garry D. Brewer and Peter Deleon, *The Foundations of Policy Analysis*, Illinois: The Dorsey Press, 1983.

　　5.J.H.Kalicki, *The Pattern of Sino-American Crises*: *Political-Military Interactions in the 1950s*, Cambridge University Press, 1975.

　　6.Michael Brecher, *Crisis in World Politics*: *Theory and Reality*, Pergamon Press, 1993.

　　7.Coral Bell, *The Conventions of Crisis*: *A study in Diplomatic Management*, Oxford University Press, 1971.

　　8.Ali E. Hilxal Dessouki, "The Middle East crisis theoretical Propositions and Examples", in D.Frei, ed., *Managing International Crisis*, BeveriyHills: Sage, 1982.

　　9.Ernst.B.Haas, *Beyond the Nation-state-Functionalism and International Organization*, Stanford University Press, 1964.

　　10.Mark Drajem, "GE, Caterpillar Fight 'Buy American' Rule in Stimulus", Bloomberg.com, January 22, 2009.

　　11.Jacob Viner, "Power Versus Plenty as Objectives of Foreign Policy in the

Seventeenth and Eighteenth Centuries", *World Politics*, 1, October 1948, Reprinted in Jeffrey A. Frieden and David A. Lake, eds., *International Political Economy: Perspectives on Global Power and Wealth*, New York: St.Martin's Press, 1987.

12.Samuel P.Huntington, "If not Civilizations, What?–Samuel Huntington Responds to HisCritics", *Foreign Affairs*, November/December, 1993.

13.Ernst B. Haas, *The Uniting of Europe*, Standford University Press, 1958.

14.Malcolm N. Shaw QC, *International Law*, Cambridge University Press, 2008.

15.Union of International Associations, *Yearbook of International Organizations*, *2013—2014*, 50th Print edition.

16.Lawrence Ziring, Jack C. Plano, and Roy Olton, *International Relations: A Political Dictionary*, 5th edition, Santa Barbara: ABC Clio, 1995.

17.Brownlie, *Principles of Public International Law*, 4th edition, 1990.

后　记

　　本书在全体同人的努力下已经胜利完成了。这是一本由六位青年研究人员共同参与的编著，我们需要介绍一下本书的编写与分工情况。

　　本书大纲的设计和确立的工作进程是这样的：王首伟拟出最初的方案，史雅丽、刘超静和缴懿鑫提出了修改意见，后由王首伟确立基本框架。本书各章节的写作分工如下：王首伟（第一、二、三、四、五、七、八、九、十二、十五章，并负责各章节后面的附录部分）、史雅丽（第十四章）、刘超静（第十章）、任健（第十一章）、缴懿鑫（第六章）、刘星君（第十三章）、翟浩参与本书数学模型的构建。初稿写成后，由王首伟提出修改意见，各章节作者进行修改，最后由王首伟定稿。大家于炎热的暑期，舍弃回家探亲和外出旅游的机会，全力以赴地赶稿。这种执着的精神和团队的默契，是十分令人感动的，再次深表感谢！

　　本书定稿之时，恰逢河南渠首老家的政府代表来京津报告南水北调中线工程情况，我遇到一位20年前的中学同桌，异地逢知己，十分欣喜，夜晚带他一起游览津门。我们在蚌埠桥上驻足眺望，展望天津的发展和谈论老家的变化。他问了我一个问题："你为什么选择留在了天津？"这个问题使我思索很久，我想这是偶然中的必然、必然中的偶然吧。我回答他："还记得中学同桌时你借给我的一本书吗？《为中华之崛起而读书》。"他突然想起来了，眼神中充满无限的惊喜。那本书使身在千里之外深山老家少年时代的我，对天津有了朦胧的概念和好奇感，周恩来的光辉榜样激励我在少年时代就树立正确的人生观，梦想指引着人生道路的前进方向。滨海新区开发开放纳入国家总体发展战略布局，国家将天津定位为我国北方经济中心，2007年我研究生毕业时就选择留在天津，希望助推天津崛起，实现国家战略部署。和改革开放一同成长起来的80一代，我们乐观进取，心中充满着希望与梦想，中华民族伟大复兴的美丽"中国梦"，是我们的精神支柱和动力之源，激励着我们前行。

　　20 年,弹指一挥间,时间都去哪儿了? 面对滔滔东逝的海河,回想起 20 年来,从少年到壮年、从农村到城市、从深山到平原、从上学到工作,我们这代农村青年走过的一段人生路,逝者如斯夫,禁不住潸然泪下。哲学家赫拉克利特曾说:"人不能两次踏进同一条河流。"时间的长河、生命之河,川流不息,永不停止。一个人的命运、一个城市的未来和国家的命运,无时不在发生着变化。而此时我们正在人生的路上,蚌埠桥下,海河滔滔,天际辽阔,东流入海,浩浩荡荡。"把酒酹滔滔,心潮逐浪高。"天津这座崛起中的城市,21 世纪需要在全球战略层面去谋划它的未来,未来中国的发展也需要一整套立意深远的全球战略的支撑。我们站在一个崭新的时空经纬之上,肩负着中华民族伟大复兴的"中国梦"的实现。

　　在本书付梓之际,与参加本书编写的五位同志共勉:我们正值年轻,人生之路很开阔,每一个人人生的梦想要与民族复兴的梦想交融汇合,在中华民族复兴的伟大征程中实现人生的价值。也希望借此机会与广大读者和青年朋友们共勉。

　　在编排本书时,我要求各位参编者严格遵守国家知识产权法。在研究和写作中,我们引用了一些同行学者的研究成果,并尽量一一标明出处,尊重原创者的知识产权,倘若有所遗漏和差错,请与我联系。欢迎读者提出宝贵的意见,我的电子邮箱是 swei21cn@hotmail.com。

王首伟

2014 年 7 月

后
记